经济管理实验系列教材

JJGLSYXLJC

商业银行信贷及国际结算实验

SHANGYEYINHANGXINDAI JI GUOJIJIESUAN SHIYAN

刘晓潮　编著

经济科学出版社
Economic Science Press

总　　序

高等学校实验教学是高等教育水平的重要体现，国外著名商学院都非常重视学生的创新能力和实践能力的培养，因而其实验教学受到重视并达到很高的水平。美国麻省理工学院（MIT）作为一所新型大学于1865年建立时，就既重视学生基础理论知识的教育，又强调实际操作能力的培养。"通过实验进行教学"是MIT首任院长罗杰斯的教育信条。因此，MIT要求其所有学生必须至少学习一门实验室课程。MIT旗下的斯隆管理学院则将管理学、心理学等基础实验作为管理科学各专业的必选核心课程，体现了国际顶尖商学院对学生实践环节的高度重视。进入20世纪90年代以来，计算机网络技术在教学领域得到了广泛应用，进一步推动了实验教学的开展。《中华人民共和国高等教育法》规定："高等教育的任务是培养具有创新精神和实践能力的高级专门人才。"这表明，具有"创新精神和实践能力"是高级人才的重要标志。近几年，在教育部的积极推动和各高校的努力下，经济管理类的实验教学受到重视。经济管理实验教学已被证明在提高学生的综合素质、丰富教学方法等方面具有重大意义。目前，全国许多高校经济管理院系都在积极探索和改革人才培养模式，纷纷提出各自的实验教学发展战略，并积极开展多种形式实验教学课程的探索。

随着科学技术和经济建设的飞速发展，国际经济竞争日益激烈，经济管理类专业在经济和社会发展中的地位越来越重要，培养高素质的创新创业型经济管理类人才，已成为世界高等教育的发展趋势。一方面，经济管理类各专业学科本身具有很强的实践性，决定了实践性教学是其教学体系中重要而不可或缺的环节。另一方面，实验活动所具有的特点和优势，使得经济管理类专业可以通过实验进行教学：（1）可以培养学生的实践能力。实验对学生进行专业技能和方法的训练，发挥学生的主动性和创造性，促使知识向能力转化。（2）可以培养学生的创新能力。在实验中通过操作、观察、分析实验过程与实验结果，培养观察、分析、判断、综合、推理、比较、抽象等创造性的思维能力、创造性的想象能力与创造性的组织、实施某种活动的能力。(3) 使学生更能适应社会的需要。基于这些认识，我们感到有必要编写一套适合经济、社会发展需要的经济管理实验系列教材。

福州大学是国家“211 工程”重点建设大学，进入新世纪，福州大学正致力于由教学主导型向教学研究型大学转变。根据党的十七大报告中提出的“实施扩大就业的发展战略”和“促进以创业带动就业”的精神，福州大学提出进一步推进东南强校建设、走区域特色创业型大学强校之路的发展战略。围绕这一发展战略，学校正全面推进教学改革，积极推动创业教学、创业实训、创业实习工作。探索实验教学发展战略和多种形式实验教学课程，不仅是福州大学必须面对的重大课题，也是我国各类高校面向未来发展必须面对的重大课题。依托福州大学管理学院建设的福州大学经济管理实验教学中心，在经济管理实验教学建设方面取得了一些成果。为了总结和交流经济管理实验教学的经验，探讨经济管理实验教学的改革和规律，提高经济管理教学质量，我们组织福州大学管理学院教师，根据他们长期的经济管理实验教学的经验和积累的资料，编写了福州大学经济管理实验系列教材。

本实验系列教材涉及管理学和经济学两大学科门类下属的工商管理、管理科学与工程、应用经济和理论经济四个一级学科，内容涵盖了企业管理、电子商务、市场营销、会计学、财务管理、经济学、国际贸易、金融学、财政学、统计学等十多个经管类本科专业的主要课程。本实验系列教材体现了理论和实践相结合，反映了经济管理操作规律和当代经济管理工作水平，具有一定的先进性；反映了经济社会最新要求，具有较强的适应性。我们希望这套实验教材对系统总结我国经济管理实验教学的发展过程和经验，提高经济管理实验教学水平，推动经济管理实验教学的健康发展，做出积极的贡献。该实验系列教材适用于高等院校相关专业的本科生和硕士研究生的教学需要，也可作为理论教育工作者和从事经济管理工作的在职人员的学习参考用书。

经济管理实验教学尚处于探索、提高阶段，如何构建创新创业型实验教学体系，是我们面临的新课题。我们衷心地期待经济管理界的专家、学者和广大读者对本系列教材，提出宝贵的批评意见。

福州大学管理学院院长　黄志刚博士

2008 年 1 月

前　言

随着我国高等教育由精英教育逐渐向普通教育的转变，各大学的培养目标逐渐倾向于培养应用型人才，而高级应用型人才的培养也正好符合我国当前技能型、操作型人才相对短缺的现状。同时，基于金融行业的特殊性和保密性，学生直接进入金融机构实习也变得越来越难。为了适应新形势的要求，各高校金融类专业基于专业教学的需要，通过采用先进的银行模拟实验软件系统来营造模拟的商业银行环境，建立银行业务的操作平台，构建现代金融信息系统模拟实验室，模拟银行的实时交易过程，以便让学生有一个完善、实用、真实的实践环境来学习银行业务操作。

在高校，进行金融实验室建设的最终目的是通过模拟的交易环境加强学生对现代商业银行理论知识的理解，训练学生的实际动手能力，满足专业课程的实验、实习及课程设计任务，为学生走向社会提供一个理论结合实际的实验环境，促使学生关注最新的商业银行信息技术，训练学生的实际操作能力，为金融专业及其他相关专业的学生走向社会提供一个理论结合实际的实习环境。

为了满足高等院校、职业技术学院发展应用型教育、培养面向21世纪的新型实用型人才的办学需要，我们编写了《商业银行信贷及国际结算实验》，供各学校在金融专业实践教学中使用。本书结合深圳智盛信息技术有限公司根据目前国内商业银行的业务情况开发的教学软件，从具体的操作界面入手，一步步详细讲解银行业务的操作过程，力求使学生比较容易地通过该门课程的学习，全面掌握银行业目前的实务操作技能，基本达到一毕业就可以上岗操作的程度，大大缩短学习与职场之间的距离。

本书共分两部分：商业银行信贷业务及风险管理模拟实验和商业银行国际结算业务模拟实验，内容涵盖了商业银行信贷业务和国际结算业务的绝大部分，教材使用的软件与目前一些商业银行（如中国工商银行、中国建设银行、中国银行、交通银行、招商银行等）使用的软件区别不大，具有一定的参照性。本书重在培养经济管理类专业，特别是金融、银行会计、国际贸易等专业学生的岗位工作技能和实际操作能力，可作为大学本、专科金融、会计、国际贸易等专业的实践性教学教材，也可以作为学生学完“商业银行经营管理学”、“国际结算”课程之后的实际操作指导教材，还可以作为银行新招员工的培训教材，具有很强的实用性。只要学生熟练掌握了本书的实验内容和操作技能，就基本适应各大商业银行的银行业务软件，学生在掌握理论知识的同时能够熟悉银行业务的实际操作过程，改变知识结构，成为商业银行真正需要的实用性人才，增强社会就业竞争力。

由于本书首次通过计算机软件涉及高校的实践性教学，可能在许多方面还存在一些没有考虑周全的问题，甚至错误也在所难免，需要在今后的教学及使用中不断完善和改正，因此，希望广大读者提出宝贵的批评与建议，我们一定虚心接受并积极改进，在此，向读者表示真诚的感谢。

福州大学管理学院　**刘晓潮**

2008 年 1 月于福州旗山大学城

目　录

上篇　商业银行信贷业务及风险管理实验

下篇　商业银行国际结算实验

上篇

商业银行信贷业务及风险管理实验

第一章

系统概述

本章学习提要

本章主要通过对系统功能和模拟运行环境的基本要求的介绍，对人员管理和应用界面的基本操作作了简单概述，以便读者对本书的运用能有一个初步认识。

一、系统功能

客户信息管理：主要用于企业客户、个人客户的基本信息管理、业务活动管理以及客户交易管理、财务状况管理。

信贷业务管理：主要对信贷业务过程中的贷前调查、贷中审查、贷后检查进行处理，实现电子化审贷流程。通过对行业信息、政策信息、银行贷款信息的分析，结合企业客户的财务状况、非财务状况、企业贷款或授信额度的分析，为信贷决策提供辅助支持。

信贷风险管理：主要对企业的信用状况进行评估，对信贷检查过程中出现的问题进行预警。

信贷资产管理：主要对银行信贷不良资产的处置过程进行管理。

信贷报表管理：对银行的常用报表、自定义报表、上报人民银行的报表提供接口，并可根据系统提示的条件完成自定义的查询。

系统信息维护：对系统参数、权限设置、流程控制、分析指标和相关参数、企业类报表结构等信息进行维护。

二、运行环境

（一）硬件环境

1. 服务器

应用服务器要求 Intel P4 3.0G Hz 以上 CPU，应用服务器和数据库服务器同机时至少配置 1G RAM，两者分开时至少配置 512M RAM，应用服务器至少配置 20G 可用磁盘空间，数据库服务器磁盘空间则根据数据量而定。

2. 客户端

Intel P4 2.0G 以上 CPU、256M 以上 RAM。

（二）软件环境

1. 服务器

操作系统可选用 Windows 2000 Server SP3、Windows 2003 Server、SUN Solaris7 以上版本、IBM AIX 4.3.3.0 以上版本等主流操作系统，应用服务器可选用 BEA Weblogic 6.0 以上版本、IBM Websphere 4.0 以上版本等。

数据库可选用 Microsoft SQL Server2000、Oracle8i/9i、IBM DB2 等主流数据库。

2. 客户端

Windows 操作系统，IE6.0 以上版本，部分报表输出需 Microsoft Excel 2000 以上版本和 Adobe Acrobat Reader 4.0 以上版本的支持。

三、人员管理

系统内确定机构管理员和操作员。

四、应用界面操作概述

（一）界面说明

智盛信贷业务及风险管理摸拟系统是与用户直接交互的程序，为了方便用户学习与使用，界面的设计采用标准化模式，用户只需要熟悉一个应用界面，就能够非常快速地掌握其他界面的控制。下面以一个较有代表性的界面来说明界面设计的标准（见图 1－1）。

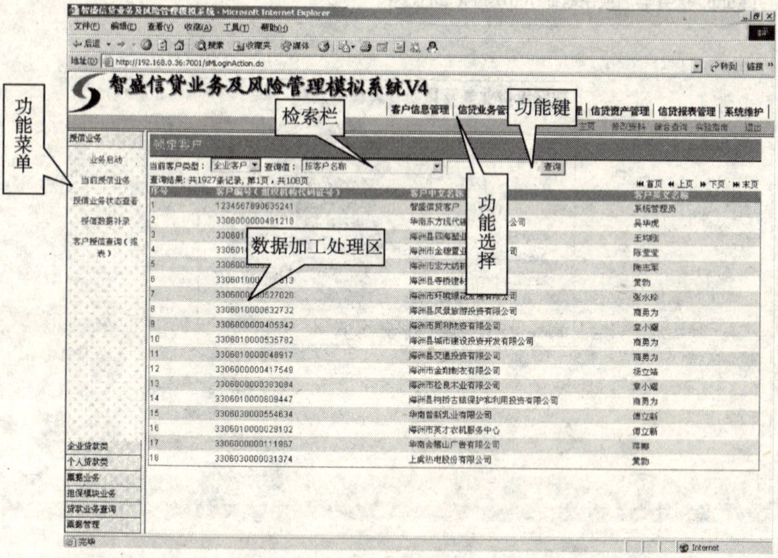

图 1－1

基本操作设置概要：

标有“＊”的地方为必须输入的项目。

功能选择：点击此处功能菜单处会出现相应的功能选项。

功能键：点击此处可以实现数据的增加、删除、翻页功能。

检索栏：输入查询关键字，可查询出想要查看或编辑的相应记录。

数据加工处理区：点击此处的信息行可实现对选择信息行的明细查询、修改功能。

基本操作设置还包括网点编号规则、系统操作员代号规则、申请书编号规则、合同编号规则等。

（二）系统登录

1. 系统登录

打开 Explorer 浏览器，在地址栏输入：

http：//服务器 IP 地址：7001/sm/login. jsp 登录到系统（见图 1－2）。

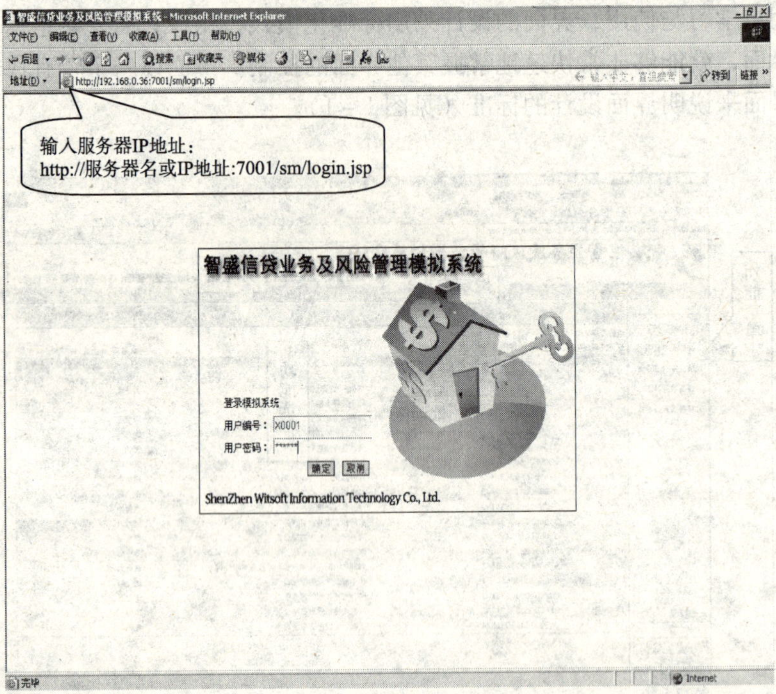

图 1－2

2. 使用登录窗口的一般说明

使用系统时，用户编号、用户密码为空，需要直接输入这两项信息。

用户编号、用户密码区分大小写。

需要输入信息的地方可以通过“TAB”键顺序向下切换焦点，反向切换焦点可以通过“Shift＋Tab”键实现。

提示：Explorer 为微软公司授权软件，使用本系统浏览器版本必须是 Explorer6.0，否则不能正常运行。

第二章

客户信息管理

本章学习提要

本章主要学习客户信息管理，包括贷款客户基本情况的登记查询、公司信息的录入、个人信息的录入和贷款银行的相关业务及财务信息等。通过本章内容的学习能了解如何收集贷款客户的相关信息。

一、登记查询（客户概况登记）

对所有已经和即将与本银行建立信贷关系的客户，系统要求首先登记客户基本信息。没有客户基本信息的客户，将不能进行业务受理。客户概况主要反映客户基本情况、属性类等信息。本系统的客户有两种：借款人和为借款人提供担保的担保人。系统将客户归纳为两类，即法人客户和个人类客户。

提示：客户基本信息需要主办行信贷人员不断进行维护更新，以保证登记的客户信息最接近客户当前的状况。客户风险预警和信用等级评定中的相关指标，需要在客户基本信息中读取。

（一）登记（查询）

点击窗口左边的“登记（查询）”，见图2－1，进行录入操作。

点击数据加工处理区你需要处理的信息行，可以查询或修改客户详细信息。要处理的信息行可以通过检索栏检索出来。

系统约定：如果要对已存在的客户进行处理，必须在此处点击需要处理的信息行，以确定你要操作的客户对象，系统才知道你以后的操作都是以此次选择为根据对客户信息进行操作的。如果没有登记锁定客户，选择其他操作时系统将要求你锁定客户。

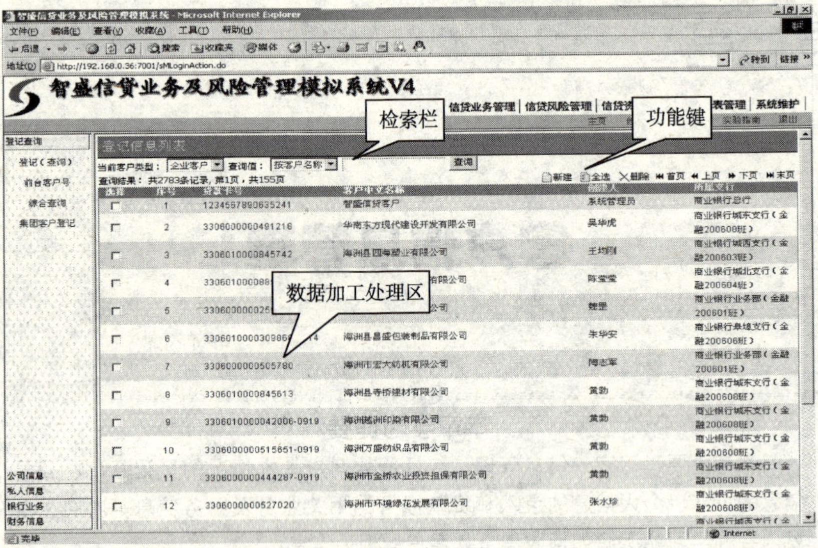

图 2－1

新建登记客户信息：点击功能键“新建”，进入图 2－2 界面，用户可以在数据加工处理区输入新客户的详细信息。

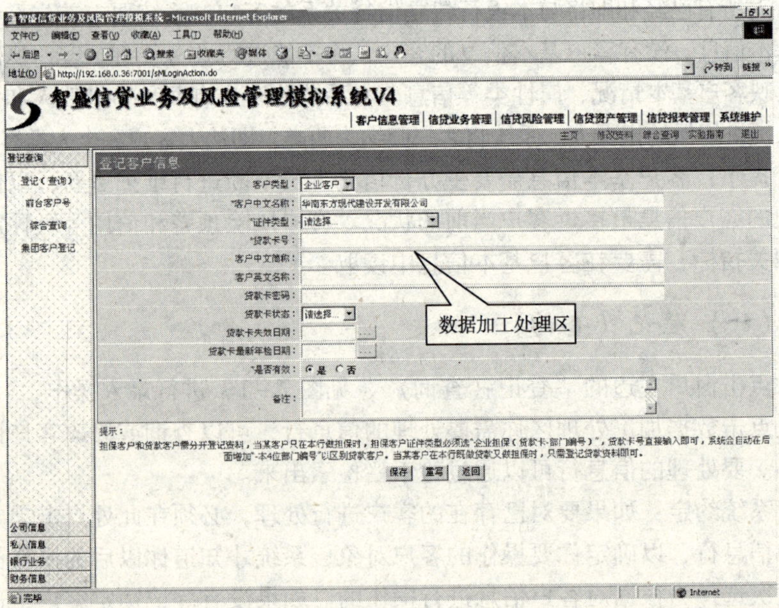

图 2－2

提示：点击“保存”，用户录入的数据才能存盘。系统将在信息登记列表增加一条新记录。

（二）前台客户号

前台客户号是由前台综合系统提供的，由系统自动提取，不需要操作人员录入。如本系统未与综合业务系统联接，则前台客户号可手工添加录入。

二、公司信息

（一）基本信息

如果在客户登记（查询）处通过点击选定了客户信息而且在此前没有录入此客户的信息，那么选择此功能时系统将进入客户基本信息录入画面，如图 2－3 所示。

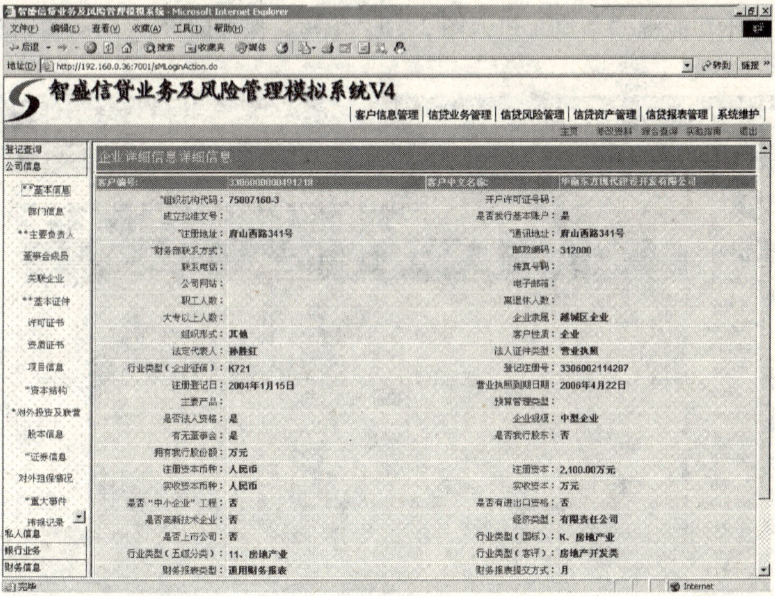

图 2－3

如果在客户登记（查询）处通过点击选定了客户信息而且在此前录

入了该客户的基本信息，那么选择此功能时可以修改本客户的基本信息。

提示：

（1）如果操作员非该客户的主客户经理，将无权修改，只有查看的权限。

（2）如果在客户登记（查询）处通过点击选定客户信息的客户类型为个人客户，此时将提示“当前锁定客户为个人客户，无此信息记录!!”不能继续操作。

（二）部门信息

选择此功能时可以增加、修改、删除该客户所辖各部门（如财务部）的相关资料；其他同公司基本信息。如图 2－4 所示。

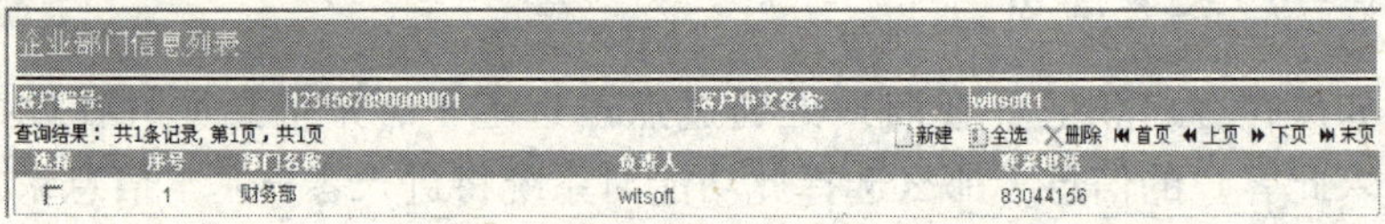

图 2－4

点击功能键“新建”进入图 2－5，填写、保存即可。

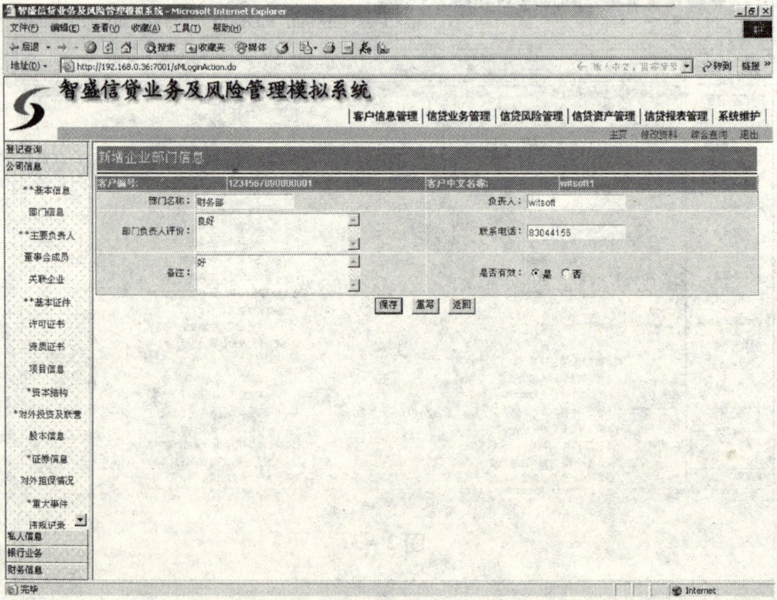

图 2－5

（三）主要负责人、董事会成员、子公司结构、关联企业

选择这些功能时可以增加、修改、删除这些项目的相关资料；其他同公司基本信息。

（四）基本证件

同公司基本信息。

（五）资质证书、许可证书、项目信息、资本结构、对外投资及联营、股本信息、证券信息、对外担保情况、重大事件和违规记录等

选择这些功能时可以增加、修改、删除相应项目信息；其他同公司基本信息。

三、私人信息

选择此功能可以完成对个人客户的私人信息的新增、修改、删除。

（1）详细信息。点击图2－3中“私人信息”栏目，会出现图2－6的界面。

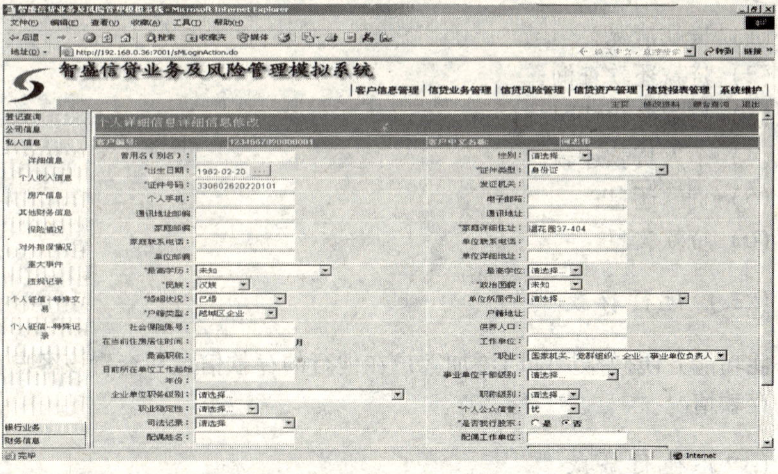

图2－6

根据图 2 -6 界面所示情况，将相应空白栏目填满即可。

（2）关于个人收入信息、房产信息、其他财务信息、保险情况、对外担保情况、重大事件、违规记录等项目，待锁定个人详细信息后，可相应点击以上所示相关栏目，将相应信息填入即可。

注意：（1）在私人信息处录入信息之前，首先在客户登记（查询）处锁定个人客户。

（2）其他操作方式同公司信息。

四、银行业务

（一）本行存款

1. 存款信息

此功能方便操作员随时查看该客户所有存款的余额情况。

2. 存款交易情况统计

此功能方便操作员随时查看该客户某一账户交易明细。

3. 存款变化情况

此功能方便操作员按照（年、月、季、旬）查看该客户某一账户交易变化情况。

（二）本行贷款

（1）贷款情况；
（2）贷款还款查询；
（3）贷款变化情况统计；
（4）个人贷款还款；
（5）贷款还息；
（6）贷款欠息。

（三）他行存款

此功能方便操作员随时添加客户在他行的存款信息和查看该客户在他行的存款情况。

（四）他行贷款

此功能方便操作员随时添加客户在他行的存款信息和查看该客户在他

行的贷款情况。

（五）信用等级

此功能方便操作员随时查看该客户的信用等级和信用等级的评定时间。

五、财务信息

（一）资产负债表

在图2－7中，点击“新建”，进入图2－8之后，可作该客户的月资产负债报表。

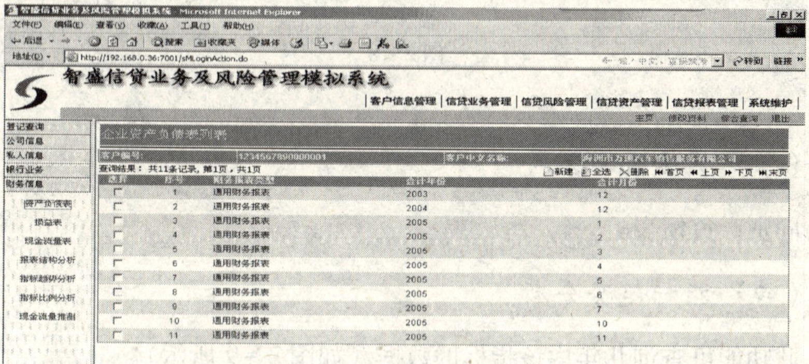

图2－7

注意：只有主客户经理才有新增财务报表的权限，其他人只有查看的权限。

（二）损益表

同资产负债表。

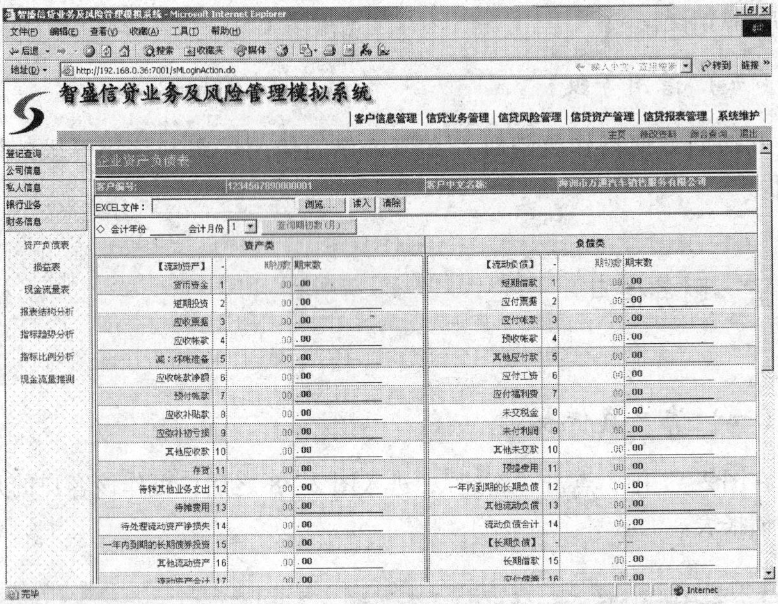

图 2－8

（三）现金流量表

同资产负债表。

（四）指标趋势分析

此功能可查询几年内该指标的数据（如图 2－9 所示）。

只要选择了分析对象，输入年、月，即可查询到以该年、月为基数的前年、去年、今年的数据。

（五）指标比例分析

此功能可完成对指标分值的查询。

（六）现金流量推测

点击图 2－9 中“现金流量推测”栏目，将以上资产负债表、损益表、现金流量表的相关数据填入后，计算机会自动进行相关运算，对相关期间的现金流量进行推测。

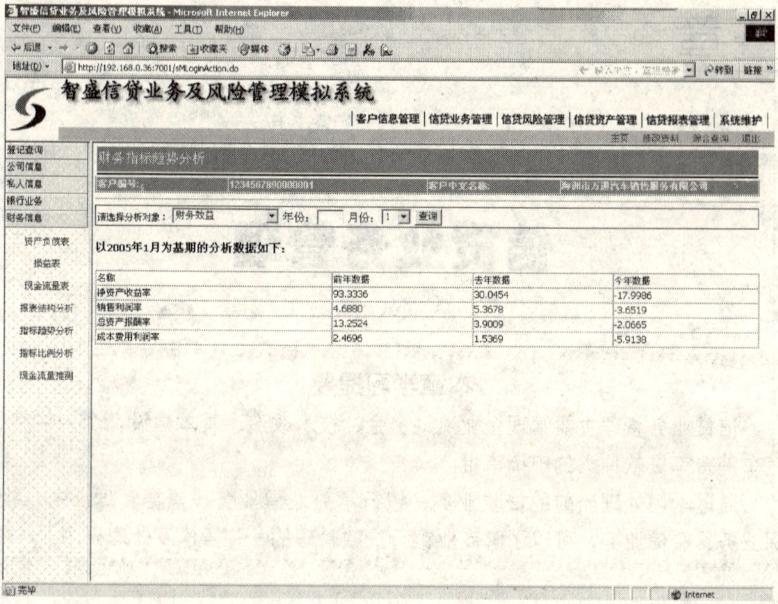
智盛信贷业务及风险管理模拟系统 - Microsoft Internet Explorer
文件(F) 编辑(E) 查看(V) 收藏(A) 工具(T) 帮助(H)
后退 搜索 收藏夹 媒体
地址(D) http://192.168.0.36:7001/sMLoginAction.do
转到 链接
智盛信贷业务及风险管理模拟系统
客户信息管理 | 信贷业务管理 | 信贷风险管理 | 信贷资产管理 | 信贷报表管理 | 系统维护
主页 修改资料 退出
登记查询
公司信息
私人信息
银行业务
财务信息
资产负债表
损益表
现金流量表
报表结构分析
指标趋势分析
指标比例分析
现金流量推测
财务指标趋势分析
客户编号: 1234567890000001
客户中文名称:
请选择分析对象: 财务效益 年份: 月份: 1 查询
以2005年1月为基期的分析数据如下:
名称 前年数据 去年数据 今年数据
净资产收益率 93.3336 30.0454 -17.9986
销售利润率 4.6880 5.3678 -3.6519
总资产报酬率 13.2524 3.9009 -2.0665
成本费用利润率 2.4696 1.5369 -5.9138
完毕
Internet

图 2-9

第三章

信贷业务管理

本章学习提要

信贷业务管理主要管理企业流动资金、技术改造、基本建设，个人住房、汽车消费等贷款种类的申请审批。

通过学习处理当前的贷款业务、银行承兑汇票业务、票据管理业务、担保业务、授信业务，可以了解商业银行贷款管理的一些操作及处理程序。

信贷业务管理是完全由工作流引擎来驱动的，客户方可以根据其业务特点给自己量身定做各种信贷业务管理流程。信贷业务管理模块提供如下功能集：

1. 贷款申请基本资料

填写和管理贷款申请的各种基本资料，包括各种贷款申请表、担保记录表、抵押清单、质押清单、担保清单等。系统还提供对这些资料的合理性校验功能，比如担保记录的担保金额之和要不小于贷款申请额等。

2. 其他业务申请资料

其他业务申请资料包括对授信、展期等其他信贷业务申请材料的管理。

3. 逐级审批

根据客户自行设定的贷款申请、审批以及授信等信贷业务处理流程，各级领导根据自己的角色查询分析和填写业务相关的资料，填写审批意见并提交，进行电子签章。

4. 各项财务指标测算

根据成熟的商业银行信贷业务相关算法、杜邦财务分析理论等知识体系，设定信贷业务相关的财务指标，在业务流程的各个环节，有关人员可以计算相关的财务指标，即可获得一系列的量化数据，包括贷款额度、风险系数等，经过和系统提供的经验值进行比较，快捷准确地进行决策。

5. 各种合同签订和借据生成

提供贷款申请合同、抵押合同、质押合同、担保合同等信贷业务过程涉及的相关合同的签订功能，以及贷款审批通过后的借据生成功能。

一、信贷业务管理

（一）业务启动

1. 系统约定概念：工作流技术

很多业务体系都会根据诸多内在或外在的因素来修正自己的管理流程，而这些修正会带来组织的重整、工作与权限的重新划分、资源系统的调整。为了解决这些不可控的人为因素，需要一个可以处理多样变量、较少人员涉足与结合多样资源的自动化操作系统，而且这个系统还能使流程执行后的成效，给管理者提供一个有效的管理工具，这就是工作流（Work Flow）。工作流技术是信贷业务流程重组或变更后快速调整其信息系统以适应新业务的佳选技术，也是信贷管理系统产品的一个核心所在。

我们根据商业银行受理贷款的程序定制了相应的贷款处理流程，操作员需要根据所要处理工作的类别在这里启动工作流程。

2. 业务启动

左键点击功能菜单选择“业务启动”进入如图 3 - 1 所示的界面，比如要办理企业流动资金贷款，在数据加工处理区点击“企业流动资金贷款”后出现如图 3 - 2 所示的画面。

在图 3 - 2 中，选择一个客户，如傅立新，左键点击，会弹出一个确认框，决定是否启动该业务流程，若点击“确定”，“企业流动资金贷款”的业务工作流就开始启动了。以后系统将按照事先定制好的流程处理这笔业务。

（二）当前信贷业务

各级操作员在选择“当前信贷业务”后将看到属于自己操作处理的各项业务，如图 3 - 3 所示。

1. 处理企业流动贷款业务

点击功能菜单中的“当前信贷业务”进入如图 3 - 3 所示的界面，选择我们先前启动的业务流程，左键点击，进入图 3 - 4，这个界面列出了属于自己操作处理的各项业务，操作员在数据加工处理区依次点击各信息行，完成属于自己应该处理的各项业务操作。后面的工作就是按业务流程处理完自己该处理的业务之后方可提交给下一个审批人。

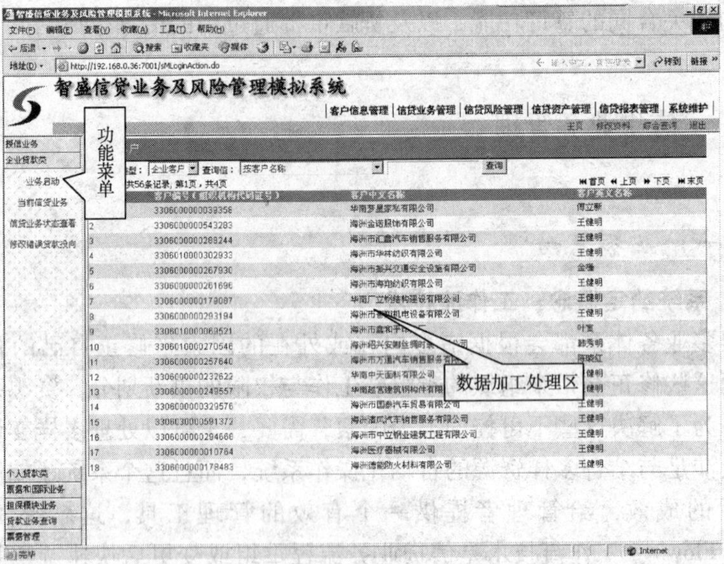
智盛信贷业务及风险管理模拟系统
客户信息管理
信贷业务管理
信贷风险管理
信贷资产管理
信贷报表管理
系统维护
功能菜单
授信业务
企业贷款类
业务启动
当前信贷业务
信贷业务状态查看
修改错误贷款投向
个人贷款类
票据和国际业务
担保模块业务
贷款业务查询
票据管理
数据加工处理区

图 3－1

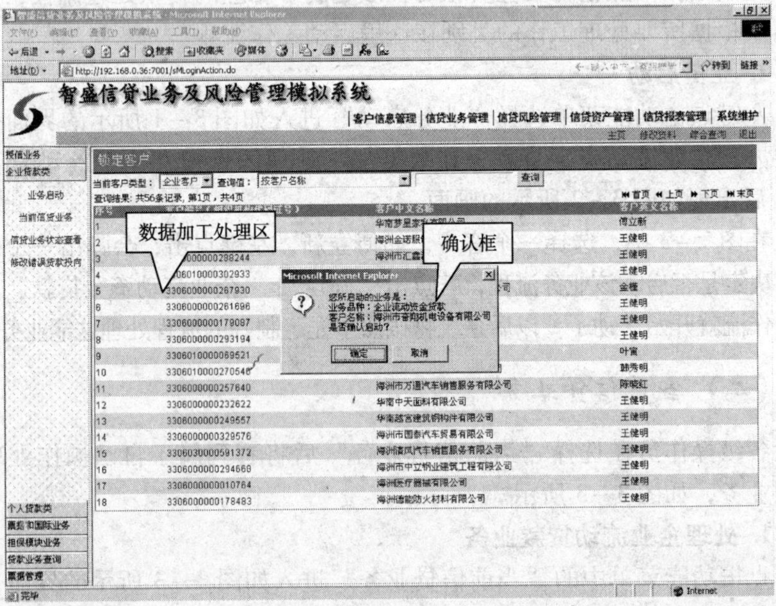
智盛信贷业务及风险管理模拟系统
客户信息管理
信贷业务管理
信贷风险管理
信贷资产管理
信贷报表管理
系统维护
锁定客户
数据加工处理区
确认框
Microsoft Internet Explorer
您所启动的业务是：
业务品种：企业流动资金贷款
客户名称：海洲市普翔机电设备有限公司
是否确认启动？
确定
取消

图 3－2

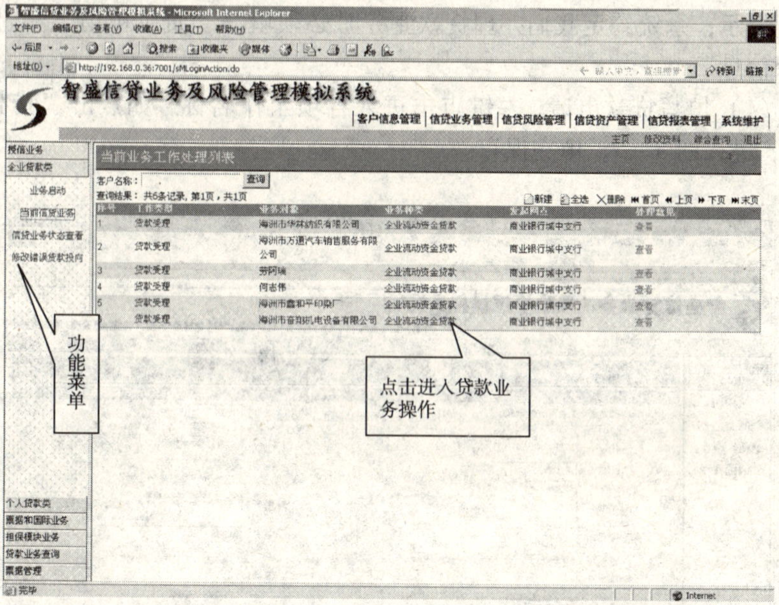
智盛信贷业务及风险管理模拟系统
客户信息管理
信贷业务管理
信贷风险管理
信贷资产管理
信贷报表管理
系统维护
当前业务工作处理列表
功能菜单
点击进入贷款业务操作

图 3－3

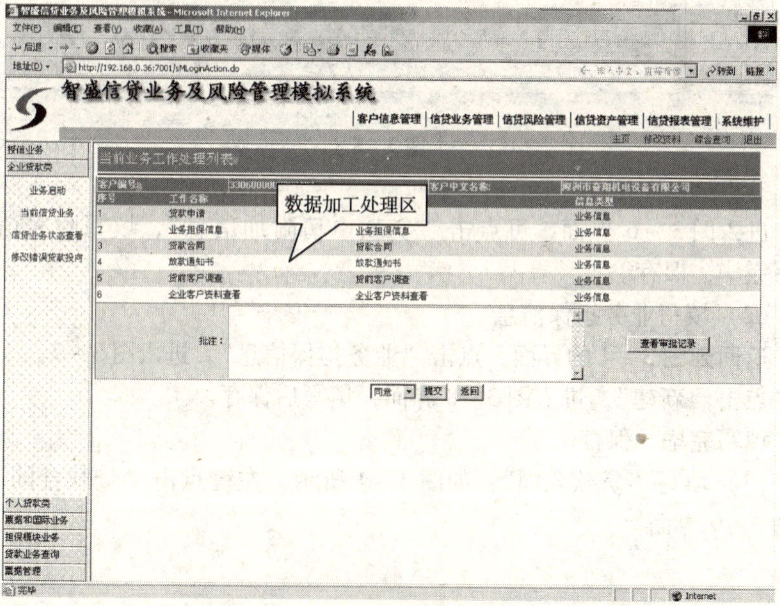
智盛信贷业务及风险管理模拟系统
客户信息管理
信贷业务管理
信贷风险管理
信贷资产管理
信贷报表管理
系统维护
当前业务工作处理列表
数据加工处理区
查看审批记录

图 3－4

提示：系统约定我们办理贷款业务时必须填写“贷款申请”、“业务担保信息”。

(1) 填写贷款申请：左键点击进入各项工作名称，如点击“贷款申请”，进入图3－5，填完保存。

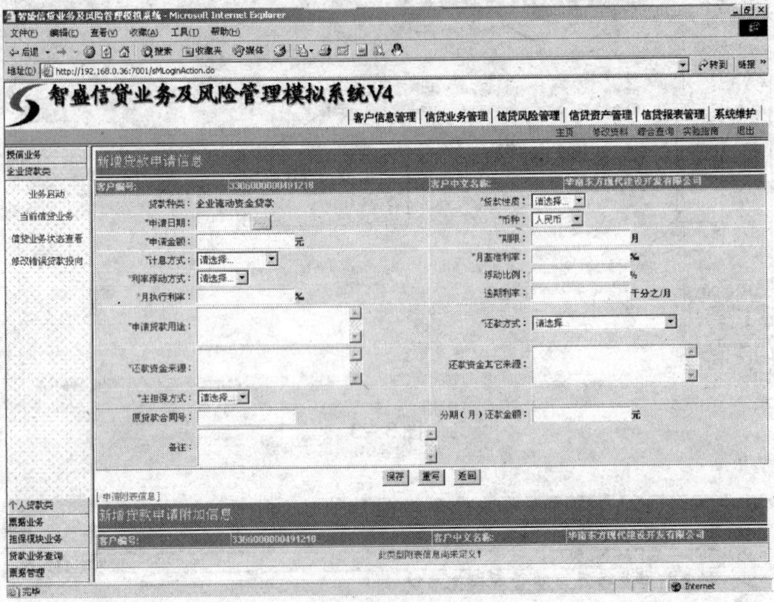

图3－5

进入图3－6界面，可点击“贷款申请附加信息”，填写附表信息。填写完毕，保存。

(2) 填写业务担保信息

返回到图3－4的界面，点击“业务担保信息”，进入图3－7。

点击“新建”，进入图3－8界面，填写后保存。

填写完毕，保存。

(3) 填写“贷款合同”：如图3－4所示，左键点击“贷款合同”进入图3－9界面。

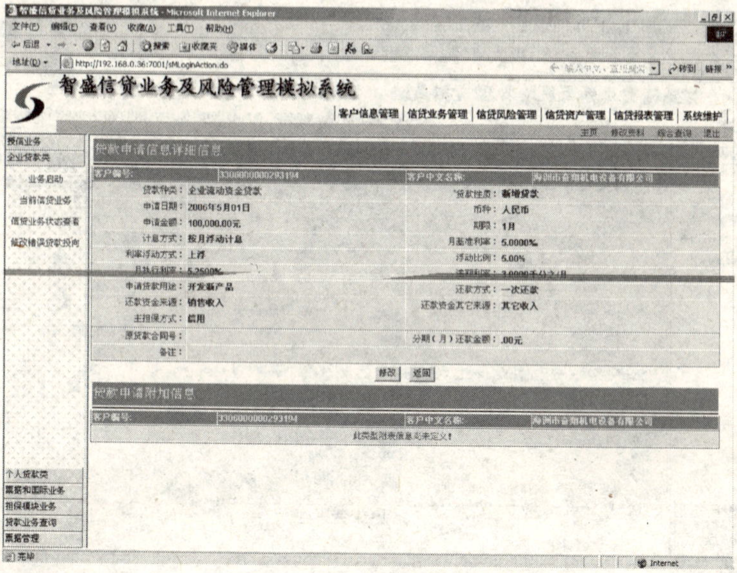
智盛信贷业务及风险管理模拟系统
客户信息管理 | 信贷业务管理 | 信贷风险管理 | 信贷资产管理 | 信贷报表管理 | 系统维护
贷款申请信息详细信息
贷款种类：企业流动资金贷款
贷款性质：新增贷款
申请日期：2006年5月01日
币种：人民币
申请金额：100,000.00元
期限：1月
计息方式：按月浮动计息
月基准利率：5.0000%
利率浮动方式：上浮
浮动比例：5.00%
申请贷款用途：开发新产品
还款方式：一次还款
还款资金来源：销售收入
还款资金其它来源：其它收入
主担保方式：信用
修改
返回
贷款申请附加信息

图 3－6

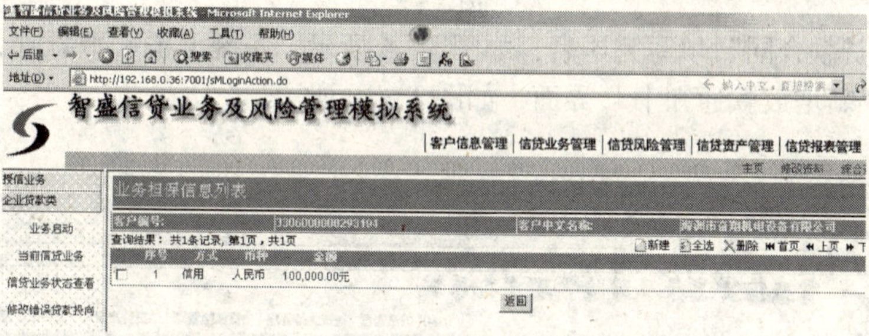
智盛信贷业务及风险管理模拟系统
客户信息管理 | 信贷业务管理 | 信贷风险管理 | 信贷资产管理 | 信贷报表管理
业务担保信息列表
查询结果：共1条记录，第1页，共1页
序号 方式 币种 金额
1 信用 人民币 100,000.00元
返回

图 3－7

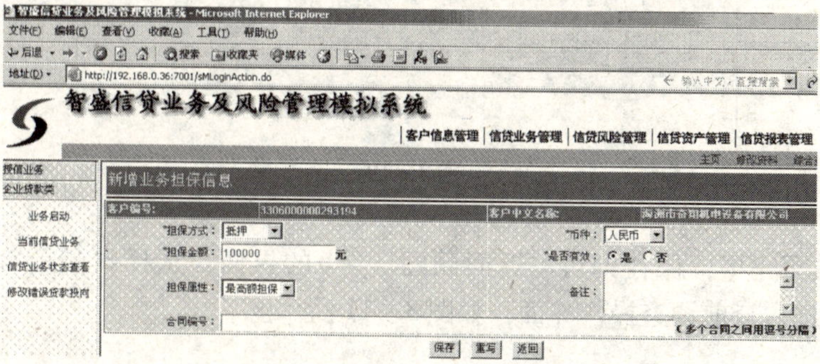
智盛信贷业务及风险管理模拟系统
客户信息管理 | 信贷业务管理 | 信贷风险管理 | 信贷资产管理 | 信贷报表管理
新增业务担保信息
*担保方式：抵押
*币种：人民币
*担保金额：100000 元
*是否有效：是 否
担保属性：最高额担保
备注：
合同编号：
（多个合同之间用逗号分隔）
保存
重写
返回

图 3－8

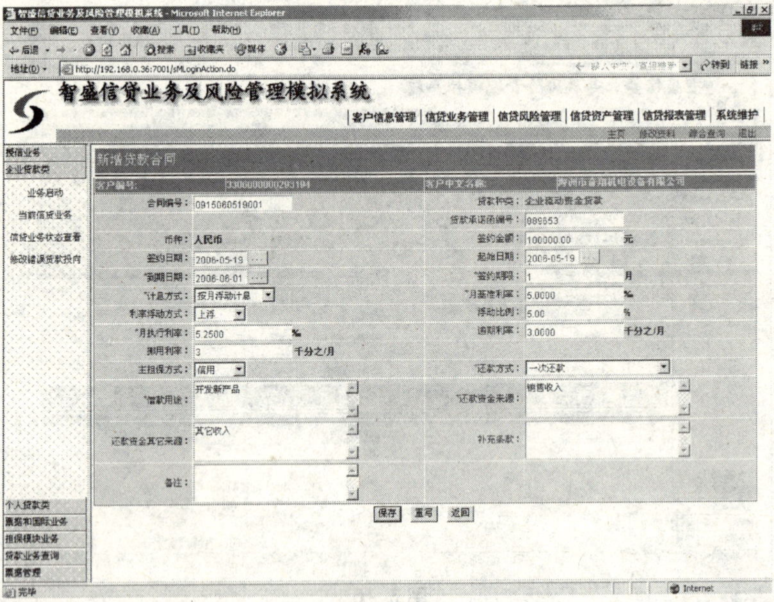

图3-9

“贷款合同”填写完毕后，如图3-4所示，左键点击“放款通知书”进入“新增放款通知书”界面，如图3-10所示。

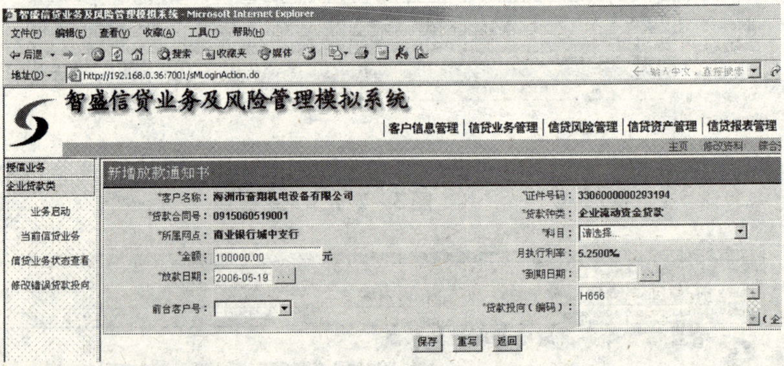

图3-10

填写完毕，保存即可。返回到图3-4的界面，选择“贷前客户调查”，进入贷前调查操作界面，如图3-11所示。

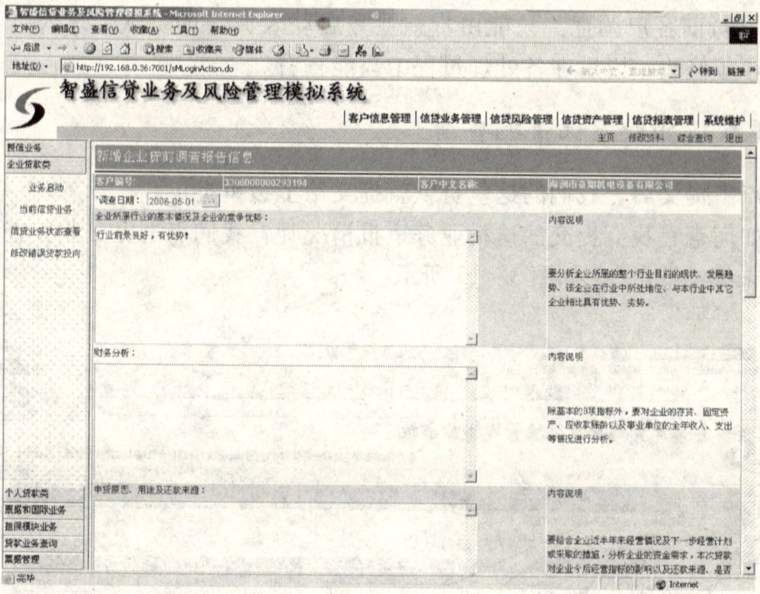

图 3 –11

操作完毕后保存，返回到图 3 –4 界面，在“批注”中录入自己的意见，选择“同意”或“不同意”，左键点击“提交”，会弹出一个如图 3 –12 所示的确认框，点“确定”，即提交给下一个审批人。

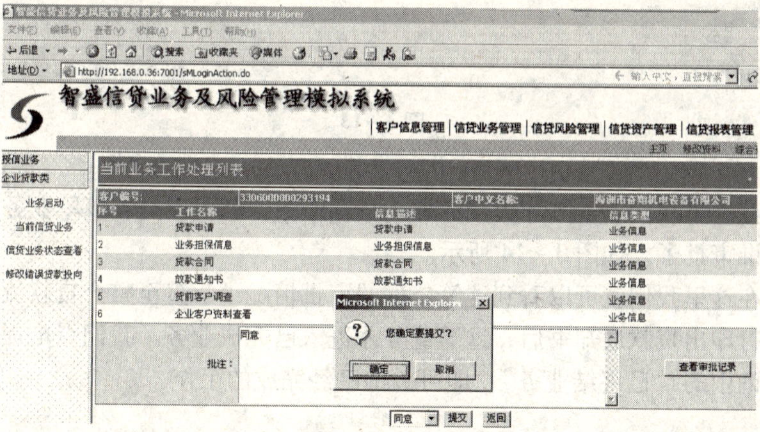

图 3 –12

提示：“贷款申请”、“业务担保信息”、“贷款合同”、“放款通知书”、“贷前客户调查”只能由贷款业务启动人员（即贷款受理人员）在这个环节修改，以后在各处理过程中只能查看。

（三）贷款审批情况查询

点击提交后，我们的这笔贷款就提交给上级审批了。

如何查看我们提交的这批业务审批情况呢？我们点击提交业务查询中的“未终结业务”。如图 3－13 所示。

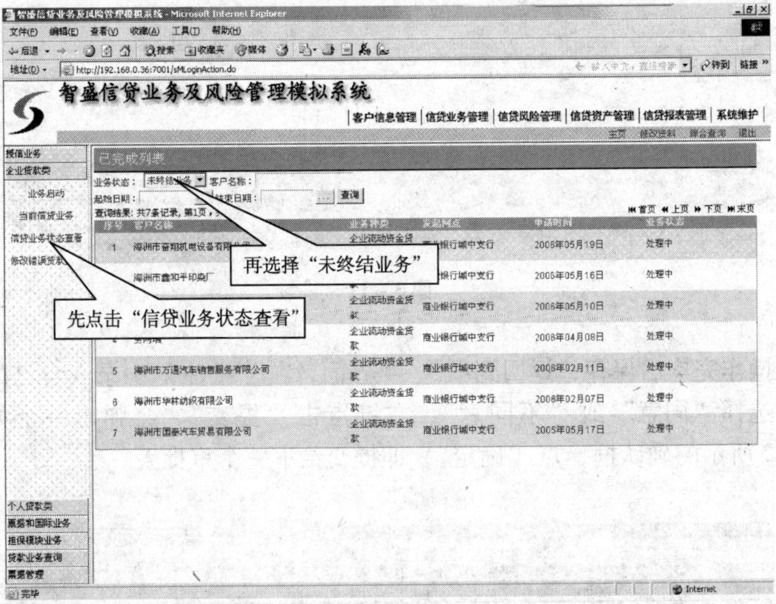

图 3－13

在这里我们点击刚才提交的那笔贷款业务，就可以查看该笔业务已提交给谁审批了。如图 3－14 所示。

在这里我们就可以看到这笔贷款的审批情况了。直至整个贷款流程走完，打印出贷款通知书后，这笔业务才进入已完成业务。我们点击提交业务查询中的“已终结业务”，即可查询已经完成的工作。

（四）放款通知书

1. 新增放款通知书

如图 3－14 所示，选择功能菜单的“放款通知书”，左键点击“打印”，如图 3－15 所示，就可以打印出放款通知书。

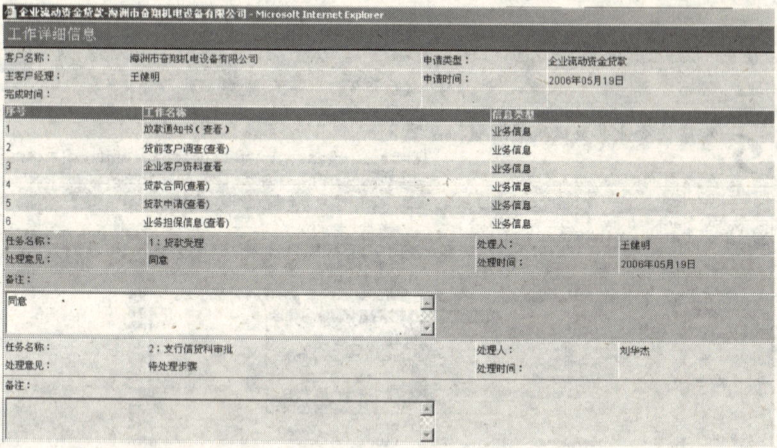

图 3－14

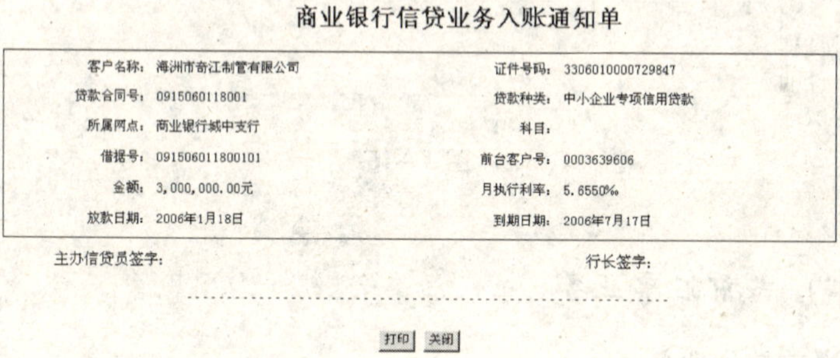

图 3－15

2. 查看放款通知书

返回到“放款通知书”界面，可以查询到已生成放款通知书的客户，可查看放款通知书的具体内容。

二、银行承兑汇票

（一）业务启动

左键点击功能菜单选择“业务启动”，比如要办理敞口银行承兑，在数据加工处理区点击“敞口银行承兑”、输入客户名称后出现如图3－16画面，点“确定”，敞口银行承兑汇票的业务工作流就启动了。

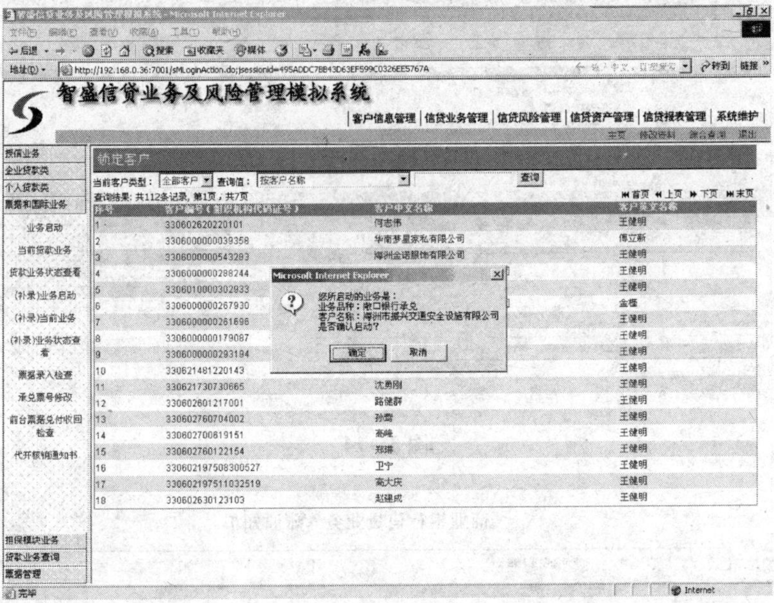

图3－16

（二）当前汇票业务

1. 当前信贷业务

操作员在选择“当前信贷业务”后将看到属于自己操作处理的该笔业务。点击进入后，可进行数据输录，如图3－17所示。

2. 填写承兑汇票申请

点击“承兑汇票申请”，生成图3－18。

填写完毕后点击保存，然后依次填写业务担保信息、贷前客户调查报告信息，完成属于自己应该处理的各项业务操作后提交给下一个审批人，直至整个流程审批完返回到“合同鉴定”，再填写汇票信息，如图3－19所示。

进入汇票信息后，点击“新建”逐笔填写汇票信息，如图3－20所示。

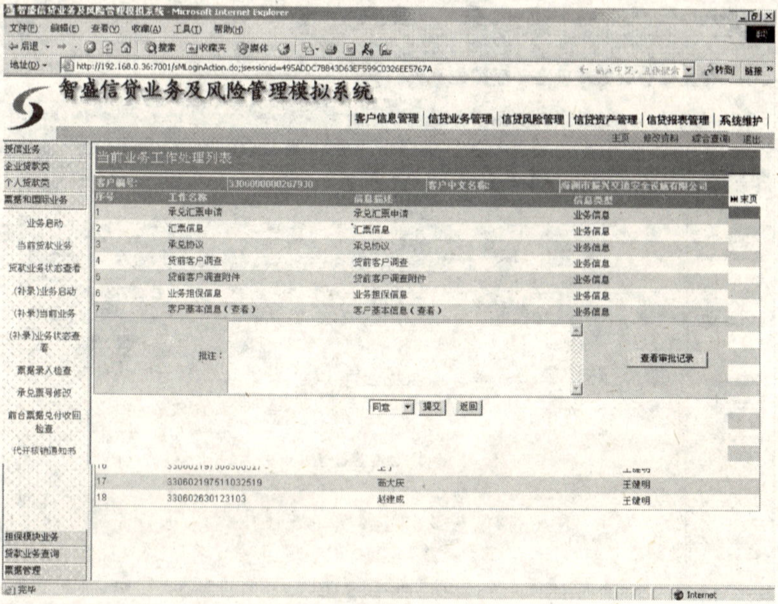

图 3－17

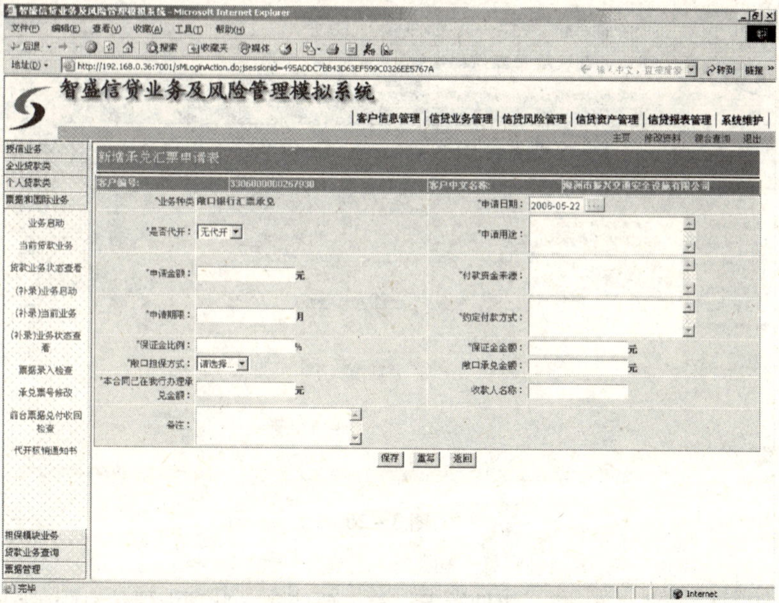

图 3－18

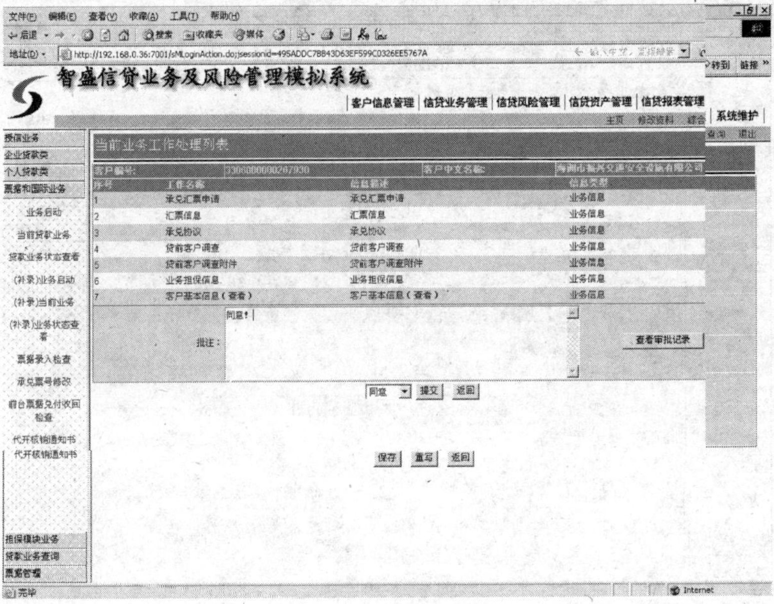

图 3－19

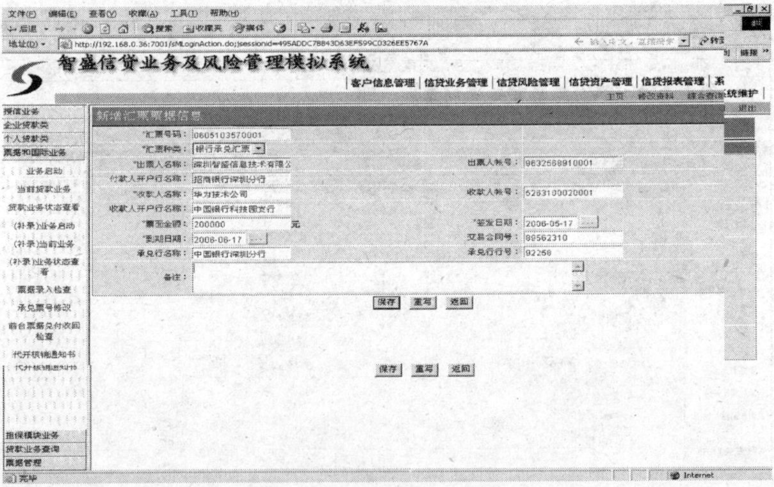

图 3－20

保存后点击“新建”，再填写下一笔汇票信息（此项汇票信息附带记忆功能，在点击“新建”填写第二笔汇票信息时，会出现第一笔汇票填写时的数据，只需修改即可，例如共开出 100 万元汇票 3 张）。如图 3－21 所示。

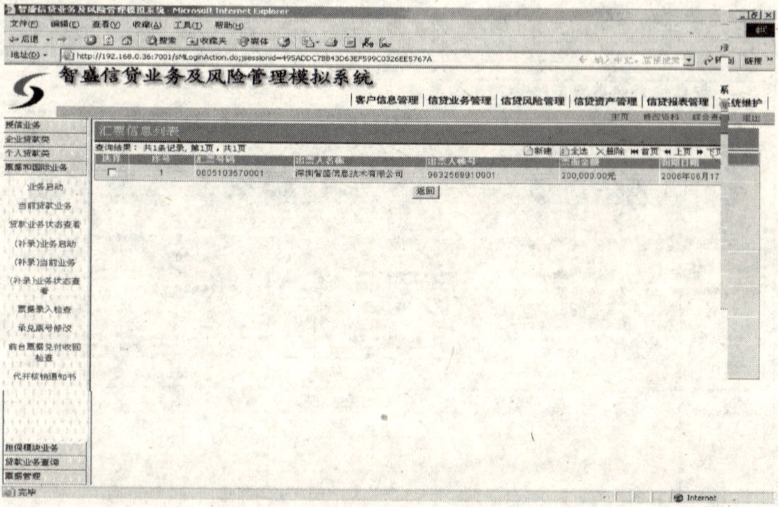

图 3－21

填写完汇票信息，再填写协议信息，如图 3－22 所示。

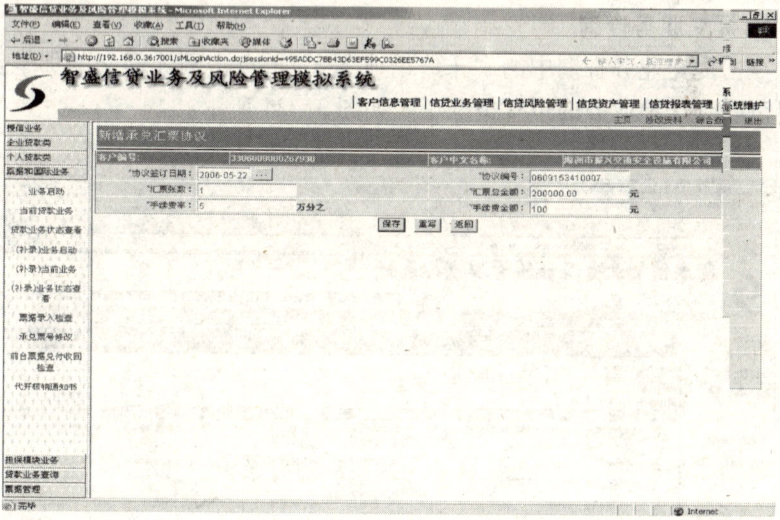

图 3－22

此时，系统画面会自动生成汇票张数、合同编号、汇票总金额。填写、保存完毕即可提交。等风险控制中心审批通过返回后，最后再次提交，结束整个流程。如图 3－23 所示。

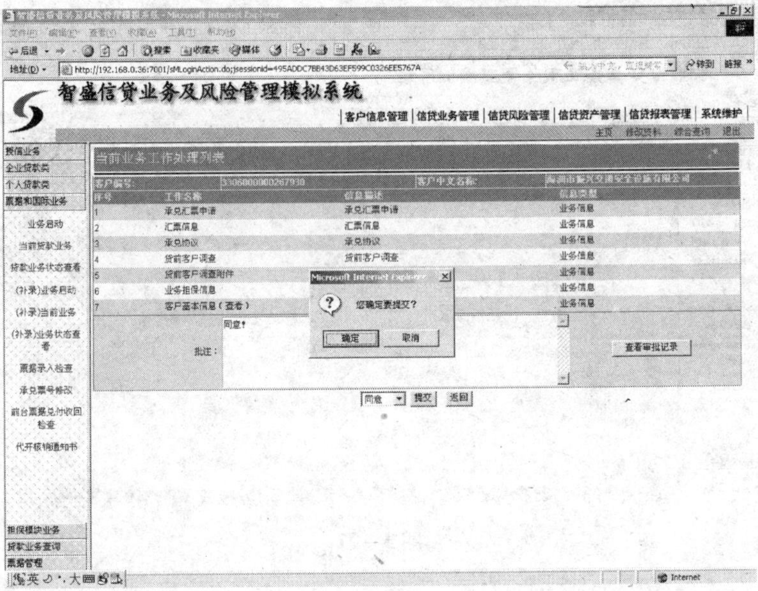

图 3－23

3. 提交业务查询

点击提交业务查询中的“未终结业务”，再点击刚才提交的那笔业务就可以看到这笔业务的审批情况了。如图 3－24 所示。

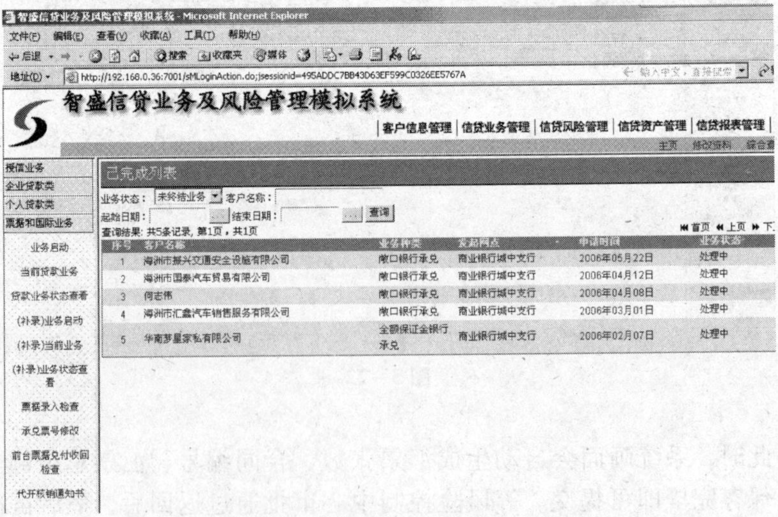

图 3－24

三、票据贴现业务

（1）业务启动。点击票据贴现选择客户，进行启动业务，如图 3－25 所示，确定客户后，点击客户。如图 3－26、图 3－27 所示，填写相关信息。

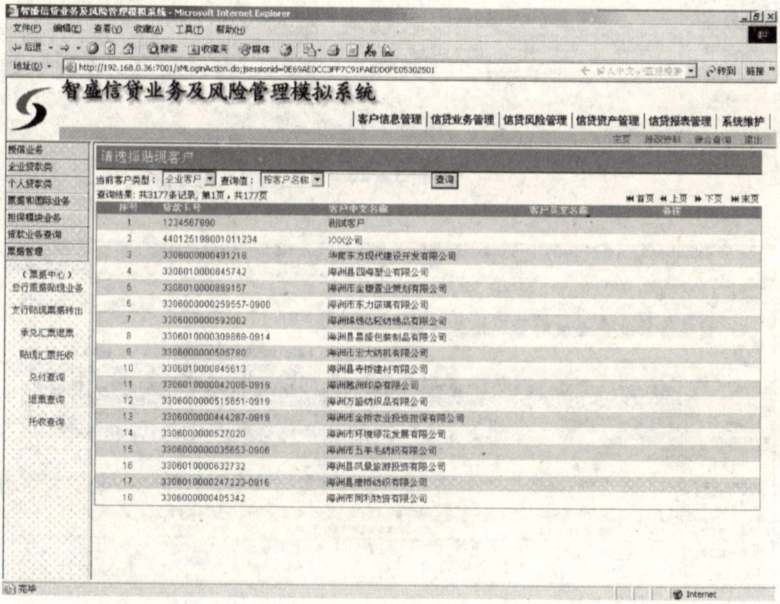

图 3－25

（2）进行数据填写。

①业务申请表。

点击功能菜单键“业务申请”进入图 3－28，填写保存。即完成了新增贴现业务申请表。

②进入汇票信息，点击“新建”，进入业务操作界面见图 3－29。

填写完毕，保存。

③贴现凭证，如图 3－30 所示。

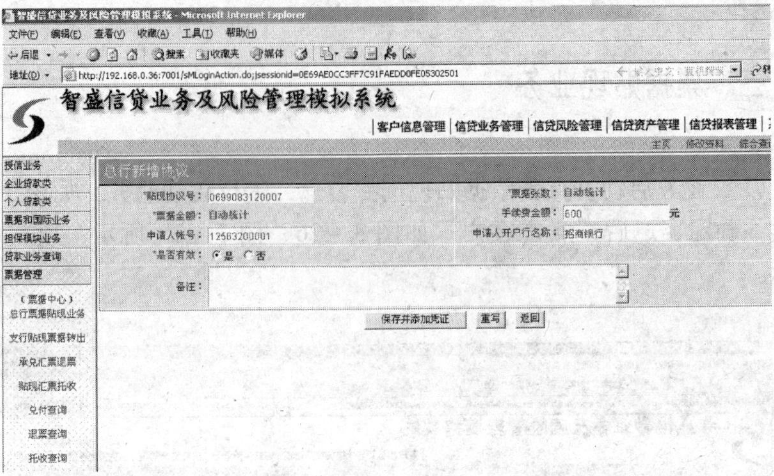

图 3-26

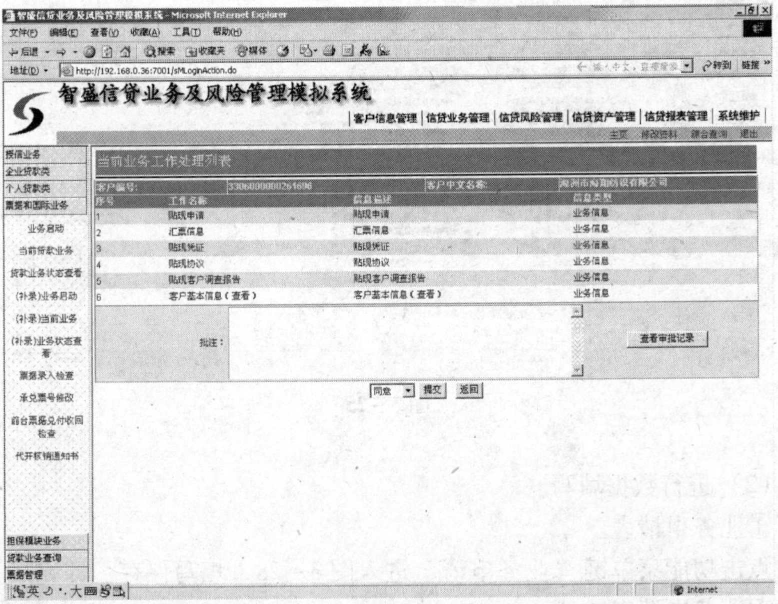

图 3-27

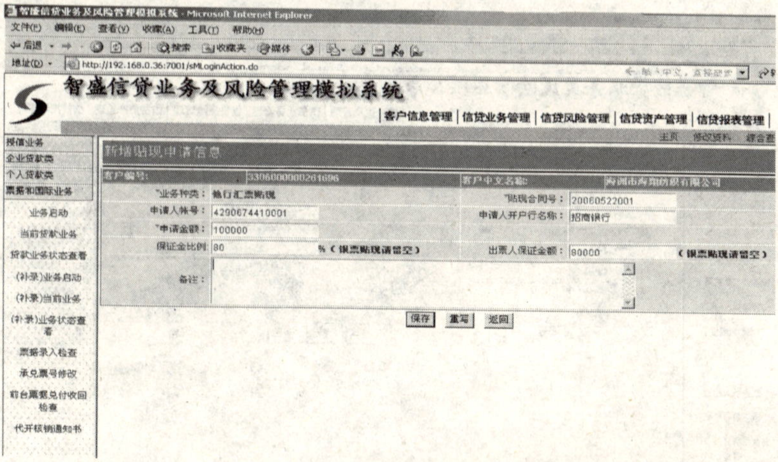
智盛信贷业务及风险管理模拟系统 - Microsoft Internet Explorer
文件(F) 编辑(E) 查看(V) 收藏(A) 工具(T) 帮助(H)
http://192.168.0.36:7001/sMLoginAction.do
智盛信贷业务及风险管理模拟系统
客户信息管理 信贷业务管理 信贷风险管理 信贷资产管理 信贷报表管理
授信业务
企业贷款类
个人贷款类
票据和国际业务
业务启动
当前贷款业务
贷款业务状态查看
(补录)业务启动
(补录)当前业务
(补录)业务状态查看
票据录入检查
承兑票号修改
前台票据兑付收回检查
代开核销通知书
新增贴现申请信息
客户编号: 3306000000261696
客户中文名称: 海洲市海翔纺织有限公司
*业务种类: 他行汇票贴现
*贴现合同号: 20060522001
申请人帐号: 4290674410001
申请人开户行名称: 招商银行
*申请金额: 100000
保证金比例: 80
%(银票贴现请留空)
出票人保证金额: 80000
(银票贴现请留空)
备注:
保存 重写 返回

图 3－28

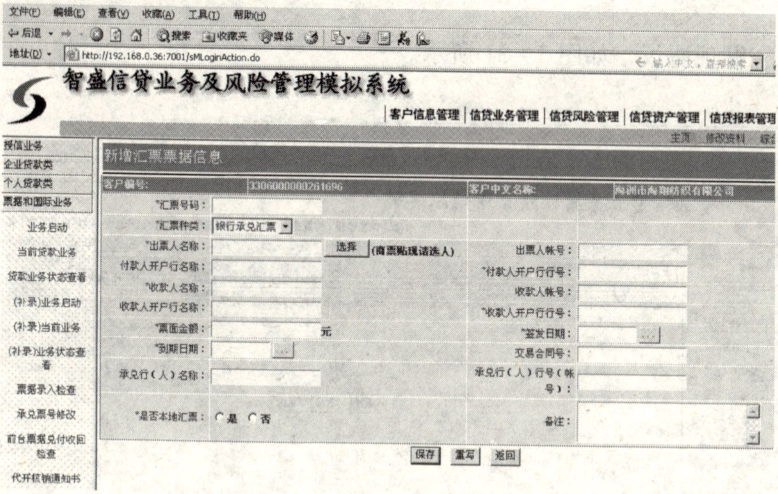
文件(F) 编辑(E) 查看(V) 收藏(A) 工具(T) 帮助(H)
http://192.168.0.36:7001/sMLoginAction.do
智盛信贷业务及风险管理模拟系统
客户信息管理 信贷业务管理 信贷风险管理 信贷资产管理 信贷报表管理
授信业务
企业贷款类
个人贷款类
票据和国际业务
业务启动
当前贷款业务
贷款业务状态查看
(补录)业务启动
(补录)当前业务
(补录)业务状态查看
票据录入检查
承兑票号修改
前台票据兑付收回检查
代开核销通知书
新增汇票票据信息
客户编号: 3306000000261696
客户中文名称: 海洲市海翔纺织有限公司
*汇票号码:
*汇票种类: 银行承兑汇票
*出票人名称:
选择
(商票贴现请选人)
出票人帐号:
付款人开户行名称:
*付款人开户行行号:
*收款人名称:
收款人帐号:
收款人开户行名称:
*收款人开户行行号:
*票面金额:
元
*签发日期:
*到期日期:
交易合同号:
承兑行(人)名称:
承兑行(人)行号(帐号):
*是否本地汇票: 是 否
备注:
保存 重写 返回

图 3－29

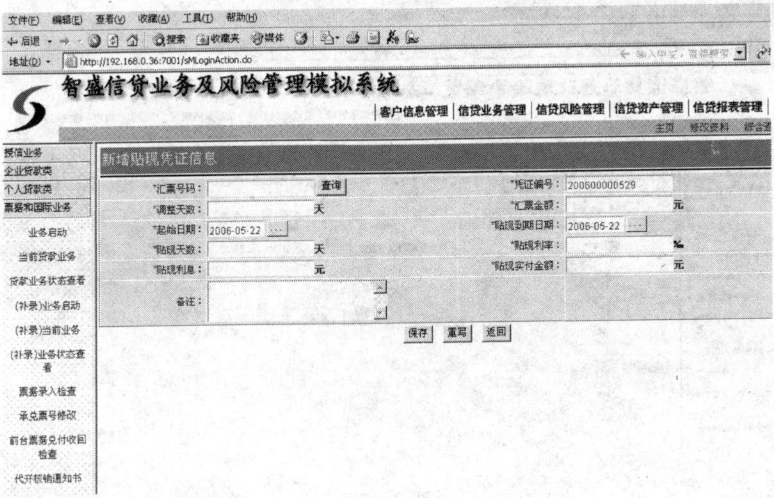

图 3－30

④贴现协议，如图 3－31 所示。

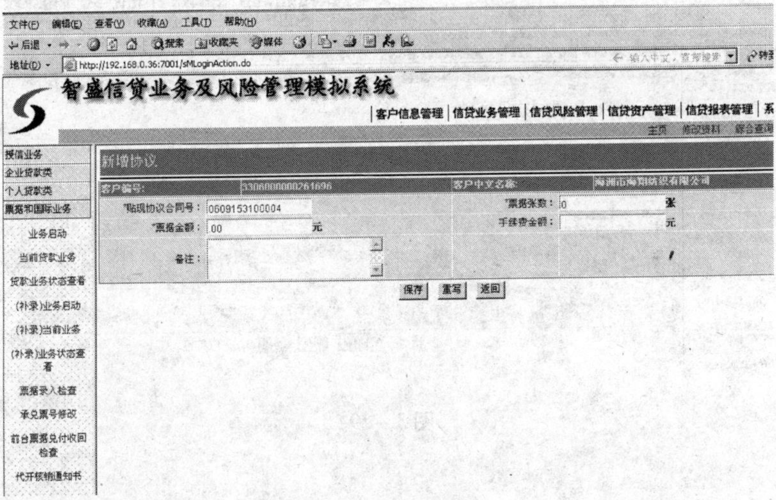

图 3－31

⑤贴现客户调查报告，操作界面如图 3－32 所示。

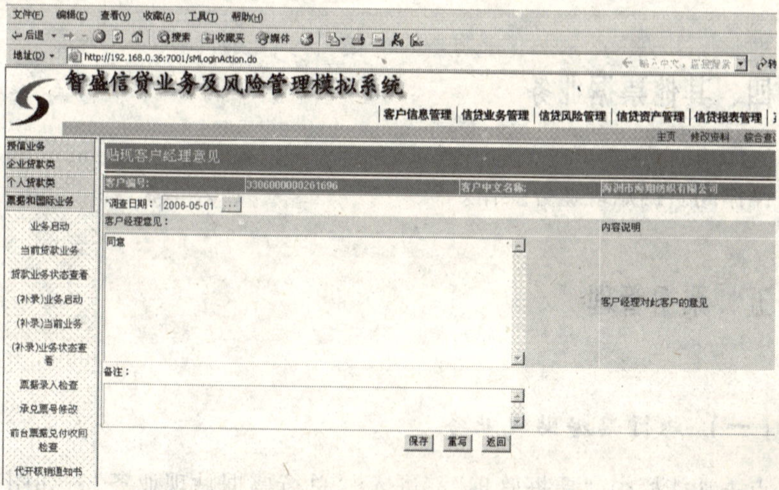

图 3－32

填写、保存完毕即可提交，如图 3－33 所示。待风险控制中心审批通过返回后，最后再次提交，结束流程。

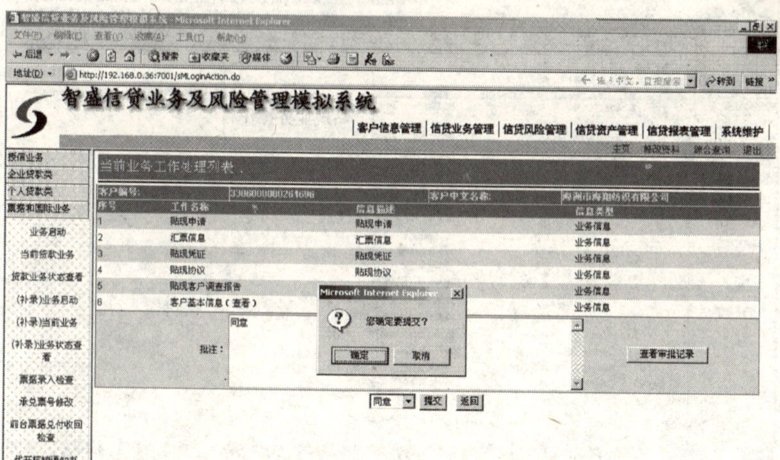

图 3－33

四、其他票据业务

操作同票据贴现业务操作。

五、票据管理

（一）总行票据贴现业务

点击功能栏中“票据管理”，进入“总行票据贴现业务”，如图3－34所示。

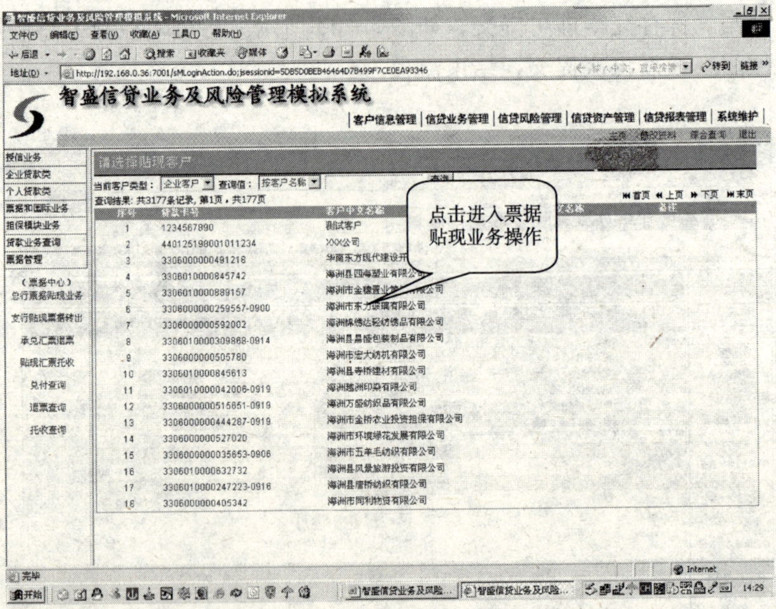

图 3－34

保存并添加凭证，如图3－35所示。

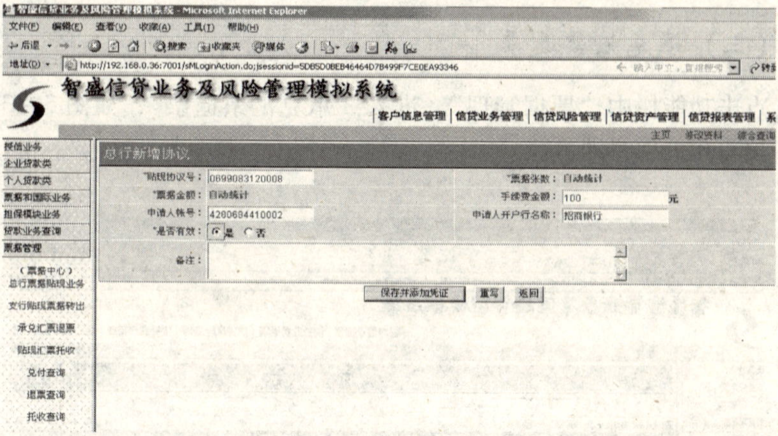

图 3－35

（二）支行票据贴现转出

点击功能栏中“票据管理”，进入“支行票据贴现转出”，如图 3－36 所示，填写相关项目即可。

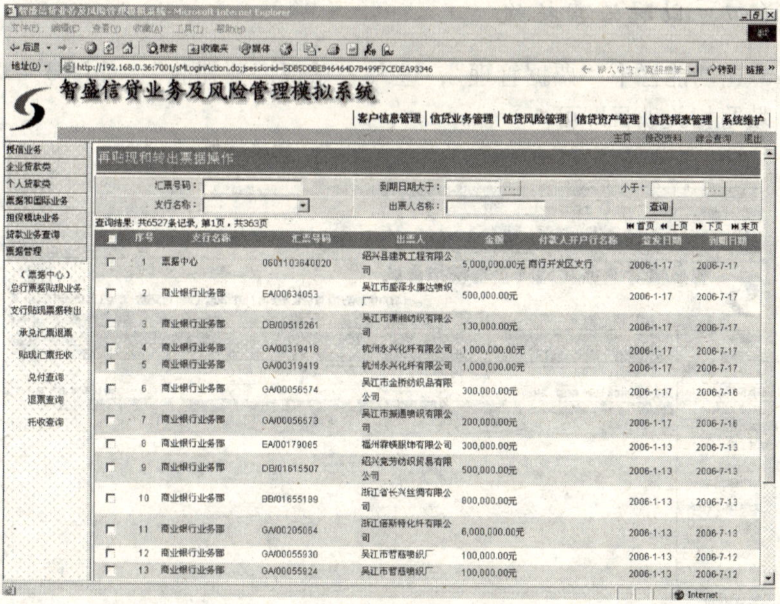

图 3－36

（三）承兑汇票退票

点击功能栏中“票据管理”，进入“承兑汇票退票”，如图 3－37 所示，填写相关项目即可。

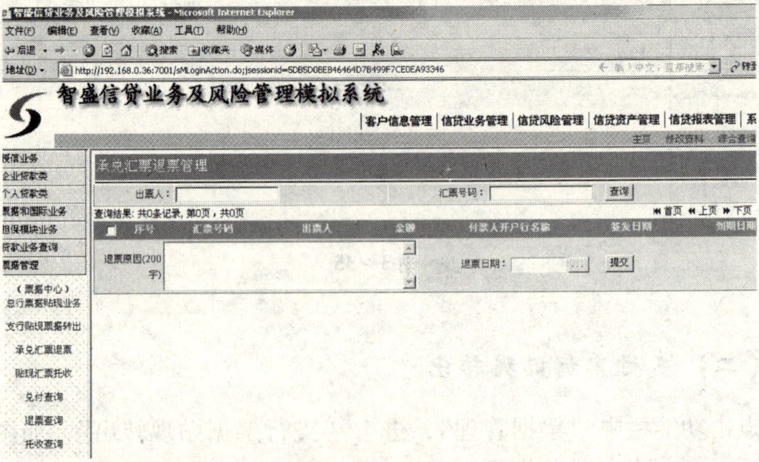

图 3－37

（四）贴现汇票托收

点击功能栏中“票据管理”，进入“贴现汇票托收”，如图 3－38 所示，填写相关项目即可。

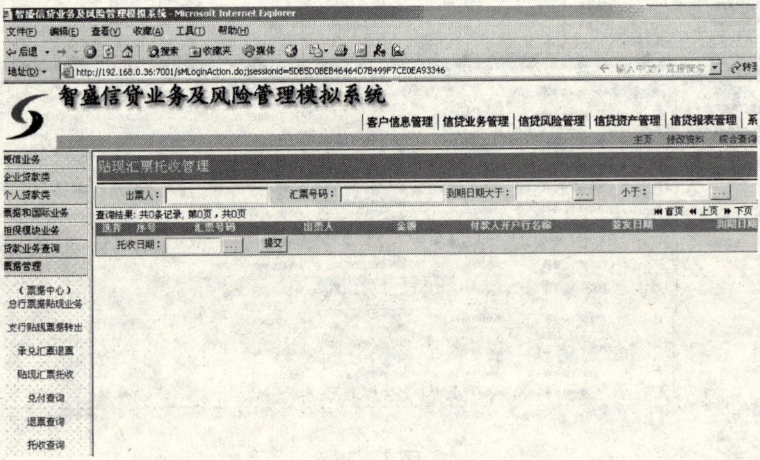

图 3－38

（五）兑付查询

点击功能栏中“票据管理”，进入“兑付查询”，如图 3－39 所示，填写相关项目即可。

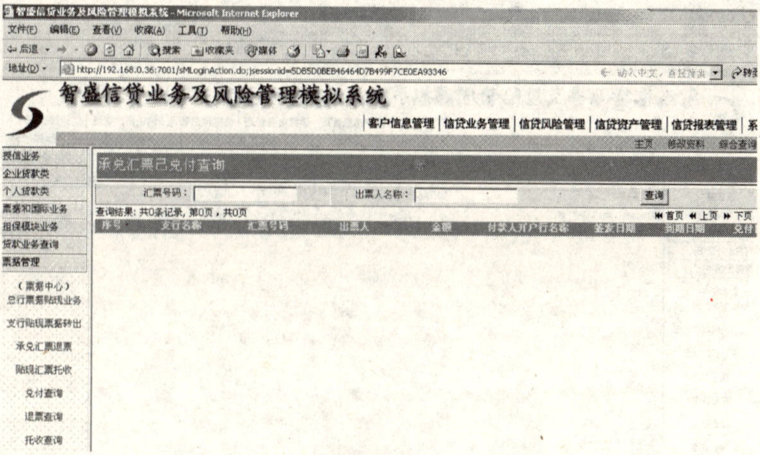

图 3－39

（六）退票查询

点击功能栏中“票据管理”，进入“退票查询”，如图 3－40 所示，填写好相关项目即可。

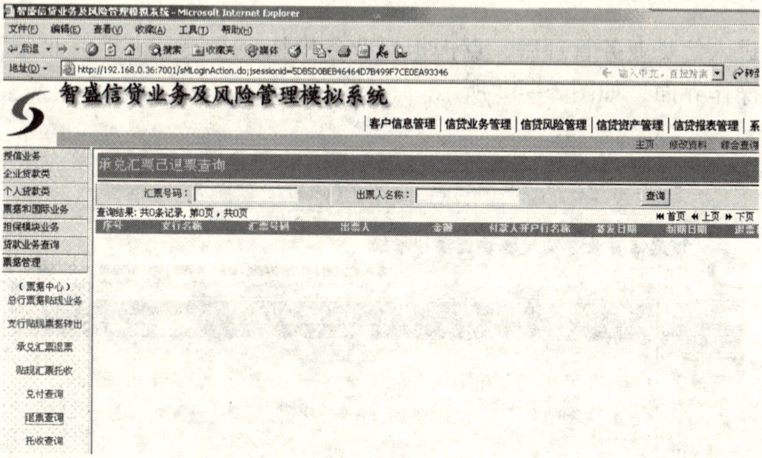

图 3－40

（七）托收查询

点击“票据管理”，进入“托收查询”，如图 3－41 所示，填写好相关项目即可。

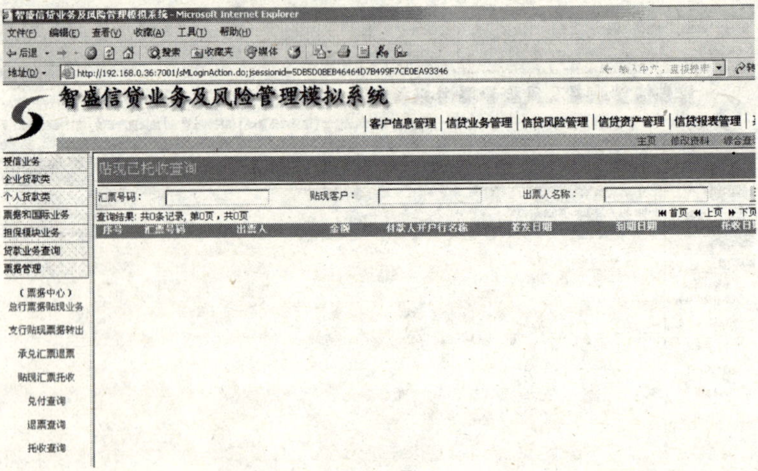

图 3－41

六、担保业务模块

（一）担保业务启动

进入信贷业务管理后，点击担保业务模块，左键点击担保业务启动，进入操作界面，如图 3－42 所示。

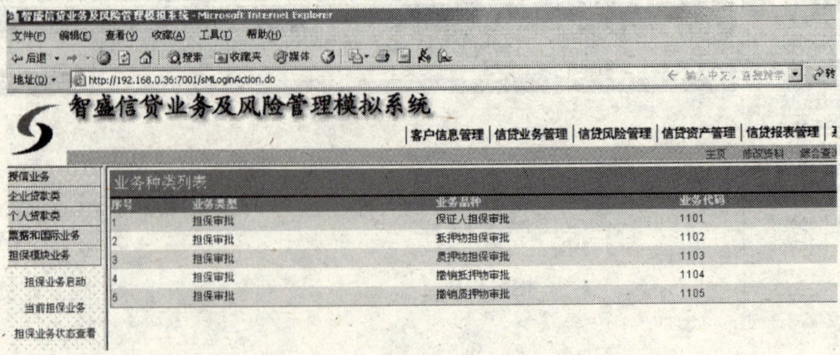

图 3－42

进入图 3－43 所示界面，即可启动业务操作。

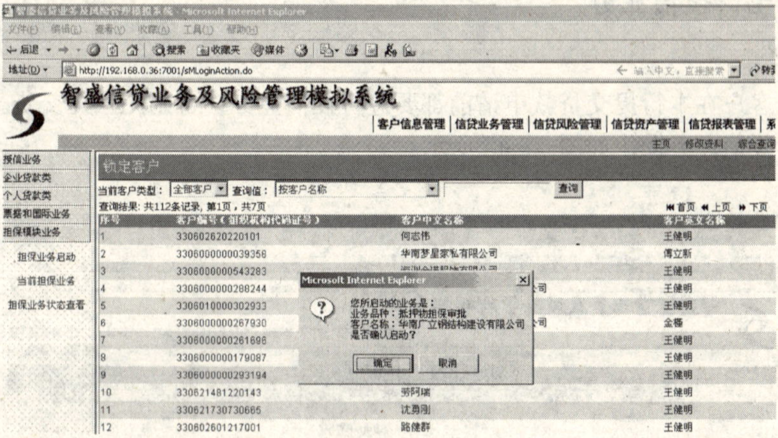

图 3－43

如图 3－44 所示，进入担保业务操作流程。

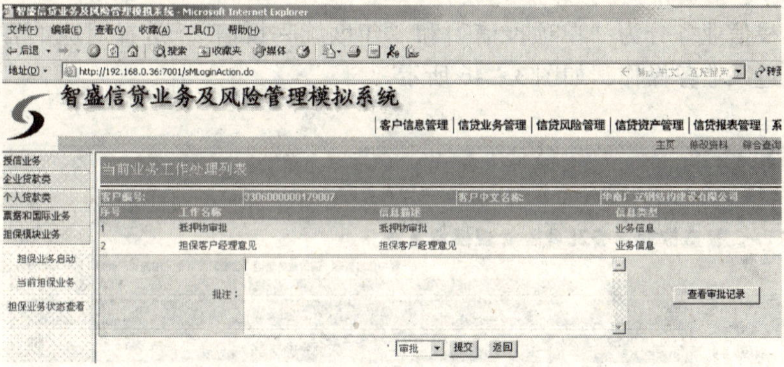

图 3－44

按流程操作完成后，提交到下一个角色去审批，完成后即可提供担保业务了。

七、授信业务

客户在本行提交贷款申请前都要进行授信业务，否则无法提交贷款业务。授信业务操作如图 3－45 所示。

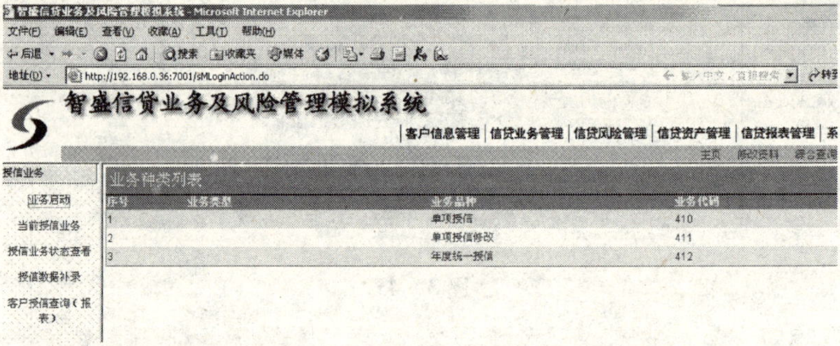

图 3－45

授信业务分为“单项授信”和“年度统一授信”，选择对应的客户，点击进入业务操作，如图 3－46 所示。

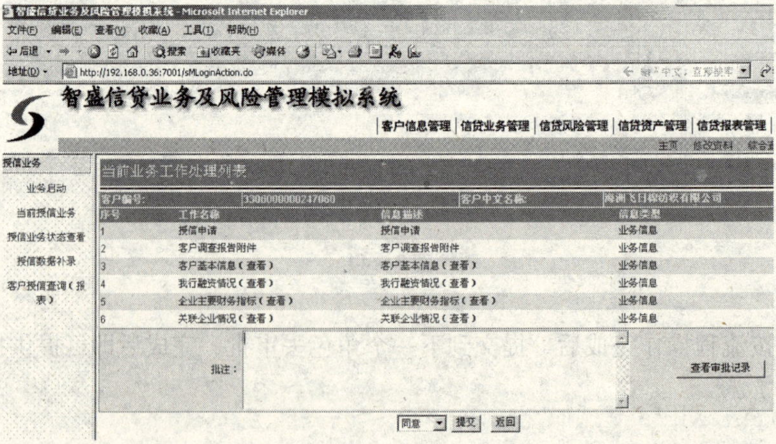

图 3－46

按流程操作完成后就可以完成对客户的授信审批，如图 3－47 所示，填写好相关项目即可。

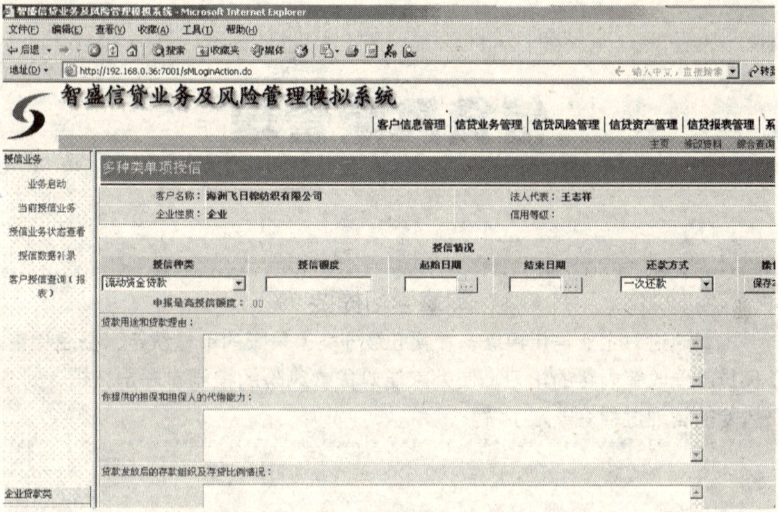

图 3－47

第四章

信贷风险管理

本章学习提要

本章通过对企业信用评级、贷款五级分类、呆账的审核认定、贷后检查、不良贷款催收等内容的学习，使大家能对贷款风险的控制有一定认识，对信贷风险的管理过程有一定了解。

一、信用评估

（一）业务启动

左键点击功能菜单选择“业务启动”进入如图 4－1 所示的界面，在数据加工处理区点击“信用评估”，锁定业务种类，进入图 4－2 界面，在数据加工处理区，锁定客户，即可以启动等级信用评估业务流程了，以后系统将按照事先定制好的流程处理这笔业务审批，如图 4－3 所示。

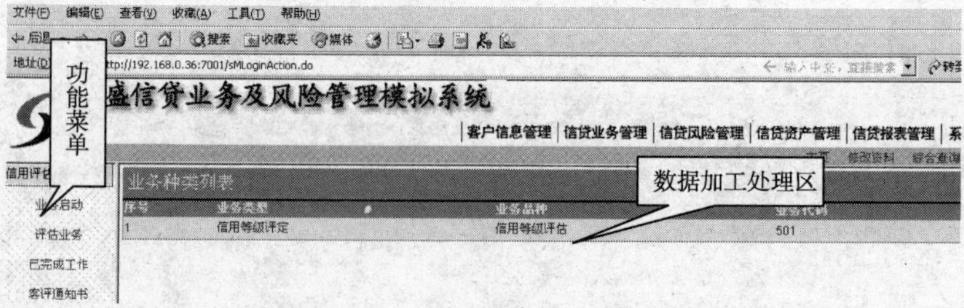

图 4－1

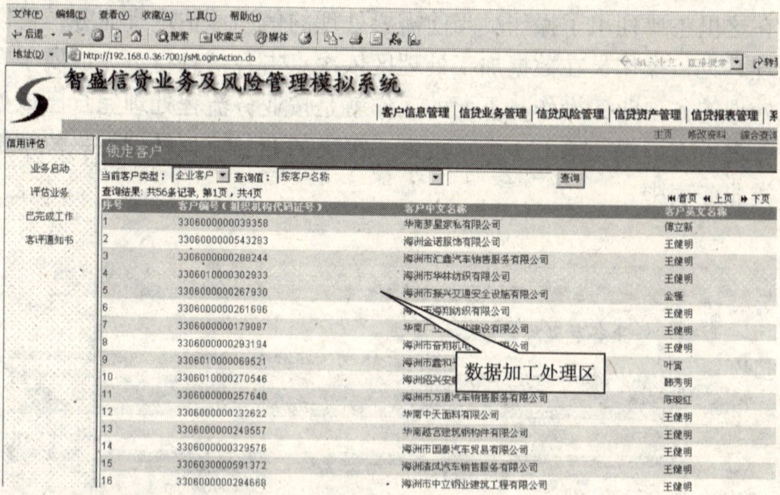

图 4－2

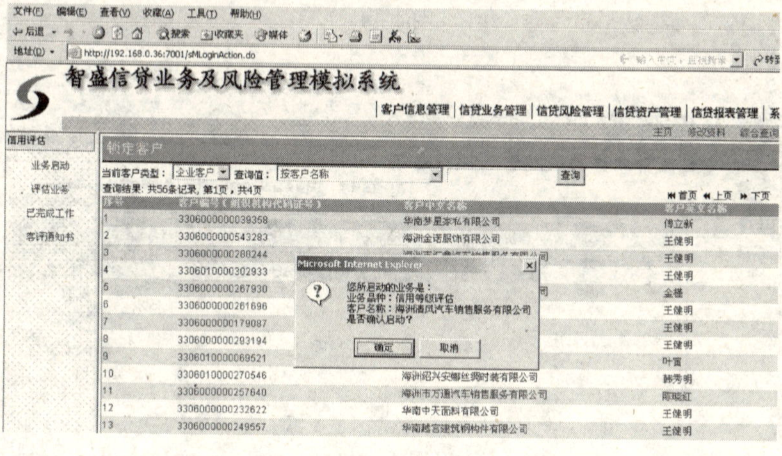

图 4－3

（二）评估业务

当点击功能菜单中的“评估业务”进入如图 4－4 所示的界面，可以看到我们刚刚启动的客户已经在我们的分类业务列表中了。在数据加工区里选择相应的客户，点击，会进入到图 4－5“当前业务工作处理列表”中；填写批注，选择同意或不同意，即可以提交到下一位审批者的业务处理列表中，见图 4－6、图 4－7、图 4－8。

在这里主要列出了操作员当前需要处理的信用评估审批业务，可以查看处理意见，操作员在数据加工处理区依次点击各信息行，完成属于自己应该处理的各项业务操作，下面的工作就是按业务流程处理完自己该处理的业务之后方可提交给下一个审批人。提交的业务流程转到下一位审批者的分类业务表中。

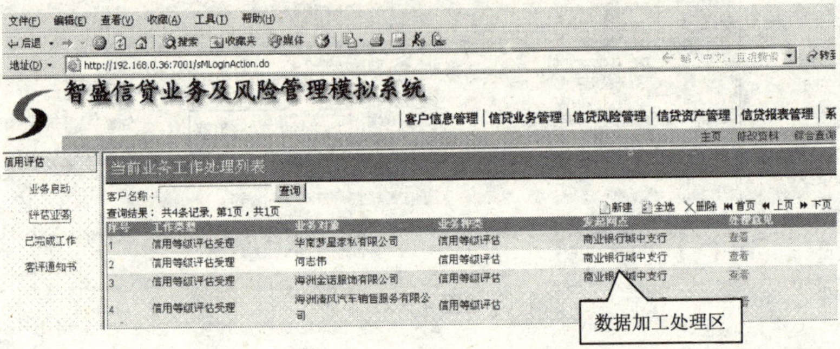

图 4－4

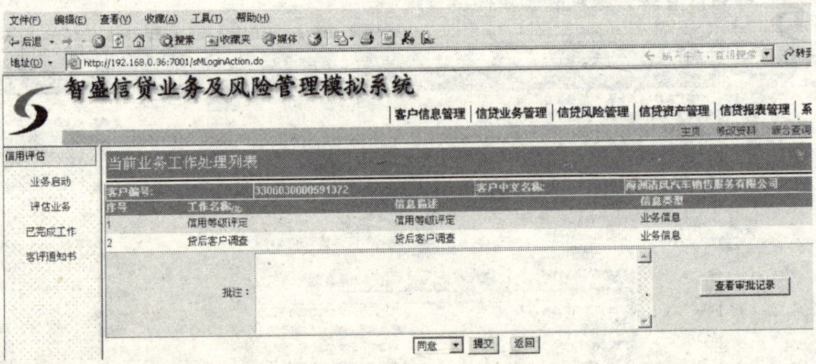

图 4－5

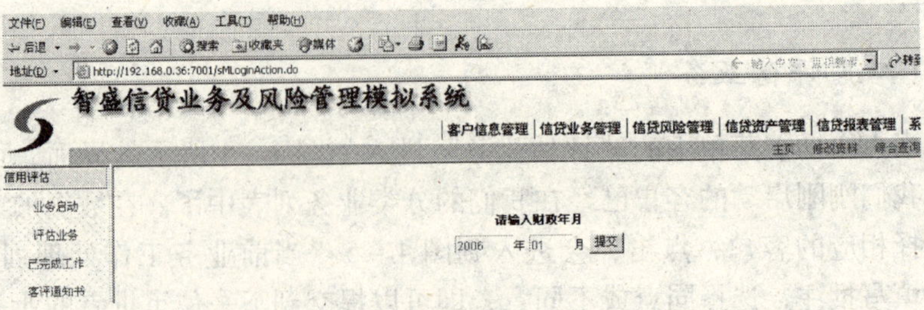

图 4－6

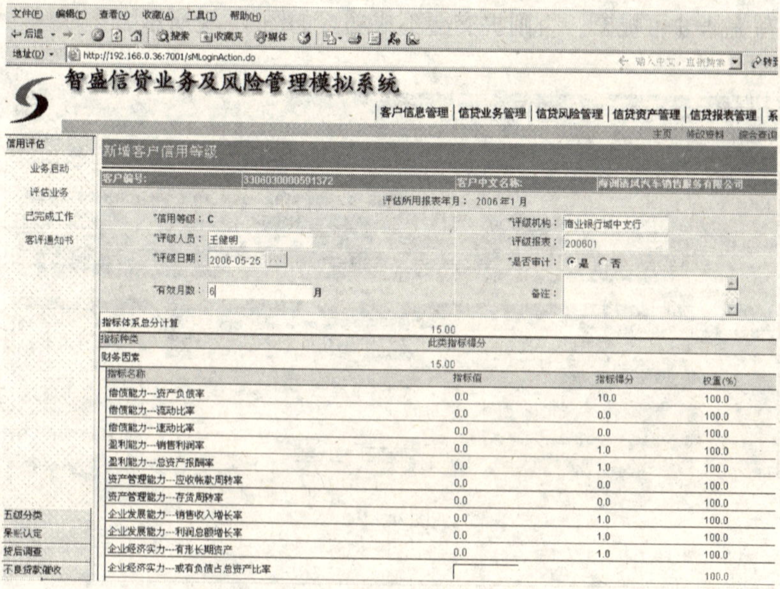

图4－7

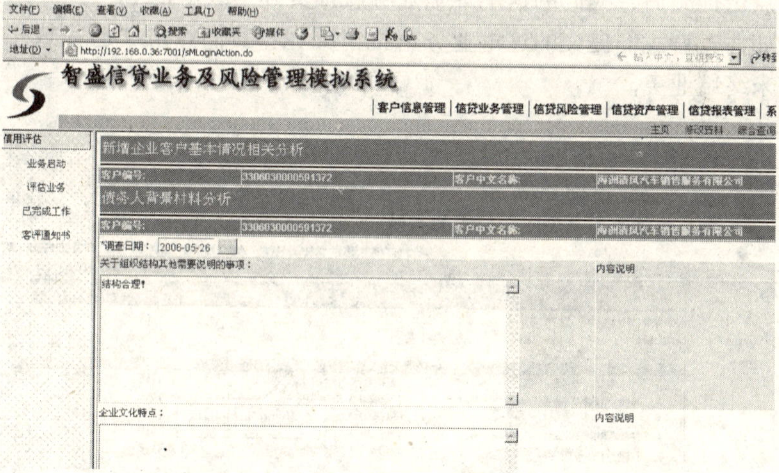

图4－8

提示：（1）填写信用等级评定业务信息，都是以所用财政年月报表为基础的，如图4－6所示。

（2）如果差哪一项必填的信息没填，会出来红字提示。

（3）如果是客户经理，需对进行评估业务的客户的相应业务信息进行填写完毕才可提交，否则提交会不成功。如图 4 –9 所示。

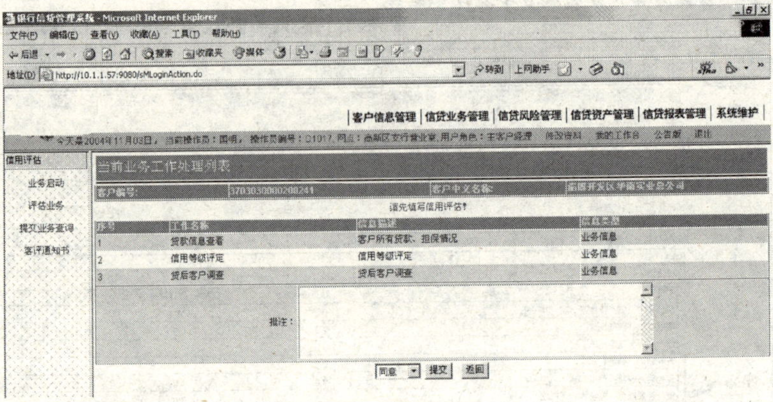

图 4 –9

（三）业务审批情况查询

点击提交后，我们的这笔评估业务就提交到上级审批了。

如何查看我们提交的这笔业务审批情况呢？我们点击“已完成工作”查询未终结业务。

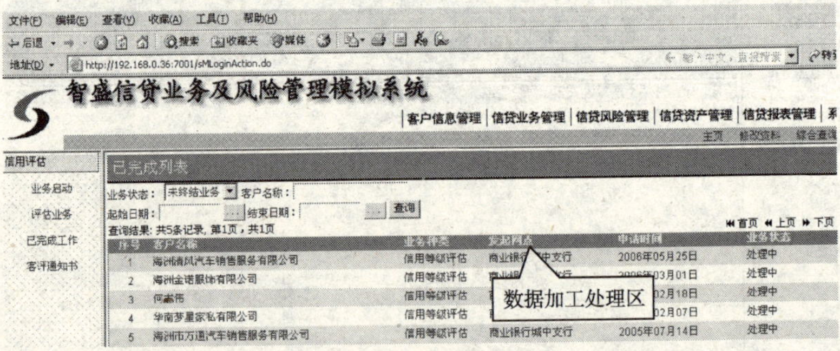

图 4 –10

在如图 4 –10 所示的界面，我们可以根据查询条件找到相应的客户，在数据加工处理区，点击相应的客户，可查看到相应客户的审批情况。如图4 –11 所示。

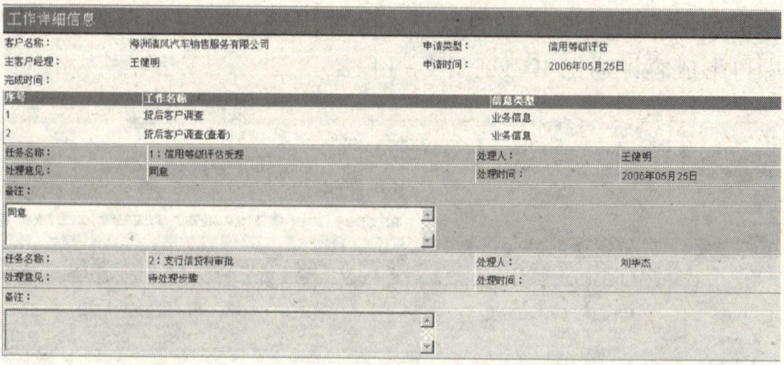

图 4－11

（四）客评通知书

对客户的信用评估结果形成客评通知书，一般情况下总行的操作员才有权作客评通知书，再分发给支行。

作客评通知书，进入图 4－12。

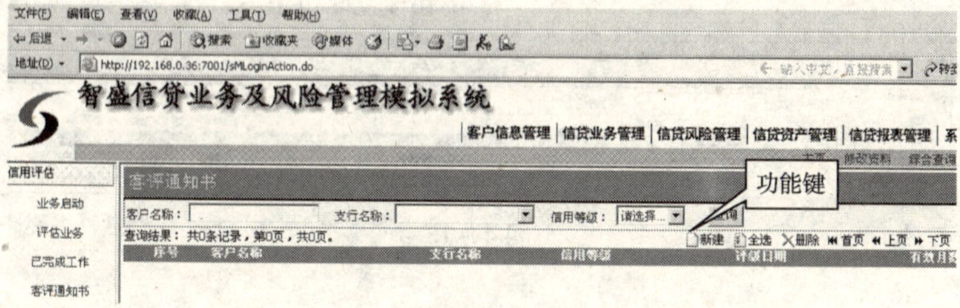

图 4－12

点功能键“新建”，进入图 4－13，在这里会列出已完成信用评估的客户信息。

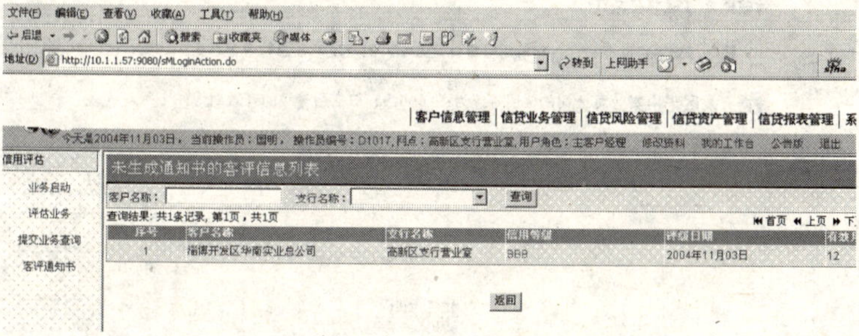

图 4－13

左键点击未生成通知书的客户，会弹出输入客评日期界面，输入日期，即可形成客评通知书。见图4－14。

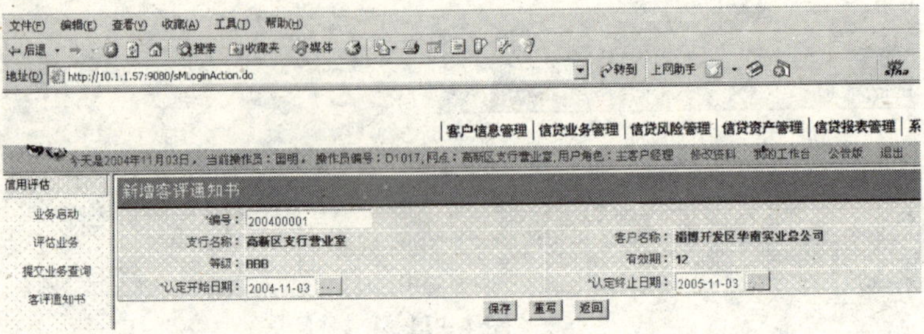

图4－14

保存即可，在图4－15界面可查阅到客评通知书。

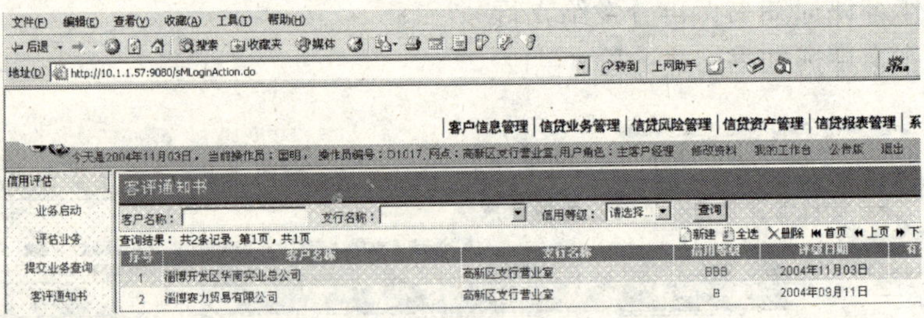

图4－15

点击客户名称即可出现客户信用等级认定通知书，如图4－16所示。

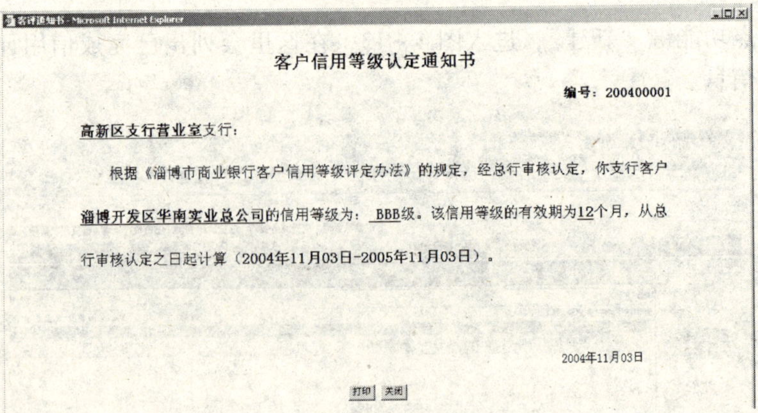
客评通知书 - Microsoft Internet Explorer

客户信用等级认定通知书

编号：200400001

高新区支行营业室支行：

根据《淄博市商业银行客户信用等级评定办法》的规定，经总行审核认定，你支行客户淄博开发区华南实业总公司的信用等级为：BBB级。该信用等级的有效期为12个月，从总行审核认定之日起计算（2004年11月03日-2005年11月03日）。

2004年11月03日

打印 关闭

图4－16

二、贷款五级分类

（一）业务启动

1. 自动批量分类

自动批量分类，如图 4－17 所示。

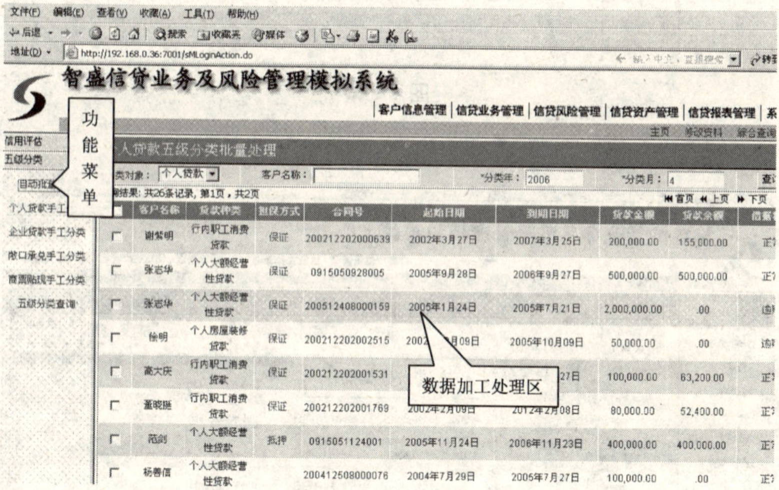

图 4－17

左键点击功能菜单选择“业务启动”进入如图 4－17 所示的界面，在数据加工处理区点击选中需分类的客户，执行“批量分类”，进入如图 4－18 所示界面。

2. 个人贷款手工分类

在此界面上，分两块，首先是查询相关客户，如图 4－19 所示。

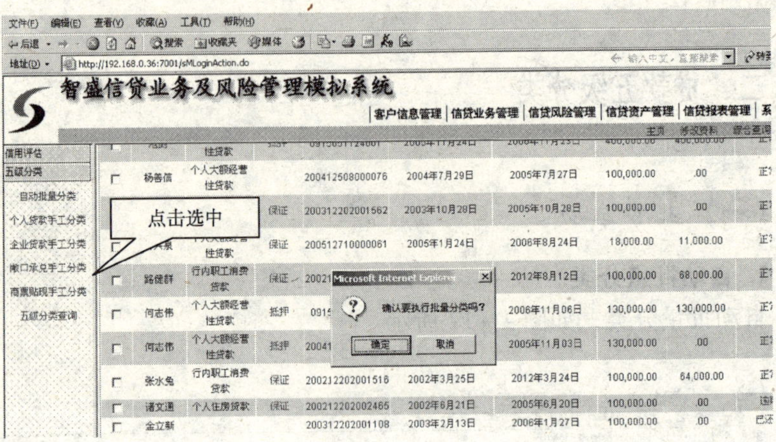

图 4－18

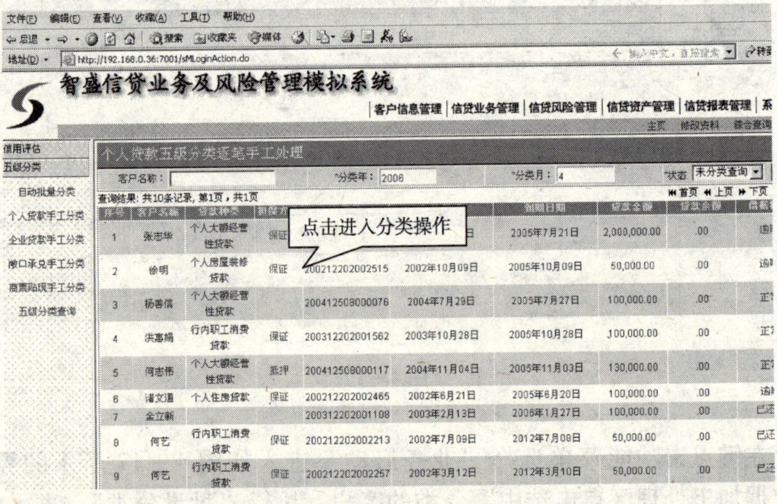

图 4－19

提示：“分类年”和“分类月”都为必须输入项。

分类界面如图 4－20 所示。

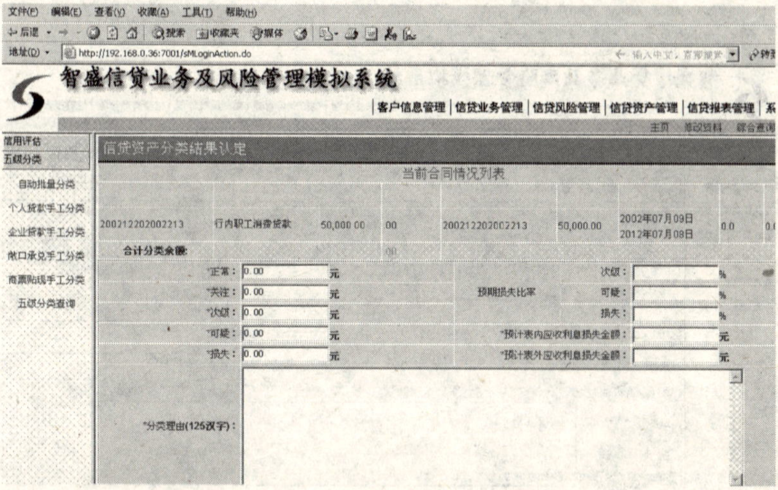

图 4－20

3. 企业贷款手工分类

分类操作界面如图 4－21 所示。

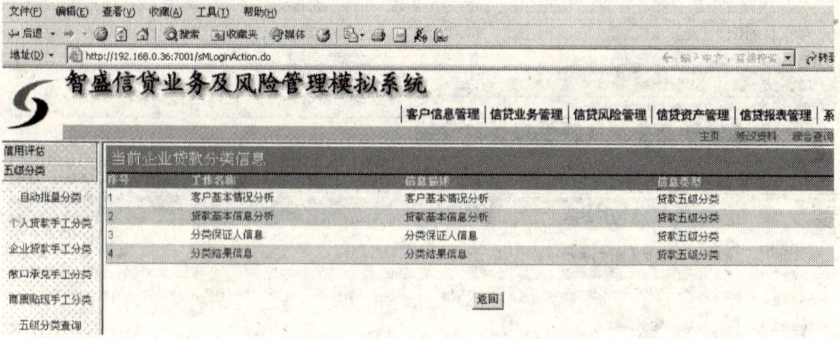

图 4－21

在数据加工处理区中，即可对该客户进行五级分类的工作流程，以后系统将按照事先定制好的流程处理这笔业务。如图 4－22 所示。

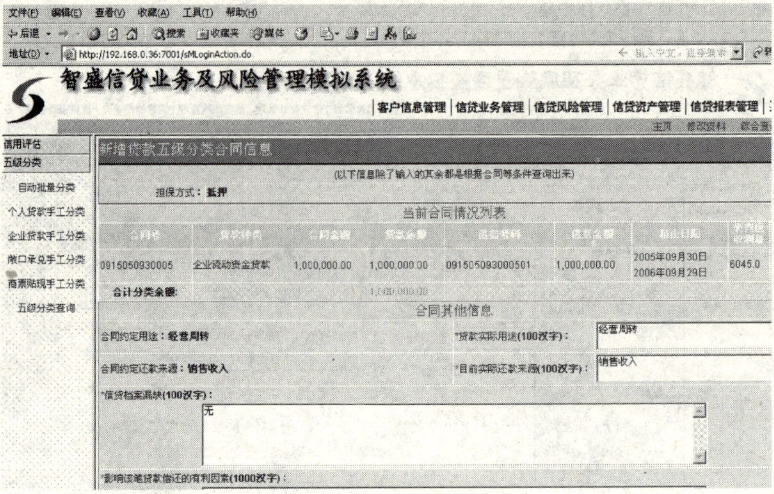

图 4-22

4. 敞口承兑手工分类

操作界面如图 4-23 所示，首先查询到相关客户，点击进入分类界面。

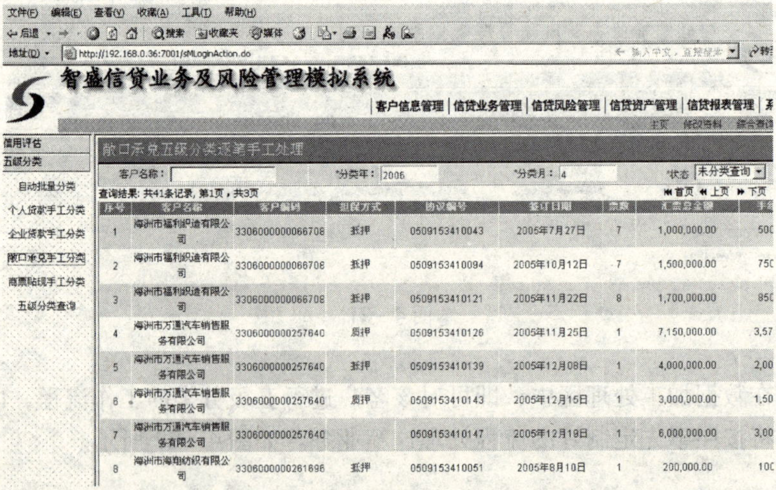

图 4-23

分类操作界面如图 4-24 所示。

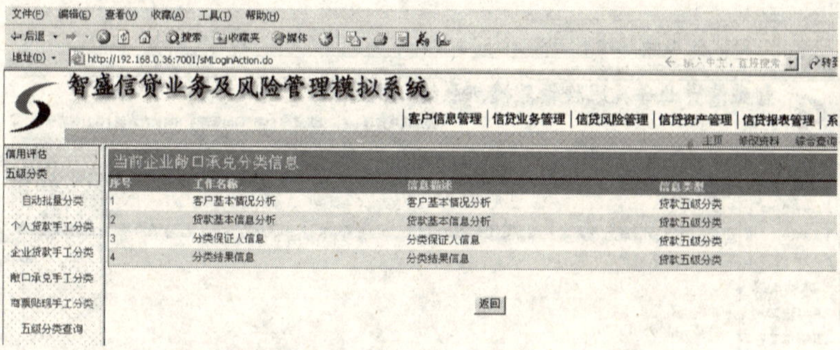

图 4－24

点击图 4－24 所示工作流程，按设定好的流程完成整个分类业务操作。如图 4－25 所示。

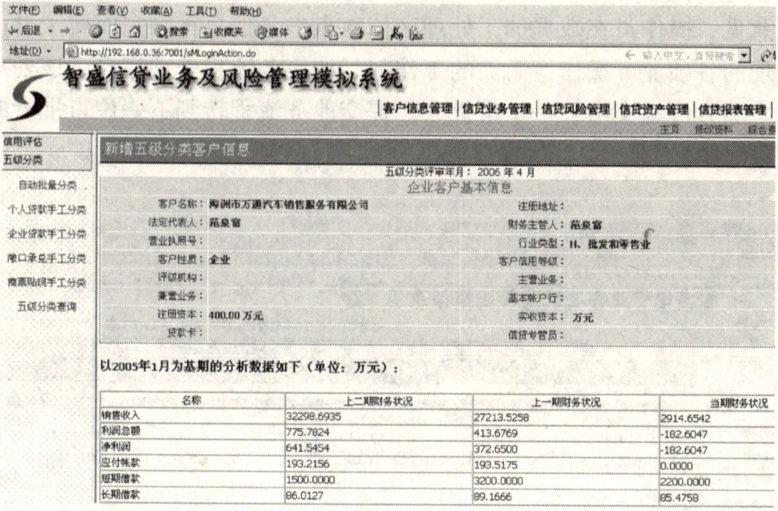

图 4－25

5. 商票贴现手工分类

操作界面如图 4－26 所示，填好相关项目，即可按设定好的流程完成整个分类业务操作。

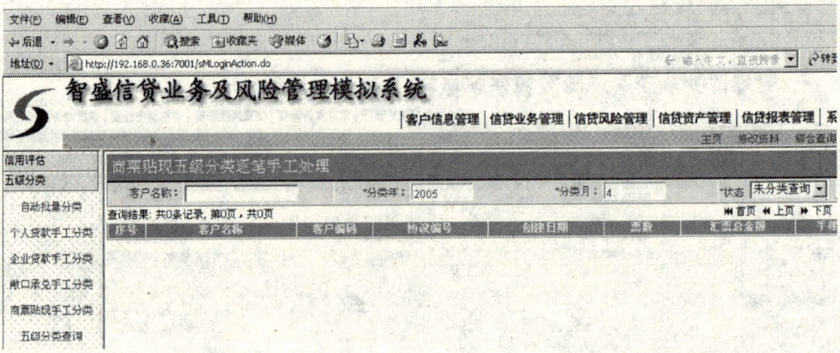

图 4 – 26

6. 五级分类查询

点击图 4 – 27 中“五级分类查询”，根据图中所示的工作流程，按设定好的流程即可查询五级分类情况。

在这里主要是列出了操作员当前需要处理的五级分类业务，可以查看处理意见，操作员在数据加工处理区依次点击各信息行，完成属于自己应该处理的各项业务操作，后面的工作就是按业务流程处理完自己该处理的业务之后方可提交给下一个审批人。提交业务流程转到下一位审批者的分类业务表中。

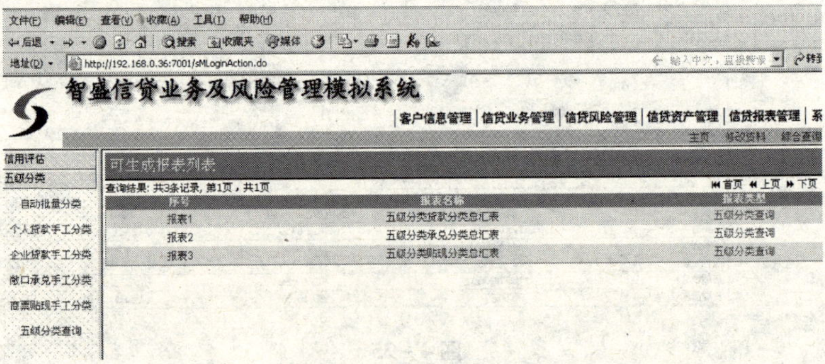

图 4 – 27

三、呆账认定

（一）业务启动

首先启动业务种类，后锁定客户，如图 4 – 28 所示。

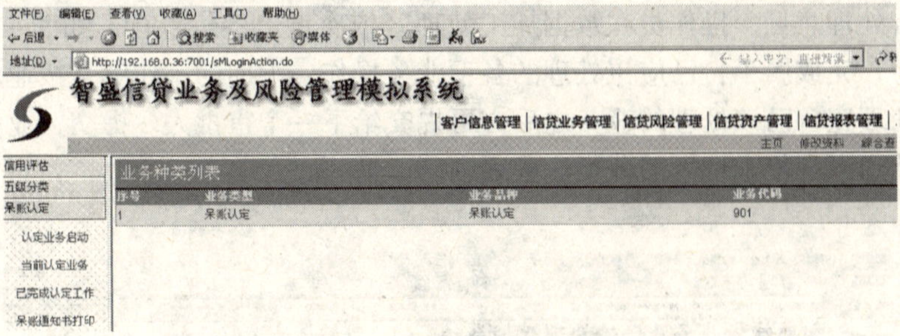

图 4－28

左键点击功能菜单选择“业务启动”进入如图 4－28 所示的界面，在数据加工处理区点击“呆账认定”，锁定业务种类，进入图 4－29 界面，再进行数据加工处理，锁定客户，即可以启动业务流程了，以后系统将按照事先定制好的流程处理这笔业务审批。

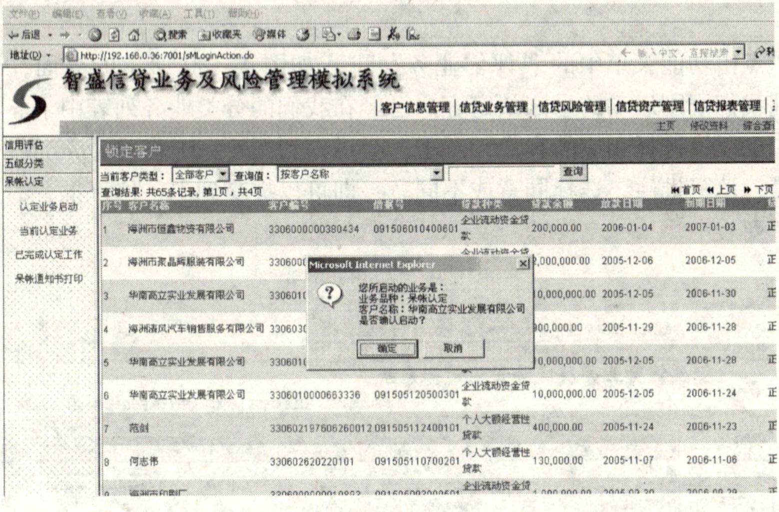

图 4－29

业务启动方式同第三章中信贷业务启动方式，在如图 3－8 所示的界面，选择一个客户，左键点击，会弹出一个确认框，决定是否启动该业务流程，点“确定”，以后系统将按照事先定制好的流程处理这笔业务。

（二）呆账认定业务

在这里主要是列出了操作员当前需要处理的呆账认定审批业务，可以查看处理意见，操作员在数据加工处理区依次点击各信息行，如图 4－30 所示，完成属于自己应该处理的各项业务操作，下面的工作就是按业务流程处理完自己该处理的业务之后方可提交给下一个审批人。提交，业务流程转到下一位审批者的分类业务表中。

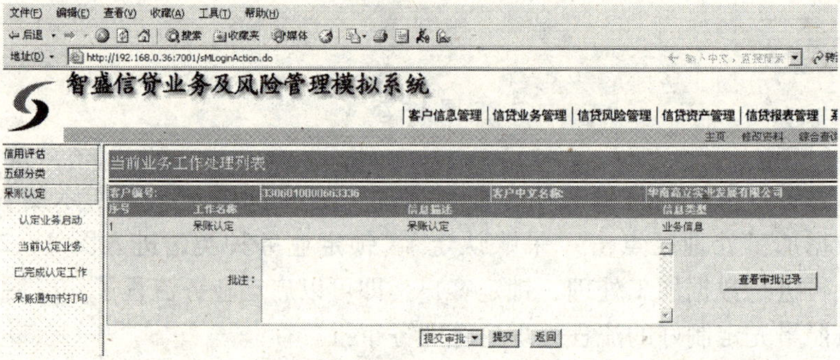

图 4－30

点击功能菜单中的“评估业务”进入如图 4－30 所示的界面，可以看到我们刚刚启动的呆账认定客户已经在我们的分类业务列表中了。在数据加工区里选择相应的客户，点击，会进入到图 4－31 当前业务工作处理列表；填写批注，选择同意或不同意，即可以提交到下一位审批者的业务处理列表中。

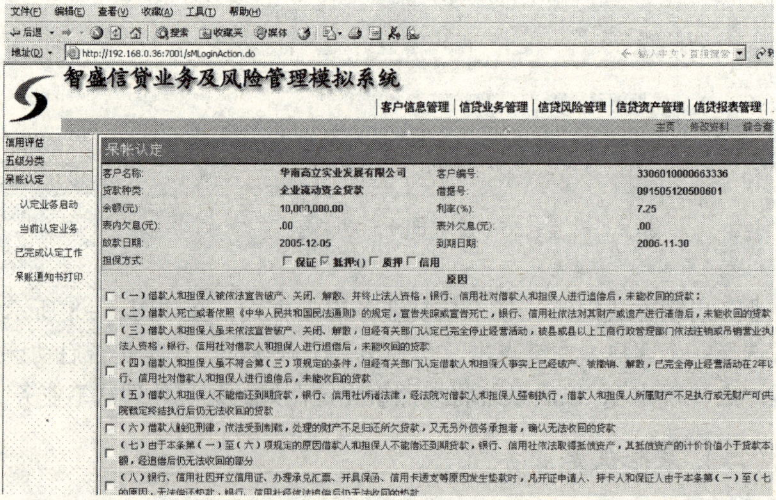

图 4－31

提示：

(1) 如果差哪一项必填的信息没填，会出来红字提示。

(2) 如果是客户经理，需对进行黑名单业务的客户的相应业务信息进行填写完毕才可提交，否则提交会不成功。

(三) 呆账业务审批查询

点击提交后，我们的这笔呆账认定业务就提交到上级审批了。如何查看我们提交的这笔业务审批情况呢？我们点击已终结业务或点击未终结业务，如图 4－32 所示。

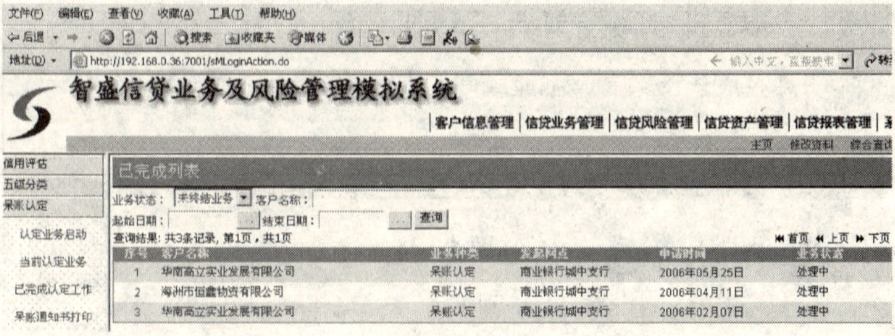

图 4－32

(四) 打印呆账通知书

点击图 4－32 中“呆账通知书打印”，进入图 4－33 所示，点击“打印”即可。

四、贷后检查

(一) 业务启动

首先启动业务种类，后锁定客户（如图 4－34、图 4－35 所示）。

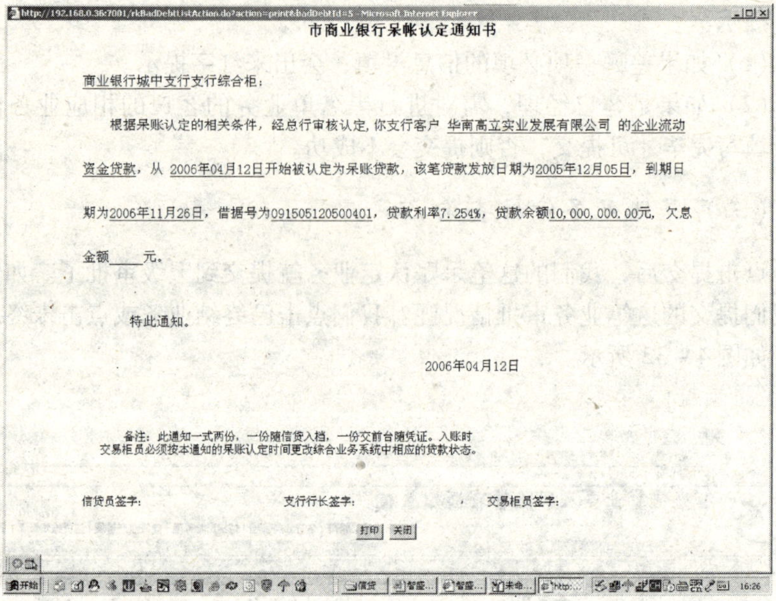

图 4-33

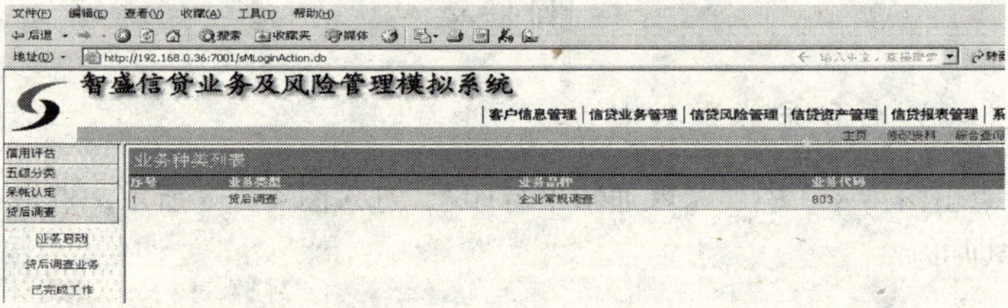

图 4-34

（二）贷后检查业务

这里主要列出了操作员当前需要处理的贷后调查业务，可以查看处理意见，操作员在数据加工处理区依次点击各信息行，如图 4-36 所示，完成属于自己应该处理的各项业务操作，后面的工作就是按业务流程处理完自己该处理的业务之后方可提交给下一个审批人。提交后，业务流程转到下一位审批者的贷后调查业务表中。

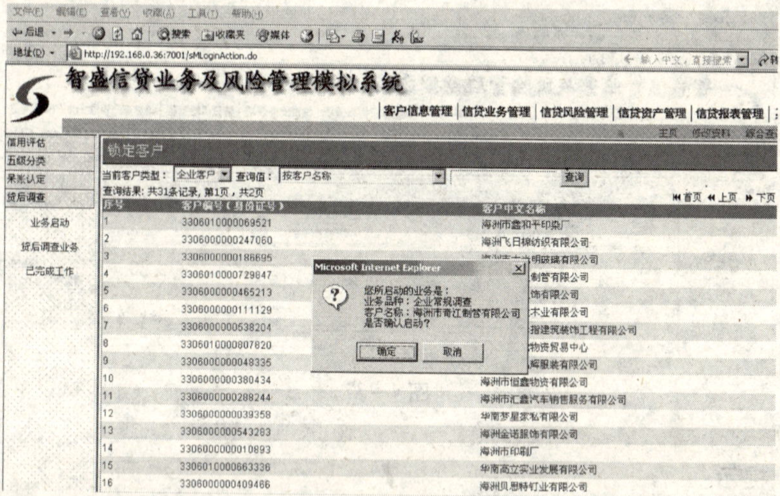

图 4－35

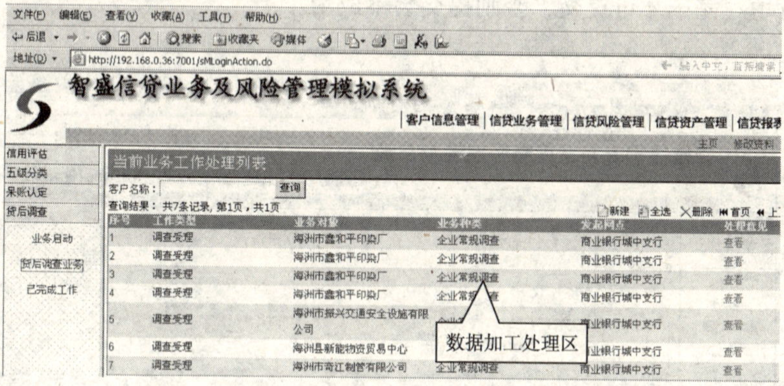

图 4－36

处理具体的业务：点击功能菜单中的“贷后调查业务”进入如图 4－36 所示的界面，可以看到我们刚刚启动的贷后调查业务已经在我们的当前业务列表里了。在数据加工区里选择相应的客户，点击，会进入到图 4－37“当前业务工作处理列表”。填写具体的业务信息，再填写批注意见即可提交给下一位业务审批人，如图 4－38 所示。

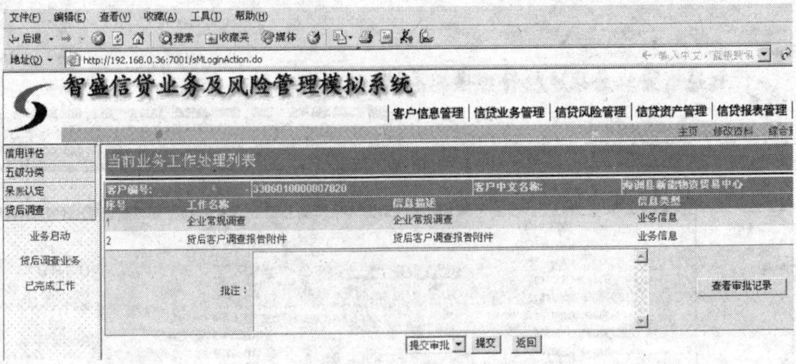

图 4-37

提示：

（1）如果差哪一项必填的信息没填，会出来红字提示。

（2）如果是客户经理，需对之进行贷后调查的客户的相应业务信息进行填写完毕才可提交，否则提交会不成功。

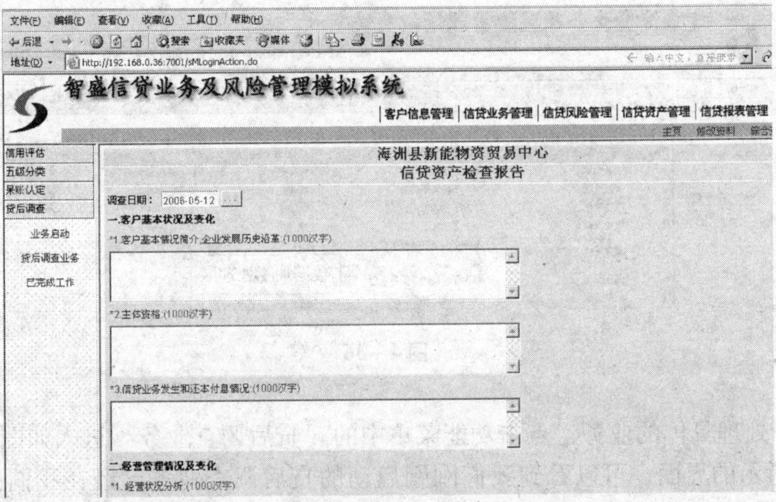

图 4-38

（三）贷后调查业务审批查询

点击提交后，我们的这笔贷后调查业务就提交给上级审批了。如何查看我们提交的这笔业务审批情况呢？我们点击提交业务查询，如图 4-39 所示。

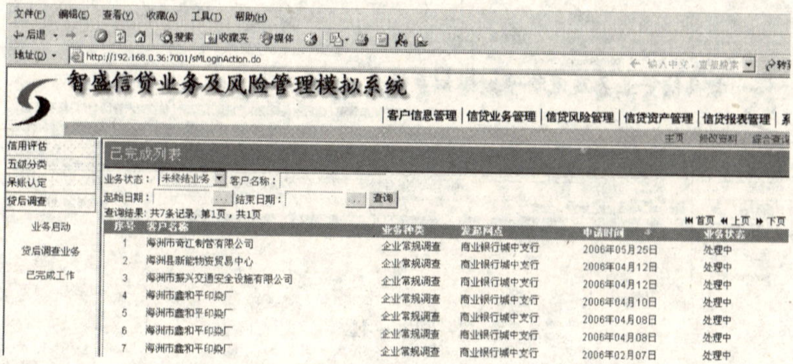

图 4－39

在如图 4－39 所示的界面，我们可以根据查询条件找到相应的客户，在数据加工处理区，点击相应的客户，可查看到相应客户的审批情况，如图 4－40 所示。

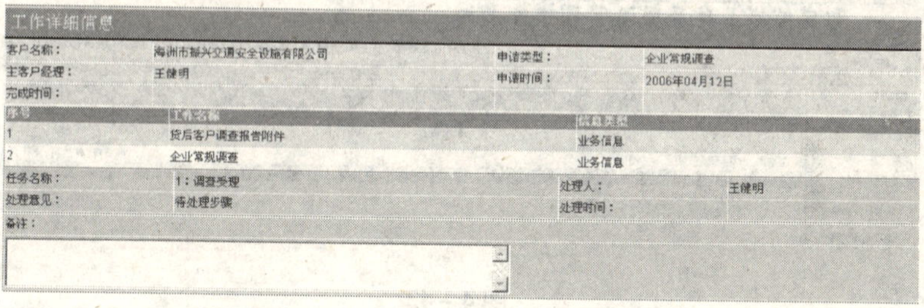

图 4－40

五、不良贷款催收

（一）催收认定业务

首先启动业务种类，后锁定客户（如图 4－41 所示），选择相应项目，即可完成该业务操作。

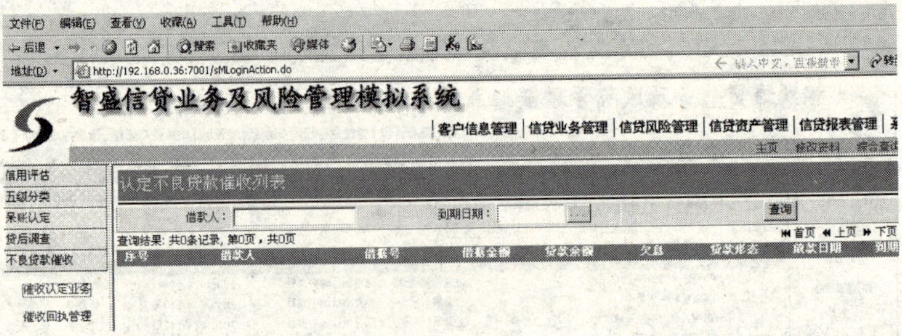

图 4－41

（二）催收回执管理

点击“不良贷款催收”，进入“催收回执管理”，如图 4－42 所示，填好相应项目即可。

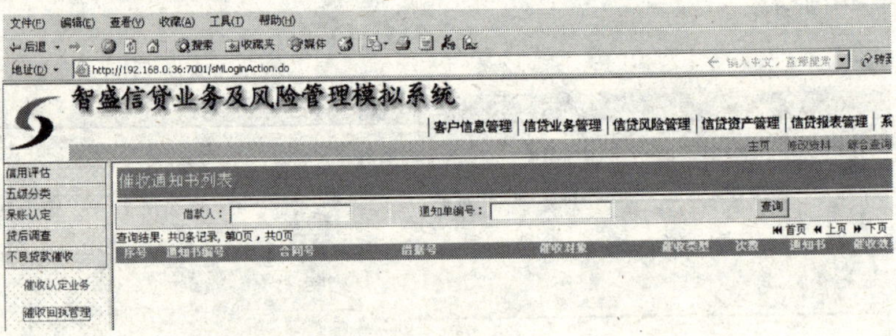

图 4－42

第五章

信贷资产管理

本章学习提要

本章主要介绍贷款呆账核销的处理程序，通过本章的学习，能使大家对呆账核销的处理流程有一个全面认识。

一、核销业务启动

首先启动业务种类，后锁定客户某一呆账（如图 5－1、图 5－2 所示）。

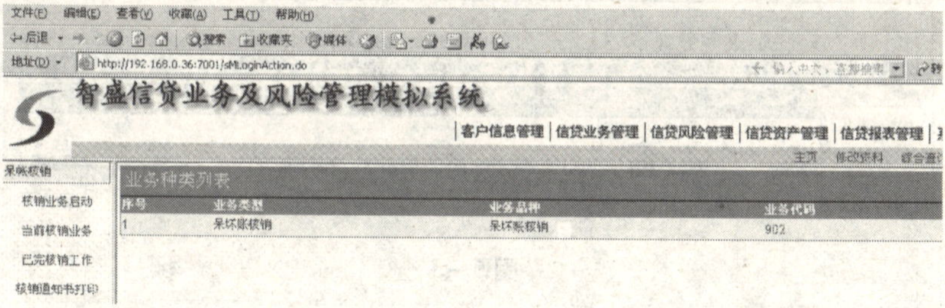

图 5－1

在呆坏账借据列表中可通过查询搜索栏搜索到对应的客户的呆账信息，如图 5－2 所示，在数据加工处理区左键点击即可启动核销业务流程。

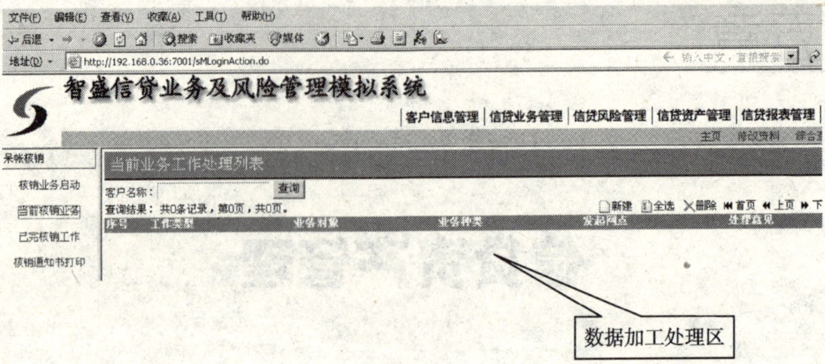

图 5－2

二、当前核销业务

点击功能菜单中的“当前核销业务”进入如图 5－3 所示的界面，可以看到我们刚刚启动的业务已经在我们的分类业务列表里了。这里主要列出了操作员当前需要处理的呆账核销业务，可以查看处理意见，也开始处理业务。

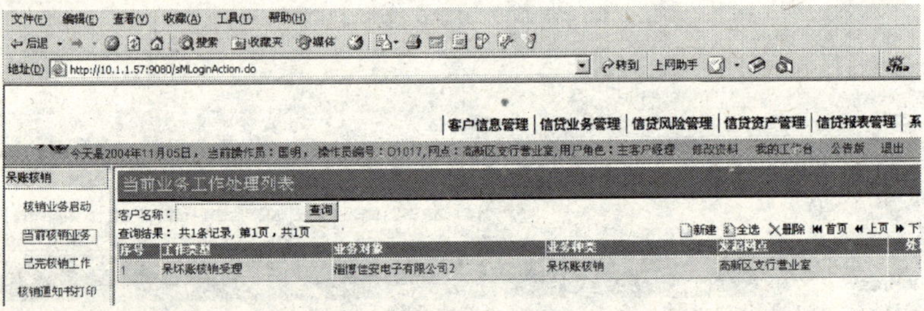

图 5－3

处理具体的业务：在数据加工区里选择相应的客户，点击，会进入到图 5－4“当前业务工作处理列表”。填写批注，选择同意或不同意，即可以提交到下一位审批者的业务处理列表中。

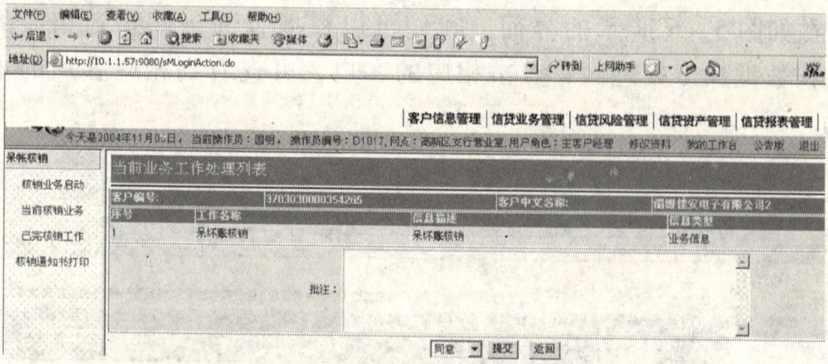

图 5－4

提示：如果是客户经理，需对进行呆账核销的客户的相应业务信息填写完毕才可提交，否则提交会不成功，如图 5－5 所示。

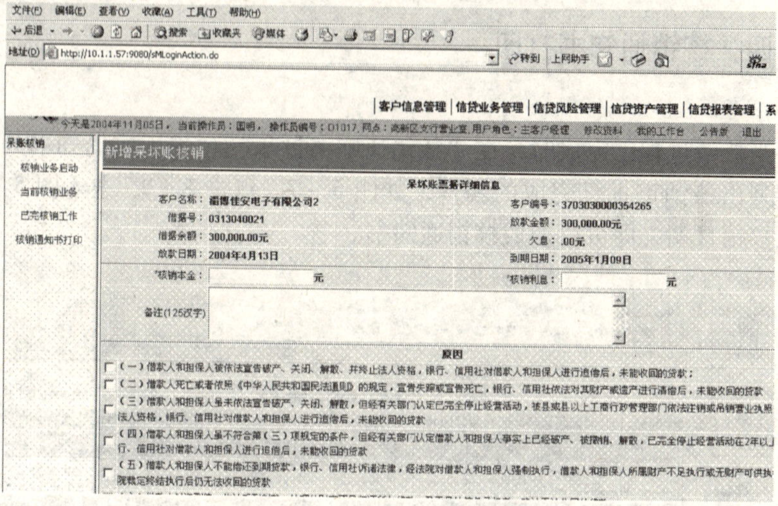

图 5－5

三、已完核销业务

点击提交后，我们的这笔核销业务就提交到上级审批了。如何查看我们提交的这笔业务审批情况呢？我们点击“已完核销工作”。

在如图 5－6 所示的界面，我们可以根据查询条件找到相应的客户，在数据加工处理区，点击相应的客户，可查看到相应客户的审批情况。

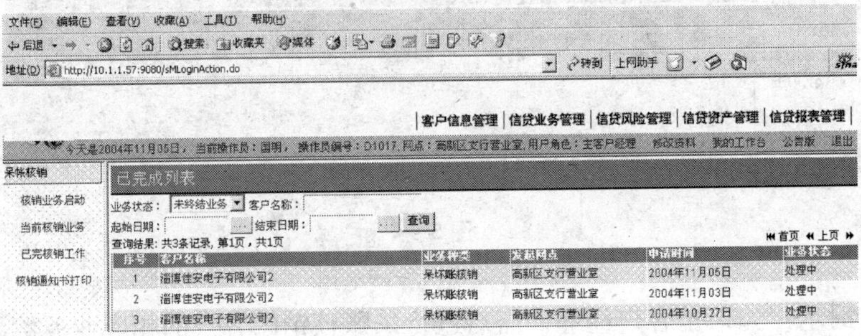

图 5－6

四、核销通知书打印

当核销过程已完成时，在“核销通知书打印”、“未生成通知书列表”里会列出核销审批已完成的客户，如图 5－7，点击客户，进入图 5－8，输入核销日期，即可以形成核销通知书。

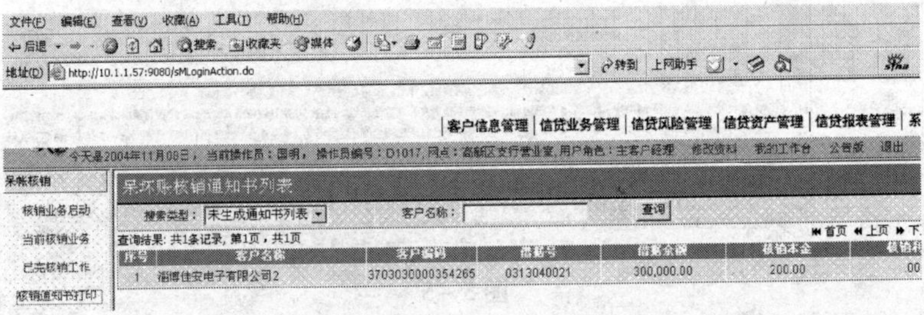

图 5－7

形成通知书后，在搜索类型点击已生成通知书列表界面可查看到（如图 5－9 所示）。

如图 5－9，左键点击相应的客户，弹出呆账核销通知书，如图 5－10 所示，即可打印。

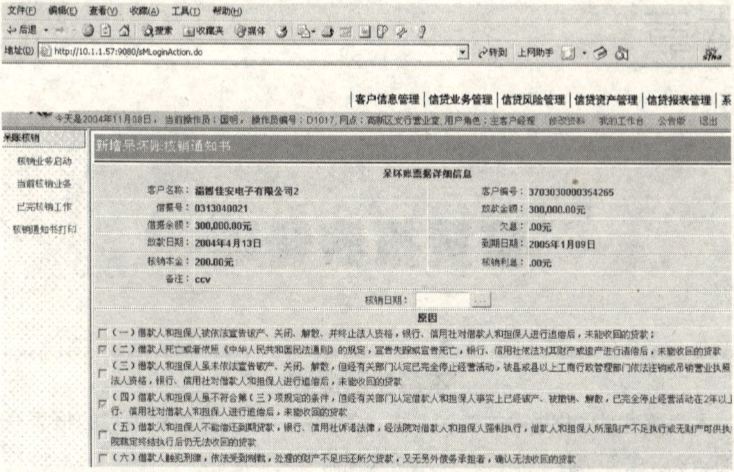

图 5－8

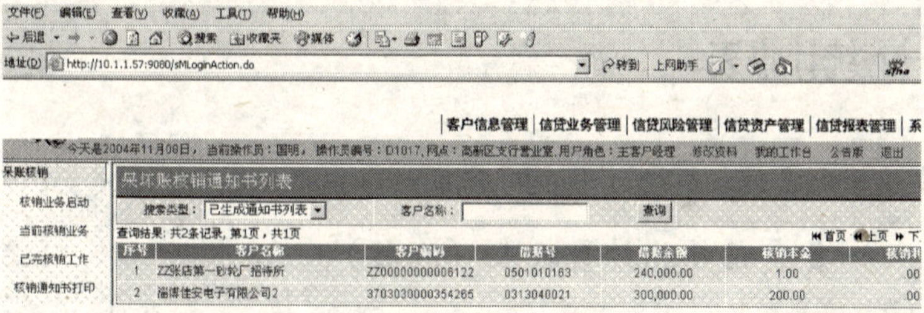

图 5－9

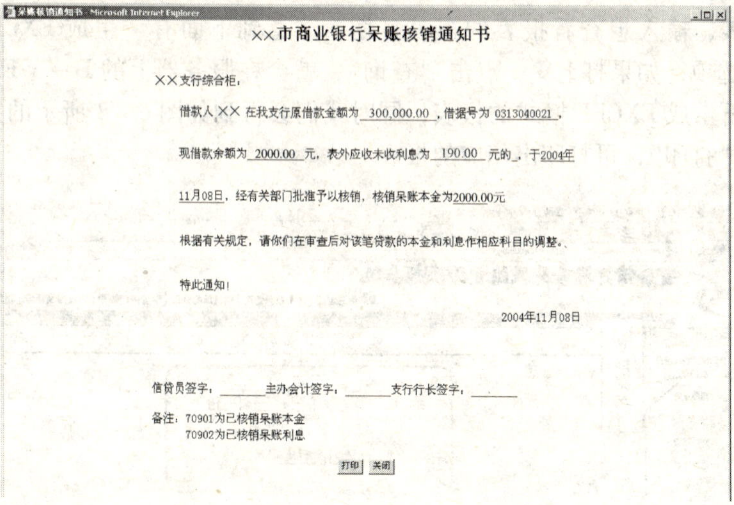
××市商业银行呆账核销通知书

××支行综合柜：

借款人×× 在我支行原借款金额为 300,000.00 ，借据号为 0313040021 ，

现借款余额为 2000.00 元，表外应收未收利息为 190.00 元的 ，于2004年

11月08日，经有关部门批准予以核销，核销呆账本金为2000.00元

根据有关规定，请你们在审查后对该笔贷款的本金和利息作相应科目的调整。

特此通知！

2004年11月08日

信贷员签字：______主办会计签字：______支行行长签字：______

备注：70901为已核销呆账本金
70902为已核销呆账利息

打印　关闭

图 5－10

第六章

信贷报表管理

本章学习提要

本章通过对信贷报表的查询、统计的学习，使大家能对相应的报表有一定的认识，会知道作为信贷人员如何去搜集有关信息。

一、统计报表

在这里可实现各类统计报表的查询。

（一）货币信贷统计科报表（人行）

查询方式：如图6－1，在功能菜单里，选中一类型的统计报表，在右边的页面上将会列出这类统计报表的所有形式的报表，点击选中其中一种报表，输入想查看报表的报表日期，注意到下面有“生成EXCEL文件”选项，如果打上√，点击“查询”，就会在服务器上的D：\ EXCEL目录下生成EXCEL格式的报表，同时我们会得到如图6－2所示的报表，点击“打印”，可打印出相应的报表。

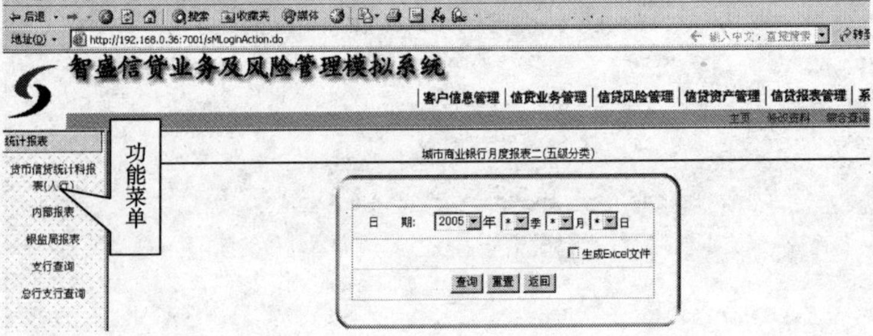

图6－1

房地产存贷款月报表

日期：2004年2季度04月

单位：万元

	月末余额	较年初增减	较同期增减	较上月增减	累计发放	累计收回
各项贷款合计						
一、委托性住房贷款						
1. 住房开发贷款						
2. 单位购建房贷款						
3. 个人住房贷款						
其中：住房公积金贷款						
二、自营性房地产贷款	16,456.34	16,456.34	16,456.34	310.36	3,198.20	7.59
1. 个人住房贷款	4,264.51	4,264.51	4,264.51	187.47	610.30	1.78
2. 个人住房装修贷款	792.14	792.14	792.14	-77.23	345.67	90.00
3. 个人商用房贷款	7,927.33	7,927.33	7,927.33	-64.58	1,977.60	4.02
其中：小城镇个人商用房贷款						
4. 住房开发贷款						
其中：经济适用房开发贷款						
5. 商业用房开发贷款						
6. 单位购置商用房贷款						
7. 房地产开发企业流动资金贷款						
8. 建筑安装企业流动资金贷款						
9.土地储备贷款						
10. 其他房地产贷款						

打印日期：2004-08-20

图 6－2

（二）内部报表、银监局报表、支行查询

查询方式同“货币信贷统计科报表（人行）”。

二、查询统计

在这里可实现报表明细查询。

（一）总行查询

如图 6－3 所示，在功能菜单选择一类型报表，在右边的界面上就会出来这类报表的所有形式的报表。如选择报表 7，弹出图 6－4 的界面，输入查询条件，点“查询”会生成如图 6－5 所示格式的报表，如果点“查询并生成 EXCEL”，会生成如图 6－6 所示格式的 EXCEL 报表。

图 6－3

固定资产项目贷款

制表日期：2006年05月25日　　合计记录：62

支行名称	客户名称	项目名称	发放金额（万元）	贷款余额（万元）
商业银行城北支行	海洲市甬江保安服务中心	建办公楼	60.00	60.00
商业银行城北支行	海洲市盈欣毛纺织有限公司	null	100.00	100.00
商业银行城北支行	华南华夏纺织塑胶有限公司	中外合资浙江华夏纺织塑胶有限公司建设项目	500.00	500.00
商业银行城北支行	海洲市越大衬布有限公司	固定资产	200.00	200.00
商业银行城北支行	华南华夏纺织塑胶有限公司	中外合资浙江华夏纺织塑胶有限公司建设项目	300.00	300.00
商业银行城北支行	华南华夏纺织塑胶有限公司	中外合资浙江华夏纺织塑胶有限公司建设项目	500.00	500.00
商业银行城南支行	海洲东方威尼斯大酒店有限责任公司	酒店	500.00	500.00
商业银行城西支行	海洲五环氨纶有限公司	3500吨氨纶生产项目	1,000.00	1,000.00
商业银行城西支行	海洲五环氨纶有限公司	null	1,000.00	1,000.00
商业银行城西支行	海洲五环氨纶有限公司	null	1,000.00	1,000.00
商业银行城西支行	海洲市新大城家居广场有限公司	null	500.00	500.00
商业银行城西支行	海洲家私工贸园区诚信商贸服务有限公司	null	250.00	250.00
商业银行城西支行	海洲市越州建材有限公司	越州建材市场	500.00	500.00
商业银行城西支行	海洲市越州建材有限公司	null	500.00	500.00
商业银行城中支行	海洲市汇德龙针纺服饰有限公司	0	150.00	150.00
商业银行城中支行	海洲市汇德龙针纺服饰有限公司	0	150.00	150.00
商业银行阜埠支行	海洲绍兴形尔尚居家空间有限公司	家居城	500.00	500.00
商业银行阜埠支行	海洲绍兴形尔尚居家空间有限公司	家居城	300.00	300.00
商业银行阜埠支行	海洲绍兴形尔尚居家空间有限公司	家居城	300.00	300.00
商业银行阜埠支行	海洲绍兴形尔尚居家空间有限公司	家居城	300.00	600.00
商业银行阜埠支行	海洲绍兴形尔尚居家空间有限公司	家居城	100.00	100.00
商业银行阜埠支行	海洲绍兴形尔尚居家空间有限公司	家居城	250.00	250.00
商业银行阜埠支行	海洲绍兴形尔尚居家空间有限公司	家居城	250.00	250.00

图 6－4

贷款担保人查询

制表日期：2004年08月20日　　合计记录：41

支行名称	客户名称	客户编号	担保人名称	担保人编号	放款日期	贷款到期
涧西	洛阳市森林油脂有限公司	71566071-5	洛阳市宝柔日化有限公司	70676408-8	2004年03月10日	2005年03月
涧西	洛阳市森林油脂有限公司	71566071-5	洛阳市宝柔日化有限公司	70676408-8	2004年03月19日	2005年03月
金谷园	于庆林	410303197206220051	洛阳市锡鑫商贸有限公司	71677842-4	2003年09月27日	2004年09月
九龙鼎	熊柏林	410302195410241519	王六贤	410303196306030018	2003年07月10日	2004年07月
九龙鼎	熊柏林	410302195410241519	秦庆森	410305630430011	2003年07月10日	2004年07月
九龙鼎	熊柏林	410302195410241519	古小纪	410302570730153	2003年07月10日	2004年07月
郎东	焦松林	410311490323201	高冠军	410311500920601	2003年07月21日	2006年07月
郎东	梁林超	41030219690318051X	王宏	410303690627001	2003年07月29日	2006年07月
郎东	梁林超	41030219690318051X	肖昭红	410303641216321	2003年07月29日	2006年07月
六一二	张小林	410311651230453	洛阳德众汽车销售服务公司	72701557-X	2002年05月22日	2005年05月
六一二	张小林	410311651230453	中国人民保险公司洛阳分公司营业部	9999999	2002年05月22日	2005年05月
六一二	熊柏林	410302195410241519	洛阳德众汽车销售服务公司	72701557-X	2002年10月24日	2005年10月

图 6－5

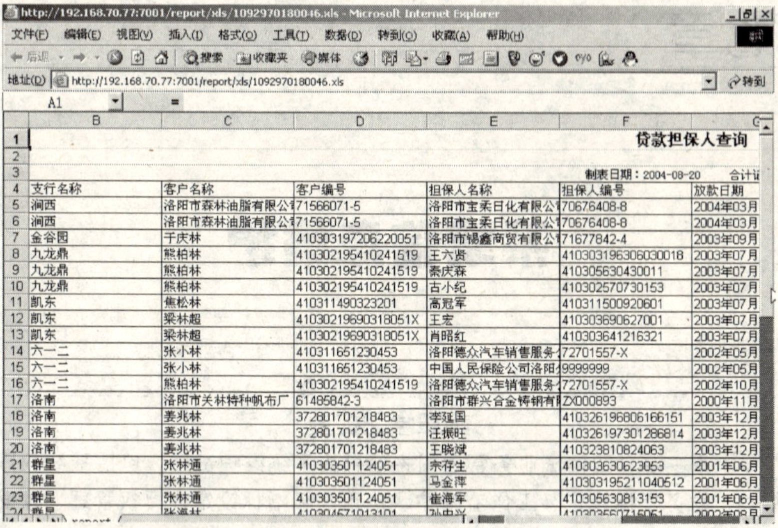

贷款担保人查询

制表日期：2004-08-20

支行名称	客户名称	客户编号	担保人名称	担保人编号	放款日期
涧西	洛阳市森林油脂有限公司	71566071-5	洛阳市宝柔日化有限公司	70676408-8	2004年03月
涧西	洛阳市森林油脂有限公司	71566071-5	洛阳市宝柔日化有限公司	70676408-8	2004年03月
金谷园	于庆林	410303197206220051	洛阳市锡鑫商贸有限公司	71677842-4	2003年09月
九龙鼎	熊柏林	410302195410241519	王六贤	410303196306030018	2003年07月
九龙鼎	熊柏林	410302195410241519	秦庆森	410305630430011	2003年07月
九龙鼎	熊柏林	410302195410241519	古小纪	410302570730153	2003年07月
凯东	焦松林	410311490323201	高冠军	410311500920601	2003年07月
凯东	梁林超	41030219690318051X	王宏	410303690627001	2003年07月
凯东	梁林超	41030219690318051X	肖昭红	410303641216321	2003年07月
六一二	张小林	410311651230453	洛阳德众汽车销售服务公	72701557-X	2002年05月
六一二	张小林	410311651230453	中国人民保险公司洛阳分	9999999	2002年05月
六一二	熊柏林	410302195410241519	洛阳德众汽车销售服务公	72701557-X	2002年10月
洛南	洛阳市关林特种帆布厂	61485842-3	洛阳市群兴合金铸钢有限	ZX000893	2000年11月
洛南	姜兆林	372801701218483	李延国	410326196806166151	2003年12月
洛南	姜兆林	372801701218483	汪振旺	410326197301286814	2003年12月
洛南	姜兆林	372801701218483	王晓斌	410323810824063	2003年12月
群星	张林通	410303501124051	宗存生	410303630623053	2001年06月
群星	张林通	410303501124051	马金萍	410303195211040512	2001年06月
群星	张林通	410303501124051	崔海军	410305630813153	2001年06月

图 6－6

（二）客户经理查询、支行行长查询、系统检查查询

查询方式同“总行查询”。

第七章

系统信息维护

本章学习提要

本章主要介绍信贷业务管理相关信息的系统维护过程，包括系统权限维护、财务指标设定、工作流维护、信用等级指标设定、授权管理、预警管理、报表维护、贷后调查、五级分类维护等内容。通过本章学习，希望对整个信贷业务及风险管理的整个系统管理过程能有一个整体认识。

一、基本介绍

系统信息维护是本系统正常运行的基础，用户必须理解系统的一些约定概念。

为了严格区分系统的操作权限，本系统提出了角色概念。角色概念可以方便地维护操作员对本系统各项功能的操作权限。因此，使用本系统时必须首先定义好角色。

1. 新增角色

左键单击“角色维护”功能菜单进入角色信息列表（见图 7 – 1），点击功能键“新建”进入图 7 – 2。

填写完毕点“保存”就完成了角色的新增。

2. 定义角色对系统的操作权限

添加好角色后必须定义角色对系统功能的操作权限。选择“系统权限维护”→“角色权限关系”（见图 7 – 3）。

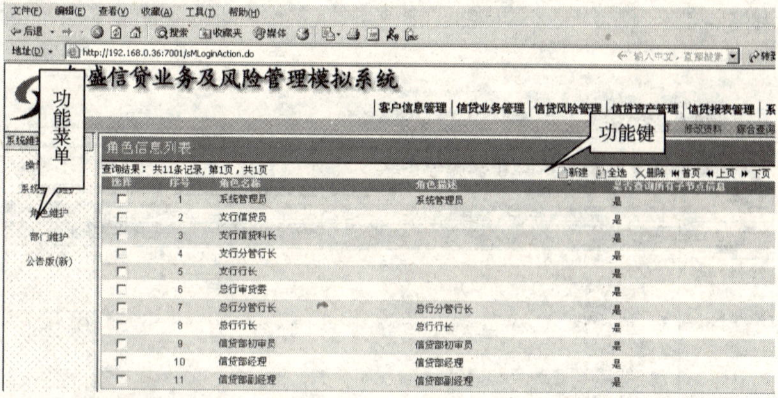

图 7－1

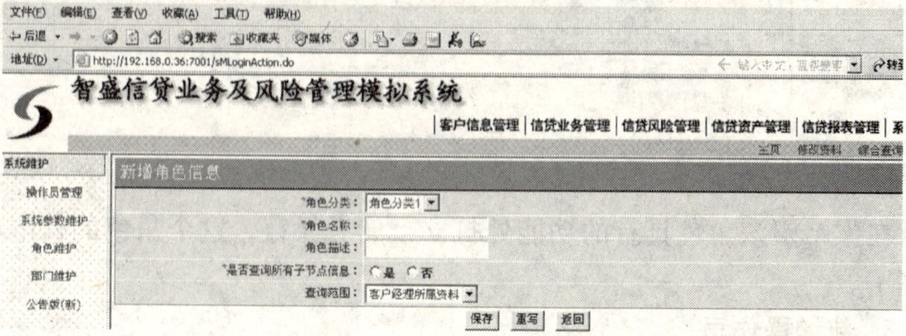

图 7－2

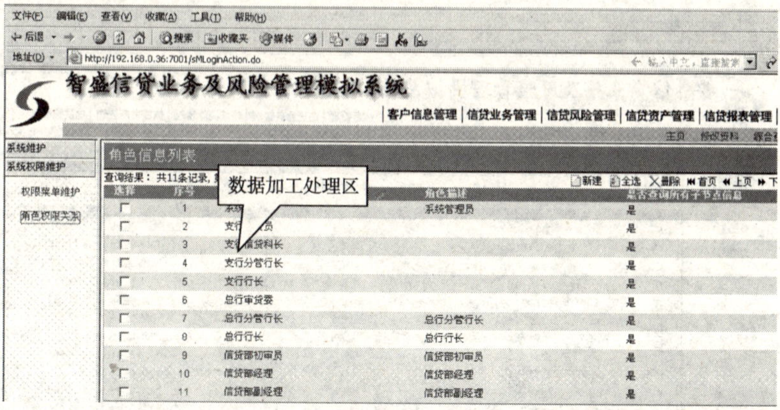

图 7－3

在数据加工处理区找到之前我们定义的角色“支行行长”，左键单击进入图 7－4。

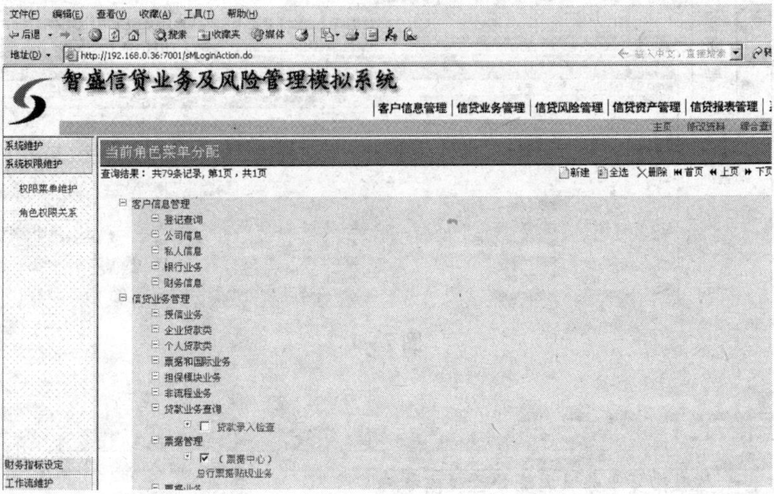

图 7－4

在你希望该角色具有的功能处打√，然后保存，这个角色的权限就设置好了。

3. 新增操作员

下面选择“系统维护”→“操作员管理”→“新建”（如图 7－5 所示）。

图 7－5

进入新增操作员界面，如图 7－6 所示。

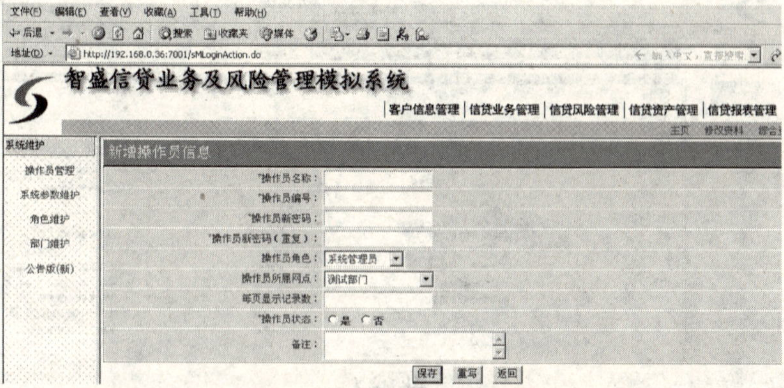

图 7－6

在“操作员角色”处选择你刚才定义的角色“支行行长”，保存后该操作员就具有了该角色所定义的权限。

二、系统维护

（一）系统参数维护

本系统使用的以下参数可以在此处设定：客户类型、开户证件类型、信用等级、经营方式、性别、业务状态、贷款卡状态、出资方式、经营组织形式、货币种类、关联级别、企业隶属关系、法律责任形式、客户性质、法人证件类型等。

首先左键单击“系统参数维护”，进入图 7－7 界面，点击功能键“新建”进入图 7－8，填写完点“保存”即可。

保存后，此参数会显示在图 7－7 的数据加工处理区里，点击“信用等级”一栏，进入图 7－9 界面。

提示：以上参数必须在使用前正确定义。

每种参数类型若点击“新建”功能键进入图 7－10 输入对应项的值，点“保存”，就可为该种参数类型增加一种参数值。

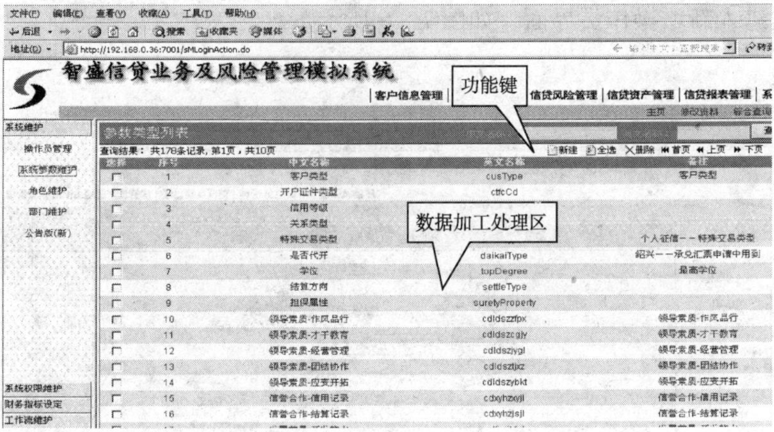
智盛信贷业务及风险管理模拟系统
功能键
参数类型列表
数据加工处理区

图7-7

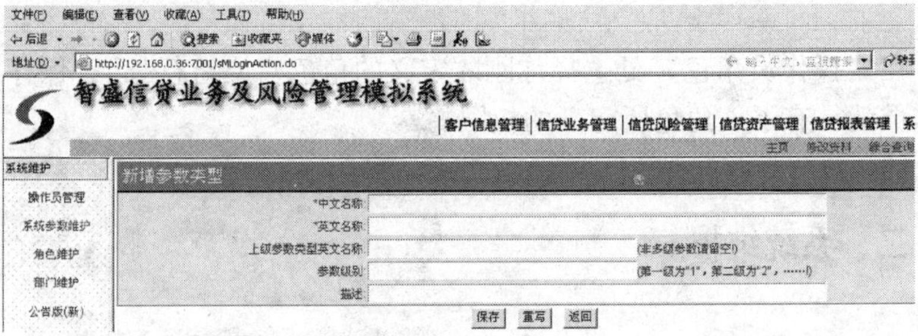
智盛信贷业务及风险管理模拟系统
新增参数类型
*中文名称
*英文名称
上级参数类型英文名称
参数级别
描述
保存
重写
返回

图7-8

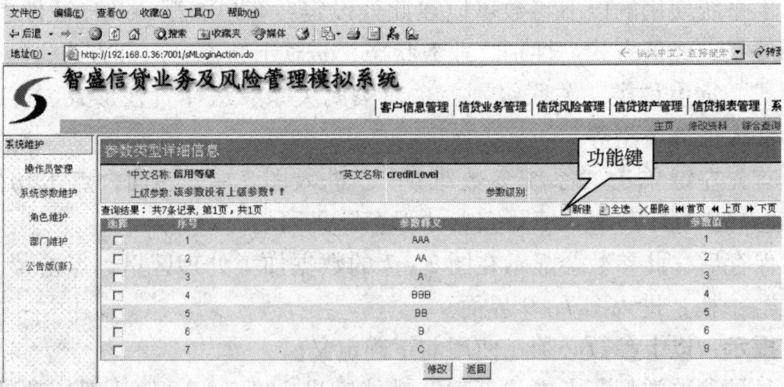
智盛信贷业务及风险管理模拟系统
参数类型详细信息
功能键
修改
返回

图7-9

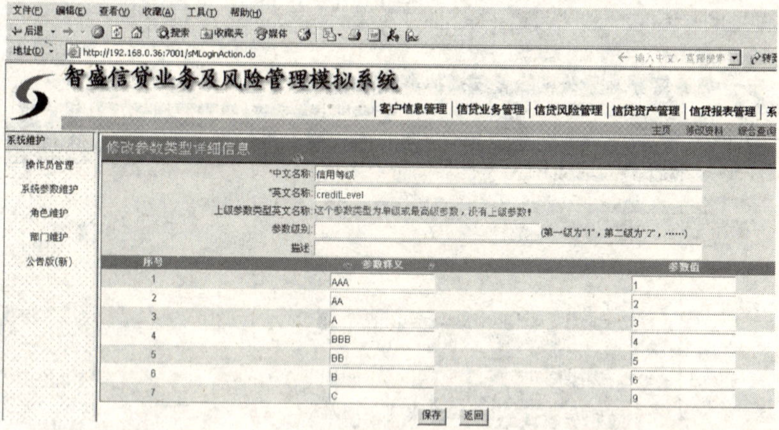

图 7－10

（二）部门维护

选择此功能可以新建、修改、删除银行的各个信贷部门或机构。

新增部门信息，点击“新建”按钮进入新增部门信息界面，如图 7－11 所示。

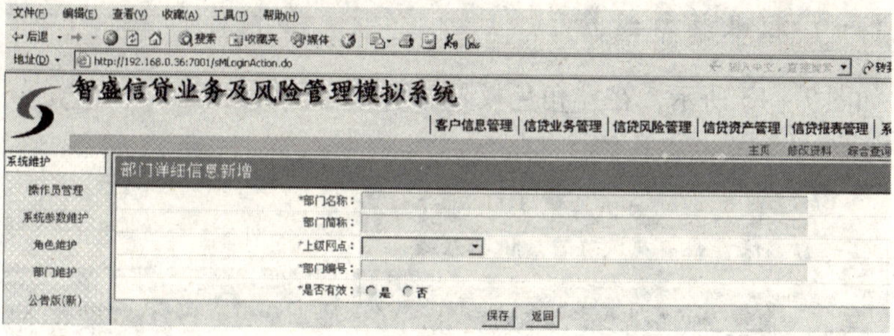

图 7－11

填写完之后保存即可，返回到图 7－12，发现“总行”→“资产管理中心”下面多了一个部门分支“综合部”，单击“综合部”可查看此网点的详细信息，也可修改此网点的信息。

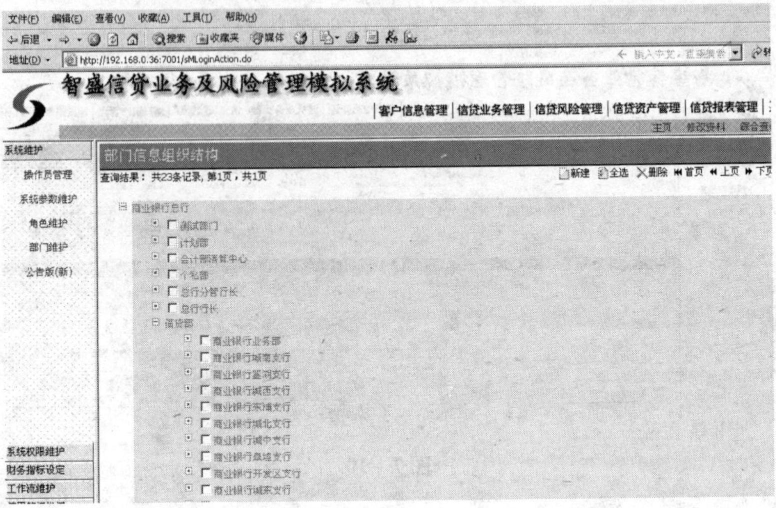

图 7 – 12

三、系统权限维护

（一）权限菜单维护

如图 7 – 13 所示，在“角色权限关系”里还须设置。

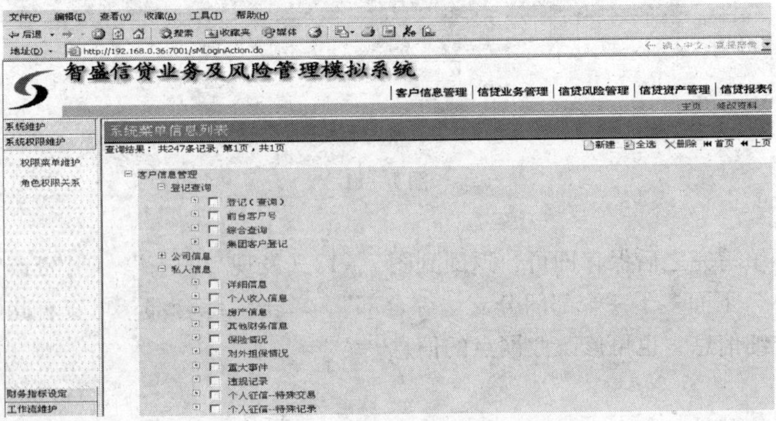

图 7 – 13

我们如果想改变菜单的属性，只需在相应菜单前面的方框打√，如图 7－14 所示，然后选择“禁用”，点“保存”就实现了对刚才选择的菜单的禁用。

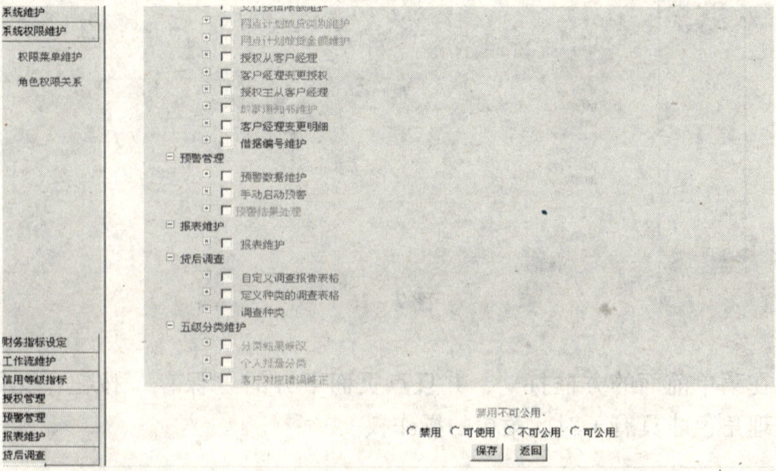

图 7－14

（二）角色权限关系

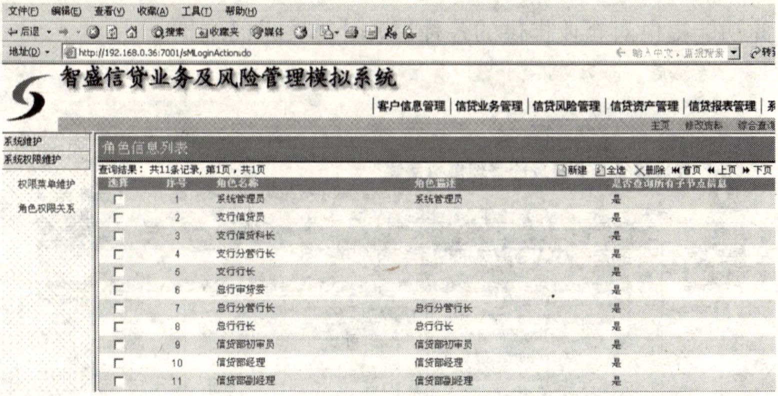

图 7－15

点击“角色权限关系”，进入如图 7－15 所示界面，在此界面选择“支行客户经理”，左键单击，进入图 7－16。

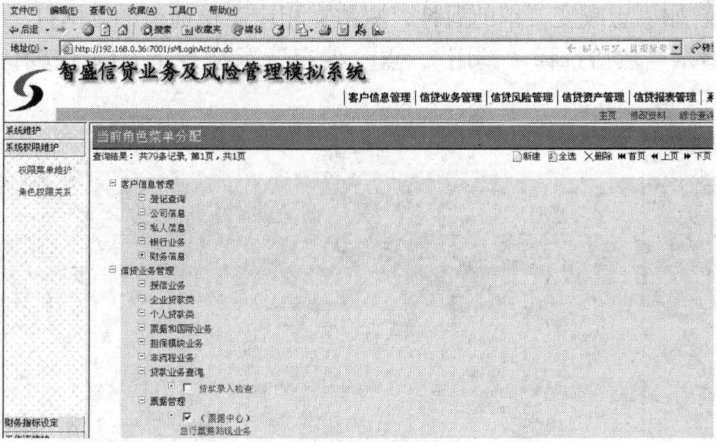

图 7－16

在菜单前面的方框打√，并且点页面下方的“保存”按钮，支行客户经理角色才具有了对此菜单的操作权。

四、财务指标的设定

（一）财务对照表

此功能提供对企业提供的各种报表计算关系的维护。

图 7－17

选择项目，填写项目描述，左键点击光标所指之处，可弹出指标→网页对话框，如图 7－17 所示，选择相应的指标，对需要校验的项，填写校验表达式，设置可输入值，填写完毕，点“保存”即可生效。

提示：

（1）“校对”前打√，表示由校对表达式计算结果验证此项的值是否正确；

（2）“是否填写”前打√，表示在报表里该项是否可输入值；

（3）“排序”前打√，表示对报表的数据项排序。

（二）财务指标组

此功能提供对企业报表中的指标组的增加、修改、删除。

左击“新建”按钮，可新增财务指标组，如图 7－18 所示。

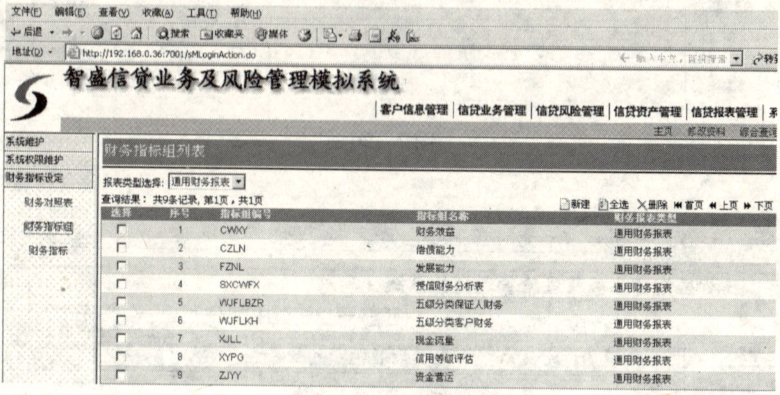

图 7－18

如图 7－19，填写完毕点“保存”即可完成财务指标组的新增。

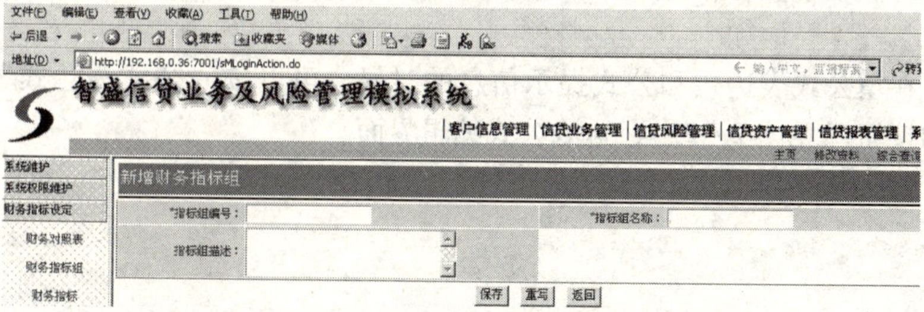

图 7－19

（三）财务指标

此功能提供对企业报表中指标的增加、修改、删除。

1. 新增财务指标

选择相应的报表类型及相应的指标组，点击“新建”进入新增指标界面，如图 7－20、图 7－21 所示。

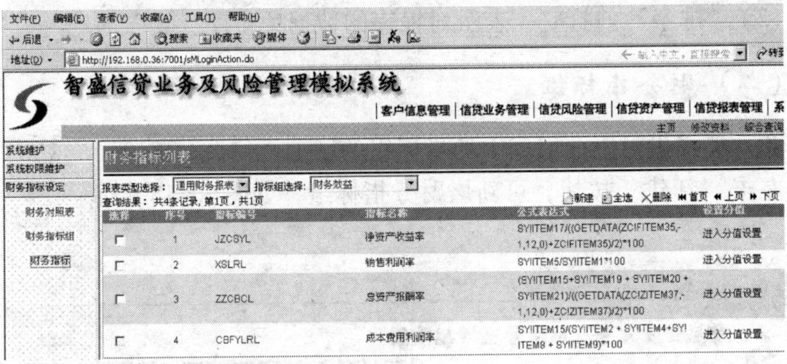

图 7－20

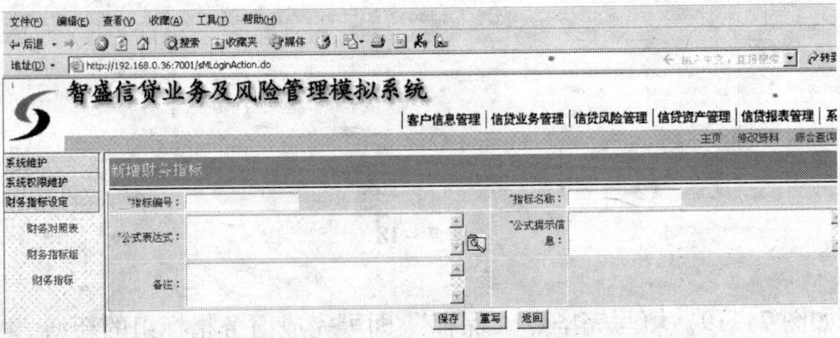

图 7－21

在填公式表达式和公式提示信息的时候，可以按“公式表达式”旁边的按钮（见图 7－22），进入公式编辑界面。

图 7－22

分别单击选定的编号、名称来编辑公式表达式和提示信息，如图 7－23 所示；提示信息也可以手动输入。

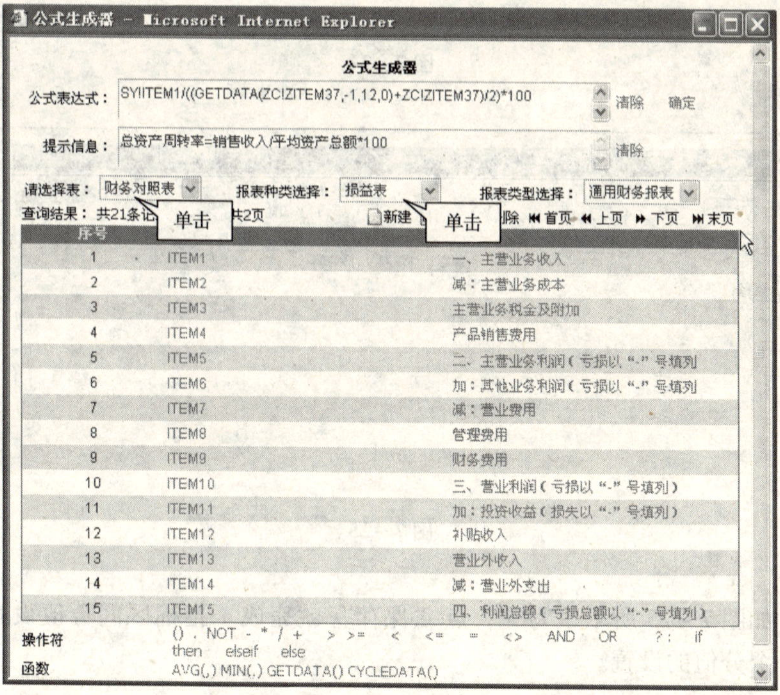

图 7－23

2. 财务指标对应分值

此功能提供对企业财务指标分析所设置的分值的增加、修改、删除。选择已编辑好的项可以进入修改界面（见图 7－24），点“新建”进入新增界面，如图 7－25 所示。

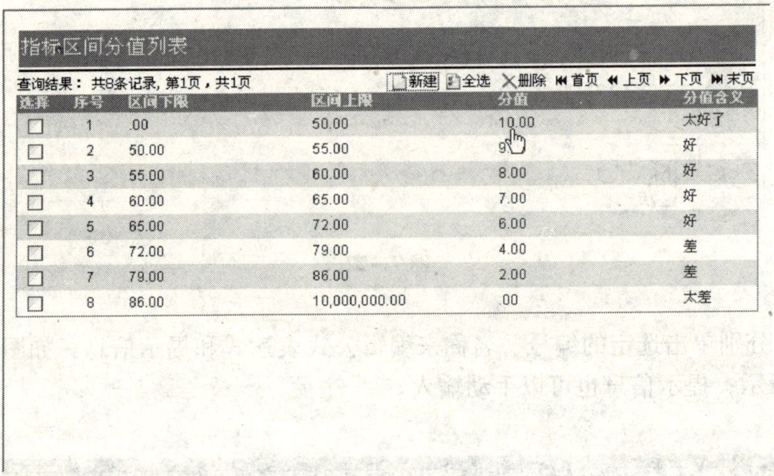

指标区间分值列表

查询结果：共8条记录，第1页，共1页　新建　全选　删除　首页　上页　下页　末页

选择	序号	区间下限	区间上限	分值	分值含义
☐	1	.00	50.00	10.00	太好了
☐	2	50.00	55.00	9	好
☐	3	55.00	60.00	8.00	好
☐	4	60.00	65.00	7.00	好
☐	5	65.00	72.00	6.00	好
☐	6	72.00	79.00	4.00	差
☐	7	79.00	86.00	2.00	差
☐	8	86.00	10,000,000.00	.00	太差

图 7 – 24

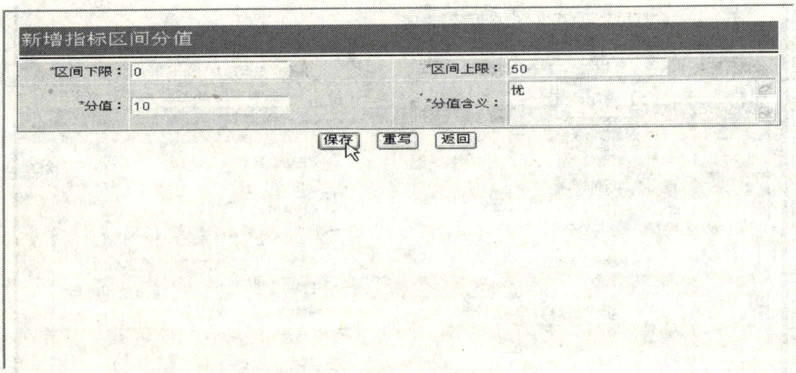

图 7 – 25

如图 7 – 25 所示填写完，点“保存”就完成了指标区间分值设置中的一个分值的设置。

五、信用等级指标

（一）评估体系

此功能提供对个人信用评定指标参数的维护，可新增、删除、修改信用评估指标体系，点击进入“信用等级指标”，如图 7－26 所示。

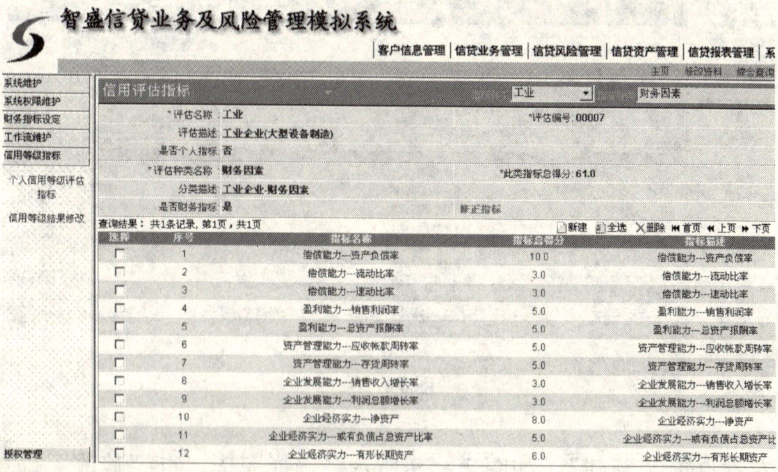

图 7－26

当点击“新建”按钮时，进入如图 7－27 的界面，填入数据，点“保存”就完成了一项信用评估指标的增加。

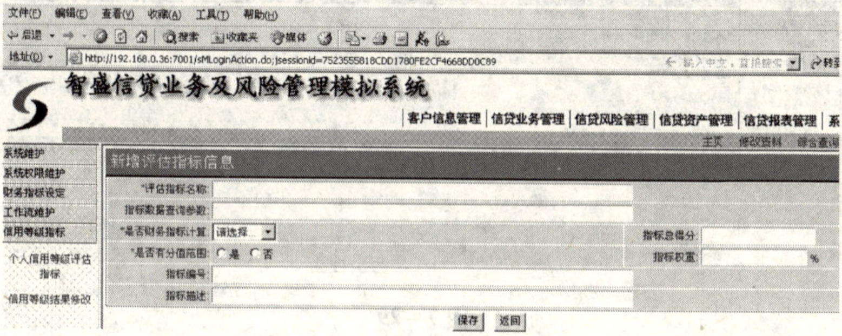

图 7－27

返回可看到信用评估指标体系里多了一项评估指标，选择此项，左键单击，进入图 7－28。

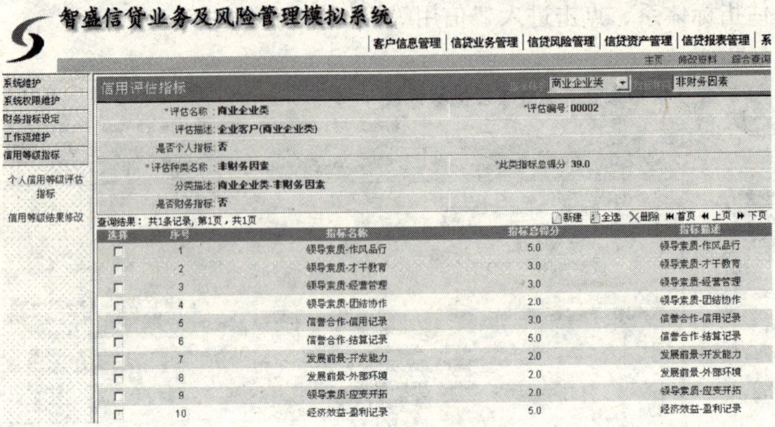

图 7－28

左键点击“新建”，如图 7－29 所示，选择完毕，点“修改”即可。

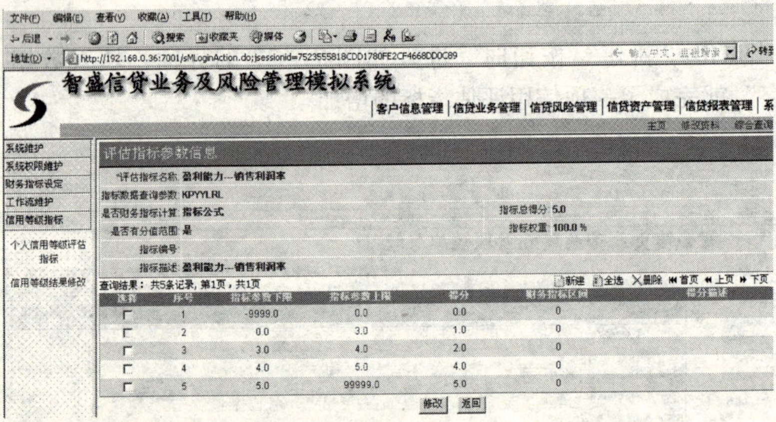

图 7－29

（二）评估指标

点击菜单选项的“个人信用等级评估指标”，进入图 7－30 界面。

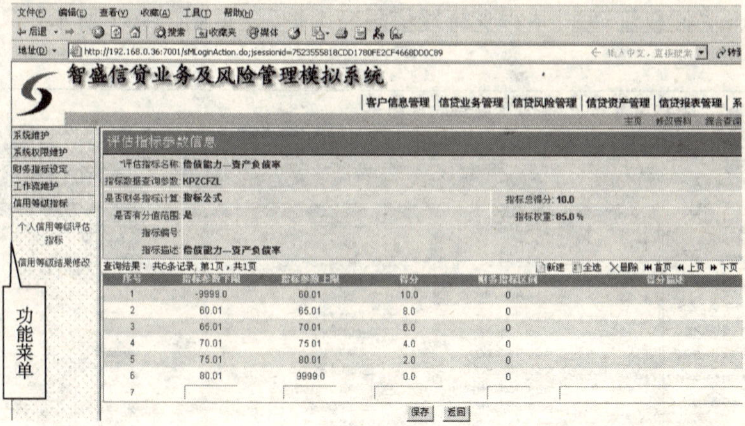

图7－30

选择我们前面新建的指标体系“工业企业类”和指标种类“财务信息”，左键点击“新建”按钮，进入图7－31。

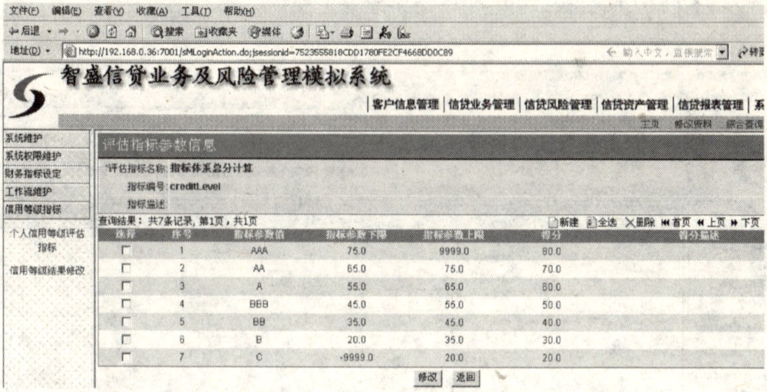

图7－31

选择完毕，点“修改”即可。

六、授权管理

（一）放贷金额权限维护

(1) 支行授信限额维护：此功能提供对支行授信金额大小权限的管

理。点“授权管理”→“支行授信限额维护”，见图 7－32 所示。

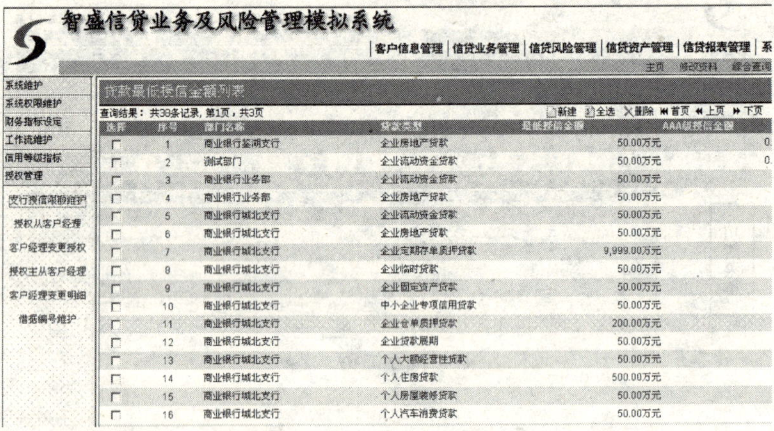

图 7－32

（2）授权给客户经理。如图 7－33 所示。

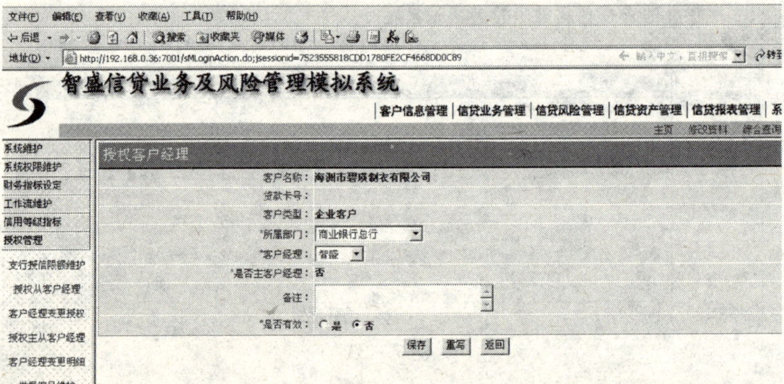

图 7－33

填写完毕，点“保存”即可。

（3）客户经理变更授权，如图 7－34 所示，点“授权”即可。

（4）授权主从客户经理，如图 7－35 所示，填写相关项目，点“保存”即可。

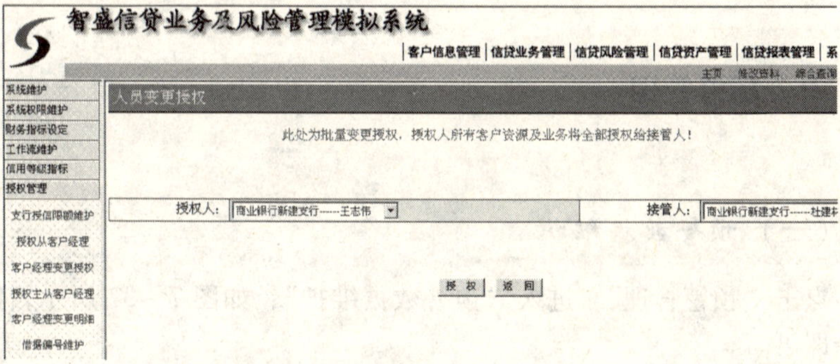

图 7－34

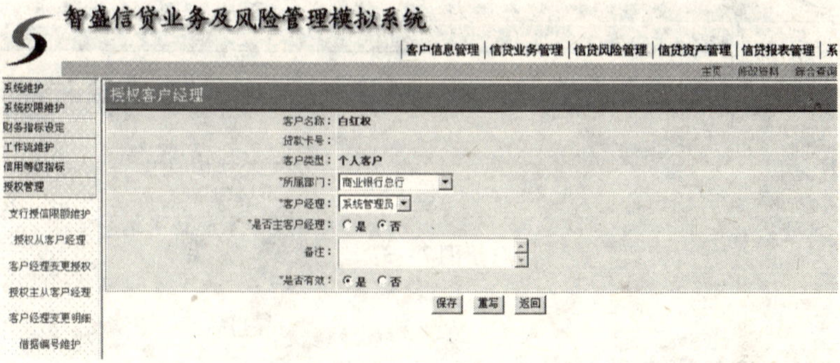

图 7－35

（5）客户经理变更明细，如图 7－36 所示，填写好相关项目，点“确定”即可。

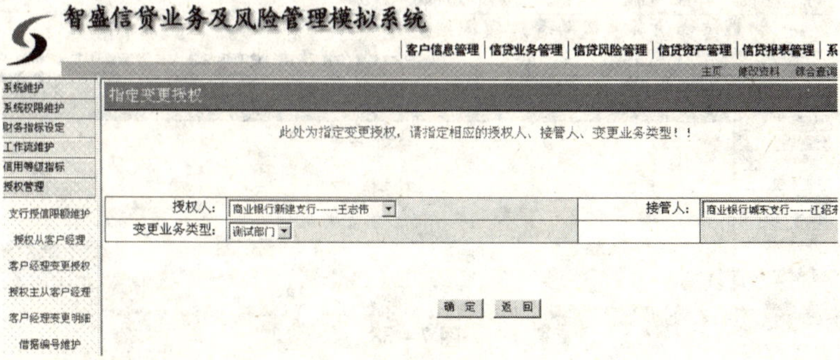

图 7－36

七、预警管理

（一）预警数据维护

点击“预警管理”，进入“预警数据维护”，如图7－37所示，作出选择即可。

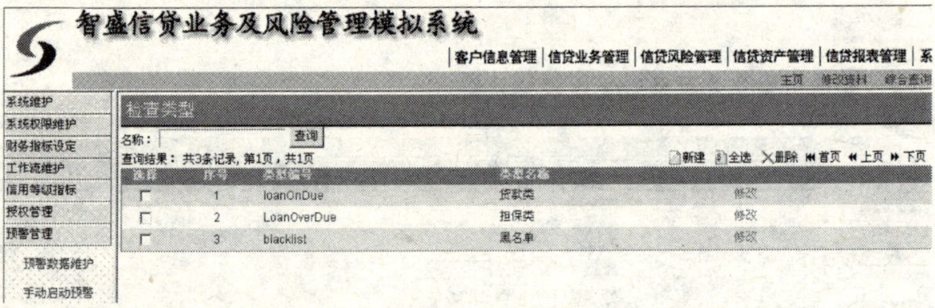

图7－37

（二）手动启动预警

点击“预警管理”，进入“手动启动预警”，见图7－38，点“开始”按钮即可。

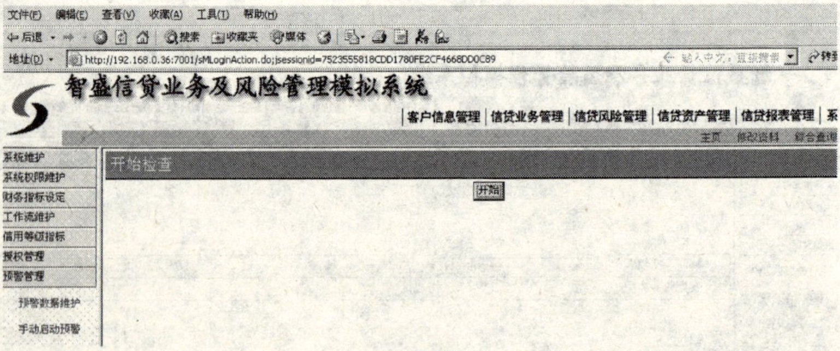

图7－38

八、报表维护

点击“报表维护”，如图 7－39 所示，对相关报表需要修改的，直接点击即可。

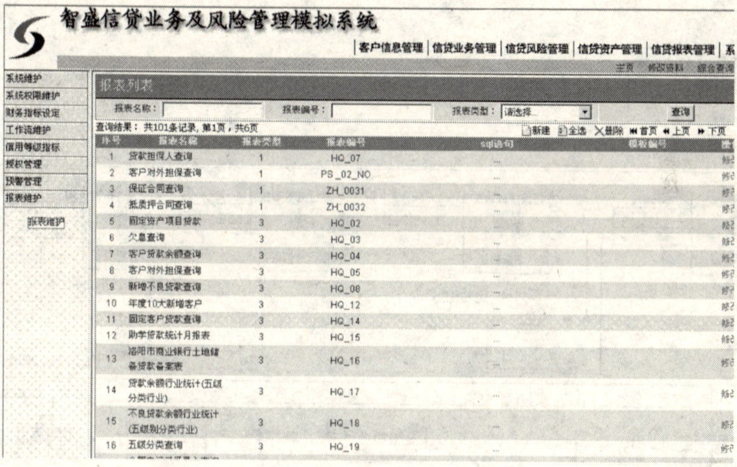

图 7－39

九、贷后调查

自定义调查报告表格

点击“贷后调查”，如图 7－40 所示，选择相应调查类型，需要修改的，直接修改即可。

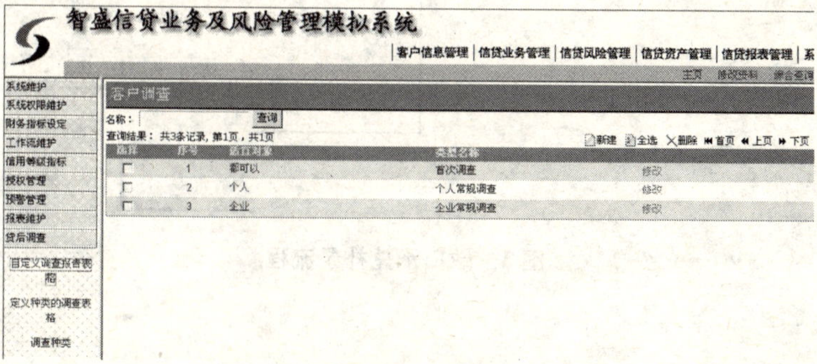

图 7－40

附录一　部分典型信贷业务流程图

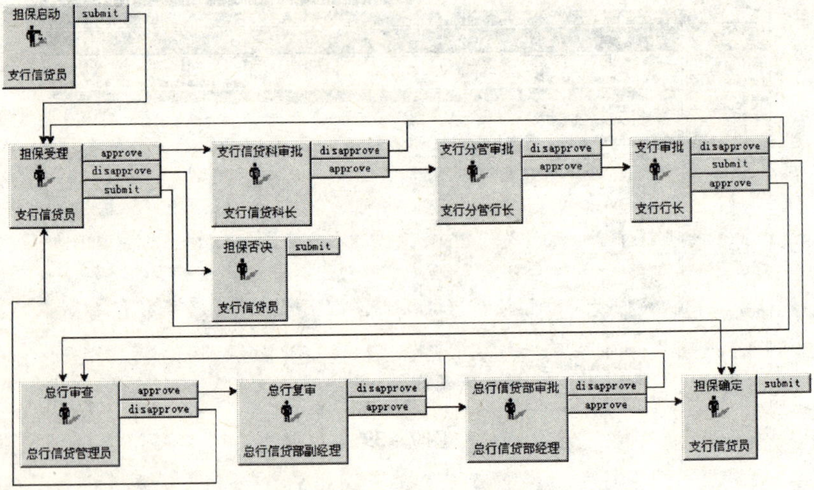

图 1　保证人担保审批流程

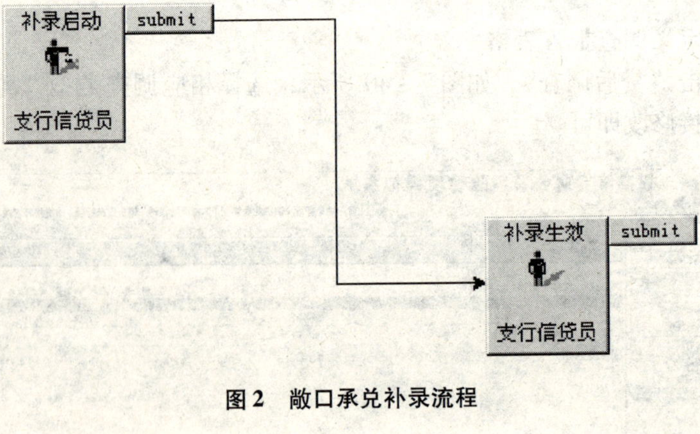

图 2　敞口承兑补录流程

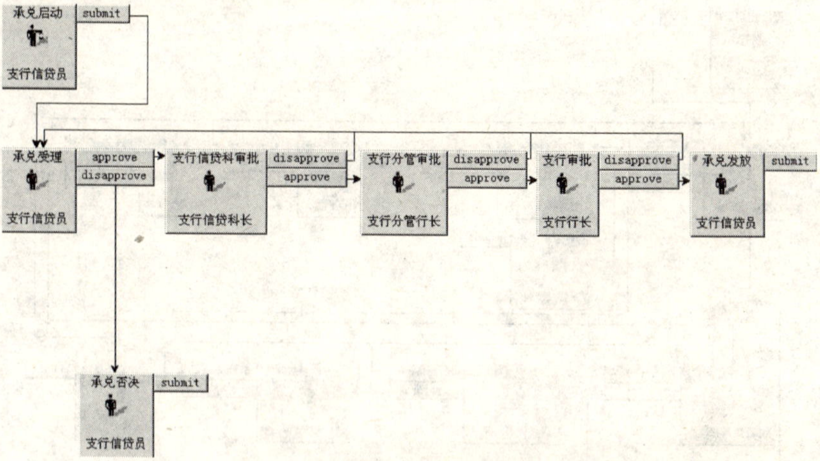

图3 敞口银行承兑流程

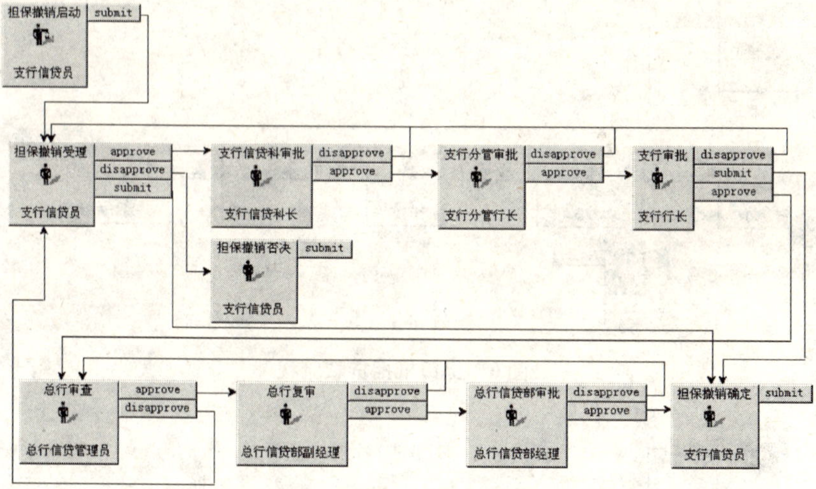

图4 撤销抵押物担保审批流程

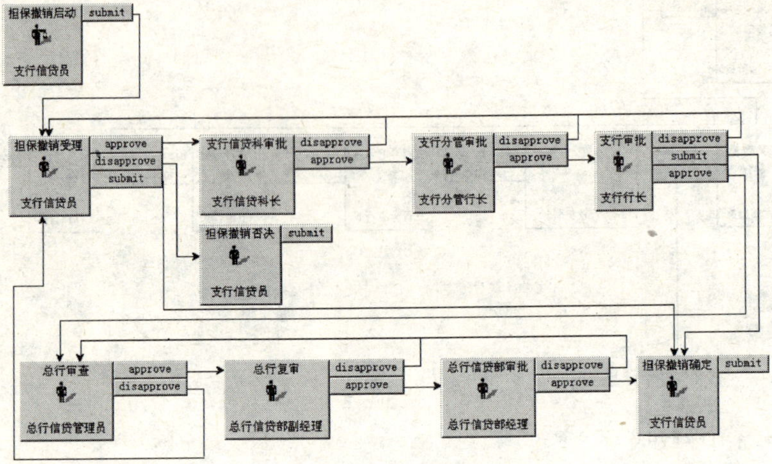

图5　撤销质押物担保审批流程

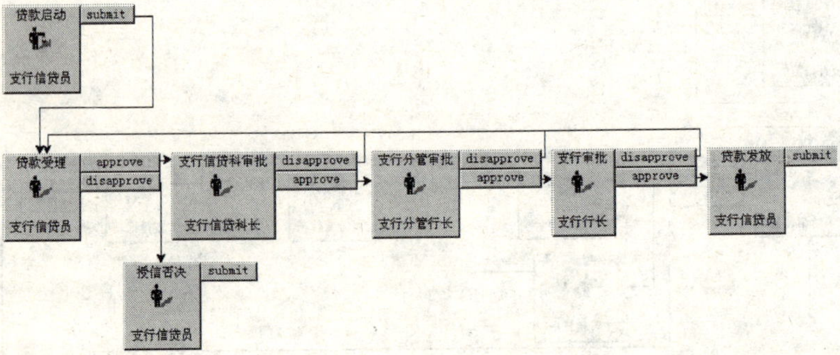

图6　出口抵押贷款流程

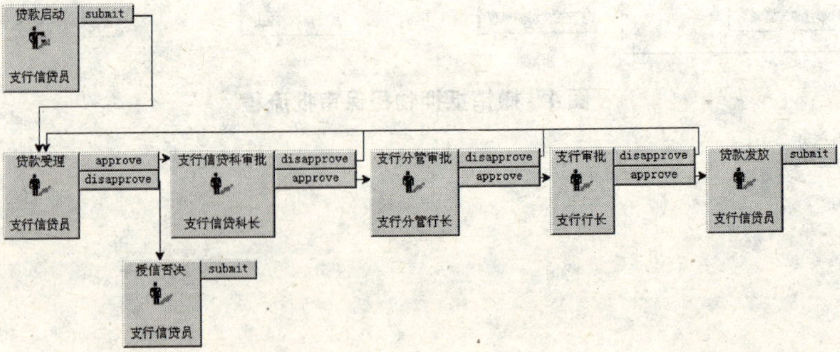

图7　出口贴现流程

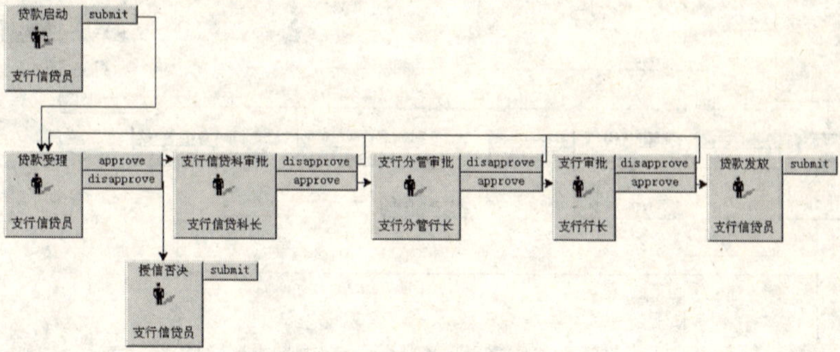

图8　打包贷款流程

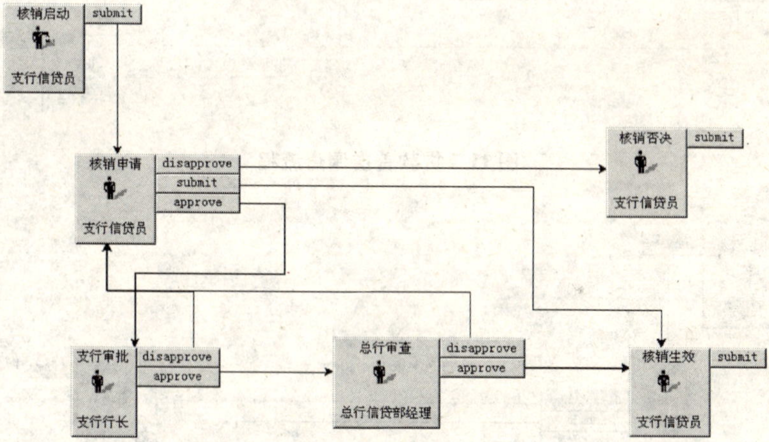

图9　呆账核销流程

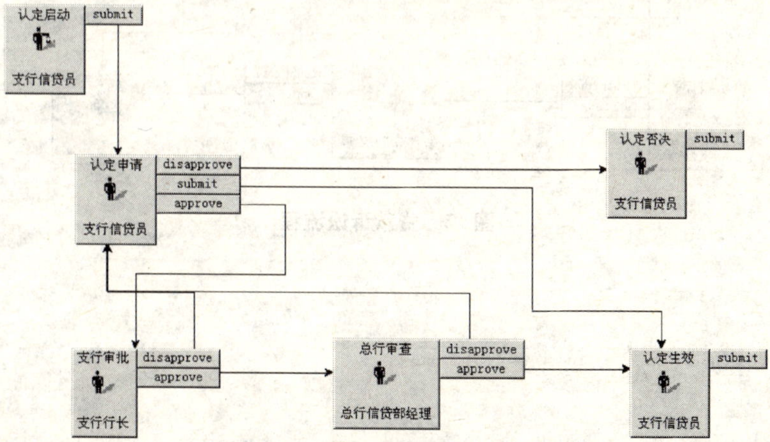

图10　呆账认定流程

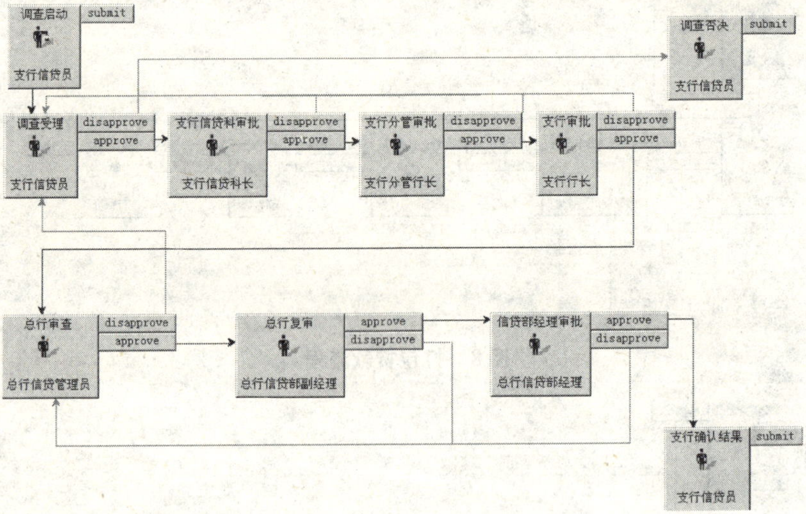

图 11　贷款首次调查流程

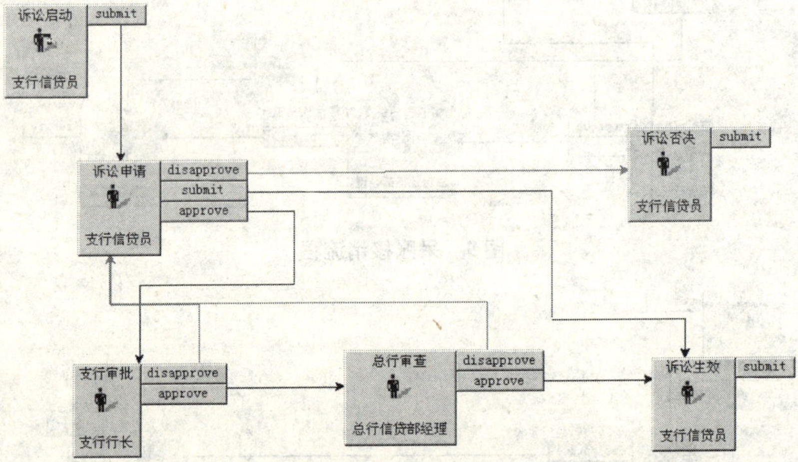

图 12　贷款诉讼流程

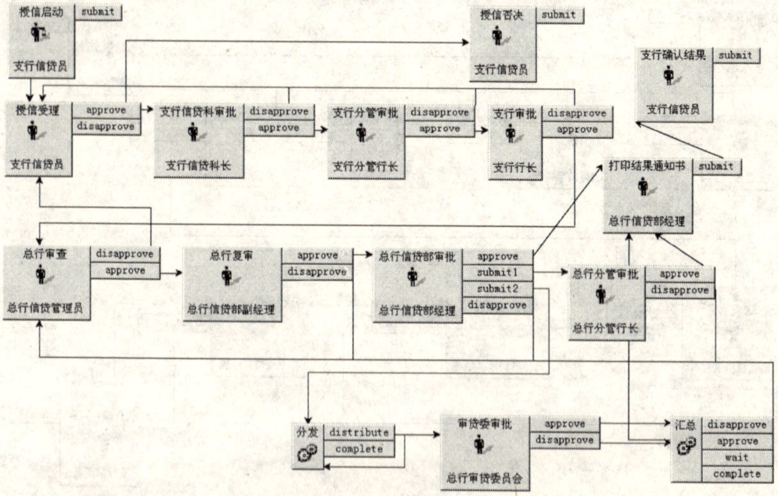

图13　单项授信流程

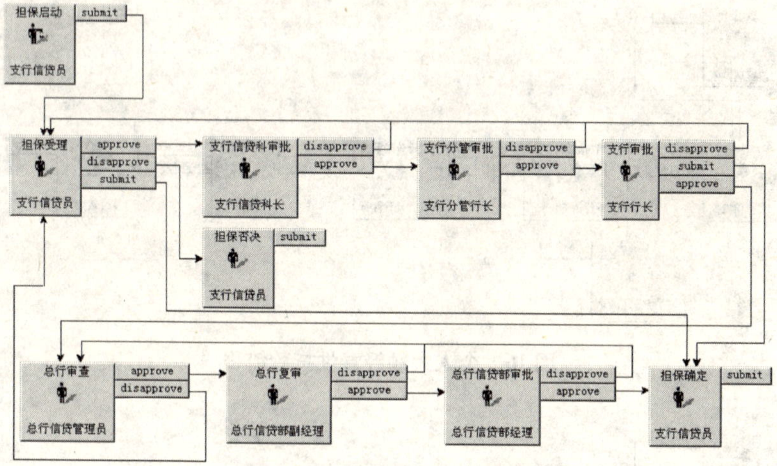

图14　抵押物担保审批流程

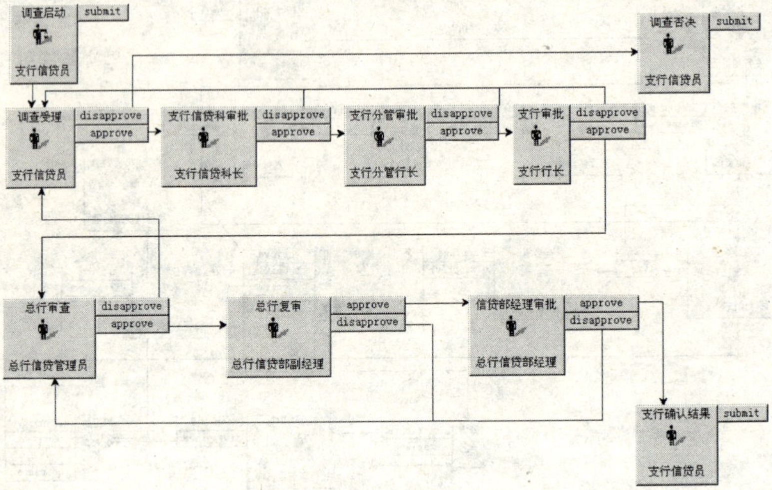

图 15　个人常规调查流程

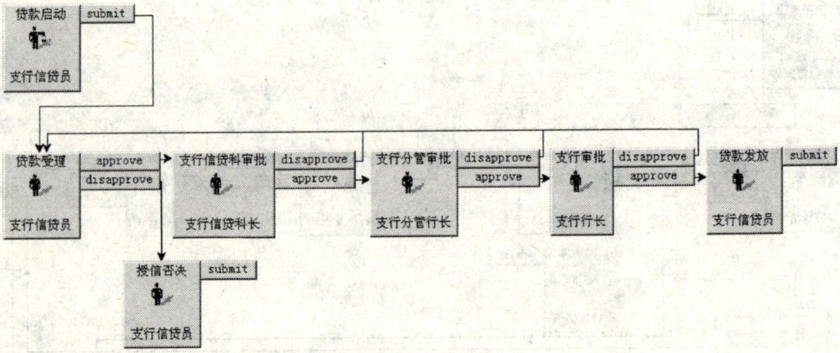

图 16　个人大额经营性贷款流程

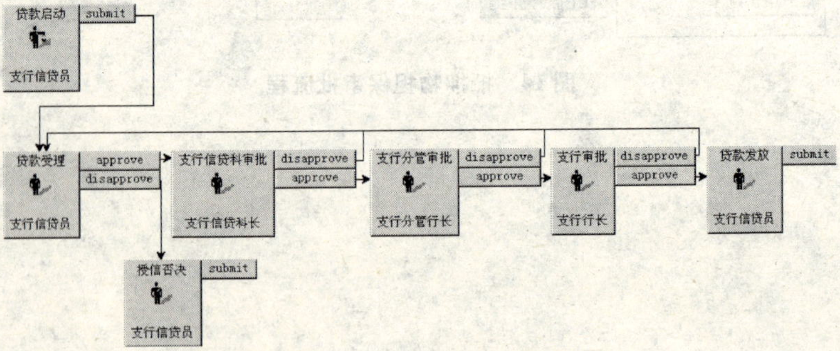

图 17　个人住房贷款流程

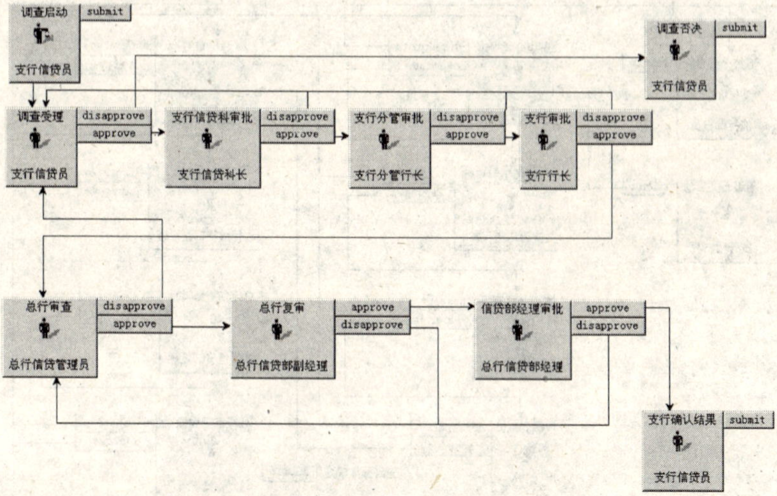

图18　企业常规调查流程

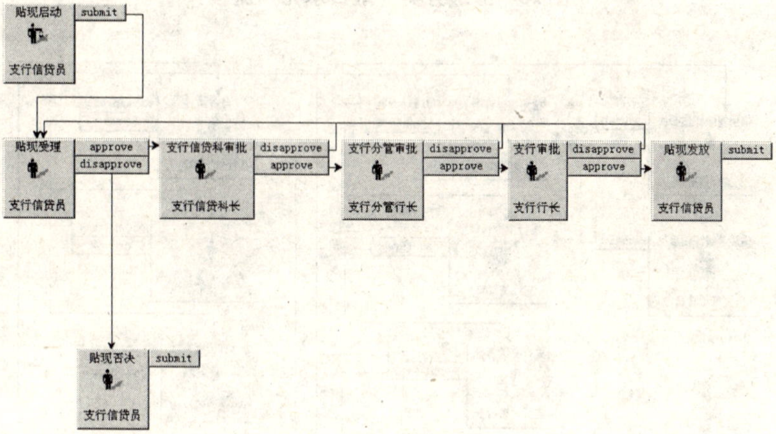

图19　商业汇票贴现流程

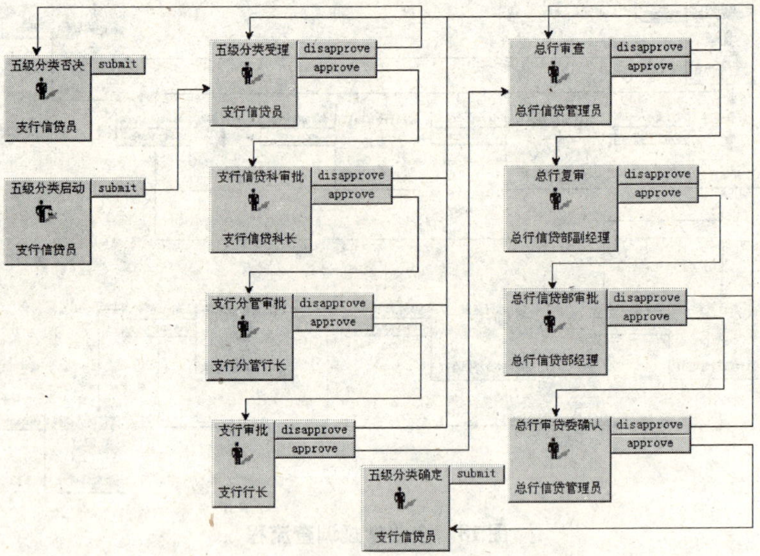

图 20　五级分类（敞口承兑）流程

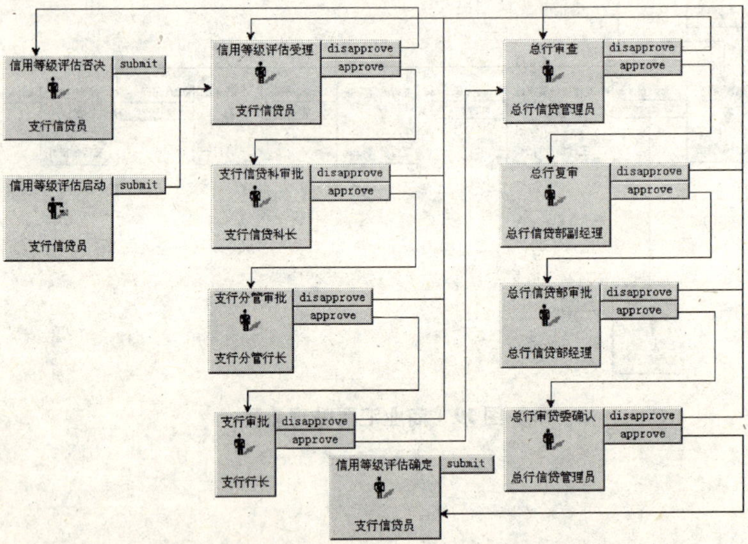

图 21　信用等级评估流程

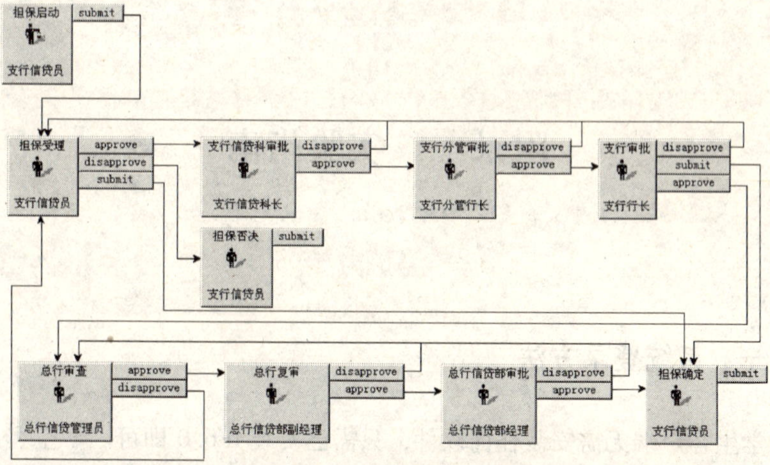

图 22　质押物担保审批流程

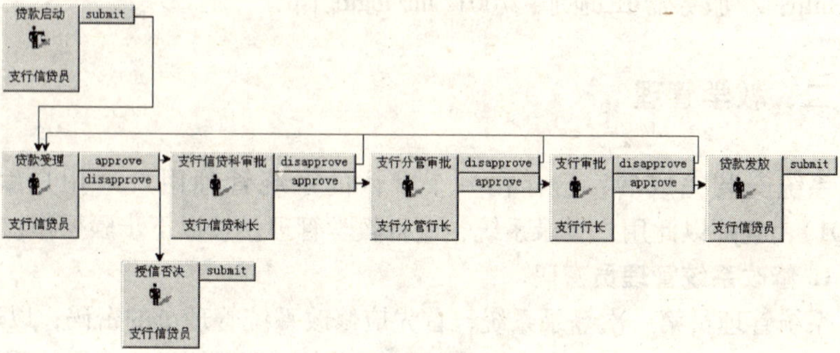

图 23　中小企业专项信用贷款流程

附录二　实验指南

一、系统登录方法

学生客户端无需安装任何软件，只需已安装 IE6.0 即可。学生客户端电脑显示器分辨率要求达到 1024X768 以上。在 IE 地址栏中输入以下 IP 地址就可以登录系统了：

http：//服务器 IP 地址：7001/sm/login.jsp

二、教学管理

系统安装完成后，已存在一个默认的系统管理用户（用户编号：X0001），教师以此用户登录系统，进行教学管理。按以下步骤操作：

1. 修改系统管理员密码

系统管理员第一次登录系统，首先应修改系统管理员的密码，以避免其他人以此用户登录系统，将系统数据删除，造成系统无法使用的后果。

2. 创建班级（支行网点）

以系统管理员用户登录系统，创建班级。安装完成后，系统数据库中已存在默认的 11 个部门（支行网点）。系统管理员只需要将支行网点的名称改成班级名称即可（修改括号中的班级名称），不需要再去新建班级名称。

3. 创建学生用户

以系统管理员用户登录系统，创建学生用户。在本系统中，学生主要担任信贷员角色，每个支行网站存在若干个默认的信贷员用户，系统管理员可以新建信贷员用户，以满足分配实验用户角色的需要。教师将支行信贷员的用户编号分配给学生后，学生第一次登录系统后，修改用户名称及登录密码。

提示：实验结束后，教师应要求所有学生用户将登录密码修改成

888888，以便教师将此用户编号再次分配给其他班级的学生使用。

4. 分配学生用户

本系统安装完成后，在默认状态下，已创建了 11 个班级（部门），每个班级共创建了 60 个用户，教师只需将每个班级的支行信贷员、信贷科长、支行分管行长、支行行长角色的用户编号分配给学生即可。一般情况下，教师不需要进行上一步创建学生用户的操作。

5. 发送公告信息

教师可以向学生用户发送公告信息，向学生公告实验安排等信息。

6. 实验测评方法

（1）教师可以在“信贷业务管理 \ 贷款业务查询”中查询贷款业务情况。

（2）实验完成后，教师应要求每个学生打印输出以下文档：

企业贷款“放款通知书”一份	25 分
个人贷款“放款通知书”一份	20 分
客户“授信情况表”一份	20 分
“银行承兑入账通知书”一份	10 分
信用评估“客评通知书”一份	10 分
五级分类情况表一份	10 分
“呆账认定通知书”一份	5 分

按以上评分标准评定学生的实验成绩，实验总分为 100 分，60 分以上为合格。

三、学生操作

本系统设有支行信贷员、支行信贷科长、支行分管行长、支行行长、总行审贷委、总行分管行长、总行行长、信贷部初审员、信贷部经理、信贷部副经理、系统管理员等角色。

本系统的所有信贷业务操作均由支行信贷员发起，其他角色只能进行审核操作，不能对信贷员提交的信贷业务修改。所以学生应以教师分配的支行信贷员的角色登录系统，操作信贷业务。

以下为学生常用操作：

1. 客户信息管理

在商业银行的实际信贷业务系统中，支行信贷员首先应创建自己的客户信息，然后才可以对该客户发起信贷业务或风险评估业务。考虑到教学应用的特点，本系统已为每个支行信贷员分配了客户资料，支行信贷员无需再新建客户资料，只需对当前存在的客户办理信贷业务。

(1) 登记查询：查询客户的登记信息，可对相关信息进行修改操作，但一般情况下无需修改。

(2) 公司信息：查询客户登记的公司信息，可对相关信息进行新增和修改操作。

(3) 财务信息：查询客户登记的财务信息，可新增和修改客户的财务报表信息等。

2. 信贷业务管理典型案例操作

(1) 授信业务。

案例说明：授信就是金融机构（主要指银行）对客户授予的一种信用额度，是指信用的授予，在这个额度内客户向银行借款可减少繁琐的贷款检查。在金融业务中，通常指银行向客户有偿提供贷款、承兑等信用形式。

商业银行对优质客户或能够提供低风险担保的客户的部分或全部融资业务，提供一个融资承诺额度，在此额度内的融资业务，商业银行将通过简便、快捷的办理程序，快速满足客户需求。银行为同时满足以下条件的优质客户提供综合授信服务：

①信用等级在 AA+（含）以上；

②资产负债率不高于客户所在行业的良好值；

③或有负债余额不超过净资产；

④近两年没有出现经营亏损，上半年总资产报酬率不低于行业平均水平；

⑤近两年无不良信用记录。

提示：要向企业提供贷款，首先应对该客户进行授信，只有在授信额度内才可以发起贷款申请。

案例操作过程如下：

第一步，支行信贷员发起单项授信申请；

第二步，支行信贷科长、分管行长、行长审批；

第三步，总行信贷部门审批；

第四步，支行信贷员确认审批结果。

(2) 担保模块业务。

案例说明：商业银行客户向银行申请贷款，在商业银行授予的贷款额度内，除信用贷款外，还必须提供担保，所以客户要获取贷款，应由其他单位或个人提供担保，否则支行信贷员无法提交该客户的贷款申请。

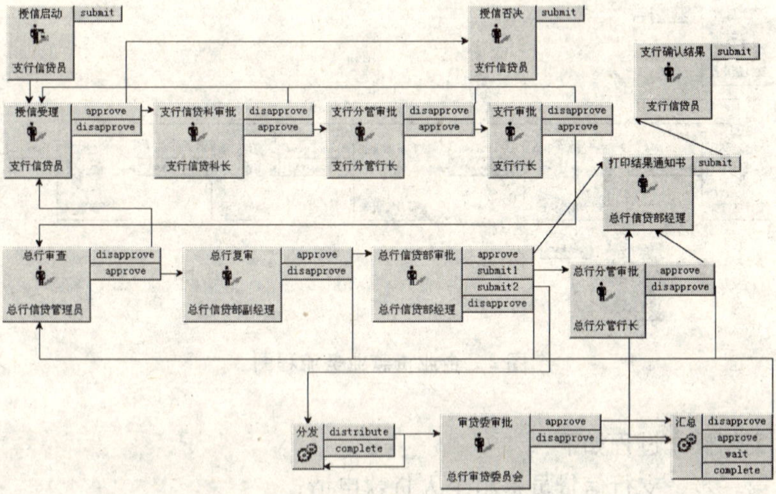

图1　客户授信业务流程

案例操作过程如下：

第一步，支行信贷员提出担保申请；

第二步，支行信贷科长、分管行长、行长审批；

第三步，总行信贷部门审批；

第四步，支行信贷员确认审批结果。

（3）企业贷款类。

案例说明：企业在商业银行获取了一定的授信额度，又通过了担保审批，就可以在银行授予的授信额度内申请贷款。本案例中，银行授予了东方建设集团有限公司1000万元流动资产贷款额度，且东方建设集团有限公司在银行作了1000万元房产的抵押担保，所以东方建设集团有限公司可以申请1000万元以内的流动资产贷款。

提示：在授信额度内申请的贷款，均不需要提交到总行去审批，这样就大大简化了贷款审批流程，提高了贷款发放效率。

案例操作过程如下：

第一步，支行信贷员提出贷款申请；

第二步，支行信贷科长、分管行长、行长审批；

第三步，支行信贷员确认审批结果。

（4）个人贷款类。

案例说明：个人向商业银行申请贷款，不需要先获取银行授信，但必须提供抵押担保。现以个人住房贷款为例进行个人贷款案例操作。

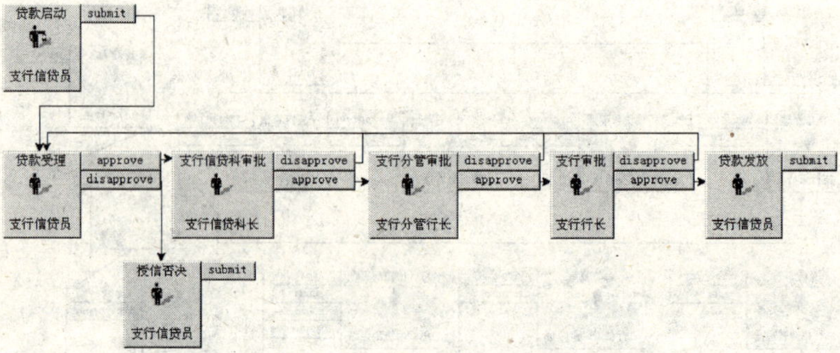

图 2　企业贷款业务流程图

案例操作过程如下：

第一步，支行信贷员提出个人贷款申请；

第二步，支行信贷科长、分管行长、行长审批；

第三步，支行信贷员确认审批结果。

（5）票据业务。

案例说明：票据业务包括承兑业务和贴现业务，其中承兑业务又包含"全额保证金银行承兑"和"敞口银行承兑"，这两种承兑业务的区别是办理"全额保证银行承兑"时，客户需按 100% 比例全额支付所承兑汇票金额的保证金，而"敞口银行承兑"只需支付一定比例的保证金。贴现业务包含"他行汇票贴现"和"商业汇票贴现"两种业务。以下分别用三个典型案例来演示票据业务操作过程。

①全额保证金银行承兑案例。

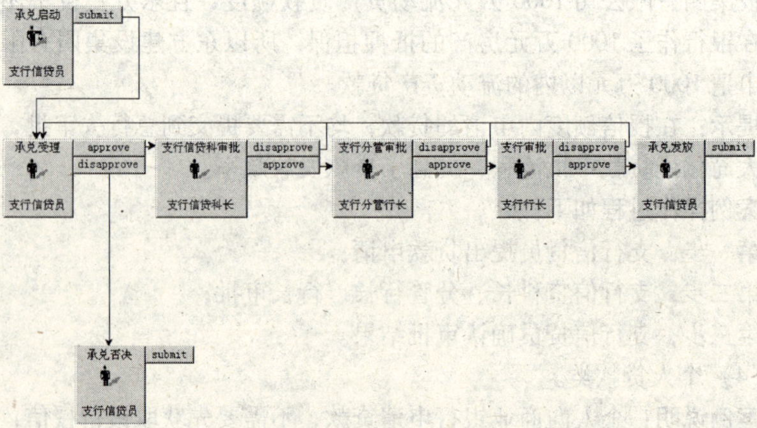

图 3　全额保证金承兑业务流程

案例操作过程如下：

第一步，支行信贷员提出全额保证金承兑申请；

第二步，支行信贷科长、分管行长、行长审批；

第三步，支行信贷员确认承兑审批结果。

②敞口银行承兑案例。

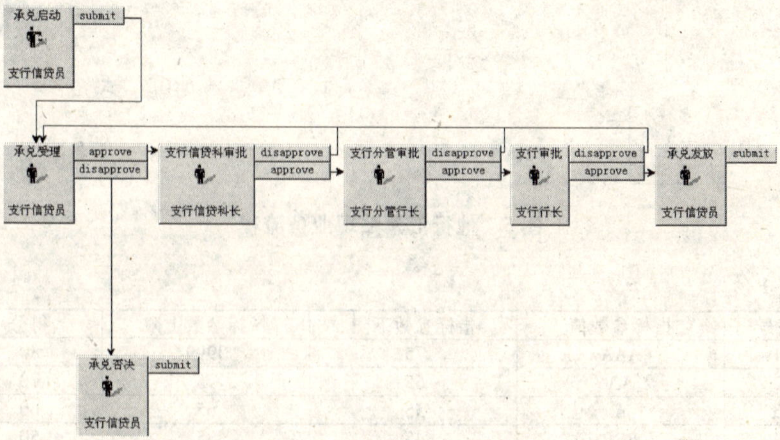

图4 敞口银行承兑业务流程

案例操作过程如下：

第一步，支行信贷员提出敞口承兑申请；

第二步，支行信贷科长、分管行长、行长审批；

第三步，支行信贷员确认承兑审批结果。

③他行汇票贴现案例。

案例操作过程如下：

第一步，支行信贷员提出他行贴现申请；

第二步，支行信贷科长、分管行长、行长审批；

第三步，支行信贷员确认贴现审批结果。

3. 信贷风险管理典型案例操作

（1）信用评估。

案例说明：商业银行为了控制信贷风险，一般会在客户提出贷款申请前，对其进行信用评估，或在下一年度对其信用情况进行评估。只有达到一定信用级别的客户，银行才会向其发放贷款。评估指标参数如表1所示。

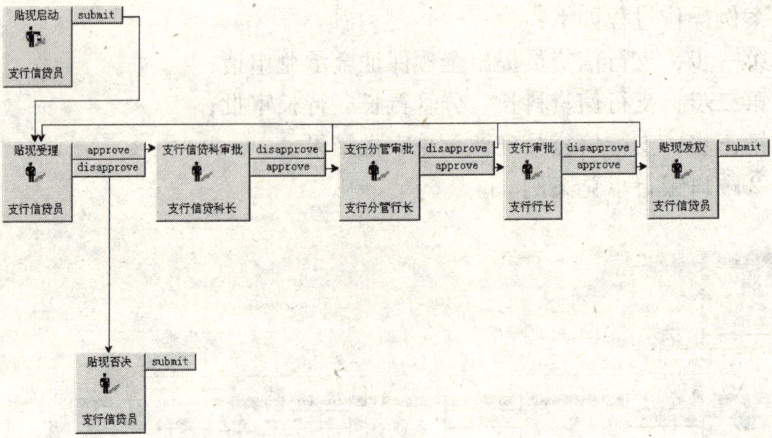

图 5　他行汇票贴现业务流程

表 1

序号	指标参数值	指标参数下限	指标参数上限	得分
1	AAA	75	9999	80
2	AA	65	75	70
3	A	55	65	60
4	BBB	45	55	50
5	BB	35	45	40
6	B	20	35	30
7	C	-9999	20	20

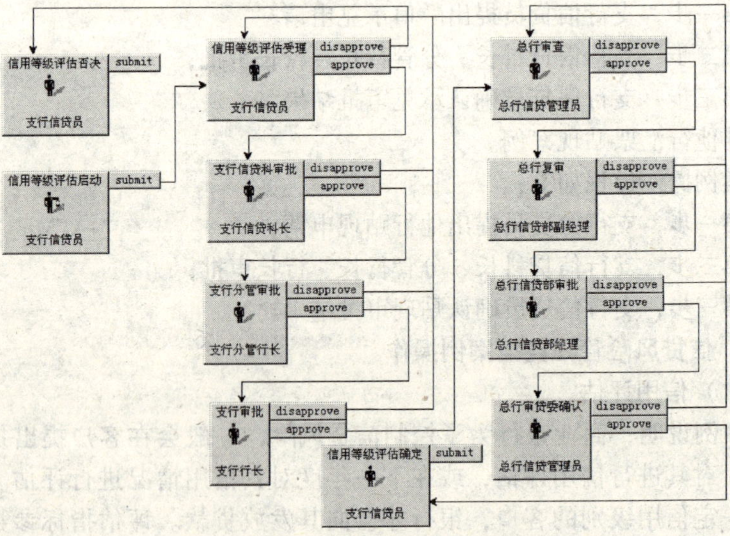

图 6　客户信用等级评估业务流程

案例操作过程如下：

第一步，支行信贷员提出信用评估申请；

第二步，支行信贷科长、分管行长、行长审批；

第二步，总行信贷部审批；

第三步，支行信贷员确认结果。

（2）五级分类。

案例说明：商业银行对已放贷的贷款需要实时监控，定期分类，以评估信贷风险。根据中国人民银行《贷款风险分类指导原则》，信贷资产分类采用以风险为基础的分类方法，把信贷资产分为“正常、关注、次级、可疑、损失”五类，后三类合称为不良资产。五类资产（本外币）的定义分别为：

①正常类资产：借款人（或主要债务人）各方面情况正常，不存在任何影响我行债权本息及时全额偿还的消极因素且一直能够正常还本付息，我行对借款人（或主要债务人）按时履约有充分把握，没有任何理由怀疑债权本息不能按时足额偿还。

②关注类资产：借款人（或主要债务人）目前偿还我行债务没有问题，但有关方面包括借款人（或主要债务人）还款能力、还款意愿、担保能力、非财务因素等存在一些可能对偿还产生不利影响的因素，这些因素继续存在下去将会影响债权的清偿。

③次级类资产：借款人（或主要债务人）的还款能力出现明显问题，完全依靠其正常经营收入无法足额偿还贷款本息，即使执行担保，也可能会造成一定损失。

④可疑类资产：借款人（或主要债务人）无法足额偿还债务，即使执行担保，债权也肯定要造成较大损失，只是因为存在借款人（或主要债务人）重组、兼并、合并、抵押（质）物处理或未决诉讼等待定因素使得损失金额还不能确定。

⑤损失类资产：在采取所有可能的措施或经过一切必要的法律程序之后，贷款本息仍然无法收回，或只能收回极少部分。

案例操作过程如下：

自动批量分类；

个人贷款手工分类；

企业贷款手工分类；

敞口承兑手工分类；

商票贴现手工分类。

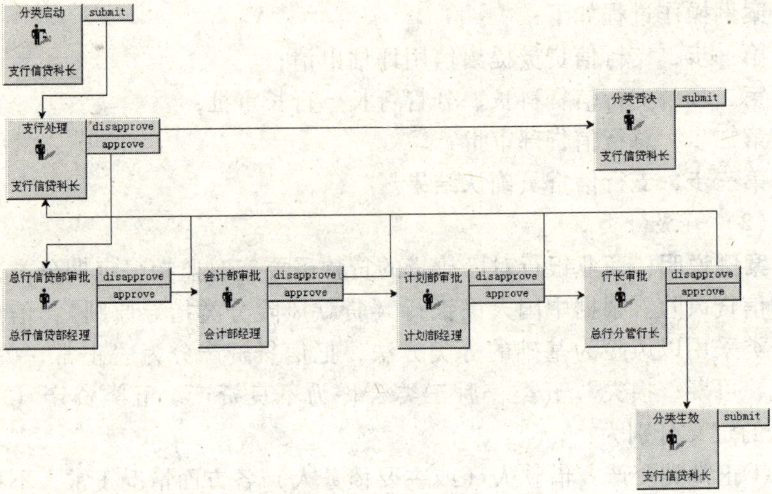

图7　贷款五级分类业务流程

（3）呆账认定。

案例说明：当借款人出现以下情况时，可以认定为呆账。

①借款人和担保人被依法宣告破产、关闭、解散、并终止法人资格，银行、信用社对借款人和担保人进行追偿后，未能收回的贷款；

②借款人死亡或者依照《中华人民共和国民法通则》的规定，宣告失踪或宣告死亡，银行、信用社依法对其财产或遗产进行清偿后，未能收回的贷款；

③借款人和担保人虽未依法宣告破产、关闭、解散，但经有关部门认定已完全停止经营活动，被县或县以上工商行政管理部门依法注销或吊销营业执照，终止法人资格，银行、信用社对借款人和担保人进行追偿后，未能收回的贷款；

④借款人和担保人虽不符合第③项规定的条件，但经有关部门认定借款人和担保人事实上已经破产、被撤销、解散，已完全停止经营活动在2年以上，银行、信用社对借款人和担保人进行追偿后，未能收回的贷款；

⑤借款人和担保人不能偿还到期贷款，银行、信用社诉诸法律，经法院对借款人和担保人强制执行，借款人和担保人所属财产不足执行或无财产可供执行，法院裁定终结执行后仍无法收回的贷款；

⑥借款人触犯刑律，依法受到制裁，处理的财产不足归还所欠贷款，又无另外债务承担者，确认无法收回的贷款；

⑦由于第①~⑥项规定的原因借款人和担保人不能偿还到期贷款，银行、信用社依法取得抵债资产，其抵债资产的计价价值小于贷款本金的差额，经追偿后仍无法收回的部分；

⑧银行、信用社因开立信用证、办理承兑汇票、开具保函、信用卡透支等原因发生垫款时，凡开证申请人、持卡人和保证人由于第①~⑦项规定的原因，无法偿还垫款，银行、信用社经依法追偿后仍无法收回的垫款；

⑨其他经国家税务总局允许核销的贷款。

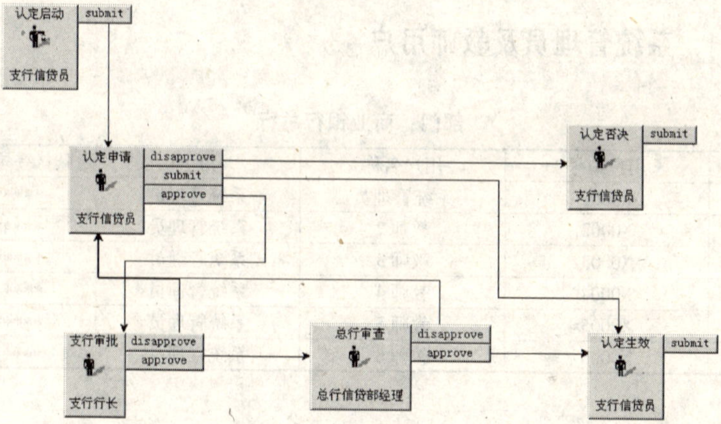

图8 呆账认定业务流程

4. 信贷资产管理典型案例

以贷款诉讼为例。

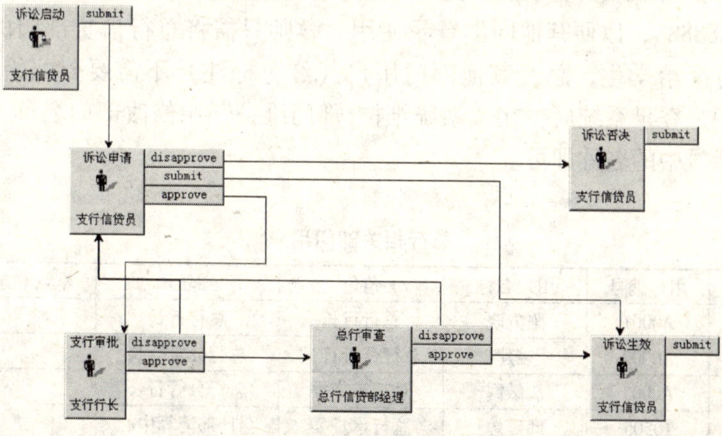

图9 贷款诉讼业务流程

附录三　用户列表

一、系统管理员及教师用户

表 1　　部门：商业银行总行

序号	用户编号	用户名称	角色	默认登录密码
1	X0001	系统管理员	系统管理员	******
2	X0002	教师 2	系统管理员	******
3	X0003	教师 3	系统管理员	******
4	X0004	教师 4	系统管理员	******
5	X0005	教师 5	系统管理员	******
6	X0006	教师 6	系统管理员	******

注意事项：教师用户第一次登录系统后应修改用户名称和登录密码。

二、学生用户

学生用户默认登录密码为 888888，实验完成后需将用户登录密码恢复为 888888，以便其他同学登录使用。教师只需将总行信贷部门的相关用户分配给学生，总行其他部门用户（红色标注）不需要分配给学生。教师用户登录系统后，在“系统维护/部门维护”中修改部门名称，只需修改括号中的名称即可。

表 2　　总行相关部门用户

序号	用户编号	用户名称	角色	部门	默认登录密码
1	A0001	陈方晓	总行行长	总行行长	
2	A0002	裘建	总行分管行长	总行分管行长	
3	A0003	沃敏霞	总行审贷委	总行分管行长	
4	10505	邱婷婷	总行审贷委	会计部清算中心	
5	A0012	谢栋刚	支行信贷员	特管部	

续表

序号	用户编号	用户名称	角色	部门	默认登录密码
6	A0004	张丽英	总行审贷委	计划部	
7	10509	章洪刚	总行审贷委	个私部	
8	10480	徐飞霞	信贷部经理	信贷部	
9	10479	马建峰	信贷部副经理	信贷部	
10	10638	顾小青	信贷部初审员	信贷部	
11	10671	王建刚	信贷部初审员	信贷部	
12	A0009	高大庆	信贷部初审员	信贷部	
13	A0010	李国庆	信贷部初审员	信贷部	
14	A0013	刘效文	信贷部初审员	信贷部	
15	A0014	王学华	信贷部初审员	信贷部	

表 3　　部门（支行网点）：商业银行业务部（金融 200601 班）

序号	用户编号	用户名称	角色	默认登录密码
1	10459	金宏	支行行长	
2	10460	吴坚	支行分管行长	
3	10444	谢继权	支行信贷科长	
4	10443	诸国民	支行信贷科长	
5	10272		支行信贷员	
6	10329		支行信贷员	
7	10330		支行信贷员	
8	10331		支行信贷员	
9	10332		支行信贷员	
10	10334		支行信贷员	
11	10336		支行信贷员	
12	10338		支行信贷员	
13	10339		支行信贷员	
14	10670		支行信贷员	
15	20101		支行信贷员	

表 4　　部门（支行网点）：商业银行城南支行（金融 200602 班）

序号	用户编号	用户名称	角色	默认登录密码
1	10476	谢紫明	支行行长	
2	10481	汤旭东	支行分管行长	
3	10455	莫根生	支行信贷科长	
4	10385		支行信贷员	
5	10386		支行信贷员	
6	10424		支行信贷员	
7	10669		支行信贷员	
8	30101		支行信贷员	
9	30102		支行信贷员	

续表

序号	用户编号	用户名称	角色	默认登录密码
10	30103		支行信贷员	
11	30104		支行信贷员	
12	30105		支行信贷员	
13	30106		支行信贷员	
14	30107		支行信贷员	
15	30108		支行信贷员	
16	30109		支行信贷员	
17	30110		支行信贷员	
18	30111		支行信贷员	
19	30112		支行信贷员	
20	30113		支行信贷员	
21	30114		支行信贷员	
22	30115		支行信贷员	
23	30116		支行信贷员	
24	30117		支行信贷员	
25	30118		支行信贷员	
26	30119		支行信贷员	
27	30120		支行信贷员	

表 5　　票据中心

序号	用户编号	用户名称	角色	默认登录密码
1			支行行长	
2			支行分管行长	
3	10640	丁建铭	支行信贷科长	
4	10501	徐晓华	支行信贷员	
5	10635	王卫东	支行信贷员	
6	10639	蔡国均	支行信贷员	

附录四　商业银行信贷业务经营与管理要点

一、商业银行贷款业务知识再回顾

1. 商业银行贷款的种类

表1

正常	借款人能够严格履行合同，有充分把握偿还贷款利息
关注	尽管目前借款人没有违约，但存在一些可能对其财务状况产生不利影响的主观因素，如果这些因素继续存在，可能对借款人的还款能力产生影响
次级	借款人的还款能力出现了明显问题，依靠其正常经营收入已无法保证足额偿还贷款本息
可疑	借款人无法足额偿还贷款本息，即使执行抵押或担保，也肯定要发生一定的损失
损失	采取所有可能的措施和一切必要的程序之后，贷款仍无法收回。

注意：原来贷款四级分类与现在贷款五级分类法的内涵与区别。

2. 几种新型实用的贷款简介

长期以来，中小企业融资难是一个老问题。其实，中小企业若能根据自身实际，寻找融资突破口，融资难有时是可以迎刃而解的。目前来看，除综合授信、票据贴现、金融租赁、典当融资等常规形式外，中小企业还有多种融资方式。

（1）信用担保贷款。目前，全国已有100多个城市建立了中小企业信用担保机构。这些机构大多实行会员制管理的形式，属于公共服务性、行业自律性、自身非营利性组织。担保基金的来源，一般是由当地政府财政拨款、会员自愿交纳的会员基金、社会募集的资金、商业银行的资金等几部分组成。会员企业向银行借款时，可以由中小企业担保机构予以担保。另外，中小企业还可以向专门开展中介服务的担保公司寻求担保服务。当企业提供不出银行所能接受的担保措施时，担保公司可以解决这些难题。因为与银行相比，担保公司对抵押品的要求更为灵活。

（2）自然人担保贷款。不久前，中国工商银行率先推出自然人担保贷款业务，今后工商银行的境内机构，对中小企业办理期限在3年以内的信贷业务，可以由自然人提供财产担保并承担代偿责任。自然人担保可采取抵押、权利质押、抵押加保证三种方式。可作抵押的财产包括个人所有的房产、土地使用权和交通运输工具等，作质押的个人财产包括储蓄存单、凭证式国债和记名式金融债券。抵押加保证则是指在财产抵押的基础上，附加抵押人的连带责任保证。如果借款人未能按期偿还全部贷款本息或发生其他违约事项，银行将会要求担保人履行担保义务。

（3）出口创汇贷款。对于生产出口产品的企业，银行可根据出口合同，或进口方提供的信用签证，提供打包贷款（指银行凭出口企业与国外进口商签订的出口销售合同和国外银行开立的有效信用证正本，向出口商发放的用于备料、生产、订货和装运等生产经营活动的短期人民币贷款）。对有现汇账户的企业，可以提供外汇抵押贷款。对出口前景看好的企业，还可以商借一定数额的技术改造贷款。

（4）项目开发贷款。一些高科技中小企业如果拥有科技成果转化项目，初始投入资金数额比较大，企业自有资本往往难以承受，可以向银行申请项目开发贷款。商业银行对拥有技术成熟且市场前景良好的高科技产品、或拥有专利项目的中小企业以及利用高新技术成果进行技术改造的中小企业，将给予积极的信贷支持，以促进企业加快科技成果转化的速度。

（5）买方贷款。如果企业的产品有可靠的销路，但自身资本金不足、财务管理基础较差，可以提供的担保品或寻求第三方担保比较困难，银行可以按照销售合同，对其产品的购买方提供贷款支持。卖方可以向买方收取一定比例的预付款，以解决生产过程中的资金困难。或者由买方签发银行承兑汇票，卖方持汇票到银行贴现。

（6）无形资产担保贷款。依据《中华人民共和国担保法》的有关规定，依法可以转让的商标专用权、专利权、著作权中的财产权等无形资产都可以作为贷款质押物。

（7）项目融资。

①定义：项目融资是指项目发起人为该项目筹资和经营而成立的一家公司，由项目公司承担贷款，以项目公司的现金流量和收益作为还款来源，以项目的资产或权益作抵（质）押而取得资金的一种贷款方式。

项目融资主要用于需要巨额资金，投资风险大而传统融资方式又难以满足但现金流量稳定的大型工程项目，如天然气、煤炭、石油等自然资源的开发，以及运输、电力、农林、电子、公用事业等大型工程项目的建设与开发。

②业务特点：一次性融资金额大；项目建设期和回收期长，不稳定因素多；项目一般具有良好的经济效益和社会效益。

（8）银团贷款。

①定义：银团贷款是指由获得经营贷款业务的多家银行或金融机构，采用同一贷款协议，向借款人发放的并由同一家代理行管理的贷款；商业银行可针对不同客户的特点需求，协助客户确定融资结构，并组织银团成员共同筹措资金。

银团贷款重点支持符合国家或地方经济发展计划的能源、信息、交通、高科技、机电设备以及国家和地方的重点工程项目。

②业务优势：在较短时间内筹措较大金额的资金；一次性获得长期稳定的资金，减少筹资事务，降低筹资风险；扩大企业影响，进一步增强企业的筹资能力。

（9）委托贷款。

①定义：委托贷款是委托人以其可以自主支配的资金，委托商业银行按其所指定的对象或投向，规定的用途和范围，定妥的条件（期限、利率、金额等）代为发放，监督使用并协助收回的贷款。

②业务特点：拓宽委托人富裕资金的投资渠道；满足借款人的资金需求；委托人可获得较高的资金回报；方便集团公司进行资金管理，调节资金余缺；纯粹的中介业务，银行不承担风险。

（10）法人账户透支。

①定义：法人账户透支是指在事先核定的账户透支额度内，商业银行承诺在结算账户存款不足以支付时，直接透支取得信贷资金的一种借贷方式。

②业务方式：透支额度一年一定，有限期最长不超过一年，可循环使用；随借随还，先透先还；透支期限是实际透支的具体期限，可长达六个月。

③业务特点：满足客户临时性的资金周转的要求；提高企业财务管理水平；减少企业资金的无效闲置。

（11）买方信贷卖方付息业务。

①定义：国内买方信贷业务是指商业银行对符合贷款条件的设备购买方（买方）发放的专项贷款供其购买与银行签有买方信贷协议的设备供应商（卖方）生产的大型成套设备。

卖方付息是指银行向买方发放贷款后，由卖方支付部分或全部利息。

②业务特点：利息支付由买卖双方以任意比例协商确定，灵活方便；有助于卖方扩大销售；便于买方降低成本。

（12）汽车销售融资业务。

①定义：汽车销售融资业务是指汽车销售商为扩大其汽车销售业务，向商业银行申请的用于向汽车生产厂商购买新汽车的贷款，承兑，开证或综合授信，并以相关汽车合格证作为风险监控辅助手段的信贷业务。

②业务种类：生产厂商为销售商提供担保方式；生产厂商回购未售出汽车方式；对销售商信用授信方式。

③业务优势：加快汽车交易，促进商品流通；提供融资便利，提高企业资金管理水平；扩大企业销售，增加经营利润。

(13) 仓单质押担保信贷业务。

①定义：仓单是指仓储公司签发给存储人或货物所有权人的记载仓储货物所有权的唯一合法的物权凭证，仓单持有人随时可以凭仓单直接向仓储方提取仓储货物。

仓单质押担保信贷业务是指业务申请人以其自有或第三方持有的仓单向商业银行申请贷款的信贷业务。

②质押仓单必须具备下列条件：必须是出质人拥有完全所有权的货物的仓单，且记载内容完整；出具仓单的仓储方原则上必须是银行认可的具有一定资质的专业仓储公司。

③质押仓单项下的货物必须具备下列条件：所有权明确；无形损耗小；市场价格稳定，波动小，不易过时；适应用途广，易变现；价格明确，便于计算；产品合格，并符合国家有关规定。

④业务优势：促进国内商品贸易，加快市场物资流通；提供融资便利，提高企业资金使用效率；扩大企业销售，增加经营利润。

(14) 国内保理业务：是商业银行为国内贸易中的信用销售，特别是赊销方式而设计的一项综合性金融服务。

二、关于贷款的管理

1. 信贷政策与贷款管理的基本制度

表 2　　商业银行信贷政策一般应涵盖的主要内容

贷款业务发展战略	透支授信限额	贷款的审批和管理程序
贷款审批的分级授权	信贷集中风险管理政策	贷款的日常管理和催收政策
贷款的期限和品种结构	贷款的定价	对有问题贷款的管理
贷款发放的规模控制	贷款的担保政策	贷款分类制度
关系人贷款政策	信贷档案的管理	呆账准备金政策和呆账冲销

表 3　　贷款程序及操作中的关键问题

贷前		贷时		贷后	
(1) 贷前调查	客户借款申请 外部环境 项目前景分析	(1) 贷款审批	主管信贷人员高级经理人员分级审批制度	(1) 日常管理	数据资料 合同契约 担保品 信用审查
(2) 信贷分析	用途 行业 管理水平 数据资料	(2) 起草文件	法律合同文本 贷款文件审查 检验担保品 自动放弃条款 其他	(2) 应变措施	早期报警信号 调整战略 管理计划 贷款重组 努力催收 诉诸法律
(3) 贷款谈判	还款条件 合同契约 担保条件	(3) 拨付贷款	凭证有效 贷款文件得以执行	(3) 贷款偿还	本金全部偿还 利息全部收到

2. 控制贷款风险，做好财务分析需要注意的几个问题

作为考察企业财务状况的基本方法，财务报表分析方法近年来在商业银行的信贷实务中得到了较为广泛的应用，成为贷款风险控制的基础方法。商业银行授信调查报告涵盖的内容非常广泛，尤其财务部分的指标非常多，内容也非常详细，如果严格按照规定操作的话，应该能有效地控制风险。财务分析需要注意以下几点：

第一，首先要关注货币资金科目，而不仅仅是为了拉存款。

企业在本行的流水结算应该是一个很重要的因素，除了个别大型企业，由于对其贷款的营销竞争激烈，银行相对不处于主动地位以外，一般的企业都应该考察贷款以前 1 ~ 2 个月的结算情况，考察其流水的发生频繁程度以及企业调拨资金的能力。

第二，通过短期投资的多少及品种来看货币资金的可补充程度以及是否违规使用信贷资金。

在当前对企业管制相对减少的环境中，借款人进行短期投资的目的是利用正常生产经营中多余的资金，希望获得高于银行存款利率的收益。目前的主要形式有购买国债、购买股票、委托理财等。

第三，通过应收账款大小、账龄及结构看企业销售的真实性。

应收账款是收现能力的一个重要指标，一般来说越小越好。否则，即使收入大，账面利润多，但没有形成多少实际现金流入，依然不能改善企业的经营状况。部分上市公司为粉饰业绩，与关联公司做虚假交易，同时增加了销售收入和应收账款，在考察的时候应特别关注，每股高收益的背后可能是巨大的陷阱。

第四，通过其他应收款看是否有抽逃资本和非法关联交易。

其他应收款科目主要反映公司之间往来或公司与个人之间往来的一些情况，如借款、垫款等，容易使人忽视，但实际企业之间的很多非贸易行为都在这个科目体现，一些违规的行为也通过这个科目来进行。由于货币资金不足使企业的支付能力和未来发展能力明显受到了约束，部分上市公司甚至因此而被拖垮。

第五，通过存货情况来看未来销售能力。

存货与应收账款的考察方法有些类似，要从进货时间、现价、存货跌价准备是否计提等来衡量其是否健康。现在的存货就是未来的销售。只要存货周转得很快，这个企业就能适应市场的竞争。

第六，通过长期投资的内容看其收益能力和控制能力。

除投资性公司以外，企业长期投资不得超过其净资产的50%。大多数企业主业突出，主营业务收入是利润的主要来源，而投资收益只是主营业务的补充。能否现金分红是从根本上判断长期投资是否良好的标准。

第七，通过查看固定资产大小来划分企业性质并制定不同的控制方法。

生产性企业厂房、机器设备多，固定资产净额就大，而贸易流通性企业相对就少得多。并不是企业固定资产越多，企业的偿债能力越强，只不过是逃债的成本更高罢了。

第八，无形资产要特别关注土地使用权。

无形资产是没有实物形成并能在较长的时间内使企业获得经济效益的资产。如土地使用权、专利权、商品权、特许权等。只有购买的土地使用权，才能作为无形资产核算。

第九，通过短期借款了解其财务负担和融资能力。

短期借款一方面反映了企业的债务负担，一方面体现了企业的融资能力。要特别注意考察企业的现有贷款什么时候到期，是否存在逾期、欠息记录，历史资信情况如何，这是判断能否向企业贷款最直接的依据。人民银行建立的网上登记系统和查询系统，可以了解企业在各家商业银行的真实负债情况。

第十，通过净资产来看债权保障程度。

对于债权人来说，净资产越大，债权的保障程度越高。在中国，注册资本可能是以货币形式出资，也可能是以实物形式出资，以货币形式出资的要注意是否有抽逃资金的行为，以实物形式出资的要注意实物是否具有相应的价值。

第十一，通过收入的多少和收现程度看企业的持续经营能力。

在分析借款人的损益表时，必须认真地确认收入和费用。在考核收益时，应着重检查是否有高估高收的可能。

第十二，通过重要财务比率来看匹配性。

企业的财务比率尤其是流动比率可能存在不合理情况，却容易被信贷员忽视，比如大量的短期借款用于长期的项目投入，造成资金长期占用，难以很快形成现金流入，短期还款压力很大。

第十三，通过表外业务看企业潜在负债。

承兑业务、开证业务、担保业务等都属于表外业务，有的企业反映在表内的银行借款没有多少，但开出大量的承兑汇票和信用证来开展业务，这些都是或有负债，最后的结果甚至可能会因为债务株连问题拖垮了好企业。

第十四，通过税收交纳情况看企业真实经营状况。

企业不管销售多少，总要按章交税，而完税凭证是无法作假的，所以，要核实企业的真实经营效益，就一定要核对完税凭证。

3. 贷款过程中相关财务分析的几个要点

表 4　　财务报表分析要点

资料	具体来源及银行应关注的问题
（1）会计报表	主要指资产负债表、损益表及有关附表 管理水平、经营状况及发展趋势
（2）会计报表附注	会计处理方法及其变更原因 有关重要项目的详细资料，尤其是或有项目
（3）财务状况说明书	生产经营情况、利润实现和分配状况 资金增减和周转情况
（4）注册会计师验证报告	经审计的各种财务报表及其注释 审计报告和每年财务状况的汇总
（5）其他资料	证券交易所和行业协会提供的资料 投资咨询机构提供的有关资料

表 5　　损益表分析要点

（1）收入是否高估 收入是如何确认的？ 收入确认的方法是如何影响销售收入和应收账款的？ 应收账款是否真实和可回收？ （2）费用是否低估 费用是如何确认的？ 费用确认方法是如何影响报告期利润和相关资产负债账户的？ 借款人能否解释每一费用账户并提供明细支出表？

表 6　　　　资产分析要点

1. 流动资产

（1）短期投资

短期投资的种类有哪些？

这些投资是否真的是利用其正常经营中多余的资金来进行的？

这些投资是否作过抵押？价值多少？

市场价格是否高于历史成本？

（2）应收账款

是否有明细的应收账款账龄表？

是否集中于某几个客户或个别地区？

坏账准备能否弥补坏账损失？

（3）存货

企业采用哪些存货计价方法？

是否设立存货明细账？市场价格多少？

存货是否购买了保险？是否作了抵押？

2. 非流动资产

（1）长期投资

这些投资是在什么环境下产生的？

这些投资的流动性如何？

这些投资一旦变现，价值如何？

（2）固定资产

各类固定资产的价值是多少？

固定资产是否作了抵押？

采用哪种折旧方法？

（3）无形资产和递延资产

这部分是从属于总资产和权益的，基于审慎原则，在计算有关比率时需将这部分从总资产和权益中减去，得出有形总资产和有形净资产。

表 7　　　　负债分析要点

（1）应付账款

应付账款是否真实地反映了贸易负债？（如果有其他情况应列示出来）

应付账款是否按合同规定全额付出？

（2）应付票据

有多少应付票据，应付给谁？

在什么情况下和条件下会产生应付票据？

它们的期限、利率和到期日是怎样的？

（3）1 年内到期的长期负债

此账户是否包括了全部 1 年内到期的长期负债？

（4）或有负债

有多少或有负债，应付给谁？

在什么情况下和条件下，这些负债会变为真实负债？

这些负债是否通过担保，以什么资产作担保？

表 8 其他方面

	现金流入	现金流出
经营活动的现金流量（cfO）	销货现金收入 利息与股息的现金收入 增值税销项税款和出口退税 其他业务现金收入	购货现金支出 营业费用现金支出 支付利息和缴纳所得税 其他业务现金支出
投资活动的现金流量（cfI）	出售证券和固定资产 收回对外投资本金	购买有价证券 购买固定资产
融资活动的现金流量（cfF）	取得短期和长期贷款 发行股票或债券	偿还借款本金的现金 分配现金股利

其中：cf = cfO + cfI + cfF。

4. 关于借款企业的现金流量分析

现代商业银行向借款人借出资金的主要目的，就是期望借款人能够按照规定的期限归还贷款，并支付利息。如果借款人到期不能还本付息，那么商业银行不仅不能从这种资金借贷业务中获得收益，反而会遭受一定的损失；如果借款人资不抵债甚至破产，那么商业银行遭受的损失就会更大，甚至全部贷款连本带息都收不回来。所以，商业银行对借款人最关心的就是其现在和未来的偿债能力，而取得借款人偿债能力信息的最佳途径就是分析借款人的财务报表。但是借款人的偿债能力并不是孤立的，它和借款人的盈利能力、营运能力、资本结构和现金净流量等因素密切相关。由于贷款企业的经济效益直接关系到银行资产的质量，但反映经济效益大小的利润指标则可能会给企业还贷造成一种假象，所以商业银行必须应更重视反映贷款企业现实货币资金的现金流量的分析，从而了解贷款企业的即刻偿债能力。在商业银行信贷业务实践中，人们经常会遇到这样的情况：一家盈利的企业可能因不能偿还到期贷款而面临清算，而一家亏损企业却能偿还贷款并继续维持经营。这种看似奇怪的现象说明，判断一个企业是否能够偿还贷款，进而防范信贷风险，仅看其盈利能力是不全面的。虽然从某种程度上说利润是偿还贷款的来源，但不能直接偿还贷款，企业到底能否还贷，起支撑作用的是真正拥有多少现实货币资金，因而，对商业银行来说，关注和分析借款企业的现金流量，对防范与化解商业银行的信贷风险尤为重要。

（1）利润与现金流量的背离。净利润与现金流量是分析企业盈利能力的主要财务指标，但计算这两个指标所依据的理论基础不同。由利润表提供的净利润是按照权责发生制计算的，而由现金流量表提供的现金流量是按收付实现制计算的，两种截然相反的记账基础所计算的结果当然就背道而驰，难以保持同步性，当净利润缺乏足够的现金流量支撑时，借款企业的巨额净利润就成了“纸上富贵”。所以在分析借款企业的偿债能力时，利润表有一定的片面性。而现金流量表可以提供企业在一定时期内，现金流入和流出以及净现金流量的具体信息，可据此掌握企业的融资能力、偿债能力等，是企业的投资者，债权人取得投资收益、收回贷款本息的“晴雨表”。因此，发放贷款时以及发放以后，信贷人员一定要对借款企业的现金流量表进行认真分析，以便把风险降到最低限度。在按会计制度制订的现金流量表中，整个业务划分为经营活动、投资活动和筹资活动，在很多情况下都可能出现“净利润高”而“现金流量低”的尴尬现象。

①在经营活动中的相应情况。

A. 收入高而现金流入量低。企业会计准则规定，企业在销售商品时，收入应当在以下四种条件均能满足时予以确认：a. 企业已将商品所有权上的主要风险和报酬转移给购货方；b. 企业既没有保留通常与所有权相联系的继续管理权，也没有对已售出的商品实施控制；c. 与交易相关的经济利益能够流入企业；d. 相关的收入和成本能够可靠地计量。因此，当条件满足时，企业就应以“收入”入账，但同时有可能未及时收回货款，因而就造成应收账款或应收票据的增加，却并未给企业带来相应的现金流入，由此出现收入高而现金流入量低的现象。

B. 成本费用大多以现金方式流出。在成本费用中，除了固定资产折旧、计提的各种准备、无形资产和待摊费用摊销等，企业的其他费用如：工资及福利费、税金及附加、材料、水电、业务招待费等大都以现金形式流出，这样，一定期间内，收入可能尚未形成真正的现金流入，可费用又以现金形式流出，因此，就会导致该期间内现金流入低于利润的情况出现。

②在投资活动中，投资收益中通常有“泡沫”。随着投资意识的增强，企业为取得更多的投资收益或为了达到控制对方的目的等，往往会进行对外投资。企业会计制度规定，当企业对其他单位的投资占该单位有表决权资本总额20%或20%以上时，或虽投资不足20%但对被投资企业具有重大影响的，应当采用权益法核算。在被投资企业实现净利时，投资企业应按其所享份额调整投资的账面价值，并作为当期投资收益，而当期被投资企业却不一定分配利润，这种利润虚增而现金并未流入企业的情况必然引起现金净流量与净利润之间产生背离，净利润增加，而现金流量却未同步增长。

③在筹资活动中，通常筹资少而还本付息多。净利润与现金流量的背离，筹资活动不如经营活动、投资活动那么明显。一般来说，无论是吸收权益投资还是发行债券或借款，短期内就会有现金流入企业，另外，偿还利息及本金时，现金流出与费用的确认也大体上能够同步。但是，当某会计期间筹资活动流入大于当期偿还本金及利息支付的现金时，就会使现金流入大于现金流出，如在筹资初期。在某会计期间筹资活动流入少而偿还本金及利息支付的现金多时，就会使现金流入小于现金流出，如在筹资中后期要偿还大量的本息，若当期又未能进行新的融资等。这样在后一种情况下，就会出现净利润高而现金流量低的现象发生。

（2）对借款企业现金流量表分析要点。对商业银行而言，在进行现金流量分析时，一般以借款企业为分析对象，分析企业在某一个会计期间的现金流入量、现金流出量及现金净流量。当然，如果银行是向企业的某一个重要项目发放贷款，也可分析该项目投产后产生的现金流入量、现金流出量和现金净流量，从而来判断企业的偿债能力。

①结构分析。现金流量的结构分析，包括流入结构、流出结构和现金净流量结构分析。其中，流入结构是现金流入各组成项目占现金流入总量的比重；流出结构是现金流出各组成项目占现金流出总量的比重；现金净流量结构是经营活动、投资活动、筹资活动及非常项目现金净流量占现金净流量总额的比重。在分析时，可列表进行，以掌握企业各项活动中现金流量的变化规律、企业所处的经营周期等情况。

根据现金流量结构来判断企业偿债能力时，可借鉴以下原则：

现金流入结构中，经营活动的现金流入比重越高越好；

现金流出结构中，非经营活动的现金流出比重越低越好；

现金净流量结构中，经营活动的现金净流量比重越高越好。

当现金净流量大于或等于零时，表明企业偿债能力较强，反之，则表明企业的偿债能力较弱甚至没有偿债能力。

另外，对流入结构、流出结构和现金净流量结构还可通过列示若干连续期间的数据，来进行比较分析，以判断企业的发展趋势。

②流动性分析。流动性是指资产转化为现金的能力，表明企业生产经营过程中，动态意义上的偿付能力。

我们知道，根据资产负债表可以计算出企业偿债能力指标：流动比率（流动资产/流动负债）和速动比率（速动资产/流动负债，其中：速动资产：流动资产—存货），但这两个指标有一定的局限性。因为流动资产中的应收账款有可能会因支付方的信誉、盈利能力、营运能力等发生坏账损失，同时存货转化为现金的能力也存在着很大的不确定性（如存货变质、适销不对路等），而且流动资产中还存在着虚资产——待摊费用，所以，在实务工作中，有些企业账面上存在着大量的流动资产，但偿债能力却十分有限，甚至无力偿债而加大财务风险直至破产。对商业银行来说，这种情况要特别注意，不要被借款企业账面上的“繁荣”所迷惑，要着重关注企业有多少现实货币资金可用来还贷。而现金流量表中的现金净流量就反映了借款企业的这种“即刻”偿债能力，因此可通过现金流量和债务这两个指标来进行比较分析，以反映其真实的偿债能力。通常可关注以下指标：a. 现金到期债务比：经营活动现金净流量/本期到期债务；b. 流动负债保障率：经营活动净流量/流动负债（其倒数为流动负债偿还期）；c. 总负债保障率：经营活动现金净流量/负债合计（其倒数为总负债偿还期）。以上三个指标越大，说明借款企业产生的现金流入越快，流量越大，财务风险越小，企业财务基础越牢靠，偿债能力也越强。

③利润质量分析。即对真实收益能力的分析。如前所述，利润和现金流量是两种不同记账基础下的产物，两个指标存在着背离现象。同样道理，利润表中的营业利润与现金流量表中的经营活动现金净流量也往往不相一致，特别是企业销货与收款时间上发生脱节且脱节时间较长（如大于1年）时，尤为突出，这样，按收付实现制原则计算的经营净收益即经营活动的现金净流量，由于不存在发生坏账损失的风险，就显得比营业利润更加真实可靠。

对利润质量的分析主要是通过现金利润率来进行的。现金利润率：经营活动现金净流量/营业利润。该指标反映了经营活动的现金净流量与营业利润的差异程度，即当期经营活动实现的净利润中有多少现金作为保证。

（3）现金流量分析与贷款五级分类的融合。商业银行贷款发放以后，由于种种原因，会产生或大或小的风险，为了有效地防范风险，应针对贷款的不同情况，对贷款进行科学而有效的分类。长期以来，我国商业银行采取的贷款分类办法是将贷款分为正常、逾期、呆滞、呆账四个档次。这种分类办法主要是以贷款风险是否逾期及逾期时间的长短作为贷款风险大小的依据，其实质是对贷款风险的一种事后统计，不利于对贷款风险进行事前控制。因此，经过一段时间运作之后，最终被淘汰。自1998年起，根据中国人民银行制定的《贷款风险分类指导原则》，我国商业银行实行了国际上通用的贷款五级分类方法。因此，商业银行在对借款企业进行现金流量分析时，应结合贷款类别进行，以此来评估贷款质量，揭示贷款的真实价值和贷款的风险度。

(4) 现金流量分析应注意的问题。在市场经济条件下，企业现金流量在很大程度上决定着企业的生存和发展能力，商业银行在贷款企业进行财务分析时，通过现金流量表可了解其偿债能力，然而在进行分析时，还要注意以下一些问题：

①报表数据应有真实性。现金流量表作为三大主表之一，可为商业银行提供企业在诸多方面有价值的信息，但是由于会计技术上的局限性和可能存在的粉饰与造假行为，分析所依据的资料有可能不真实，含有虚假成分，这样即使分析水平再高，手段再先进，所做出的判断也将是错误的，进而误导银行的信贷决策，甚至造成新的不良贷款。因而在面对借款企业提交的现金流量表时，应持怀疑态度，进行必要的审查和相应的调整，要把握以下几点：

A. 对经营活动产生的现金流量的审查与调整：a. 销售商品、提供劳务收到的现金：项目与“银行存款”、“现金”、“应收账款”、“应收票据”、“预收账款”等科目的记录以及企业的结算记录是否相符；项目的数字与企业的业务规模是否相符；项目前后各期的增减差异变化是否符合逻辑。b. 收取的租金：收取租金的数字与企业出租的项目是否相符；租金的收取标准是否明显高于市场标准。c. 收到的增值税销项税额和退回的增值税款：数字与“应收账款”、“应收票据”、“应交税金——应交增值税（出口退税）”、“现金”、“银行存款”等科目的记录是否相符；与业务规模是否相称；项目前后各期增减变化与国家税收政策是否一致。d. 收到的除增值税以外的其他税费返还：数字与“其他应交款”、“应交税金”、“现金”、“银行存款”等科目的记录以及结算记录是否相符；与业务规模是否一致。e. 收到的其他与经营活动有关的现金：数字与“营业外收入”、营业外支出、“现金”、“银行存款”、“其他应付款”等科目的记录是否相符；与可以查验的交易事项是否相符。

B. 对投资活动产生的现金流量的审查与调整。a. 收回投资所收到的现金：数字与“短期投资”、“长期股权投资”、“长期债权投资”、“现金”、“银行存款”等科目的记录及企业的结算记录是否相符；与投资企业的公告及其他交易资料反映的数字相比是否过大。b. 分得股利或利润所收到的现金：数字与“应收股利”、“投资收益”、“现金”、“银行存款”等科目的记录及企业的结算记录是否相符；与被投资企业的公告相比是否过大。c. 取得债券利息收入所收到的现金：数字与“短期投资”、“应收利息”、“长期债权投资”、“现金”、“银行存款”等科目的记录及企业的结算记录是否相符；与企业的债券投资规模相比，数字是否过大；

与债券的正常投资报酬率相比，数字是否合理。d. 处置固定资产、无形资产和其他长期资产而收回的现金净额。数字与“固定资产”、“无形资产”、“固定资产清理”、“现金”、“银行存款”等科目的记录及企业的结算记录是否相符。

C. 筹资活动产生现金流量的审查与调整。a. 吸收权益性投资所收到的现金。数字与“实收资本（或股本）”、“资本公积”、“现金”、“银行存款”等的交易记录是否相符。b. 发行债券所收到的现金。数字与“应付债券”、“现金”、“银行存款”等科目的记录及企业的结算记录是否相符。c. 借款所收到的现金。数字与“短期借款”、“长期借款”、“银行存款”等科目的记录是否相符。

同时，还要注意到，即使贷款发放时，借款企业情况良好，但随着各种因素的发展变化，对方的财务状况和经营成果也会发生变化，从而形成贷款风险。因此，信贷人员在贷款发放以后，仍然要进行动态跟踪，通过监测，给商业银行提供预警信号，从而防患于未然。

②现金流量分析是一种定量分析。现金流量表提供的是以货币计量的会计数据，但许多非常重要的信息却难以用货币计量。如企业人力资源、内控制度、企业经营环境、市场营销情况等，因此，在进行分析时，应定量和定性相结合，通过分析、调查、跟踪等一系列措施来防范贷款企业诈骗贷款、有钱不还、逃避债务等行为，以提高贷款质量，降低不良贷款。

③应结合资产负债表、损益表以及非财务因素对现金流量表进行全面、综合地分析。现金流量表是一种动态报表，可以反映企业各种活动产生的现金流量净额及其来龙去脉，但无法分析企业的资产负债状况、营销情况、营运能力等，因此，在具体分析时，应结合资产负债表和损益表进行分析，如通过损益表中收入、成本费用及利润项目和资产负债表中存货、应收款项的变化情况，进一步分析企业经营活动产生的现金流量，是来源于本年的现销收入，还是以前债权的收回，还可了解企业的销售规模、盈利能力、赊销政策等信息。另外，从现金流量表投资活动中可以得到购建固定资产、无形资产和其他长期资产所支付的现金，但却无法了解现金的付出是用于更新设备，还是增购资产等，而结合资产负债表中固定资产、无形资产等项目，则可做出正确的判断。这样通过三大报表相互作用，最终反映借款企业的真正偿债能力。

现金流量的分析和财务比率的分析，主要是对借款人的历史还款能力进行定量分析。在持续、稳定的经营的假设下，借款人未来一定时期的经营、财务状况不会发生显著的变化。但事实上，借款人的经营、财务状况受其行业风险、经营风险、管理水平等各种因素的影响和作用，是处于不断变化之中。所以，对影响借款人还款能力的各种非财务因素进行综合分析，评价对现金流量等财务指标的影响方向和影响程度，有助于增强定量分析预测的可靠性，对借款人的偿借能力做出更加全面，客观的预测和动态的评价。

④重视对非财务因素的分析与把握。

影响借款人偿债能力的非财务因素的构成如表9、表10所示。

表9

5C′s	5P′s
品德（Character）	个人（People）
能力（Capacity）	偿付（Payment）
资本（Capital）	目的（Purpose）
担保（Collateral）	保障（Protection）
环境（Conditions）	前景（Prospects）
“品德”或“个人”主要分析借款人的还款意愿； “能力”或“偿付”主要分析借款人的还款能力； “资本”或“目的”主要分析贷款的用途和借款人的举债情况； “担保”或“保障”主要分析贷款的抵押担保情况和借款人的财务实力； “环境”或“前景”主要分析借款人的行业、法律、发展等方面的环境。	

表10

行业因素	经营因素	管理因素	自然社会因素
成本结构	企业总体特征	组织形式	
成熟期	经营思想	管理层的经验与作风	战争
行业经济周期	产品	管理层的稳定性	社区人口迁徙
行业的盈利性	市场	关联企业的经营管理	城市建设
产品替代性	采购环节	员工素质	环保
依赖性	生产环节	内部控制	水灾、火灾
法律、政策	销售环节	财务管理能力	政策调整
经济技术环境	技术上的弱点	法律纠纷	

5. 有问题贷款的内涵、特征与预警信号

（1）有问题贷款的特征。

第一，关注类。

宏观经济、市场、行业等外部环境的变化对借款人的经营产生不利影响，并可能影响借款人的偿债能力，如借款人所处行业呈下降趋势；

企业改制（如分立、租赁、承包、合资等）对银行债务可能产生不利影响；

借款人的主要股东、关联企业或母公司等发生重大的不利变化；

借款人的一些关键财务指标低于行业平均水平或有较大下降；

借款人未按规定用途使用贷款；

固定资产贷款项目出现重大的、不利于贷款偿还的调整，如基建项目工期延长或概算调整幅度较大；

借款人还款意愿差，不与银行积极合作；

贷款抵押品、质押品价值下降，或银行对抵押品失去控制；

贷款保证人的财务状况出现疑问；

银行对贷款缺乏有力监督；

银行信贷档案不齐全，重要文件遗失，并且对于还款构成实质的影响；

违反贷款审批程序，如超越授权发放贷款。

第二，次级类。

借款人支付出现困难，并且难以获得新的资金；

借款人不能偿还对其他债权人的债务；

借款人内部管理问题未能解决，妨碍债务的及时足额清偿；

借款人采用隐瞒事实等不正当手段套取贷款；

借款人经营亏损，净现金流量为负值；

借款人已不得不寻求拍卖抵押品、履行担保等还款来源。

第三，可疑类。

借款人处于停产、半停产状态；

贷款项目，如基建项目处于停缓状态；

借款人已资不抵债；

企业借改制之机逃避银行债务；

银行已诉讼法律来收回贷款；

贷款经过了重组，仍然逾期或仍然不能正常归还本息，还款状况未得到明显改善。

第四，损失类。

借款人和担保人依法宣告破产，经法定清偿后，仍不能还清贷款；

借款人死亡，或依照《中华人民共和国民法通则》的规定，宣告失踪或死亡，以其财产或遗产清偿后，未能还清的贷款；

借款人遭受重大自然灾害或意外事故，损失巨大且不能获得保险补偿，确实无力偿还的部分或全部贷款；

经国务院专案批准核销的逾期贷款；

借款企业虽未破产，工商行政部门也未吊销执照，但早已关停或名存实亡；

由于传统体制等历史原因造成的，债务人主体已消亡，悬空的银行贷款。

（2）有问题贷款的预警信号。

①财务报表方面。

不能按时得到报表；

销售额下降；

应收款在途期延长；

销售迅速扩大；

现金状况恶化；

毛销售额和净销售额之间的差距较大；

应收款账户的金额或比例激增；

成本提高，收益减少；

存货的周转速度放慢；

销售上升，利润下降；

流动资产占总资产的比例下降；

呆账增加；

流动资本状况恶化；

相对于销售而言，间接费用增加过快；

交易账户严重混乱；

相对于利润而言，总资产增加过快；

准备金大量增加；

经营亏损；

除固定资产外的非流动资产集中；

应收款的平均时间延长；

短期债务的增加失当；

赊销政策发生变化；

长期债务大量增加；

延长期限；

资本与债务的比例低；

用应收票据代替应收款；

资产负债表结构的重大变化；

销售集中；
审计不合格；
放弃应收款；
账户变动；
逾期账户过于集中；
对股东和职员有债务；
在附属公司有应收款。
②经营状况方面。
经营活动发生显著变化；
产品较为单一；
业务性质或习惯做法改变；
对存货、生产和销售的控制能力下降；
主要数据呈现不利的变动；
对一些客户和供应商过分依赖；
兼营不熟悉的业务或地区；
在供应链中的地位关系发生变化；
不能适应市场需求的变化；
购货商减少采购；
持有一笔大额定单，却又不能较好地履行合同；
业务网点发生不利的变化；
收购失策；
出售变卖主要的生产、经营性固定资产；
厂房设备未得到很好的维修；
产品质量或服务水平出现下降；
建设项目的计划执行中出现较大的调整；
投机于存货，使存货超出正常水平。
③管理结构方面。
借款人组织形式发生变化，如进行分立、并购、重组等；
管理层对环境和行业中的变化反应不敏感；
高级管理层之间出现严重的分歧；
最高管理者独裁；
管理层品行低劣；
高级管理层成员变动频繁；
管理层的核心人物突然死亡、生病或辞职，没有相应的继任；

中间管理层较为薄弱，人员更新过快或员工不足；
管理层对企业的发展缺乏战略性计划，或计划没有及无法实施；
管理层缺乏足够的行业经验和管理能力；
管理层不顾长期利益，短期行为严重；
管理层经营作风的变化，表现为极端的冒进或保守；
遇到行政纠纷或纠纷问题，及主要管理人员牵涉法律问题；
主要股东、关联企业或母子公司发生了重大的不利影响；
管理层对银行的态度发生改变；
突然更换注册会计师或结算户银行；
对银行抱傲慢不合作态度；
借款人不能偿还其他对外债务；
提供虚假的信息资料；
向其他银行的借贷申请被拒绝；
外部机构对借款人的评级调整；
接到许多其他银行的资信咨询调查；
以非正常途径从其他银行取得融资；
拖延支付贷款本息；
借款人的存款余额和结算量不断下降；
拒绝银行及其注册会计师、资产评估；
不能提供银行所要求的信息资源，如销售合同、项目进展报告等；
劳工问题突出；
借款人提出再融资或重组贷款。
④信贷操作方面。
违反有关法律和法规发放的贷款；
对关系人的信用贷款；
以优于同类贷款条件向关系人发放的担保贷款；
借款人采取欺诈手段骗取贷款或套取贷款用于牟取非法收入；
借款人未按规定用途使用贷款；
偿付来源与贷款目的不一致；
违反信贷政策和审批程序的贷款；
信贷文件存在法律上的问题；
信贷档案不齐全，重要文件遗失；
银行对贷款缺乏有效的监督；
抵押品价值下降或银行对抵押品失去控制；

银行无法与借款人进行正常的联络；
银行不能取得财务报表或报表延迟；
贷款不断更新，未按计划缩减贷款；
贷款需要重组或已进行过重组；
银行已诉诸法律来清收。

附录五 贷款可行性论证报告范例

一、贷款可行性研究报告撰写需要搜集的材料清单

第1章 项目背景

1.1 项目由来

1.2 项目建设的必要性

1.3 项目建设条件

1.4 项目所在地区基本情况（市或县自然、社会、经济现状）

1.5 项目合法性依据（相关立项、环保、建设部门及土地部门的批文）

第2章 项目实施单位的基本情况和选址分析

2.1 项目实施单位基本情况

1. 营业执照复印件及法定代表人简介

2. 连续三年财务报表（新成立企业提供验资报告）

3. 生产经营情况、主营产品及其销售情况、利税情况、人员情况等，并应结合企业生产状况谈参与本项目的必要性、优势、可行性和项目实施能力。

2.2 项目选址

具体内容包括项目具体地址位置（提供图）、项目占地范围、项目资源、交通、通讯、运输以及水文地质、供水、供电、供热、供气等条件，其他公用设施情况、地点比较选择等。

第3章 总体项目方案设计

3.1 建设目标与指导思想

项目建设目标包括项目建成后要达到的经营目标，项目建设的工程技术、工艺技术、质量水平、功能结构等目标。

3.2 项目建设内容和规模

项目建设内容主要包括土建工程、配套仪器设备等的规模（建筑面积及数量）、项目用地面积及征地情况、建设标准及规模。若是生产性项目需提供工艺流程。

第4章 市场需求分析与预测

提供本项目市场分析预测，提供未来主要经营模式，如出租还是出售方案。

第5章 项目的组织、管理与实施计划

第6章　投资估算与资金筹措

6.1　提供投资估算表（格式如下）

投资估算表　　单位：万元

序号	项目名称	建筑工程费用	设备及安装工程费	其他费用	合计
一	前期工作费用				
二	工程项目				
三	工程建设其他费用				
	项目总投资				

6.2　资金筹措与资金使用计划

全部投资是否公司自筹，若有向银行贷款，需提供贷款比例。

第7章　效益分析

7.1　财务估算、项目产品收入估算、项目折旧和摊销估算

1. 提供具体的运营模式

若店铺销售，需提供销售单价、可销售面积、取值依据；

若店铺出租，需提供单位租金、可租价格及取值依据；

若超市自营，需提供自营收入测算的依据。

2. 提供经营成本依据

动力消耗（水、电、气）用量及单价；

人员定员及工资福利；

其他成本费用。

二、贷款可行性论证报告范例

贷款可行性论证报告

项 目 名 称：东南香米业三期扩建与粮食深加工

项目申报单位：福建省莆田市东南香米业发展有限公司

项目负责人：黄　成

技术负责人：廖　凯

贷款申请行：中国建设银行福州市城东支行

目　录

一、项目提要

二、可行性研究报告编制依据

三、综合评价和论证结论

四、存在的问题及建议

第二章　项目背景及必要性

一、项目建设背景

二、项目区农业产业化经营发展现状

三、项目建设的必要性及意义

第三章　建设条件

一、项目区概况

二、项目实施的有利条件

第四章　建设单位基本情况

一、建设单位概况

二、企业财务状况

第五章　市场分析与销售方案

一、市场分析

二、产品生产及销售方案

三、销售策略和营销模式

四、销售队伍与销售网络建设

第六章　项目建设方案

一、建设任务和规模

二、项目规模和布局

三、生产技术工艺流程

四、项目建设标准和具体建设内容

五、项目实施进度安排

第七章　投资估算与资金筹措

一、投资估算依据

二、项目建设投资总估算

三、资金来源与筹措

四、资金使用与管理

第八章　财务评价

一、财务评价依据

二、销售收入和销售税金及附加估算

三、总成本及经营成本估算

四、财务效益分析

五、不确定性分析

六、评价结论

第九章　环境影响评价

一、设计依据及采用标准

二、主要污染源和污染物及治理措施

三、环保部门意见

第十章　农业产业化与农民增收效果评价

一、农业产业化经营

二、农民增收

三、其他社会影响

第十一章　项目组织与管理

一、企业管理模式

二、项目经营管理模式

三、经营管理措施

四、技术培训

五、劳动保护与安全卫生

第十二章　可行性研究结论与建议

一、可行性研究结论

二、问题及建议

附表

附表 1　固定资产投资估算表

附表 2　土建工程投资明细表

附表 3　设备投资明细表

附表 4　科技投资明细表

附表 5　流动资金估算表（加工项目用）

附表 6　投资计划与资金筹措表

附表 7　总成本费用估算表

附表 8　单位产品生产成本估算表

附表 9　固定资产折旧及无形和递延资产摊销估算表

附表 10　利润及利润分配表

附表 11　产品销售收入和销售税金及附加估算表

附表 12　财务现金流量表（增量全部投资）

附表 13　借款（含财政有偿资金）还本付息计算表

附件

附件 1　建设单位营业执照副本复印件（略）

附件 2　中国名牌产品证书（略）

附件 3　2002、2003 年度审计报告（略）

附件4 验资报告（略）

附件5 银行贷款承诺意向书（略）

附件6 建设单位信用等级证书（略）

附件7 项目可行性研究报告批复书（略）

附件8 2004~2005年省级重点龙头企业名单（略）

附件9 20万亩基地合同书（略）

附件10 抵押房产的房屋所有权证及土地使用权证（略）

附件11 环保部门环境影响评估意见（略）

附图

附图1 项目地理位置图（略）

附图2 公司平面布置现状图（略）

附图3 建设单位规划总平面图（略）

附图4 项目生产线相关图纸、工艺流程图（略）

第一章 总 论

一、项目提要

1. 项目名称：东南香米业三期扩建与粮食深加工

2. 建设性质：扩建

3. 项目建设单位：福建省莆田市东南香米业发展有限公司

法人代表：黄成

所有制形式：民营股份制

4. 建设地点：莆田市涵江区国欢东路269号

建设规模：日加工稻谷245吨大米生产线和日产20吨兴化米粉生产线各一条

建设期限：2004年3月~2005年10月

建设内容：新建车间、购置安装机械设备、增建仓容、征地

5. 项目申报单位：福建省莆田市东南香米业发展有限公司

项目负责人：黄成

技术负责人：廖凯

6. 投资规模及资金构成：固定资产投资2000万元，流动资金投资1000万元

资金构成：业主单位自筹1265万元，申请国家农业综合开发重点龙头企业项目中央资金350万元，地方财政配套385万元（其中无偿资金

183.75万元)；项目建成投产后投入1000万元流动资金。

7. 资金筹措

固定资产投资2000万元，其中：中央农发资金350万元，地方配套385万元，单位自筹1265万元（其中单位自有资金765万元，商业银行贷款500万元）。

流动资金投资1000万元中：单位自有资金440万元，银行流动资金贷款560万元。

8. 主要技术经济指标

项目建设完工第一年达到年新增大米5.6万吨，米粉4800吨，销售收入18120.8万元，项目经济效益计算期新增年平均大米产量7万吨，米粉6000吨，年平均销售收入22651万元，年平均总成本费用21642.25万元，年平均新增利润总额941.34万元，年平均新增所得税310.64万元。

投资利润率：31.38%。

内部收益率：34.6%（税后）。

财务净现值：3859.7万元（税后）。

静态投资回收期：4.03年（税后，含建设期）。

9. 项目辐射范围及带动能力

项目建成后由于年新增大米加工能力7万吨，米粉6000吨，其原粮需要10.5万吨，产品辐射范围主要在于不断增强福建省内的产品占有率和覆盖率，提高福建周边市场的延伸能力。主要带动能力，确立常年性优质粮生产基地（均为国家立项的农业综合开发项目县、区），主要有莆田市内涵江区的大洋、庄边、白沙、新县、赤港，仙游县的度尾、大济等产粮区共3万亩及将乐、尤溪等产粮区，共17万多亩，省内总计优质粮基地20万亩以上，带动农户约12.3万户，人均纯收入增长180元，增加就业人数2000多人。原粮加工量不足部分从江西、湖南、江苏、东北地区等地调粮作为补充。

二、可行性研究报告编制依据

(1)《中共中央、国务院关于促进农民增加收入若干政策的意见》关于“加快发展农业产业化经营”的要求；

国家农发办（2002）175号文件；

农业部颁布《农产品加工业发展行动计划》；

《农业产业化的战略重点》；

农业部、财政部等8个部委《关于扶持农业产业化经营重点龙头企业的意见》、国务院办公厅印发的《关于促进农产品加工业发展意见的通知》（国办发［2002］62号）、福建省委、省政府《关于加快农业产业化经营的意见》（闽委发［2003］6号）、《福建省“十五”期间农业产业化发展规划》。

（2）福建省经济贸易委员会闽经贸投资［2004］479号文件关于莆田市东南香米业发展有限公司新增一条大米生产线技改项目可行性研究报告（含建议书）的批复。

三、综合评价和论证结论

1. 综合评价

由于生产线采用了进口和国内设备并用，重点设备采用国际知名厂家的设备，整个生产线的设备生产性能和能力达到国际90年代末水平，在国内处于前沿，具有设备和技术的先进性。同时市场发展的需要，粮食市场消费，呈现从温饱阶段，以满足粮食数量的需求为特征向小康阶段，以满足粮食优质化、多样化的需求为特点转变，消费者由追求数量变为追求质量，由粗变细、由单一变多样，顺应了市场发展的要求，同时具备三年多的多品种生产经营积累的经验，具有扩大规模生产的必要性和可行性，更可取得在组织规范化生产过程中产生的副产品——碎米用于生产当地地方风味食品兴化米粉提高粮食的附加值，拉长了粮食生产的产业链条。其总投资2000万元，回收期经测算为3.28年是合理的，在环境保护上，流程中所有设备均配有吸风除尘吸口，确保车间无粉尘外冒，同时在粉尘的处理上配置了江苏TBLM低压脉冲布筒滤尘器，让粉尘集中、封闭、过滤处理，尾气排除符合环保要求。针对发生噪音较大的风机、空压机等设备，配套了一系列的消音器，从而保证噪音符合环保标准。

2. 论证结论

本项目在大量细致周密的实践调查、市场调查和严谨、科学的经济分析、预测、研究的基础上，东南香米业经过三年多经营，东南香系列大米被评“中国名牌产品”称号，在全国业界仅7家，福建省唯一一家，表明产品长期产销两旺、供不应求，其市场空间广阔是不争的事实。认为该项目建设具有必要性和可行性，同时该项目落实了粮食深加工，提高粮食产品附加值，其设备采用进口与国产结合，具有技术先进性，经济投资是合理的，并符合环保标准，建设该项目是有意义和可行的。

四、存在的问题及建议

在本项目建成后，具有日产815吨大米的生产能力，可供应一个近300万人口城市的日常用米，意义、责任重大，建议建立一个完整的研发中心和完善研发机构（含人员和设备），进一步加强大米卫生等物理、化学成分的检测；大米营养成分分析、强化营养的开发与研究；米制品的开发与研究。

第二章 项目背景及必要性

一、项目建设背景

中共十七大强调，推进农业产业化经营，提高农民对农业产业化的积极性。

胡锦涛强调，积极促进农业产业化经营，这是战略化经营调整的途径，这是增加农民收入的有效举措，一定要作为农业、农村经济工作中全局性、方向性的工作来抓。

《中共中央　国务院关于促进农民增加收入若干政策的意见》关于“加快发展农业产业化经营”的要求。

农业部颁布《农产品加工业发展行动计划》指出：紧紧围绕国民经济和农业结构战略性调整的主线，以提高农业整体素质和增加农民收入着眼点，以市场为导向，依靠科技进步努力提高农业产品综合加工能力，实现由初级加工向高附加值精深加工转变，由传统加工工艺向现代高新技术转变，由资源消耗型向高效利用型转变，在重点扶持大中型加工企业发展的同时，实现大中小型加工企业全面发展，实现农产品加工业原料生产基地化，农产品及其加工制成品优质化、安全化、产加销一体化，促进农业和农村经济协调发展。

中国是世界上产米大国，约占世界大米产量的30%～40%，也是大米消费大国，从局部来看，莆田市位于闽中地区，人多地少，是一个长期粮食短缺的地区，每年大米市场需求18亿斤，本地自供仅11亿斤，每年都要从外地调入大量粮食，以满足市场的供应。但莆田市粮食加工行业设备落后、陈旧和老化，已经跟不上现代大米加工行业的步伐，产品质量低、碎米率高，更达不到国际、国内市场对大米质量的需求。随着社会的不断向前发展，人民生活水平的不断提高，消费者对大米的需求已不再是单一产品，能吃就行的“温饱型”，而是需要不同等级的系列产品，特别是近几年来，市场对优质米的需求量急剧上升，发展成规模，具有精深加工能力的米业，对于提高当地人民的生活水平，将产生重要的作用。另外一个方面，该项目利用大量新鲜碎米生产兴化米粉是兴化米粉生产历史上的伟大变革，兴化米粉产品外观精细、口感独特、食用方便，已名扬全国乃至东南亚地区，但作为诞生地的莆田，却长期以来仍停留在家庭式作坊，产量用百斤算，同时其原材料采用陈年早籼米，经不起市场风险和绿色技术壁垒的阻隔，行业无法壮大，多少年多少代永远的“小吃”，该项目的建成不仅是提高粮食产品的附加值，也拉长了粮食生产的产业链条，同时对米粉行业来说具有划时代的意义。

二、项目区农业产业化经营发展现状

莆田市东南香米业发展有限公司自2002年至今，连续两届被评为省级农业产业化龙头企业和市级农业产业化优秀龙头企业，其特点是：公司实施“公司＋基地＋农户”的经营模式，产业化经营起点高。在粮食销区并且是一家民营企业，组织优质大米的产加销经营活动，行业的选择无疑对于引导农民种粮和调整农业结构乃至提高农民对农业产业化的积极性起着显著的影响。产销规模就目前堪称福建省业界第一，带动农户面广，遍及市内主要产粮乡镇，福建闽北主要产粮市（县），均为国家立项的农业综合开发项目县（区），优质粮基地共20多万亩，带动农户12.3万户，农民增收明显，利益联结机制紧密。同时采用灵活科学的经营手段，三年以来，实现“年年有技改、年年有发展”的喜人局面，品牌战略实施成效显著，长期呈现产销两旺、供不应求的态势。东南香米业根植在非农业强势的省市，能够脱颖而出成为当地的“优势”农产品企业，充分发挥出龙头企业应有的辐射带动作用，使当地的产业结构和布局更加完善，得到了当地政府的充分肯定和群众从生活便利中形成的爱戴和拥护。

三、项目建设的必要性及意义

（一）必要性

1. 项目建设是市场发展的需要

莆田市东南香米业发展有限公司，3年多以来，年年有技改，年年有发展，目前日产大米能力达570吨，产品主要销往福建省内及福建周边地区，经销商1000多家，经销网点1万多个，形成产销两旺态势。从莆田市东南香米业现在经营的市场状况看，已供不应求，单本市各大米市场，每月销售1.2万吨，仅占市场份额的25%～30%。闽东、福州、闽南等地每月只能供应0.5万～0.6万吨左右，市场空间更大。此外，工业用米的需求量也较大，单福建雪津啤酒有限公司，泉州达利食品厂、漳州天伦食品厂的大米需求量每月至少2000吨。旺盛的市场需求和有限的生产能力所形成的矛盾较为突出，新建一条新的日加工稻谷245吨的大米生产线已成为发展的必然。

2. 项目建设有利于提高人民生活水平

虽然莆田市内有众多的家庭作坊式小型米厂，但加工质量鱼目混珠，消费者分不出大米的产地和质量，凡遇圆粒型大米统称珍珠米，长粒型大米统称杂优米，同时绝大部分厂设备落后，没有色选机设备，无法分离霉变米、病变米，不利消费者的健康，大型米厂由于自身的各种优势，可以对各种优质大米，按产地、质量档次进行细分，同时能严格按照卫生标准，国家大米生产标准组织生产，质量和卫生得到保证，能满足消费者的需要，从宏观上说，有利于促进人民生活水平的提高；从微观上说大型米厂的规模化生产，有利于降低加工成本，有利于实施品牌经营。

3. 项目建设有利于拉动当地经济发展

莆田市东南香米业发展有限公司2003年度的产值达6.55亿元，上缴税收1547.10万元。另外，米业的生产经营、副食品的产出，给饲料加工业，粮食副食品加工业等众多相关行业，得到了原材料或辅材料当地紧缺的有效补充。一个成规模米业的崛起，必然产生规模效益，也必然产生社会效益和经济效益，对于拉动当地经济的发展将起着重要的作用。

4. 有利于落实“扶优、扶强、扶大”的农业产业化经营原则

把加强粮食精深加工作为推进粮食产业化的着力点。作为初级产品，粮食的附加值和增收能力都是有限的，如果对粮食进行加工特别是深加工，就可以成倍地增加粮食产品的附加值。拉长了粮食生产的产业链条，就等于提高了粮食产业的创收能力。东南香米业在扩大生产能力的同时，利用副产品，开发兴化米粉的生产，一方面是地方优势农产品得到发展和壮大，另一方面落实增加粮食产品附加值，提高壮大企业实力，同时确立了地方风味农产品的机械生产能力，提高和符合绿色、健康的要求。

（二）项目建设意义

粮食市场消费，呈现从温饱阶段，以满足粮食数量的需求为特征，向小康阶段，以满足粮食优质化、多样化的需求为特点转变，消费者由追求数量变为追求质量，由粗变细，由单一变多样，由普通变优质。莆田市东南香米业发展有限公司，由于顺应了市场发展的需求，具有精深加工能力，目前拥有粳米、籼米、糯米等，25个产品品种，高、中、低档次齐全，包装规格多样化，5千克、10千克、15千克、25千克的不同净含量包装，以适应家庭、单位食堂、宾馆的需求，精包装、充气真空包装均能满足不同层次消费者的需要和适应南方四季分明的气候特点，为此，“东南香”牌系列大米产品质量稳定，价格合理，市场占有率高。长期处于满负荷、超负荷生产状态，仍满足不了市场的需要，福建及福建周边地区广阔的市场空间，市场前景十分可观，扩建新生产线及提高粮食加工的附加值，实施品牌经营，促进净化餐桌污染，努力发挥架起粮食生产者，经营者和消费者之间的桥梁作用，衔接粮食产销，实现“以销定产、以销促产”和实现产业化经营，必将产生重大的意义。

第三章　建设条件

一、项目区概况

1. 地理位置及区域范围

莆田市东南香米业发展有限公司坐落于“小上海”之称的莆田市涵江区（国欢东路民营企业城内），是国家立项的农业综合开发项目县（区）。东临运输便利的秀屿海港及风景怡人的湄洲岛国家旅游度假区，西倚物产富饶的八闽腹地，北靠繁华的省会福州，南接特区厦门，扼福厦公路及高速公路要冲，水陆交通便捷。该公司西临企业城大道，公司西面即企业城大道，南侧为国欢制衣厂和丹桂工艺木雕厂，西北为国欢邮电局；公司北面为国欢路和空地；公司东北面为监狱，东面为国欢寺和市级保护文物“黄岩墓”及武警三中队、饲料厂等；公司南面为涵江搬运公司及环城路。

2. 自然资源状况

（1）地形、地貌、土壤、植被。国欢镇地貌类型以平原为主，周围分布为台地，地势平坦，河道迂回曲折。土壤类型为剥蚀台地，由花岗岩、流纹岩、火山岩风化剥蚀而成，土壤层次发育不明显，为酸性土壤，成土母质为第四纪海相沉积物、河流冲积物以及花岗岩、火山岩等，风化发育成粗骨性红壤和砖红性红壤，植被为南北洋平原荔枝、甘蔗、黄麻、水稻植被亚段。

（2）气象、气候。项目所在地属南亚热带海洋性季风气候，常年温和湿润，年均气温 20.7℃，日照时数 1938.8h，年均降雨量 1200～1500mm，年均相对湿度 74%，年均气压 1011.7hPa，累年平均风速为 2.1m/s，累年风向频率以静风 28% 为最多，常年主导风向为北风，风频 16%。

3. 社会经济状况。国欢镇面积约 15.9 平方公里，下辖 15 个行政村，总人口 3.5 万人。涵永路、福厦路、北内环路纵横交错，1997 年又率先实现村村道路水泥化，交通便捷，涵江变电站、北洋供水厂均在境内，投资环境十分优越，区位优势得天独厚，同时涵江体育场、涵江人民公园、广电大楼、涵江图书馆等文化设施也在辖区内，国欢镇已成为涵江区文化、娱乐、居住中心。建镇几年来，镇政府运用优惠政策、发挥三大优势（区位、侨情、基础设施优势），大力发展创汇型农业，主政民营企业，创办 33 家三资企业。2004 年全镇工农林牧渔业总产值 13.05 亿元，其中工业总产值12.5亿元，乡镇企业数1799个。2003年国欢镇耕地面积6134亩、财政收入4271万元、农民人均收入3385元。

4. 项目关联产业的发展现状

产前关联着各基地农户，通过企业提供优质稻谷种子，提高粮食的商品化水平，如涵江区赤港农场引种优质早籼稻谷已获成功，产品口感深受当地消费者的喜爱，且稳产高产成为季节性热销品种，尤溪县的“两优2186”系国家863重大科技成果。试销期间，反映十分乐观，可以进一步推广和扩大播种面积，还有泰优，品质口感十分接近泰国香米，前途光明，价格低廉，具有取代泰国香米之势等，有利于引导农民种植调整，从而促进农业结构调整。

产中关联着当地米厂：莆田市内有近百家小型家庭作坊米厂，由于设备陈旧老化，绝大部分没有包括色选机、抛光机等先进的机械设备，加工质量“靠天安排”——稻谷品质的好坏，很难面对市场优胜劣汰的严峻现实，相当一部分已退出市场或即将退出市场。

产后关联着大米市场和相关企业。莆田大米市场乃至福建大米市场几经缺粮煎熬，发育较为健全。莆田正在筹建粮食批发市场，省内有著名的福州粮食批发市场，官桥粮食批发市场和南平（正在筹建）、三明粮食批发市场，它们辐射能力强、覆盖面广、时间较长，形成了各地粮食的贸易中心。大米加工同时产出的副产品、米糠、谷皮等。由于莆田已形成发达的饲料加工行业，可以消耗可观的副产品，项目建成后所产的副产品，对市内饲料行业来说，确实是“杯水车薪”。

5. 项目建设地点选择

建设地点在东南香米业厂内。考虑到管理上的便捷，人员上的节省（不增加管理人员），及短途运输费用的节约，利用和扩建原有仓储设备，实施多品种的规模化经营，便于成批原粮采购、储藏、加工，真正达到规模效益，为此建设地点选择在东南香米业厂内是合适的。

二、项目实施的有利条件

1. 政策环境

粮食流通体制改革的不断深入，国有粮食企业的转型改制步伐的加快，原粮的采购在同一起跑线上平等竞争。竞争的成败在于产品质量、产品细分和企业化规模生产。

2. 资源优势

省内粮食虽然供需不尽平衡，但水运、陆运的便捷，江苏、江西等产粮区的补充，价格影响不尽明显，资源仍具丰富等优势。

3. 市场优势

莆田大米市场乃至福建大米市场，品牌大米正崭露头角，随着消费水平的提高，优质、营养、绿色正成为消费时尚，销量急剧上升。东南香米业的发展顺应了市场发展的要求，具有大米加工行业的优势，当然也占有了市场优势。

4. 科技开发能力

东南香米业化验室配备先进的化验器材，除了大米加工的物理性化验外，还配有黏度仪、味品机，农残测定仪，配备了国家统一评定资格的化验员，具有对大米化验和配米的口感测试。完全胜任新产品的开发能力。

5. 基础设施条件

交通、运输、通讯等具备中小型城市的功能和建设水平。

第四章　建设单位基本情况

一、建设单位概况

莆田市东南香米业发展有限公司，创建于2000年11月，经过东南香人的不懈努力，目前公司占地面积140亩，建筑面积1.6万平方米，注册资金4190万元人民币，总资产1.36亿元人民币，建成日加工大米570吨的生产能力，拥有各类高素质员工160人，其中，高级以上职称的占12%，大、中专以上人数达51%，逐步将形成集大米深加工、物流、贸易等科、工、贸为一体的跨区域、多功能大型企业。三年多以来，公司通过ISO9001：2000国际质量管理体系认证和产品质量认证，荣获农业部全面质量管理达标单位，获国家统一定量包装产品计量能力合格“C”标志，福建省首批使用产品质量市场准入证，荣获中国粮食行业协会授予“放心米”称号和福建省粮食局、粮食行业协会授予“放心粮油”称号，并荣获农业部名牌企业、福建省名牌产品、福建省农业产业化龙头企业和2003年国家农业综合开发产业化龙头项目实施单位和中国名牌产品等称号。由于公司引进现代企业管理模式，实施科学管理，民主决策，严格产品质量的监控把关，使产品畅销省内外，深受消费者的青睐。基本情况如下：

（一）生产工艺情况

公司拥有一条日产570吨大米的加工生产线，在工艺设备上引用20世纪90年代国际大米加工技术，在国内处于领先水平，工程建设由中国粮食龙头企业江苏牧羊集团全程施工。其工艺和设备呈现十大特点：

（1）工艺上实行多重清杂的方法，确保成品不含杂质。采用在初清后的再进一步双重除中小杂质和双重去石的设计。引进进口去石机，确保了大米中不含并肩石、砂石、粉尘等杂质。

（2）双重选糙，确保进米机糙米质量。工艺上配置了两道选糙设备，以保证净糙中不含稻谷和杂质，并在同行中率先实行了糙米精选，在谷糙平面回转筛筛选出不完善粒，从而提高进机糙米的质量。

（3）采用多机轻碾的碾米工艺，在提高出米率和减少含碎率的同时确保了大米加工精度和精度的均匀。本工艺设置了一道开糙、两道轻碾的碾米方法，并在碾米辊粒度粗细的选取和材料的选用从前到后进行科学配置，从而让大米的加工过程温度保持较为稳定，有效地防止了碎米的增加，同时多重碾米让大米精度均匀。为了确保进下道成品米的质量符合要求，在工艺上实行了回流保证。

（4）保证并控制大米中的含碎率，工艺中采用了二级筛碎的方式，可生产出国际上不同等级标准的大米。设备采用了日本 LRG204/306-C 大米长度分级机和湖南粮机厂生产的白米分级回转筛进行大米的有效分级。

（5）先进的色选机，灵活的工艺流程，确保大米中不含异色粒。公司引进日本安西株式会社的 RSM120 色选机 3 台，用于剔除大米中的有害异色颗粒，成品米不含任何黄粒米、病斑粒等，保证食用的健康、卫生。同时可进行大米中选取腹白粒，从而保证生产出来的大米外观透明晶亮，口感良好。

（6）科学的配米方法和准确的配米生产设备，对于不同的大米进行合理的调配，保证口感和营养充分、均衡。公司引进以 PLC 可编程序控制系统为核心技术的电脑配米生产设备，配有微电脑视屏键盘远程控制，可在任何时期对不同的大米进行均匀的搭配，由于配置有流量皮带秤，配米准确度可达 99.8% 以上。

（7）良好的抛光设备，保证成品大米不含糠粉，且外观晶莹白洁，最大限度提高了大米的保质期限。公司引进日本佐竹苏州公司生产的 KB40G-C 高性能大米抛光机，在抛光过程中采用控制气体湿度的方法，改善和解决了抛光过程中白米表面损坏的状况，从而保证米粒的表面光滑洁净。

（8）公司引进了国外公司的 MWPE 大包装和 MWPO 小包装电脑计量秤 2 台，一流的电脑包装设备，自动化的封存流程，保证所包装出的大米成品计量误差在 1 克，可以包装 0.5～50 千克任何不同的包装规格；同时也配备了国内先进的 DOS 真空和充气自动包装机，可自动对大米进行计量、封口并进行抽取真空和充进保鲜气体，从而大大提高了大米的保质期限。

（9）合理的通风除尘设施，选取先进的电子脉冲除尘系统，确保生产车间无粉尘，尾气排除符合环境要求。流程中所有的设备均配有吸风除尘吸口，确保车间无粉尘外冒，同时在粉尘的处理上企业配置了江苏TBLM低压脉冲布筒滤尘器，让粉尘集中、封闭、过滤处理，尾气排除符合环保要求。为了减少因设备而产生的噪音污染，针对发生噪音较大的风机、空压机等设备，本工艺配套了一系列的消音器，从而保证噪音在60分贝，符合环保标准。

本公司采用的辅助设备空气压缩机系台湾复盛空压机公司生产的DCS-10高性能压缩机。

（10）为了确保大米质量优于同行业，工艺中还配套了系列磁选器、分离器；同时为确保成品包装温度的降低和米中无因管道摩擦产生的米粉，工艺中还配套了凉米机，确保了成品质量的稳定。

（二）采购仓储情况

原粮的品质是大米质量上档次的基础，根据消费者的需求，深入各储备粮库、产粮基地，了解各季节的水稻播种品种、数量，当地的土壤、气候等情况。采集信息，寻找优质粮源，提供样品，及时送公司品管部化验，整理记录，精心筛选，好中选优，保证产品米体丰满、晶莹剔透，所烹饪的米饭香醇馥郁、入口香甜爽净、醇和协调。同时由于本公司的生产能力较大，消化了大量当地产的早籼、晚籼稻谷，解决工业用粮。公司厂内拥有3.6万吨的仓储能力（不包括港口码头库容），建有4个标准储备仓库和万吨级中心周转库，基本满足原粮的安全库存和生产加工的周转需要。交通便捷，距莆田秀屿港20公里，距福清江阴港30公里，距福州火车站100公里。水陆交通便捷，享有东南沿海经济繁荣带承南启北的战略地位优势。从而解决了同行厂家短途运输多的问题，水运价格的低廉、便利，大大降低了成本，大宗货物采购价略高于原产粮区的当地价格，十分有利于市场竞争，保证购、产、销的良好运作和良性循环。

（三）市场销售情况

公司本着“诚信第一、顾客至上”的宗旨，实施多渠道、多品种、多档次的经营策略，努力为消费者的“健康”着想，积极从消费者的“口味”出发。形成了以泉州、厦门、漳州、龙岩、平潭、福清、福州、霞浦、福鼎、南平、沙县、永安、三明、莆田、广东澄海、为基本辐射点的福建及周边地区的销售网络，网点客户遍布全省、县、市及规模较大的集镇，以各区域总经销形式，经销商达1000多家，经销网点1万多个，月平均销售超万吨以上，同时积极拓展工业用米市场，莆田雪津啤酒集团、泉州达利、佳禾、漳州天伦，月平均供应优质籼米、粳米2000吨以上。

莆田自古有“兴化米粉”之乡的美誉，兴化米粉畅销全国及东南亚地区历史悠久。利用新鲜碎米开发生产兴化米粉：一是粮食产品附加值的提高，成本更低，市场竞争力更强；二是搭载现有的大米广阔成熟的销售网络，节省了大量的市场开发费用，同时，米、米粉相互配货，品牌宣传更深入更广阔，相得益彰，经销商更乐意经营更强势品牌，实行更多品种经营，经营效益将明显增加，也有利大米经销网络的牢固，势必东南香将形成强势品牌。

二、企业财务状况

公司自2001年4月19日投产至今实现当年投产当年收益的良好局面，经莆田华达有限责任会计师事务所审计，2003年公司拥有固定资产原值5500万元，净值5300万元，流动资产6274.49万元，实现销售收入6.55亿元，实现利润1813.96万元，上缴所得税598.61万元，税后利润1215.35万元（附2002年、2003年审计报告及验资报告）。至2003年末，公司短期流动资金贷款为400万元，办理银行承兑汇票3600万元，资产负债率为44.06%。

公司于2004年度被中国农业银行福建省分行确认为“AAA级信用企业”（附中国农行信用等级证书）。

第五章　市场分析与销售方案

一、市场分析

1. 产品市场供求现状

莆田市东南香米业发展有限公司，目前日产大米570吨，产品主要销往福建省内及福建周边地区，经销商1000多家，经销网点1万多个，形成产销两旺态势。从莆田市东南香米业现在经营的市场状况看，已供不应求，单本市各大米市场，每月销售1.2万吨，仅占市场份额的25%～30%。闽东、福州、闽南等地每月只能供应0.5万～0.6万吨左右，市场空间更大。此外，工业用米的需求量也较大，单福建雪津啤酒有限公司，泉州达利食品厂、漳州天伦食品厂的大米需求量每月至少2000吨。旺盛的市场需求和有限的生产能力所形成的矛盾较为突出，新建一条新的日加工大米245吨的生产线已成为发展的必然。

2. 产品市场前景分析

优质大米市场持续旺盛已成为定局，针对各区域消费者的口感适应差别，通过一年多经营实践，已进行充分的调查，完全有能力根据口感的不同，在品种上细分，进行目标区域针对销售。同时，在大众普通型大米产品已有一定量的市场覆盖和占有率的基础上，开发中等至中上档次的产品种类，乃至小部分高档产品，以提高品牌形象、相得益彰，提高品牌的信誉度和美誉，预计莆田市场可以提高1倍的销售能力，莆田以外的省内及周边地区市场提高1倍的销售能力，不成为问题，按照预计的销售能力，莆田市场仅占20%～30%，莆田市外市场份额更小，市场空间仍十分广阔，潜力巨大。

3. 项目产品的市场竞争优势

新增大米生产线建成后，东南香米业的加工生产能力，跃居全省前列，因为实施企业规模生产，吨单位加工成本，在稻谷价格同等的前提下必然低于同类加工厂家，规模效应的优势凸显，在同等行业标准、产品质量的基础上，竞争优势更加明显，由于加工能力的提高，同时还可以实现产品品种多样化，多档次，适应了各种不同消费者的需求，副产品碎米的开发利用生产，不仅提高粮食产品附加值，而且确立了原有大米的品牌牢固地位，质量更加得到保证，诚信度更加强硬。

二、产品生产及销售方案

根据市场调查，结合厂情，产品生产必须立足多品种经营，在目前25个品种档次的基础，根据各地消费者的口感适应情况，提高配米能力，在骨干优质品种的前提下，细分配米比例，品种档次增至50个左右，产品适应市场比例为：中等档次占2/3，中上档次至高档占1/3，预期销售月市场销售2.1万吨，月工业销售3000吨。米粉销售以兴化风味为主，兼产广东风味、台湾风味、江西风味米粉等多品种策略，市场以福建为主，兼营东南沿海各主要城市，由于纯正风味的兴化米粉，历史上长期受到消费者青睐，主产品、副产品均成为强势产品销售，只有相得益彰，互相促进，利远远大于弊。

三、销售策略和营销模式

实施“多品种、多档次、多渠道”的销售策略，实行区域经销代理制。多品种，籼、粳、糯同时经营，同时根据同系列品种的黏度特点，进行适当比例配米，以适应各地的口感需求和不同用途的需要（家庭、单位食堂、宾馆酒家）。多档次，高中低一起上，以中等档次为主。多渠道，经销批发、单位团购、市场销售、工业用米同时推进。形成省内各县（市）的较大中型集镇为辐射点，辐射全省各大米经销店。

四、销售队伍和销售网络建设

利用现有的销售队伍，进一步加强培训，明确销售区域，落实“底薪+奖金”的报酬体制，以销售数量、销售品种，回款速度计发奖金，调动业务人员的工作积极性，做到既是业务员又是区域经理，月初销售有目标，月末有分析总结，每月落实新的增长点，实现客户数和销量的持续增长。销售网络建设以厂部为圆心向不同地区辐射，对市场产品的占有率和覆盖率提出不同的要求，如莆田、福清、惠安为销售圈，要求总经销商布点至乡镇产品市场占有率为40%～60%，福州、南平、三明、永安、龙岩、漳州、泉州、厦门、宁德要求布点至县区产品市场占有率为20%～40%等，适当增加浙江、广东的销售业务员辐射福建周边地区，构成层次分明中心突出，范围广泛的销售网络。

第六章　项目建设方案

一、建设任务和规模

新增日产大米245吨的加工生产线，并利用大米生产过程中产生的碎米进行深加工建立日产20吨的米粉生产线。

二、项目规模和布局

（一）主生产线

增加一条生产线全套设备，日产大米245吨和日产20吨的米粉生产线。

（二）生产线及仓库扩建用地

大米生产线在原车间边建钢结构车间1栋，另计划扩建米粉生产车间及新增仓储能力6000吨，故规划新征地20亩，建成米粉生产车间1栋，原材料仓库2栋，成品仓库1栋，副产品仓库1栋，米粉仓库1栋；计划所征地相连于本公司。

三、生产技术工艺流程

（一）工艺流程

引进先进设备，通过精心设计，形成新增日产大米245吨生产线一条。

（二）新增生产线工艺流程

1. 新增大米生产线工艺流程

初清—计量—储备—清杂—去石—磁选—脱壳—糙米分别—糙米精选—去石—初碾开糙—碾白—选碎—抛光—选碎—色选—配米—计量—自动封口或缝口。

初清：利用初清筛对稻谷进行清理，清除稻谷中的杂质；

稻谷计量：采用先进的电脑自动感应系统，能准确地计量出通过设备稻谷的重量；

储备：工艺中设置储备仓，为生产过程提高效能，减少能耗；

清杂：利用清理机清理稻谷中的小杂质及粉尘；

去石：通过设置两道去石机的运作，去除稻谷中的沙石等；

脱壳：采用砻谷脱壳设备，对稻谷进行脱壳；

糙米分别：由于脱壳率无法达到100%，故在工艺中增加糙米选别设备，把没脱壳的稻谷重新回砻，脱壳后的糙米进下一道；

糙米精选：采用精选机，对糙米进行分级，后分别加工，以保证优质米的质量；

磁选：在工艺中多重设置磁选设备，主要是去除可能有的铁砂铁粒等；

初碾开糙：设置开糙米机，对大米表面糠层进行均匀破坏；

碾白：把大米碾成要求的精度；多机轻碾的方式；

让大米表面发生胶质化，提高大米表面光洁度，提高保质期；

选碎：通过多重的白米回转筛、精选机等运作，把大米中的碎米选出，达到要求的含碎指标；

色选：利用色选机，选出大米中各种不完善粒、有色粒，保证大米的健康和卫生；

配米：通过不同品种、不同口感的大米进行科学的配米，达到我们设定的口感和外观质量要求；满足不同消费者的需要；

计量：采用电脑自动计量方式，可以设定不同规格的包装规格；

自动封口或缝口：采用封包机或自动包装设备对大米进行封口；达到真空或透气要求。

2. 新增米粉生产线工艺流程

碎米—色选预处理—清洗—浸泡—凉米—磨浆—过滤—打松—混合—制坯—蒸坯—时效控制1—制丝—时效控制2—成型—烘干—计量包装—形成成品。

预处理：对碎米检查检测，进行色选或进一步调配均匀；

洗米：去除碎米表面附着的糠粉等；

浸泡：把碎米泡在水中一定时间；

凉米：对碎米进行凉风、滤水；

磨浆：对碎米进行均匀细磨粉碎；

过滤：对细磨后的浆进行过滤，压制脱水；

打松：对已胶成团的米粉进行打松，形成粉状；

混合：对米粉进行调配、调质；

制坯：制作成圆柱坯；

蒸坯：对坯进行蒸汽处理；

时效处理：对糊化的淀粉回生老化，把蒸过的坯或米粉放入时效房内静置一定时间；

制丝：时效处理过的坯制成丝，制丝后再进行进效处理；

成型：时效处理过的丝整理成型；

烘干：把粉丝入烘干房中烘干；达到要求水分含量；

计量包装：对粉丝进行计量包装，形成成品。

注：大米生产后产生的优质碎米具有同优质大米同等的内在成分和营养价值，并且经过色选不含杂质。

（三）改造后的工艺特点

大米生产线：本生产线设备主要采用引进国际先进水平的粮机设备，其工艺处国内领先水平，工艺工程由国家产业化龙头企业中国牧羊集团全程设计并施工。

(1) 除杂工艺合理、有效。工艺采用双重清理与去石的效果，针对稻谷与糙米不同特点，分别选用日本和瑞士厂家的设备，保障了大米中不包含任何杂质。

(2) 采用选糙工艺，使成品米中不含未熟粒，确保外观及食用口感。

(3) 采用先进脱壳设备，实行糙壳自动分离，减少碎率，并能有效提取稻壳中含有的次粮，提高经济效益。

(4) 根据碾米力学原理，设计了卧式与立式相结合的碾米机组合，多道轻碾，降低大米加工过程温度，减少碎米，提高出米率，碾后均匀，同时可适用籼、粳谷不同品种的加工。

(5) 利用加湿调质后抛光的原理，选用了日本抛光设备，改善和解决了抛光过程中的白米表面损坏的状况，保证米粒表面光滑洁净，无糠粉，有效延长保质期，并保证口感。

(6) 采用三度筛碎精选设备与工艺，可保证并控制成品米的含碎率，生产出符合国际标准不同等级要求的大米。

（7）选用目前国外最为先进的 RDM120 三台色选机，既可选黄粒米、病斑等，又可选出米中腹白米、未熟粒，保证了大米的食用健康卫生，并保证外观透明、口感良好。

（8）自动衡重配米机，保障配米准确度为 99.9%，多种口味调和，配合出可适应不同口感消费者的需要产品，电脑系统控制。

（9）精确计量设备，0.25～50 千克的包装规格，精确度误差在 1 克，适应不同要求的消费者需要，自动真空整形的包装机，外观整齐四方，保鲜期达 1 年，确保米质与口感不变。

（10）封闭的通风除尘设备，生产过程无扬尘，尾气排除符合环保要求。消音器的配置，保证生产设备产生的噪音在环保要求分贝以下。

（11）本工艺配置了凉米器，对大米进行除湿调质处理，并且减除了大米中的微细粉，降低大米湿度，延长保质期。

（12）工艺中配套了磁选器，确保稻谷不含铁杂。利用分离器提取糠中的糠粞，提高经济效益。

米粉生产线：本生产线采用国内先进的生产加工设备，生产线的设计与安装统一由江西省粮油科学研究所全程负责，其米粉生产技术荣获国家专利。

（1）本生产线采用不锈钢高压射流洗米机，转变原传统的清洗方式，最大限度去除表面糠粉及其他杂质，保证米粉质量；

（2）本工艺采用湿法二次粉碎，保障粉碎均匀细致，保证米粉的韧性；

（3）采用压滤机过滤，提高工作效率；

（4）工艺制坯出丝一改传统人工方式，采用机械化自动方式，减少人工，提高效率；

（5）烘干采用现代低温烘干生产线，在烘干房内实现米粉的水分去除，改变传统依靠太阳烘干的方式，只能在晴天进行生产，从而实现生产的日常化；

（6）采用谷壳作为锅炉燃料，大大减少能源成本；

（7）全程实现自动化运作，生产输送作业，减少人工；

（8）碎米色选在预处理中，根据碎米质量，可灵活实现碎米色选，保证不含杂质、异色粒。

四、项目建设标准和具体建设内容

（一）项目建设标准

工程依据《福建省建筑工程预算定额（2002 版）》并结合建厂所在

地同类厂房指标测算调整，土建工程取费标准按《福建省建筑安装工程费用定额（2003版）》计算。

（二）土建

1. 建筑工程

计划新增生产车间钢结构一栋、米粉车间钢结构一栋、原料仓库两栋、成品仓库一栋、副产品仓库一栋、米粉成品仓库一栋；生产车间及仓库全部采用标准钢结构模式建造。

大米生产车间	600平方米
米粉生产车间	600平方米
原料仓库	1800平方米×2栋
成品仓库	1500平方米
副成品仓库	800平方米
米粉仓库	800平方米

2. 建筑设计

仓库结构为金属钢盒架结构，库体基础土建混凝土材料。

建筑面积：7900平方米。

计划新增征地20亩，厂址定位与本厂相连。

3. 设计依据

（1）气象资料：根据《福建省基本风压》，取基本风压为：WO≤0.6KN。

（2）地震资料：根据国家地震局颁布的《中国地震烈度区划图（1990）》福建地震区划一览表，工厂场地烈度为7度，故按7度设防。

（3）工程地质资料：根据莆田工程地质勘察院的“工程地质勘察报告”，该场面地类别为Ⅱ类建筑场地，残积粉质黏土可作为建筑物桩基的持力层，因该层上层稳定，厚度较大，车间场地可考虑采用人工挖孔桩进行地基处理。

（三）设备的选型与说明

大米生产线：性能良好的设备是保证生产出优质大米的质量符合要求的重要前提，故在选设备的选型是整个项目中的重点。经过对国内十几家米业的考察、对比、研究及咨询国外厂家的意见，初步确定了各生产设备的厂家和型号。本生产线采用了进口和国内设备并用，重点设备采用国际知名厂家的设备，整个生产线的设备生产性能和能力达到国际20世纪90年代末水平，在国内处于前沿。（设备明细表略）

对重点设备的选型说明如下：

（1）色选机。色选机是现代米厂的重要标志，是大米生产过程中的重点设备，对大米的最终质量起着重要的作用。目前国内厂家用的色选机一般有日本佐竹、日本安西、韩国及英国的，而最普及的应为日本的佐竹和日本安西，根据本厂及其他米业同行的调查，显示日本安西色选机以其性能稳定、操作简单、产量高、色选带出比少，在同类色选机中深得用户信任。同时，我厂生产以来一直采用该设备，确认性能。故在选型上选用了该设备。

（2）碾米机和抛光机。目前国内米业用的抛光机主要有湖北、湖南以及日本佐竹产的米机和抛光机。在这些产品中国产产品相对日本佐竹的产品性能较弱，目前大部分出口大米厂家均采用佐竹设备，用该设备生产出的大米外观晶莹亮泽，达到无糠粉。由于入关后，该产品价格有所下降，故在选用上确认该厂家设备。

（3）包装秤。本生产线采用了瑞士布勒集团生产的流量秤和计量秤，主要设备性能相对同类产品较为优越，在用的过程中无需维护，每小时生产量高，精确度达 1 克，对确保产品计量的合格起到重要的保证。

米粉生产线：

（1）烘干生产线采用自动化运作，减少工人，提高工作效率；

（2）成品包装机械采自动化包装，可实现多种的包装方式。

（四）给排水设计

1. 水源

该厂是在涵江区民营企业城内，莆田市涵江区自来水管网已到企业城内，由于该项目用水量较少，约用水量为 42 吨/小时，其中大米生产用水为 10 吨/小时，米粉生产用水在 32 吨/小时。

2. 消防给水

该厂区是在涵江区消防队保护范围内，消防队可在 5 分钟内到达火灾现场，故可不设自备消防车。室外消防给水按同一时间的火灾次数为一次。根据厂房类别和建筑体积，室外消防水量为 25L/S，室内消防水量为 10L/S，灭火延续时间按 2 小时，消防水量为 250L/S，厂区设置独立的临时高压室内、外消防给水系统，在消防泵房设有消防水泵两台（一开一备），整个厂区应设一个 300 米消防及生产水池，消防管道采用环状管网布置，在室外消防管道上设有若干个地上式消火栓，另外，在厂区最高建筑物层面上设有 10 分钟消防水箱，在车间内消火栓箱内设有启动消防水泵的按钮，确保消防安全、可靠，同时在各车间还应配有若干个小型干粉灭火器。

3. 排水系统

由于民营企业城内有完整的排水系统，故实行雨、污分流，生活污水经检查井化粪池处理后排入污水管网，由于该厂属清洁型生产，故生产污水可直接排入城市污水管网，雨水排入城市雨水管。

4. 设计依据

《建筑设计防火规范》修订本　　GBJ16—87

《室外给水设计规范》　　GBJ13—86

《室外排水设计规范》　　GBJ14—87

《建筑灭火器配置设计规范》　　GBJ140—90

（五）消防

1. 设计依据

《建筑设计防火规范》　　GBJ16—87（1997 年版）

《建筑灭火器配置设计规范》　　GBJ140—90

2. 生产工艺特点及安全措施

（1）生产工艺特点：本项目为粮食加工企业，加工的产品属非易燃、易爆物品、但粮食贮仓要注意通风，防止发热而引起自燃。

（2）消防措施：

①加强对职工的安全教育，增强消防意识，认真贯彻“以防为主，以消为辅”的方针，以及有关消防法规。

②厂区设独立的临时高压室内外消防水系统，消防管道成环状布置，室外设有地上式消火栓，在建筑物高处设有 10 分钟消防水箱，室内消火栓箱内设有消防泵启动按钮，便于及时启动，各车间还配有若干个小型干粉灭火器。

③严禁携带火种、烟火等物进入粮食贮仓。

④根据工艺特点和火灾危险性分类，按照有关防火规范合理布置，充分保证防火安全间距以及消防通道。

⑤厂区防雷采用避雷针等措施，利用柱子内两根对角主筋作防雷引下线，利用基础内梁底钢筋作为接地网，接地电阻应小于 10Ω，否则应增加接地极，所有用电设备均需可靠接地，电气接地系统采用 TN－C－S 系统，防雷接地，电气安全接地及防静电接地共用一个接地装置，接地电阻不大于 4Ω。

（3）消防投资：本计划新增项目消防投资 30 万元。

（六）供电系统

本生产线用市电网供应，新增生产线合计总容量为618.45KVA，故需新增电网630KVA，需新置变压器630KVA一个及配电柜3个。预计供电系统需新投入资金85万元。

五、项目实施进度安排

工程的计划进度安排如下：

（一）调查考察

（1）计划时间：2004年11月。

（2）目的：了解国内外大米加工设备性能；了解国内大米加工较大规模厂家的运作和设备工艺状况；了解设计单位的技术力量和工艺技术水平。

（3）考察计划对象：

①设备生产单位。

②大米加工、米粉生产企业。

③设计单位。

（二）计划征地与工程的初步设计

计划时间：2004年11月~2005年3月。

计划项目：

（1）进行可行性报告的论证和审批。

（2）计划征地。

（3）生产线的设计和土建的规模设计。

（4）全套设备初步定型。

（三）工程施工

计划时间：2005年3月~2005年10月。

项目：

（1）成套设备订购到位；工程所需配置材料的购买。

（2）非标件的制作。

（3）设备的安装。

（4）土建工程的施工并完成。

（5）供电系统的配置和控制系统的施工。

（6）环保、消防、排水设施的配置和施工。

（7）环境整理。

（8）人力资源的培训。

（四）生产线试车和投产

计划时间：2005 年 11 月 1 ~ 16 日。

项目：

（1）11 月 1 ~ 5 日进行生产线的试车。

（2）11 月 5 ~ 15 日进行生产工程的修补。

（3）11 月 16 日正式投产运行。

（五）项目管理组织及人员

（1）为确保项目的顺利、高效实施，成立了由产供销及相关部门的领导小组，筹划并领导组织实施工程的进行：

组　长：黄成（总经理）

副组长：陈奇（销售副总）黄焕（供应副总）廖凯（生产副总）

组　员：各部门主管

专业小组：

工艺及设备组组长：肖健

财务组组长：李静

供应基建组组长：黄焕

电气组组长：林秋

（2）设备调试预期成员：

组　长：廖凯

组　员：黄焕、肖健、林秋、陈奇、设备厂家、工程制作安装厂家

（六）工程实施进度表

序号	工程进度项目	2004 年 11 月	2004 年 12 月 ~ 2005 年 3 月	2005 年 3 ~ 10 月	2005 年 11 月
1	调查考察				
2	可行性论证				
3	生产线设计				
4	设备定型				
5	征地计划				
6	设备定货到位				
7	建筑施工				
8	安装				
9	配备系统				
10	员工培训				
11	调试				

第七章　投资估算与资金筹措

一、投资估算依据

1. 编制依据

本项目投资估算根据我公司及各专业共同提供的设备表，材料表和建构筑物一览表等进行编制。

2. 定额及价格依据

新增设备价格依据设备制造厂家询价和现行市场价格；安装工程依据同类项目安装费估算指标计取，土建工程依据《福建省建筑工程预算定额（2002 版）》并结合建厂所在地同类厂房指标测算调整，土建工程取费标准按《福建省建筑安装工程费用定额（2003 版）》计算。

3. 其他费用计算

按设计概算编制办法计算，并结合技改特点和实际情况测算调整。

二、项目建设投资总估算

（一）项目建设投资估算

1. 投资构成分析

本技改项目新增固定资产投资 2000 万元。

（1）设备工程：计 1234 万元。

①大米设备：755 万元。

米粉设备：271. 3 万元。

科技设备：56. 7 万元（无偿资金投资）。

②供电系统投资：85 万元，新置变压器 630KVA 1 个、配电柜 3 个。

③电器部分：66 万元。包括强电控制系统、电线电缆、桥梁电线管辅助材料等。

其中：

强电控制系统：30 万元。

电线电缆：12 万元。

桥梁、电线管等：15 万元。

控电系统安装费用：9 万元。

（2）安装主体工程及配套工程：208. 45 万元。

专用安装工具及标准件：39 万元。

楼内外装修：11 万元。地面、墙面、门等。

设备运输及搬运：5 万元。

人工安装费用：25 万元，工期为 150 天。

工艺工程设计费：11 万元。

环保投资：60 万元（无偿资金投资）。

消防投资：30 万元（无偿资金投资）。

卫生等：12.35 万元（无偿资金投资）。

厂内绿化：10 万元（无偿资金投资）。

不可预计费用：5.1 万元。

（3）建筑工程投资：295 万元。

（4）无形资产投资：征地费用 220 万元。

（5）建设期利息：约 27.85 万元。

（6）前期经费 14.7 万元。（无偿资金投资）

2. 新增流动资金估算

本技改项目需要新增流动资金 1000 万元。

3. 新增总投资

本项目计算结果，新增总投资等于新增固定资产投资（含技改利息）2000 万元及需新增流动资金 1000 万元，共计 3000 万元。报批固定资产投资 2000 万元。

（二）无偿资金投资方向

无偿资金共计 183.75 万元。其中：科技推广费用于产品科研开发、技术引进购置米技术设备 56.7 万元；公益性支出 112.35 万元，其中：消防投资 30 万元、卫生投资 12.35 万元、厂内绿化 10 万元、环保投资 60 万元；前期经费 14.7 万元。

三、资金来源与筹措

本项目新增固定资产总投资 2000 万元，其中申请国家农业综合开发重点龙头企业项目中央资金 350 万元，地方财政配套资金 385 万元，资金占用费年率 2.4%，财政配套资金于项目建设期投入使用，第五和第六年各偿还 50%，项目单位自筹 1265 万元（银行专项贷款 500 万元，自有资金 765 万元）。为保证财政有偿资金的归还，我公司愿意提供相应的土地，房产进行抵押担保。

四、资金使用与管理

借款还本付息计算表（略）。

第八章 财务评价

一、财务评价依据

本项目财务评价按国农办（2002）175号文件，并根据现行国家税收政策规定，粮食加工行业增值税税率为13%，城市建设税为应纳增值税额的7%，教育费附加为应纳增值税额的4%。固定资产残值率按固定资产原值的5%计算，固定资产的修理费按固定资产原值的3%计提。项目建设期的银行贷款利息计入固定资产原值，生产期的银行贷款利息计入生产成本。目前银行贷款年利率为6.903%，财政配套资金占用费年率为2.4%。项目计算期以12年为标准，进行财务可行性评价和分析。

二、销售收入和销售税金及附加估算

（1）销售收入：正常年收入22651万元。

（2）销售税金及附加。

本项目新增销售税金及附加64.78万元，其中城市建设维护税41.22万元，教育附加费23.56万元。

三、总成本及经营成本估算

（1）原材料、燃料动力消耗定额根据厂目前实际消耗定额计列。

（2）原材料、燃料动力的单价，系由该厂实际发生的情况提供的到厂价。

（3）新增固定资产折旧（残值率5%）：机器设备年限按10年计提折旧，年折旧141.08万元，建筑物按20年计提折旧，年折旧14.01万元。

（4）土地按20年摊销，年摊销额11万元。

（5）人员及工资福利费，人均年1万元计算，预计新增员工110人，成本增加110万元。

（6）修理费按新增机器设备的资产原值3%计提，计44.55万元。

（7）生产期银行贷款利息及资金占用费按规定计入成本，计86.40万元。

成本计算结果，生产期年新增总成本21632.25万元，其中：新增固定成本1114.79万元，可变成本20527.67万元。

四、财务效益分析

1. 本项目盈利能力分析

投资利润率＝年平均利润/投资总额×100%＝941.34/3000＝31.38%

内部收益率(税后)＝34.6%

财务净现值(10%，税后)＝3859.7万元

静态投资回收期(税后)＝4.03（年）

2. 财政有偿资金及银行贷款清偿能力分析

资产负债率 = 负债总额/资产总额 = 3000/6000 = 50%

B. 利息保障倍数 = (941.34 + 86.40)/86.40 = 11.9

五、不确定性分析

1. 盈亏平衡分析

以生产能力利用率表示的盈亏平衡点：

$$BEP = \frac{\text{年新增总固定成本}}{\text{年新增销售收入} - \text{年新增可变成本} - \text{年新增销售税金及附加}} \times 100\%$$

$$= 1114.79/(22651 - 20527.67 - 64.78)$$

$$= 54.15\%$$

计算结果表明，生产能力达到 54.15% 时，项目可以达到盈亏平衡，企业就可以保本。

2. 敏感性分析

从敏感性分析表上看，总投资变化对本项目影响较小，但销售价格的变动对项目将产生一定的影响，但是原材料价格的变动，将对本项目产生非常显著的影响，因此在项目建成后，应重点做好原材料调查，建立多种进货渠道，根据生产加工情况及原材料的价格走势做好原材料的订购计划并付诸实施，根据调查情况预计市场行情，充分考虑价格变动的因素与购货单位订立灵活多样的销售合同，减少原材料及价格变动的风险，并应控制好项目的经营费用，对原材料成本及销售价格这两个敏感因素加以防范以控制风险。

敏感性分析表

项目	不确定因素变化率（%）	全投资内部收益率（%）	敏感系数	不确定因素变化率（%）	全投资内部收益率（%）	敏感系数
税后内含报酬率		34.6			34.6	
固定资产投资	+10.0	31.2	-0.99	-10	39.7	1.47
产品售价	-5.0	30.7	-2.25	+5	42.5	+4.56
主要原材料价格	+5.0	6.9	-16.01	-5	62.8	16.3

六、评价结论

根据项目估算，项目建成投产后，年可新增销售收入 22651 万元，年平均总成本费用 21634.6 万元，年新增平均利润 941.34 万元，平均新增税收 310.64 万元。从内部效益看，本项目所得税前、税后财务内部收益率均高于行业基准收益率，投资回收期均低于行业基准投资回收年，项目具有较强的还贷能力及抗风险能力。

本项目有利于企业走农工贸结合的道路，使企业的发展上一个台阶，能够新增劳动力就业，增加地方财政收入，社会效益良好，因此本项目可行。

第九章 环境影响评价

一、设计依据及采用标准

（1）《中华人民共和国环境保护法》。

（2）国务院环境保护委员会、国家计委、国家经委（86）国环字第003号文《关于颁发〈建设环境保护管理办法〉的通知》。

（3）国家计委、国务院环委［87］国环字第002号文《建设项目环境保护设计规定》。

（4）地面水环境质量执行：GB3838—88《地面水环境质量标准》中Ⅲ类标准。

（5）大气环境质量执行：GB3095—1996《大气环境质量标准》中的二级标准。

（6）噪声环境质量执行：GB3096—93《城市区域环境噪声标准》中2类标准，以及GB12348—90《工业企业厂界噪声标准》中的Ⅲ类区域标准和卫生部、国家劳动总局颁发的GBJ87—85《工业企业噪声控制设计规范》。

二、主要污染源和污染物及治理措施

本工种为清洁型的粮食加工企业，没有有害的废水、废气和废渣产生。本工种主要污染物为粉尘。

1. 防尘

防尘设计本着密闭为主，吸风为辅的原则，尽量采用密闭系统操作和处于负压状态下工作，以最大限度地减少粉尘外溢的可能性。在设备进口或有尘源的地方均有吸风点，并合理地组织风网，采用二级净化处理，一级用离心除尘器，二级采用脉冲除尘器，保证车间内作业场所粉尘浓度小于10毫克/立方米，排放到大气中粉尘浓度小于150毫克/立方米。

2. 防噪

根据《工业企业噪声控制规范》对新建企业要求8小时允许噪声85分贝（A）的一律不予选用，以便确保达标，并使厂界噪声不超过60分贝（A）。同时，为防止震动产生噪声，所装设备底座均选用减震器。

3. 环境保护投资估算

（1）消音设备及除尘系统设施投资55万元。

①消音器：30万元。

②各种减震器：4 万元。

③密封消毒材料：6 万元。

④除尘收集设置：15 万元。

（2）厂区环境绿化投资 5 万元。

合计：60 万元

4. 项目建设对周围环境影响的分析

由于项目采取有效的除尘措施，除尘效率可达到 98% 以上，使排放大气中的粉尘浓度不超过 150 毫克/立方米，项目属于无“三废”的清洁型工厂，故对周围环境不会造成危害。

三、环保部门意见

莆田市东南香米业发展有限公司项目建设符合莆田市城市总体规划、经济发展规划，项目建设符合国家产业政策；项目建设从原材料、设备、工艺等方面分析符合清洁生产要求；通过除尘、消声等措施后，主要污染物可符合排放标准，其排放对区域环境影响不大，不影响区域环境功能的达标；粉尘排放符合区域总量控制要求。所以从环境保护角度分析，莆田市东南香米业发展有限公司在现址内进行新增大米生产线技改工程建设是可行的。

第十章　农业产业化与农民增收效果评价

一、农业产业化经营

1. 壮大主导产业和促进结构调整

用现代化手段改造和装备农业，是农业产业化的核心内容。本项目引进了先进加工设备技术，在生产出米率、食用卫生、环保等方面极大区别于原有传统小型加工，项目的建立必然有力地促进地方粮食加工主导产业的调整和改革，提高了地方粮食加工业的生产能力，实现质与量的提升。

2. 促进结构的调整

做大做强粮食加工业，塑造粮食品牌，提高企业竞争力，才能最终有力带动农业生产的发展。而大米加工业质量的好坏决定于原料的品质，故从市场的需求出发，引进优质品种种植，形成基地产业化、优质化，改变原品种单一、品种老化等问题，有力地调整了地方粮食产业种植结构，形成优质化、规模化生产，产销对路。

3. 产、加、销、服务各环节的利益联结情况

农业龙头企业具有开拓市场的潜力，需要进行生产加工转化，是农业产业化的综合核心，其一边连着农户，一边连着市场，在产加销一条龙的

运营模式中，以市场为导向，加工业和农业生产的利益一致，企业通过确立市场需要，转向农户订立农业生产订单及产业基地，签订产销合同，实行保护价收购，结成风险共担，利益共论的经济利益共同体。

4. 辐射带动作用

项目辐射范围及带动能力：项目建成后由于年新增大米加工能力7万吨，其原粮需要10.5万吨，主要辐射区域莆田市内涵江区的大洋、庄边、白沙、新县、赤港，仙游县的度尾、大济等产粮区共3万亩，将乐、尤溪等产粮区，共17万多亩，省内总计产粮基地20万亩，带动农户约12.3万户，人均纯收入增长180元，增加就业人数110人，（厂内新增110人就业，农民增加就业人数更加可观），原粮加工量不足部分从江西、湖南、江苏、东北等地调粮作为补充。

5. 农业生产市场化、组织化程度的提高情况

通过同企业签订产销合同，形成公司+基地的关系，农村农户生产品种统一，品种优质化提高，其生产效能相应提高：

（1）种子提供统一，形成统一生产。

（2）实行一村一品，易于管理，并防止混杂。

（3）通过专家培训及其他方式，提高生产技术。

（4）易于收购，销售，形成统一市场。

二、农民增收

在通过公司与农户订立生产农业订单，由企业提供优质种子，生产符合市场需求的高质量、高产稻谷，提高农民收入，原普通品种收购价为每100斤80元，亩产450公斤；优质稻品种收购价平均为每100斤90元，亩产500公斤。

计算以上可得出每亩增收180元。

三、其他社会影响

通过项目实施，必然有力带动地方粮食企业的发展，增加农民收入，改善原增产不增收，卖粮难的问题，改善了农村生产生活条件，同时也会带动地方运输、搬运、化肥产业的发展。

第十一章　项目组织与管理

一、企业管理模式

（一）企业的组织架构

东南香米业发展有限公司具有现代化的管理体制和组织架构，公司在

董事会的监督下，实行先进的企业管理体制。公司采用职能制划分部门，公司上设总经理以及行政副总经理、营销副总经理、生产副总经理，另设有管理者代表；中设策划部、品管部、储运部、操作部、办公室、销售部、财务部、米粉生产部；各部门下分别是各生产车间、仓库等。

（二）各部门职责

（1）总经理负责宏观全盘的经营管理，直接向董事会负责。

（2）行政、营销、生产三个副总负责制在各自职责范围内的日常经营管理，向总经理负责。

（3）其他各部门职责：策划部负责原料的提供和计划；品管部负责产品、原料、过程的全面质量的检测、检查、监控；储运部负责厂内原料、成品、半成品、副产品的出入库等物流；操作部产品的生产和设备的维护；办公室负责人事、卫生、考勤等行政、人事工作；销售部负责产品的销售和售后的服务；财务部负责经营的经济核算、制作会计报表及日常账务；米粉生产部负责米粉的开发生产工作。

（三）企业的人事编制

（1）现有员工。企业现有员工 160 人，其中管理人员 60 人，员工 100 名。

（2）新增生产线人事：新增员工 110 名。

①计划新增大米生产线员工：30 人。其中：生产员工及清杂、包装员工：20 人；仓库员：4 名；管理人员：6 名。

②米粉生产部新增人员：80 人。其中：生产员工含操作工、包装工：50 人；生产技术人员：10 人；生产管理人员：10 人；仓库管理人员：6 名；化验技术人员：4 名。

二、项目经营管理模式

本项目并入原企业运行，实行统一管理，新增米粉项目由生产副总负责。与基地及农民的联结方式由本公司策划部负责。

三、经营管理措施

公司秉承基地 + 农户 + 公司的农业产业化一条龙的运营模式，采用总经理负责制，应用职能分支的形式，设立产供销部门，采用现代化经营管理模式，坚持 ISO9001：2000 质量管理体系，坚持质量领先，塑造米业典范的经营理念，建立一家现代产业化龙头企业。

四、技术培训

（1）对员工进行培训内容，新增设备的工作原理、性能、结构及实践操作，新增工艺流程，大米稻谷基本知识，培训讲师由厂家及本厂高工担任。

另安排部分员工到江西省米粉厂培训学习。

培训方法：口头讲授及现场实践。

(2) 对基地农民开展种植及稻谷施肥技术培训，主要是优质品种种子的栽培，施肥，抗稻虫病防治的培训，培训讲师由良种场及相关种子提供单位协助。

培训方式：讲授及田间实地防治讲解。

五、劳动保护与安全卫生

(一) 设计依据

《工业企业设计卫生标准》　　TJ36—79

《工业企业噪声控制设计规范》　　GBJ87—88

(二) 项目生产概况

该项目为粮食加工项目，生产过程中不使用有毒、有害的化学物质。

(三) 可能产生职业危害的因素

稻谷输送及加工过程中产生粉尘，加工设备运行中产生噪音。

(四) 采取的防护措施

(1) 防尘措施：采用二级除尘措施，一级为离心除尘，二级为脉冲除尘，除尘效率达到98%以上，确保车间作业场所粉尘浓度小于10毫克/立方米，保障工人身体健康。

(2) 防噪声措施：在设备选型时，对于噪声超过规范要求的设备一律不予选用。

(3) 卫生防护：职工上岗需换工作服，严禁穿拖鞋上班，女工上岗操作不得留辫子，不得穿裙子。职工定期进行体格检查，对患有传染病的职工，如肺病、肝病等，必须离岗休养、养病，不得从事粮食加工工作。

(五) 安全和劳动卫生的投资

该项目的投资主要是防尘，这在环保篇章中已经开列，除此之外还有劳保用品，通风卫生设施等，因此该项目除了防尘之外还有劳保用品，通风及卫生设施等，因此该项目除了防尘投资之外安全和劳动卫生专项防范设施投资约12.35万元。

(六) 职业安全和劳动卫生的预评价

通过以上一系列安全防护措施，加强企业管理和安全教育，制订严格的操作规程，将会大大减少危害工人的事故发生的可能性，同时配套有劳保卫生设施，对工人的身体进行定期检查。总之，通过采取一系列技术措施，配合科学的管理，强化职工的安全意识，这将使福建省莆田市东南香米业的职业安全和劳动卫生达到较高的水平。

第十二章 可行性研究结论与建议

一、可行性研究结论

本项目引进国际先进的技术设备，具有设备和技术的先进性，同时，项目的建成投产可以带来良好的经济效益和社会效益，市场需求向粮食优质化及多元化发展，也带动本项目的建设，借助当前国家“三农”政策的优势，为本项目的建设带来了良好的发展契机。

东南香米业发展有限公司的创建掀开了我省粮食加工业的时代新一页，对社会经济的发展具有重要的意义：

（1）解放生产力：本项目的扩建改造适应市场经济规律的要求，符合社会经济发展趋势，解决了粮食加工业生产力发展的深层次矛盾，在客观上解放生产力，促进市场经济健康发展。

（2）促进农业产业经济发展：本项目在生产技术设备、资源利用良性循环、集约规模经营管理上彻底打破传统米业落后生产观念和生产关系，形成以大米加工为主，深度引进科研成果进行副产品的综合开发和利用的运作方向，构筑了一个农业产业现代化企业的框架，在促进农业产业化和现代化进程上起了龙头带动作用。

（3）实现科技进步：本项目的创建实践了科技转化为第一生产力的社会经济意义，有力地促进了生产科技的发展和进步。

（4）推动了地方社会经济发展：本项目不仅具有很强的创经济效益能力，还具有良好的环保、社会效益，创建后将缓解就业压力，支持“米袋子”工程建设，满足人民群众生活需要，为地方经济发展作贡献。

（5）本项目创建后，同原生产线合并，将形成一家具有年加工稻谷约20万吨的加工企业，其良好的运营必将促进并带动地方粮食经济的发展，同时形成一个较大的粮食及运输产业的需求。

①项目建成后，企业秉承基地+农户+公司的产供销一条龙的产业运营模式，年需求稻谷30万吨，将建立约40万吨的稻谷生产基地，将直接带动农户约12万户，有效地缓和了农村部分劳动力的就业问题。

②项目建成后，将形成计有10.5万吨稻谷，7万吨大米及6000吨左右副产品的运输市场，有力地促进了地方交通运输经济，提供了就业机会。

二、问题及建议

本项目从科研角度经过大量细致周密的实践调查、市场调查和严谨、科学的经济分析、预测、研究、经反复论证是可行的，建议有关部门给予支持立项，争取早日投入开发实施。

附表

附表 1 **固定资产投资估算表** 单位：万元

序号	工程或费用名称	估算价值					占固定资产投资的比例（%）
		建筑工程	设备购置	安装工程	其他费用	合计	
1	固定资产投资	295.00	1234.00	208.45		1737.45	86.87
1.1	工程费用	295.00	1083.00	208.45		1586.45	79.32
1.1.1	供电系统		85.00			85.00	4.25
1.1.2	电器部分		66.00			66.00	3.3
1.2	其他费用				234.70	234.70	11.74
1.2.1	无形资产				220.00	220.00	11
1.2.2	开办费				14.70	14.70	0.74
1.3	预备费用						
1.3.1	基本预备费						
1.3.2	涨价预备费						
2	投资方向调节税						
3	建设期利息				27.85	27.85	1.39
4	固定资产投资总额（=1+2+3）	295.00	1234.00	208.45	262.55	2000	100

附表 2 **土建工程投资明细表**

序号	工程名称	建设性质（新建/改建）	建设面积（平方米）	单位造价（元/平方米）	投资额（万元）	其中：财政无偿资金（万元）
1.	主要生产车间		1200	500	60	
1.1	大米生产车间	新建	600	500	30	
1.2	米粉生产车间	新建	600	500	30	
2.	辅助生产车间		800		28	
2.1	附产品仓库	新建	800	350	28	
3.	动力车间					
4.	锅炉房					
5.	库房	新建	5900		207	
5.1	原材料及配件库	新建	1800×2 栋	350	126	
5.2	成品库	新建	2300	350	81	
合计					295	

附表 3 **设备投资明细表**

序号	设备名称	数量（台）	单价（万元/台）	投资额（万元）	其中：财政无偿资金（万元）
1	主要设备	2	5.2	10.4	
1.1	初清筛	2	5.2	10.4	
1.2	中间流量称	2	7.5	15	

续表

序号	设备名称	数量（台）	单价（万元/台）	投资额（万元）	其中：财政无偿资金（万元）
1.3	振动筛	2	5.5	11	
1.4	去石机	4	9	36	
1.5	砻谷机	4	9.5	38	
1.6	谷糙分离机	2	17.75	35.5	
1.7	厚度分级机	2	8.5	17	
1.8	去石机	2	9	18	
1.9	碾米机	2	16	32	
1.10	碾米机	2	17	34	
1.11	抛光机	4	19.6	78.4	
1.12	白米分级机	2	5.4	10.8	
1.13	白米分级机	4	2	8	
1.14	长度精选机	2	9	18	
1.15	色选机	3	51.5	154.5	
1.16	大包装称	1	10	10	
1.17	小包装称	1	10	10	
1.18	真空整形机	1	25	25	
1.19	自动配米机	1	45	45	
2	附属设备				
2.1	空压机	2	12	24	
2.2	初清风机	1	0.6	0.6	
2.3	初清除尘器	1	2.2	2.2	
2.4	初清关风器	1	0.35	0.35	
2.5	去石风机	2	0.7	1.4	
2.6	去石除尘器	2	3.2	6.4	
2.7	去石关风器	1	0.35	0.35	
2.8	振动筛风机	1	0.7	0.7	
2.9	振动筛关风器	1	0.35	0.35	
2.10	大糠风机	1	0.7	0.7	
2.11	大糠关风器	1	0.35	0.35	
2.12	振动筛除尘器	1	3.2	3.2	
2.13	大糠除尘器	1	3.2	3.2	
2.14	抛光机风机	1	0.5	0.5	
2.15	抛光机关风器	1	0.35	0.35	
2.16	白米除尘风机	1	0.7	0.7	
2.17	振动扬糠机	3	2.5	7.5	
2.18	提粮器	2	0.7	1.4	
2.19	提升机	1	6.5	6.5	
2.20	提升机	9	5.83	52.5	
2.21	提升机	1	5	5	
2.22	皮带输送机	4	2	8	
2.23	大糠粉碎机	2	7.5	15	

续表

序号	设备名称	数量（台）	单价（万元/台）	投资额（万元）	其中：财政无偿资金（万元）
2.24	磁选器	5	0.3	1.5	
2.25	全电脑监控系统	1	5.65	5.65	
	合计			755	
3	米粉车间设备				
3.1	洗米机	4	3	12	
3.2	浸泡桶	4	2	8	
3.3	磨浆机	4	1	4	
3.4	板框压滤机	6	2.4	14.4	
3.5	搅拌机	4	1	4	
3.6	纺果机	6	1.2	7.2	
3.7	蒸汽输送带	2	16	32	
3.8	压丝机	12	2	24	
3.9	蒸柜	4	6.2	33.6	
3.10	蒸柜车	8	1.2	9.6	
3.11	操作桌	16	0.3	4.8	
3.12	烘干机	2	43.9	87.8	
3.13	管道、阀门、钢材等			6.6	
3.14	锅炉			23.3	
	合计			271.30	

附表4　　**科技投资明细表**

序号	投向	内容简要	工作量		投资额（万元）	其中：财政无偿资金（万元）	主要作用
			单位	计划数			
1	技术引进	配合米技术设备	台	1	56.7	56.7	用于米质口感调整和配合
1.1	品种						
1.2	技术						
1.3	材料						
1.4	工艺						
1.5	其他						
2	技术中试						
2.1	品种						
2.2	技术						
3	技术示范						
3.1	示范						
3.2	保护地种植						
3.3	仪器设备						
3.4	技术培训						
3.5	科技人员补助						
3.6	主要配套技术						
4	其他						
	资金合计				56.7	56.7	

附表5　　流动资金估算表（加工项目用）　　单位：万元

序号	项目＼年份	最低周转天数	周转次数	投产期	达到设计能力生产期										
				1	2	3	4	5	6	7	8	9	10	11	12
1	流动资产				4000	4000	4000	4000	4000	4000	4000	4000	4000	4000	4000
1.1	应收账款	15	24		1200	1200	1200	1200	1200	1200	1200	1200	1200	1200	1200
1.2	存货				2300	2300	2300	2300	2300	2300	2300	2300	2300	2300	2300
1.2.1	外购原材料及燃料	15	24		300	300	300	300	300	300	300	300	300	300	300
1.2.2	在产品	1	720		1500	1500	1500	1500	1500	1500	1500	1500	1500	1500	1500
1.2.3	产成品	20	18		500	500	500	500	500	500	500	500	500	500	500
1.3	现金	15	24		500	500	500	500	500	500	500	500	500	500	500
2	流动负债				3000	3000	3000	3000	3000	3000	3000	3000	3000	3000	3000
2.1	应付账款	15	24		2500	2500	2500	2500	2500	2500	2500	2500	2500	2500	2500
3	流动资金				1000	1000	1000	1000	1000	1000	1000	1000	1000	1000	1000
4	流动资金本年增加额				1000										

附表6　　投资计划与资金筹措表　　单位：万元

序号	项目＼年份	投产期						
		1	2	3	4	5	6	7
1	总投资	3000						
1.1	固定资产投资	2000						
1.2	固定资产投资方向调节税							
1.3	建设期利息							
1.4	流动资金	1000						
2	资金筹措	2000						
2.1	自有资金	765						
	其中：用于流动资金	440						
2.2	银行贷款	500	560					
2.2.1	长期贷款	500						
2.2.2	流动资金贷款	0	560					
3	财政投资	735						
3.1	财政有偿资金	551.25						
3.2	财政无偿资金	183.75						
4	其他资金							

附表 7

总成本费用估算表

单位：万元

序号	项目 \ 年份	生产期										
		2	3	4	5	6	7	8	9	10	11	12
1	外购原材料	15691.86	19614.83	19614.83	19614.83	19614.83	19614.83	19614.83	19614.83	19614.83	19614.83	19614.83
1.1	稻谷	16372.80	20466.00	20466.00	20466.00	20466.00	20466.00	20466.00	20466.00	20466.00	20466.00	20466.00
1.2	副产品回收	-680.94	-851.17	-851.17	-851.17	-851.17	-851.17	-851.17	-851.17	-851.17	-851.17	-851.17
2	外购燃料及动力	165.08	206.35	206.35	206.35	206.35	206.35	206.35	206.35	206.35	206.35	206.35
2.1	水	3.48	4.35	4.35	4.35	4.35	4.35	4.35	4.35	4.35	4.35	4.35
2.2	电	161.60	202.00	202.00	202.00	202.00	202.00	202.00	202.00	202.00	202.00	202.00
3	制造费用	1016.00	1270.00	1270.00	1270.00	1270.00	1270.00	1270.00	1270.00	1270.00	1270.00	1270.00
4	工资及福利费	88.00	110.00	110.00	110.00	110.00	110.00	110.00	110.00	110.00	110.00	110.00
5	修理费	35.64	44.55	44.55	44.55	44.55	44.55	44.55	44.55	44.55	44.55	44.55
6	折旧费	103.13	131.24	131.24	131.24	131.24	131.24	131.24	131.24	131.24	131.24	60.90
7	摊销费	28.88	36.10	36.10	36.10	36.10	36.10	36.10	36.10	36.10	36.10	16.02
8	利息支出	73.17	73.17	73.17	73.17	73.17	73.17	73.17	73.17	73.17	73.17	73.17
9	资金占用费支出	13.23	13.23	13.23	13.23	5.51						
10	其他费用	114.39	142.99	142.99	142.99	142.99	142.99	142.99	142.99	142.99	142.99	142.99
	其中：销售费用	114.39	142.99	142.99	142.99	142.99	142.99	142.99	142.99	142.99	142.99	142.99
11	总成本费用	17329.37	21642.45	21642.45	21642.45	21634.73	21629.22	21629.22	21629.22	21629.22	21629.22	21538.81
	其中：固定成本	907.24	1114.79	1114.79	1114.79	1107.07	1101.56	1101.56	1101.56	1101.56	1101.56	1011.14
	可变成本	16422.13	20527.67	20527.67	20527.67	20527.67	20527.67	20527.67	20527.67	20527.67	20527.67	20527.67
12	经营成本（=10-5-6-7-8）	16996.58	21388.71	21388.71	21388.71	21388.71	21388.71	21388.71	21388.71	21388.71	21388.71	21388.71

附表 8

单位产品生产成本估算表

序号	项目	精米				米粉			
		单位	消耗定额	单价	金额	单位	消耗定额	单价	金额
1	原材料				2646.00				3240.00
1.1	稻谷	吨	1.47	1800	2646.00	吨	1.8	1800	3240
2	燃料和动力				45.00				150
2.1	水	吨	0.53	1	0.53	吨	1.06	1	1.06
2.2	电	度	50	0.5	25.00	度	90	0.5	45
3	工资及福利费	元			10.00	元			20
4	制造费用	元			160.00	元			250
5	副产品回收	元			-110.05	元			-134.75
5.1	碎米 1%		-0.0147	1100	-16.17		-0.02	1100	-19.80
5.2	糠		-0.13	600	-78.00		-0.16	600	-95.51
5.3	谷皮		-0.2646	60	-15.88		-0.32	60	-19.44
6	单位生产成本	元			2750.95	元			3525.25

附表9　　固定资产折旧及无形和递延资产摊销估算表　　单位：万元

项目	折旧及摊销年限	折旧及摊销年份									
		2	3	4	5	6	7	8	9	10	11
一、工程											
1. 原值											
2. 折旧费											
3. 净值											
二、建筑物	20										
1. 原值		295	295	295	295	295	295	295	295	295	295
2. 折旧费		9. 34	14. 01	14. 01	14. 01	14. 01	14. 01	14. 01	14. 01	14. 01	14. 01
3. 净值		285. 66	271. 65	257. 63	243. 62	229. 61	215. 60	201. 58	187. 57	173. 56	159. 55
三、设备	10										
1. 原值		1234	1234	1234	1234	1234	1234	1234	1234	1234	1234
2. 折旧费		93. 78	117. 23	117. 23	117. 23	117. 23	117. 23	117. 23	117. 23	117. 23	117. 23
3. 净值		1140. 22	1022. 99	905. 76	788. 53	671. 30	554. 07	436. 84	319. 61	202. 38	85. 15
四、无形资产	20										
1. 原值		220	220	220	220	220	220	220	220	220	220
2. 摊销费		8. 8	11	11	11	11	11	11	11	11	11
3. 净值		211. 2	200. 2	189. 2	178. 2	167. 2	156. 2	145. 2	134. 2	123. 2	112. 2
五、递延资产	10										
1. 原值		251	251	251	251	251	251	251	251	251	251
2. 摊销费		20. 08	25. 1	25. 1	25. 1	25. 1	25. 1	25. 1	25. 1	25. 1	25. 1
3. 净值		230. 92	205. 82	180. 72	155. 62	130. 52	105. 42	80. 32	55. 22	30. 12	5. 02
合计：原值		2000	2000	2000	2000	2000	2000	2000	2000	2000	2000
合计：折旧摊销费		132. 01	167. 34	167. 34	167. 34	167. 34	167. 34	167. 34	167. 34	167. 34	167. 34
合计：净值		1867. 99	1700. 65	1533. 31	1365. 97	1198. 62	1031. 28	863. 94	696. 60	529. 25	361. 91

附表 10

利润及利润分配表

单位：万元

序号	项目 \ 年份	经济效益计算分析期（年）										
		2	3	4	5	6	7	8	9	10	11	12
	生产负荷（%）	80	100	100	100	100	100	100	100	100	100	100
1	产品销售收入	18120.80	22651.00	22651.00	22651.00	22651.00	22651.00	22651.00	22651.00	22651.00	22651.00	22651.00
2	销售税金及附加	51.83	64.78	64.78	64.78	64.78	64.78	64.78	64.78	64.78	64.78	64.78
3	总成本费用	17329.37	21642.45	21642.45	21642.45	21634.73	21629.22	21629.22	21629.22	21629.22	21629.22	21538.81
4	利润总额	739.60	943.76	943.76	943.76	951.48	956.99	956.99	956.99	956.99	956.99	1047.41
5	所得税	244.07	311.44	311.44	311.44	313.99	315.81	315.81	315.81	315.81	315.81	345.65
6	税后利润	495.53	632.32	632.32	632.32	637.49	641.19	641.19	641.19	641.19	641.19	701.77
6.1	盈余公积金	49.55	63.23	63.23	63.23	63.75	64.12	64.12	64.12	64.12	64.12	70.18
6.2	盈余公益金	24.78	31.62	31.62	31.62	31.87	32.06	32.06	32.06	32.06	32.06	35.09
6.3	应付利润											
6.4	未分配利润	421.20	537.47	537.47	537.47	541.87	545.01	545.01	545.01	545.01	545.01	596.50
7	累计未分配利润	421.20	958.68	1496.15	2033.62	2575.49	3120.50	3665.51	4210.52	4755.53	5300.53	5897.04

附表 11

产品销售收入和销售税金及附加估算表

序号	项目	单位	单价	生产负荷 80%		生产负荷 100%		生产负荷 100 %	
				第 2 年		第 3 年		第 4 年	
				销售量	销售收入（万元）	销售量	销售收入（万元）	销售量	销售收入（万元）
1	产品销售收入				18120.8		22651		22651
1.1	精米	吨	2893	5.6	16200.8	7	20251	7	20251
1.2	米粉	吨	4000	0.48	1920	0.6	2400	0.6	2400
1.3									
2	销售税金及附加				51.83		64.78		64.78
2.1	营业税								
2.2	城市建设维护税				32.98		41.22		41.22
2.3	教育费附加				18.85		23.56		23.56

附表 12

财务现金流量表（增量全部投资）

单位：万元

序号	项目 \ 年份	经济效益计算分析期（年）											
		1	2	3	4	5	6	7	8	9	10	11	12
	生产负荷（%）		0.80	1.00	1.00	1.00	1.00	1.00	1.00	1.00	1.00	1.00	1.00
1	“有项目”现金流入		18120.80	22651.00	22651.00	22651.00	22651.00	22651.00	22651.00	22651.00	22651.00	22651.00	23935.99
1.1	产品销售收入		18120.80	22651.00	22651.00	22651.00	22651.00	22651.00	22651.00	22651.00	22651.00	22651.00	22651.00
1.2	回收流动资金												1000.00
1.3	回收固定资产余值												284.99
2	“有项目”现金流出	2000	17926.86	21764.94	21764.94	21764.94	21767.48	21769.30	21769.30	21769.30	21769.30	21769.30	20938.10
2.1	固定资产投资	2000	0.00	0.00	0.00	0.00	0.00	0.00	0.00	0.00	0.00	0.00	0.00
2.2	流动资金		1000.00	0.00	0.00	0.00	0.00	0.00	0.00	0.00	0.00	0.00	0.00
2.3	经营成本		16630.97	21388.71	21388.71	21388.71	21388.71	21388.71	21388.71	21388.71	21388.71	21388.71	20527.67
2.4	销售税金及附加		51.83	64.78	64.78	64.78	64.78	64.78	64.78	64.78	64.78	64.78	64.78
2.5	所得税		244.07	311.44	311.44	311.44	313.99	315.81	315.81	315.81	315.81	315.81	345.65
3	“有项目”净现金流量（=1－2）	－2000.00	193.94	886.06	886.06	886.06	883.52	881.70	881.70	881.70	881.70	881.70	2997.89
4	“无项目”净现金流量	0.00	0.00	0.00	0.00	0.00	0.00	0.00	0.00	0.00	0.00	0.00	0.00
5	增量净现金流量（=3－4）	－2000.00	193.94	886.06	886.06	886.06	883.52	881.70	881.70	881.70	881.70	881.70	2997.89
6	累计增量净现金流量	－2000.00	－1806.06	－920.00	－33.93	852.13	1735.65	2617.35	3499.05	4380.74	5262.44	6144.14	9142.03
7	所得税前有项目净现金流量（=3＋2.5）	－2000.00	438.01	1197.51	1197.51	1197.51	1197.51	1197.51	1197.51	1197.51	1197.51	1197.51	3343.54
8	所得税前无项目净现金流量	0.00	0.00	0.00	0.00	0.00	0.00	0.00	0.00	0.00	0.00	0.00	0.00
9	所得税前增量净现金流量（=7－8）	－2000.00	438.01	1197.51	1197.51	1197.51	1197.51	1197.51	1197.51	1197.51	1197.51	1197.51	3343.54
10	所得税前累计增量现金流量	－2000.00	－1561.99	－364.49	833.02	2030.53	3228.03	4425.54	5623.05	6820.55	8018.06	9215.57	12559.10

税后：
财务净现值（10%）=3854.1（万元）
财务内部收益率 =34.6%
静态投资回收期 =4.03 年（含建设期 1 年）

税前：
财务净现值（10%）=5839.5（万元）
财务内部收益率 =47.3%
静态投资回收期 =3.3 年（含建设期 1 年）

附表 13　　借款（含财政有偿资金）还本付息计算表

序号	项目＼年份	利率（%）	建设期	生产期				
			1	2	3	4	5	6
1	银行借款（流动借款，每年付息）	6.903%						
1.1	年初借款本息累计			500	1060	1060	1060	1060
1.1.1	本金			500	1060	1060	1060	1060
1.1.2	建设期利息							
1.2	本年借款		500	1060	1060	1060	1060	1060
1.3	本年应计利息		20.13	73.17	73.17	73.17	73.17	73.17
1.4	本年还本			500	1060	1060	1060	1060
1.5	本年付息		20.13	73.17	73.17	73.17	73.17	73.17
2	财政有偿资金	2.4%						
2.1	年初借款本息累计			558.97	572.2	585.43	611.89	275.625
2.1.1	本金			551.25	551.25	551.25	275.625	275.625
2.1.2	建设期利息			7.72	7.72	7.72	7.72	
2.2	本年借款		551.25					
2.3	本年应计利息（资金占用费）		7.72	13.23	13.23	13.23	13.23	5.51
2.4	本年还本						275.625	275.625
2.5	本年付息						60.64	5.51
3	偿还借款本金（含财政有偿资金）的资金来源							
3.1	利润			495.53	632.32	632.32	632.32	637.49
3.2	折旧			103.13	131.24	131.24	131.24	131.24
3.3	摊销			28.88	36.10	36.10	36.10	36.10
	项目最大还款能力（不含建设期）：2.03 年							

下篇

商业银行国际结算实验

第八章

系统概述

本章学习提要

本章主要介绍了商业银行国际结算业务模拟实验软件的系统内容、系统功能、运行环境、应用软件界面操作以及本软件涉及的一些专业术语，希望通过本章的学习，学生能对商业银行国际业务有一个整体认识，为后面的实验做好准备。

一、系统内容

在实际的银行业务系统中，本系统与核心业务系统、外汇清算系统有机结合，实现账务处理自动化、报文收发自动化和资金清算自动化。

国际结算模拟系统采用最新的数据大集中的新的三层体系结构，由操作前台、中间处理服务器和数据库服务器三部分组成，全行的国际结算业务数据集中在总行的数据服务器，提高了系统的运行效率、安全性和可维护性。

操作前台为业务处理的操作界面，处理数据的录入、简单检查、查询、经办、复核、授权和资料的维护等项目。

中台为业务处理部分，进行数据库连接、业务规则和数据检查、日初、日终、对前台传送的数据进行相应的处理、生成传票、对账务进行处理等操作，并与报文清算系统相连，自动接收、发送报文，见图 8－1。

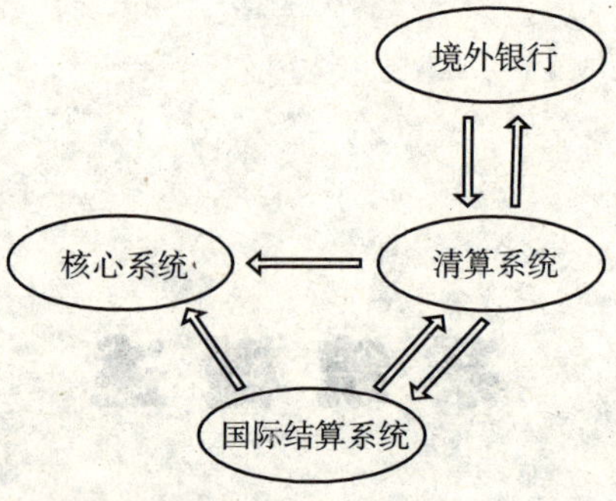

图8-1　国际结算模拟系统与核心系统、外汇清算系统的关系

二、系统功能

国际结算模拟系统处理业务范围包括进口开证、进口来单、提货担保、进口代收、信用证通知、出口议付、出口跟单托收、光票托收、汇入汇款、汇出汇款、保函业务、结售汇、打包贷款、进出口押汇等。系统完成进出口结算及汇款业务信息加工、处理，产生各类业务函电，清分及发送各类电文，进行相关账务处理，并提供相应查询、统计报表功能。

系统自动处理各类Swift收发报文，对Swift收文，自动录入报文内容到业务数据中，业务处理完成后，自动生成各类对外的Swift报文。

电文模块既可以代替PC Connect，作为一个独立的模块来运行，也可集成于国际结算模拟系统。我们可以定义业务系统中某一项数据，从某种电文中的某一项读入，然后根据需要，写到用户指定的某种电文的某一项。把这个数据流程，称为一个业务规则。同时系统提供一套可视化的方式，来设定和管理这些规则。如来证通知，设定这样一条规则，来证通知中的信用证号（LCNO）从MT700：20项中取到，写到MT730：21项中，这就大大简化了业务和电文的处理过程，减少失误机会，提高效率。国际业务人员不仅可以只输业务数据，自动生成电文，还可以只输入电文，系统自动处理业务数据。

国际结算模拟系统具有以下特点：

1. 参数化

结算系统的各个模块，包括Swift报文系统，业务系统，账务系统运行均依赖一套定制参数，需求改动时，只需要改动部分参数，系统的适应性大大增强。

2. 规则化

包括 Swift 报文的使用规则，以及业务规则，系统以规则定义去描述。从报文中如何取数据，如何根据业务数据生成报文，都属于系统的一条规则。让业务人员参与业务规则编写，调整各种业务规则，使业务处理更完善和自动化。

3. 客户化

业务系统建立于参数和规则上，账务分离，业务在系统内产生传票，可提交给不同的会计系统作进账处理。

4. 可视化

以可视化的方式定义和编辑业务画面，维护各种参数和规则，让用户在弹指之间对系统作各种调整。

5. 模版化

所有业务皆可设定模版，模版是我们工作流程的起点。

6. 自动经办

系统收到相应电文时，可以根据预先定义好的处理规则，送到各业务系统中自动处理/经办。如收到 MT700 时，可以自动作一个来证通知的经办。

7. 标准工作流程

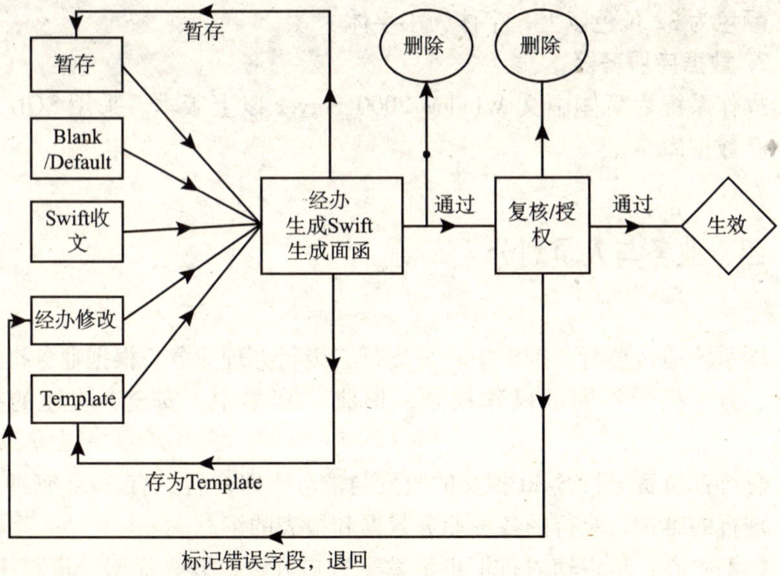

图 8－2

复核和授权时，可以指定一个或多个错误字段，经办修改只能改动复核或授权标记为错误的字段。如果未指定错误字段，则均能修改。

三、系统运行环境

（一）硬件

1. 前台

P4 2G 以上，有鼠标、网卡，256M 以上内存，20G 以上硬盘，1024×768 以上彩色显示器。

2. 数据库服务器

要求高档 PC 服务器，1G 以上内存，60G 以上硬盘，800×600 以上彩色显示器。

（二）软件

1. 前台

操作系统为简体中文 Windows2000 以上版本，分辨率为 1024×768 以上，颜色为 32 位色以上，字体为小字体。

2. 数据库服务器

操作系统为简体中文 Windows2000 Server 以上版本。采用 SQL server2000 数据库。

四、业务与人员划分

本系统通过总行、押汇中心、支行三级行办理业务。根据业务操作的需要，分别授予不同的操作权限，形成一套集中、安全、快速的控制体系。

总行：负责全行 Swift 报文的收发与清分，账户行、有 Swift 密押关系的代理行的维护，全行的各种业务数据和报表的汇总。

押汇中心：负责辖内行汇出汇款、进口开证、开立保函、进口来单、提货担保、进口代收、出口信用证通知、保函通知、出口议付、出口跟单托收业务、汇入款登记，并根据业务需要对业务往来银行进行补充维护。

支行：负责本支行客户的扣账、手续费的收取、汇入款的解付入账、光票托收、汇出汇款的登记，打印本支行的会计凭证。

五、应用界面操作概述

（一）系统登录界面

输入相应的登录地址，进入如图 8－3 所示界面。

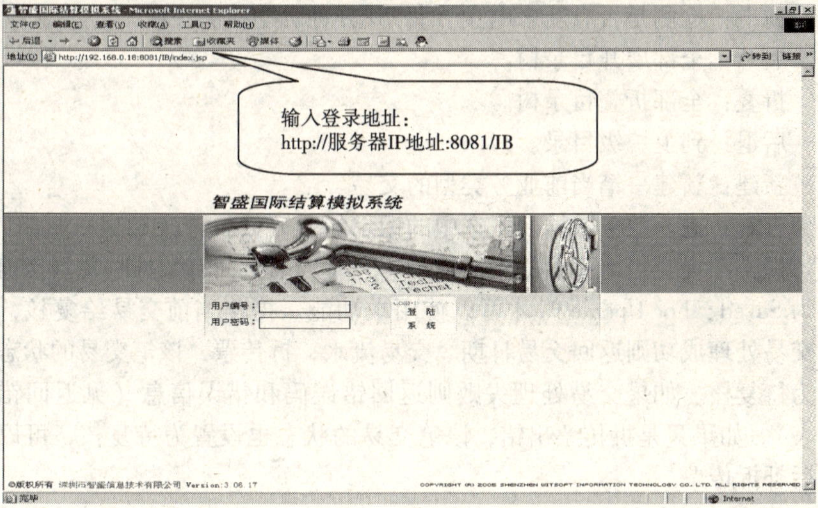

图 8－3

1. 菜单

（1）文件菜单。

修改密码：修改登录学生自己的密码。

修改用户密码：修改指定学生号的密码，管理员才有权限。

（2）编辑菜单。

与工具栏相应按钮功能相对应。

（3）工具菜单。

模糊查询：按照选择条件，进行交易流水查询。

数据下载：下载数据库服务器上的数据到本地，以减轻网络通讯量。

在数据下载窗口中选择所要下载的数据类型，然后按Download按钮。

Agency Bank	代理行资料
Data Dictionary	数据字典
Client	客户资料
Currency	货币资料
Account Bank	账户行资料
Client in Host	将会计系统上的客户资料下载到主机

2. 工具栏

登录/签退：登录进入本系统或退出本系统但保持连接。

打印：打印机设置。

新电：检测是否有新来电文（每20分钟自动检测一次）。

展开：全部展开目录树。

折叠：全部折叠目录树。

后退：到上一级目录。

新建：新建一笔当前业务类型的交易。

查看：进入业务数据区域选中的记录的业务页面。

提交：提交当前页面的当前记录。只有当前页面有数据时并且当前页面为Saved、For Update时才可以使用本功能。提交当前交易给复核，如果交易处理成功则返回交易日期、交易流水，拆传票，该笔交易的状态设置为待复核。如果交易处理失败则返回错误码和错误信息（见返回错误列表）。如果只是拆传票出错，该笔交易的状态也设置为待复核，可以在以后补拆传票。

删除：删除当前页面的当前记录。只有当前页面有数据时并且当前页面为Saved、For Update、For Check、For Grant时才可以使用本功能。

拒绝：退回当前页面的当前记录。只有在当前页面有数据并且当前页面为For Check、For Grant时才可以使用本功能。如果交易处理成功则返回交易日期、交易流水，其状态设置为待修改。如果交易处理失败或账务处理失败则返回错误码和错误信息（见返回错误列表）。

复核：复核当前页面的当前记录。只有在当前页面有数据并且当前页面为For Check时才可以使用本功能。如果交易处理成功则返回交易日期、交易流水，如果该笔交易需授权则其状态设置为待授权；如果该交易不需授权而生效，状态设置为生效，有账务处理的进行账务处理，可发送的电文被发送。如果交易处理失败或账务处理失败则返回错误码和错误信息（见返回错误列表）。复核不进行拆传票。

授权：授权当前页面的当前记录。只有在当前页面有数据并且当前页面为 For Grant 时才可以使用本功能。如果交易处理成功则返回交易日期、交易流水，状态设置为生效，有账务处理的进行账务处理，可发送的电文被发送。如果交易处理失败或账务处理失败则返回错误码和错误信息（见返回错误列表）。授权不进行拆传票。

传票：查询当前页面的当前记录的传票。只有在当前页面有数据并且当前页面为 For Check、For Grant、Effect 时才可以使用本功能。

传票：查询当前页面的当前记录的传票。只有在当前页面有数据并且当前页面为 For Check、For Grant、Effect 时才可以使用本功能。

佣金：查询当前页面选定记录的业务收费记录。

SWIFT：查询当前页面的当前记录电文。只有在当前页面有数据并且当前页面为 Effect 时才可以使用本功能。

面函：查询当前页面的当前记录面函。只有在当前页面有数据并且当前页面为 Effect 时才可以使用本功能。

查找：根据输入条件模糊查询当前页面的数据。

刷新：刷新业务数据区域，重新从服务器读取数据。

3. 目录树

显示国际业务全部交易的目录树，包括结算业务、贸易融资、SWIFT 管理和系统维护等模块。

4. 业务数据区域

根据目录树的选择和处理环节显示相应的交易数据，双击某条记录（或选中后点工具栏中的查看）可查看或编辑该业务数据。

可能的处理环节有：

Usable：可以进行处理的数据。当某些业务的处理需要由其他业务取得数据时，本页面显示的就是由其他业务提供给本业务处理的数据。如果某种业务有 Usable 页面，而 Usable 页面没有数据，则不可以进行此业务的处理（如销卷只能对已经生效而未销卷的交易进行处理，Usable 页面将列出全部已经生效而未销卷的交易，可以选择其中一条处理）。

Saved：暂存的数据。一个交易在提交之前可以暂时将其保存起来，本页面存放的就是暂时保存的数据，每个操作员只能在本页面看到自己暂存的数据。

For Update：由复核或授权退回的待修改的数据。一笔交易提交给复核或授权人员之后，如果复核或授权人员认为该交易有错误，将其退回给经办人员，退回后的数据显示在本页面。

For Check：待复核的数据。由经办人员提交的数据，等待复核人员复核，显示在本页面。

For Grant：待授权的数据。由复核人员复核通过的数据，等待授权人员授权，显示在本页面。

Effect：已生效的数据。

Closed：已销卷的数据。

Template：模板数据。

5. 状态栏

左边区域显示所连接服务的名称以及当前登录学生号，右边区域显示业务数据区域的记录数。

（二）业务界面

本系统中常用的业务界面有四项内容（如图 8－4 所示）。

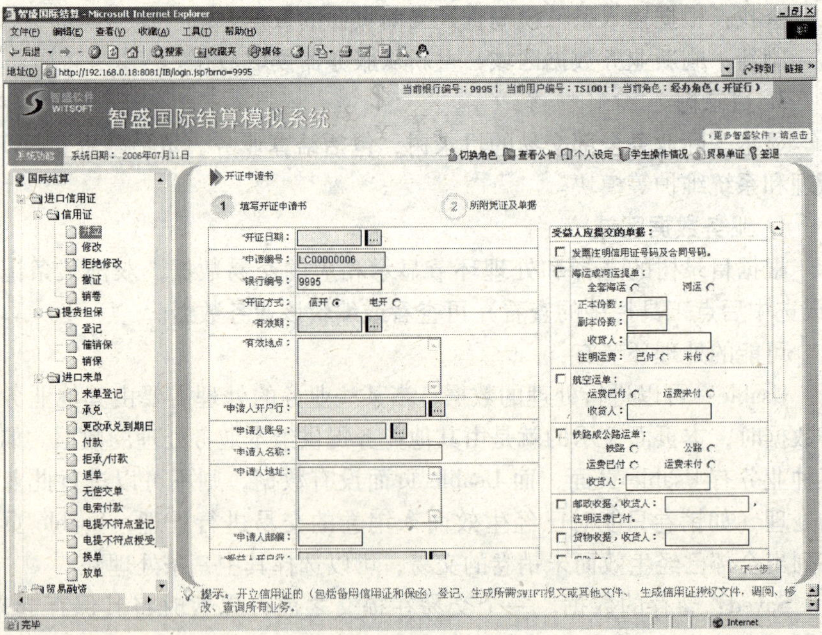

图 8－4

1. Transaction 页面

主要用于输入当前的交易数据。

标题为蓝色，并且前面标有星号（*）的域为必输域。

背景为灰色的域为不可输入域。

右侧有小按钮的域表示可以通过点击该按钮来选择相应的内容。

输入数据应注意的问题：

货币：必须为大写三位英文字符，可以点击右侧按钮选择。如：CNY 代表人民币。

金额：必须为数字，以逗号（,）代表小数点。如：100，00 代表100.00。

日期：必须为符合日期格式的数字，可以点击右侧按钮选择。如：19990101 代表1999年1月1日。

2. In SWIFT 页面

主要用于输入电文的数据。

如果当前交易可以从电文中取得数据，则此页面可见，否则不可见。

3. Out SWIFT 页面

主要用于输出电文的数据。

如果当前交易可以生成电文，则此页面可见，否则不可见。

In SWIFT 和 Out SWIFT 页面按钮功能：

Add：添加一个电文。只有在经办或经办修改并且当前交易需输出报文时才可以使用本功能。在添加报文之前，首先对交易数据进行检查，只有全部交易数据通过检查后，才能添加报文。出现选择电文类型窗口，选择一种电文类型后按 OK 按钮，该类型报文被加到 Out SWIFT 页面上，标题为该报文的类型。每一种类型的报文只能添加一次。报文添加之后，自动从交易数据的对应项中取得数据，添加到报文的对应项中。

Delete：删除当前页面报文。只有在经办或经办修改才可做此操作。

View：查看当前页面报文的文本。

Refresh：将交易数据重新刷新到报文。只有在经办或经办修改才可做此操作。

4. Document 页面

主要用于产生交易的面函。

如果当前交易可以生成面函，则此页面可见，否则不可见。

Document 页面按钮功能：

Added Documents：可供选择添加的面函类型队列。

Add：添加一个面函。只有在经办并且当前交易需输出面函时才可以使用本功能。在添加面函之前，首先对交易数据进行检查，只有全部交易数据通过检查后，才能添加面函。出现选择面函类型窗口，选择一种面函类型后按 OK 按钮，出现面函编辑窗口，此时可以对面函中可修改的地方进行修改、编辑。选择 OK 按钮后，该类型面函被加到 Out Document 页面上，在 Added Documents 中加入该面函的类型。每一种类型的面函只能添加一次。面函添加之后，自动从交易数据的对应项中取得数据，添到面函的对应项中。

Delete：删除当前面函。只有在经办或经办修改才可做此操作。

Modify：编辑当前面函。出现面函编辑窗口，此时可以对面函中可修改的地方进行修改、编辑。选择 OK 按钮保存。只有在经办或经办修改时才可做此操作。

View：查看、打印当前面函。

（三）业务主要处理流程画面简介

1. 经办、经办修改

经办新做业务时系统自动生成新的业务编号，而经办修改时并不生成新编号。

（1）Commit：提交当前交易给复核。在提交之前，系统检查所有交易数据和电文（如果有的话）是否符合要求格式，如不符合，则不能提交。如果该交易可以加入报文和面函而没有加入，则系统提示是否加入报文和面函。提交后，如果交易处理成功则返回交易日期、交易流水，同时将所附带的电文和面函保存，拆传票，该笔交易的状态设置为待复核，交易操作窗口关闭。如果交易处理失败则返回错误码和错误信息（见返回错误列表）。如果只是拆传票出错，该笔交易的状态也设置为待复核，同时所附带的电文和面函保存，可以在以后补拆传票，交易操作窗口不关闭。

（2）Save：将当前交易暂存。暂存时不对交易数据进行检查，如果附带有电文，则系统要对电文数据进行检查，通过后才可以暂存。如果交易处理成功则返回交易日期、交易流水，同时将所附带的电文和面函保存，该笔交易的状态设置为暂存，交易操作窗口关闭。如果交易处理失败则返回错误码和错误信息（见返回错误列表），交易操作窗口不关闭。

（3）Save As：将当前交易存为模板。存为模板时不对交易数据进行检查，如果附带有电文，则系统要对电文数据进行检查，通过后才可以暂存。如果交易处理成功则返回该模板的交易日期、交易流水，同时将所附带的电文和面函保存，该笔交易的状态设置为模板，交易操作窗口并不关闭，可以继续做交易。如果交易处理失败则返回错误码和错误信息（见返回错误列表），交易操作窗口不关闭。

（4）In SWIFT：从电文中输入数据到当前交易画面。弹出选择电文窗口，选择电文类型后，出现电文数据，可以点击 View 查看电文文本。输入电文数据，被显示到 In SWIFT 页面上，此页面上所有数据都不可更改，同时电文数据被自动添加到交易相对应的域中。

（5）Data Check：数据检查。检查所有交易数据和电文（如果有的话）数据是否符合要求格式，如不符合，则返回相应的信息（见错误信息）。

（6）Close：关闭窗口，数据不保存。

2. 复核

（1）Check Pass：复核通过。如果该交易被设置了错误标记，在未取消之前则不能复核通过。

如果交易处理成功则返回交易日期、交易流水，如果该笔交易需授权则其状态设置为待授权；如果该交易不需授权而生效，状态设置为生效，有账务处理的进行账务处理，可发送的电文被发送，交易操作窗口关闭。如果交易处理失败或账务处理失败则返回错误码和错误信息（见返回错误列表），交易操作窗口不关闭。复核不进行拆传票。

（2）Refuse：复核退回。如果认为此交易有错误，可以将其退回。

退回时可以使用鼠标右键在错误的域上点一下，弹出一个菜单。

Set Error Flag：标记此域为错误。

Reset Error Flag：取消错误标记。

如果该交易被设置了错误标记，则经办修改时只能修改被设置错误标记的域，否则任何域都可以更改。

如果交易处理成功则返回交易日期、交易流水，其状态设置为待修改，交易操作窗口关闭。如果交易处理失败或账务处理失败则返回错误码和错误信息（见返回错误列表），交易操作窗口不关闭。

（3）Save As：存为模板。将当前交易存为模板。存为模板时不对交易数据进行检查，如果附带有电文，则系统要对电文数据进行检查，通过后才可以暂存。如果交易处理成功则返回该模板的交易日期、交易流水，同时将所附带的电文和面函保存，该笔交易的状态设置为模板，交易操作窗口并不关闭，可以继续做交易。如果交易处理失败则返回错误码和错误信息（见返回错误列表），交易操作窗口不关闭。

（4）Vouchers：查看传票。查看当前交易所附带的传票。

（5）Close：关闭窗口，数据不保存。

3. 授权

（1）Grant Pass：授权通过。如果该交易被设置了错误标记，在未取消之前则不能授权通过。

如果交易处理成功则返回交易日期、交易流水，状态设置为生效，有账务处理的进行账务处理，可发送的电文被发送，交易操作窗口关闭。如果交易处理失败或账务处理失败则返回错误码和错误信息（见返回错误列表），交易操作窗口不关闭。授权不进行拆传票。

（2）Refuse：授权退回。如果认为此交易有错误，可以将其退回。

退回时可以使用鼠标右键在错误的域上点一下，弹出一个菜单。

Set Error Flag：标记此域为错误。

Reset Error Flag：取消错误标记。

如果该交易被设置了错误标记，则经办修改时只能修改被设置错误标记的域，否则任何域都可以更改。

如果交易处理成功则返回交易日期、交易流水，其状态设置为待修改，交易操作窗口关闭。如果交易处理失败或账务处理失败则返回错误码和错误信息（见返回错误列表），交易操作窗口不关闭。

（3）Save As：存为模板。将当前交易存为模板。存为模板时不对交易数据进行检查，如果附带有电文，则系统要对电文数据进行检查，通过后才可以暂存。如果交易处理成功则返回该模板的交易日期、交易流水，同时将所附带的电文和面函保存，该笔交易的状态设置为模板，交易操作窗口并不关闭，可以继续做交易。如果交易处理失败则返回错误码和错误信息（见返回错误列表），交易操作窗口不关闭。

（4）Vouchers：查看传票。查看当前交易所附带的传票。

（5）Close：关闭窗口。数据不保存。

4. 查看

（1）Save As：存为模板。将当前交易存为模板。存为模板时不对交易数据进行检查，如果附带有电文，则系统要对电文数据进行检查，通过后才可以暂存。如果交易处理成功则返回该模板的交易日期、交易流水，同时将所附带的电文和面函保存，该笔交易的状态设置为模板，交易操作窗口并不关闭，可以继续做交易。如果交易处理失败则返回错误码和错误信息（见返回错误列表），交易操作窗口不关闭。

（2）Close：关闭窗口。数据不保存。

（四）经办、复核和授权处理流程

1. 经办员处理流程

根据业务品种的授权，输入经办员的用户名和密码，进入系统界面，选择所要处理的业务种类，点击“新建”按钮，交易操作窗口出现3～4个可转换的页面：“TRANSACTIONS”、“IN SWIFT”、“OUT SWIFT”、“DOCUMENT”，页面转换以后，录入交易记录，点击“DATA CHECK—数据核对”按钮，数据核对无误后，点击“COMMIT—提交”按钮。该交易记录进入待复核队列。

2. 复核员处理流程

根据业务品种的授权，输入复核员的用户名和密码，进入系统界面，选择所要复核的业务种类，点击“FOR CHECK”选项，双击要复核的记录，复核通过后，点击右侧“CHECK PASS—复核通过”按钮，该记录进入待授权队列；如果复核没有通过，则点击右侧“REFUSE—拒绝”按钮，该记录退回经办待修改队列中。

3. 授权人员处理流程

根据业务品种的授权，输入授权人员的用户名和密码，进入系统界面，选择所要授权的业务种类，点击“FOR GRANT”选项，双击要授权的交易记录，如果通过授权，点击右侧“GRANT PASS—授权通过”按钮，该记录授权通过；如果授权没有通过，点击右侧“REFUSE—拒绝”按钮，该交易记录退回经办待修改队列。

（五）系统维护处理流程

1. 新建

（1）确定：保存新增的数据。对数据进行检查，通过后才可以保存。如果处理成功则返回成功信息，交易操作窗口关闭。如果交易处理失败则返回错误码和错误信息（见返回错误列表），交易操作窗口不关闭。

（2）数据检查：数据检查。检查所有数据是否符合要求格式，如不符合，则返回相应的信息（见返回信息列表）。

（3）关闭：关闭窗口。数据不保存。

2. 修改

（1）Save：保存修改后的数据。对数据进行检查，通过后才可以保存。如果处理成功则返回成功信息，交易操作窗口关闭。如果交易处理失败则返回错误码和错误信息（见返回错误列表），交易操作窗口不关闭。

（2）Data Check：数据检查。检查所有数据是否符合要求格式，如不符合，则返回相应的信息（见返回信息列表）。

（3）Close：关闭窗口，数据不保存。

第九章

进口信用证

本章学习提要

本章主要介绍进口信用证从开立、修改、撤证、提货担保登记、来单登记、电索付款、电提不符点登记等具体实务操作的整个过程，通过电脑模拟，使学生能了解整个进口信用证的运作过程。

一、信用证

（一）开立

（1）功能说明。根据开证申请书（我行提供的书面格式，由开证申请人填写盖章后交给我行，我行须核实申请人授权印鉴）输入有关信用证开证（包括备用信用证和保函）信息和自动生成报文的信息，系统生成信用证号，并自动生成报文（包括电开、信开等）、信用证授权文件。

（2）前置条件。客户提交开证申请书。

（3）业务流向。修改、撤证、提货担保登记、来单登记、电索付款、电提不符点登记。

（4）授权说明。此笔交易必须由经办、复核、授权三级通过。

经办、复核无金额限制，授权者的权限可以由系统管理员设置。

经办可以对复核、授权退回的报文进行修改。

所有人员均可以调阅、查询。

（5）操作要点。

经办：点击“新建”图标，选择机构号后进入交易画面录入数据（如果从模板新开，则模板数据将被读入），数据检查通过后，系统自动根据模板生成 700 报文，再自行修改；在“生成面函”页面可生成“开证授权文件”。全部工作完成，点击“提交”进行提交，报文进入待复核队列。

复核：复核学生进入此界面，点击“待复核”队列，系统显示所有待复核业务，双击所选中的业务，核查无误后点击“复核”按钮完成本交易。如发现错误，点击“退回经办”按钮，退回给经办学生进行修改。

授权：授权学生进入此界面，点击“待授权”队列，系统显示所有待授权业务，双击所选中的业务，核查无误后点击“授权”按钮完成本交易。如发现错误，点击“退回经办”按钮，退回给经办学生进行修改。

（6）业务规则。

①最迟装运期≤有效期。

②信用证有效期 > 信用证开证日期。

③对远期的 L/C，远期天数应大于 0。

（7）录入说明见表 9－1。

表 9－1

序号	录入项	说　明	备　注
1	机构号（BRNO）	系统自动生成	
2	是否开出保函（LG-FG）	选择是否开出保函，默认为 No 选No： 保函交易类型设为（15）Other，Disable； 即期/远期设为空，Enable； 期限设为空，Enable； 选Yes： 保函交易类型变为必填项，Enable； 即期/远期设为 Sight，Disable； 期限设为空，Disable；	
3	信用证/保函号（LC-NO）	数据检查成功后由系统生成； 700；705；740；799 电文 20 项	必填项
4	开立日期（ISDT）	默认为当日，可修改 700 电文 31C 项	必填项
5	申请人代码（APNO）	手工模糊输入或选择输入； 设置保证金账号一、保证金账号二为可用保证金账号列表（科目：开证保证金）； 设置客户账号一、客户账号二为可用客户活期账号列表（科目：活期存款（支票户））；	必填项
6	申请人名称（APNM）	根据申请人代码自动生成	
7	申请人名址（APAD）	根据申请人代码自动生成 700；705 电文 50 项	

续表

序号	录入项	说　明	备　注
8	进口合同号（CRNO）	录入	
9	受益人名址（BFNM）	BENEFICIARY（信用证的受益人），一般为出口商 700；705 电文 59. 59SUBF［2］项	必填项
10	收报行代码（ADBK）	收报行的银行代码，必须为我行的密押行 700；701；705；760；799 电文 TO 项	必填项
11	收报行名称（ADBKNM）	根据收报行代码自动生成	
12	收报行名址（ABNM）	根据收报行代码自动生成	
13	币别（LCCY）	信用证币种 700；705；740 电文 32BSUBF［1］	必填项
14	信用证/保函金额（LCAM）	一旦改变自动重算手续费、邮电费金额 700；705；740 电文 32BSUBF［2］	必填项
15	即期/远期（SUTP）	可供选择： （0）Sight （1）Usance 选（0）Sight 远期类型设为空，Disable； 期限设为 0，Disable； 700；740 电文 42C 项 = SIGHT FOR 100 PCT OF INVOICE VALUE SHOWING THIS L/C NO. 信用证编号 AND DATE OF ISSUE 选（1）Usance 远期类型变为必填项，Enable； 期限，Enable； 700；740 电文 42C 项 = 期限 DAYS 远期类型 100 PCT OF INVOICE VALUE SHOWING THIS L/C NO. 信用证编号 AND DATE OF ISSUE	必选项
16	远期类型（UUTP）	可供选择： （0）After Sight （1）After B/L Date （2）From Invoice Date （3）From B/L Date （4）Others 即期/远期为（0）Sight 时： 700；740 电文 42C 项 = SIGHT FOR 100 PCT OF INVOICE VALUE SHOWING THIS L/C NO. 信用证编号 AND DATE OF ISSUE 即期/远期为（1）Usance 时： 700；740 电文 42C 项 = 期限 DAYS 远期类型 100 PCT OF INVOICE VALUE SHOWING THIS L/C NO. 信用证编号 AND DATE OF ISSUE	即期/远期为 Usance 时，若远期类型为空，则报错误："请选择远期类型!"

续表

序号	录入项	说 明	备 注
17	期限（TENR）	输入远期期限（单位为天）； 即期/远期为（0）Sight 时： 700；740 电文 42C 项 = SIGHT FOR 100 PCT OF INVOICE VALUE SHOWING THIS L/C NO. 信用证编号 AND DATE OF ISSUE 即期/远期为（1）Usance 时： 700；740 电文 42C 项 = 期限 DAYS 远期类型 100 PCT OF INVOICE VALUE SHOWING THIS L/C NO. 信用证编号 AND DATE OF ISSUE	即期/远期为 Sight 时，若期限 < > 0，则报错误：“即期时不能输入期限”
18	保函交易类型（BHTP）	可供选择： （0）TENDER BOND，投标保函 （1）PERF BOND，履约保函 （2）ADVANCE GUARANT，预付款保函 （3）QUALITY GUARANT，质量/维修保函 （4）DEFERRED GUARANT，延期付款保函 （5）OVERDRAFT GUARAN， （6）CUSTOMS GUARANT，海关保函 （7）BAIL BOND，保释金保函 （8）PAYMENT GUARANT，付款保函 （9）REPAYMENT GUARAN （10）EXPORT MATERIALS （11）TRADE GUARANT （12）LEASING GUARANT （13）DUTIES GUARANT （14）ACCIDENT GUARANT （15）OTHERS	当是否开出保函 = Yes 时为必选项
19	信用证类型（LCTP）	跟单信用证有六种形式，可供选择： （0）IRREVOCABLE，不可撤销跟单信用证 （1）REVOCABLE，可撤销跟单信用证 （2）IRREVOCABLE TRANSFERABLE，不可撤销可转让信用证 （3）REVOCABLE TRANSFERABLE，可撤销可转让跟单信用证 （4）IRREVOCABLE STANDBY，不可撤销备用信用证 （5）REVOCABLE STANDBY，可撤销备用信用证 700；705 电文 40A 项； 选（0）IRREVOCABLE 时： 转让行代码设为空，Disable； 是否为转开设为空，Disable； 循环次数设为空，Disable； 选（1）REVOCABLE 时： 转让行代码设为空，Disable； 是否为转开设为空，Disable； 循环次数设为空，Disable；	必选项；默认为 IRREVOCABLE

续表

序号	录入项	说　明	备　注
19	信用证类型（LCTP）	选(2) IRREVOCABLE TRANSFERABLE 时： 转让行代码设为空，Enable； 是否为转开设为空，Enable； 循环次数设为空，Enable； 选(3) REVOCABLE TRANSFERABLE 时： 转让行代码设为空，Enable； 是否为转开设为空，Disable； 循环次数设为空，Disable； 选(4) IRREVOCABLE STANDBY 时： 转让行代码设为空，Disable； 是否为转开设为空，Disable； 循环次数设为空，Disable； 选(5) REVOCABLE STANDBY 时： 转让行代码设为空，Disable； 是否为转开设为空，Enable； 循环次数设为空，Disable；	必选项；默认为 IRREVOCABLE
20	信用证的支付方式（USTP）	指定的有关银行及信用证兑付的方式。 可供选择： (0) NEGOTIATION，议付 (1) PAYMENT，即期付款 (2) ACCEPTANCE，远期承兑 (3) DEFERRED PMT，迟期付款 (4) MIXED PMT，混合付款 指定银行 SWIFT 号码不为空时： 700；705；740 电文： 41a. A＊. ASUBF＊［1］项 = 指定银行 SWIFT 号码 41a. A＊. ASUBF＊［2］项 = 信用证的支付方式 指定银行 SWIFT 号码为空且指定银行代码不为空时：700；705；740 电文： 41a. D＊. DSUBF＊［1］项 = 指定银行名址 41a. D＊. DSUBF＊［2］项 = 信用证的支付方式 指定银行 SWIFT 号码、指定银行代码都为空时： 700；705；740 电文： 41a. D＊. DSUBF＊［1］项 = “ANY BANK” 41a. D＊. DSUBF＊［2］项 = 信用证的支付方式	必选项

续表

序号	录入项	说 明	备 注
21	指定银行代码（AVBK）	指定 700；705；740 电文中 41a 项 AVAILABLE WITH…BY…中的有关银行； 指定银行 SWIFT 号码不为空时： 700；705；740 电文： 41a. A *. ASUBF * ［1］项 = 指定银行 SWIFT 号码 41a. A *. ASUBF * ［2］项 = 信用证的支付方式 指定银行 SWIFT 号码为空且指定银行代码不为空时： 700；705；740 电文： 41a. D *. DSUBF * ［1］项 = 指定银行名址 41a. D *. DSUBF * ［2］项 = 信用证的支付方式 指定银行 SWIFT 号码、指定银行代码都为空时： 700；705；740 电文： 41a. D *. DSUBF * ［1］项 = "ANY BANK" 41a. D *. DSUBF * ［2］项 = 信用证的支付方式	
22	指定银行名称（AVBKNM）	根据指定银行代码自动生成	
23	指定银行名址（AVNM）	根据指定银行代码自动生成	
24	转让行代码（TFBK）	登记转让银行； 当信用证类型为 （2）IRREVOCABLE TRANSFERABLE （3）REVOCABLE TRANSFERABLE 时可用。	
25	转让行名称（TF-BKNM）	根据转让行代码自动生成	
26	转让行名址（TF-BKAD）	根据转让行代码自动生成	
27	是否为转开（TRIS）	是否委托他行代我行开证 可供选择： （Y）YES （N）NO	
28	循环次数（RLIT）	循环信用证可循环之次数	
29	是否要保兑（CFMK）	CONFIRMATION INSTRUCTIONS（保兑指示） 可供选择： （W）WITHOUT，不要求收报行保兑该信用证 （C）CONFIRM，要求保兑行保兑该信用证 （M）MAY ADD，收报行可以对该信用证加具保兑 700 电文 49 项	默认为 WITHOUT

续表

序号	录入项	说明	备注
30	开证方式（ISMD）	可供选择： （0）FULL TELEX，全电 （1）BRIEF TELEX，简电 （2）MAIL	必填项
31	到期日（EPDT）	DATE AND PLACE OF EXPIRY（信用证有效期和有效地点）， 该日期为最后交单的日期； 到期日必须迟于最迟装运期； 700；705；740 电文 31D. 31DSUBF［1］项	必填项
32	到期地点（PCEP）	DATE AND PLACE OF EXPIRY（信用证有效期和有效地点）； 700；705；740 电文 31D. 31DSUBF［2］项	必填项
33	最迟装运期（SHDT）	LATEST DATE OF SHIPMENT（最后装船期）； 装船的最迟日期。44C 与 44D 不能同时出现。 装运期限 < > "YES" 时： 700；705 电文 44C 项 = 最迟装运期	
34	交单期（PSBL）	单位为天。 700 电文 48 项 = DOCUMENTS MUST BE PRESENTED WITHIN 交单期 DAYS AFTER SHIPMENT DATE BUT WITHIN VALIDITY OF THIS CREDIT	必填项
35	分批装运（PART）	PARTIAL SHIPMENTS（分装条款）； 表示该信用证的货物是否可以分批装运。 可供选择： （Y）Allowed （N）Not allowed 700 电文 43P	
36	转运（TRAN）	可供选择： （Y）Allowed （N）Not allowed 700 电文 43T	
37	装运期限（MKIS）	可供选择： （Y）YES （N）NO 选 NO 或为空时： 700；705 电文 44C 项 = 最迟装运期	
38	付款行代码（DWBK）	付款行代码为空时： 700；740 电文 42a. A. ASUBF［3］项 = "CMB-CCNBJ" 付款行代码、付款行 SWIF 号码都不为空时： 700；740 电文 42a. A. ASUBF［3］项 = 付款行 SWIF 号码 付款行代码不为空，但付款行 SWIF 号码为空时： 700；740 电文 42a. D. DSBUF［3］项 = 付款行名称	

续表

序号	录入项	说 明	备 注
39	付款行名称（DWBKNM）	根据付款行代码自动生成	
40	付款行名址（BKNM）	根据付款行代码自动生成	
41	偿付行代码（RMBK）	REIMBURSEMENT BANK（偿付行）； 740 电文 TO 项 = 偿付行 SWIFT 号码； 偿付行代码、偿付行 SWIFT 号码都不为空时： 700 电文 53a. A. ASUBF［3］项 = 偿付行 SWIFT 号码 偿付行代码不为空，偿付行 SWIFT 号码为空时： 700 电文 53a. D. DSUBF［3］项 = 偿付行名址	
42	偿付行名称（RMBKNM）	根据偿付行代码自动生成	
43	偿付行名址（RMNM）	根据偿付行代码自动生成	
44	是否额度开证（QLFG）	可供选择： （0）0 其他贷款 （1）1 额度贷款	必填项
45	客户账号一（MGCLTACT）	设置客户账号一币种为该客户账号一对应币种； 保证金账号一金额 < >0 且保证金账号一币种不为空时： 设置客户账号一金额 = 保证金账号一金额（自动折算）	
46	币种（MGCLTCUR）	选择	
47	金额（MGCLTAMT）	保证金账号一金额 < >0 且保证金账号一币种和客户账号一币种不为空时： 设置保证金账号一金额 = 客户账号一金额（自动折算）	
48	保证金账号一（MGAC）	设置保证金账号一币种为该保证金账号一对应币种； 客户账号一金额 < >0 且客户账号一币种不为空时： 设置保证金账号一金额 = 客户账号一金额（自动折算）	
49	币种（ACCYNO）	设置保证金账号一币种为该保证金账号一对应币种	
50	金额（MGAM）	客户账号一金额 < >0 且客户账号一币种不为空时： 设置客户账号一金额 = 保证金账号一金额（自动折算）	
51	客户账号二（MG-CLTACT2）	设置客户账号二币种为该客户账号二对应币种； 保证金账号二金额 < >0 且保证金账号二币种不为空时：	设置客户账号二金额 = 保证金账号二金额（自动折算）

续表

序号	录入项	说　明	备　注
52	币种（MGCLTCUR2）	选择	
53	金额（MGCLTAMT2）	保证金账号二金额 < >0 且保证金账号二币种和客户账号二币种不为空时： 设置保证金账号二金额 = 客户账号二金额（自动折算）	
54	保证金账号二（MGC2）	设置保证金账号二币种为该保证金账号二对应币种； 客户账号二金额 < >0 且客户账号二币种不为空时： 设置保证金账号二金额 = 客户账号二金额（自动折算）	
55	币种（ACCYNO1）	选择	
56	金额（MAM2）	客户账号二金额 < >0 且客户账号二币种不为空时： 设置客户账号二金额 = 保证金账号二金额（自动折算）	
57	受益人所在地（GDTP）	可供选择： （0）保税区 （1）境内 （2）境外 （3）特殊经济区	必填项
58	费用收取对象（CHFR）	开证手续费由谁承担； 可供选择： （I）付款人 （O）收款人 选（I）付款人时： 700 电文 71B = "OUR" 选（O）收款人时： 700 电文 71B = "BEN"	
59	收费类型（CHCO）	可供选择： （XS）现收 （MS）免收 （CS）迟收 选现收或迟收时： 按费率表自动计算实收开证手续费、实收开证邮电费 选迟收时： 实收开证手续费 =0，实收开证邮电费 =0	
60	收费币别（CHCY）	按费率表自动计算实收开证手续费、实收开证邮电费	
61	实收开证手续费（CAAM）	系统默认为按费率表计算，可手工调整	

续表

序号	录入项	说　明	备　注
62	邮电费类型（TLTP）	按费率表自动计算实收开证手续费、实收开证邮电费	
63	实际邮电费金额（TAAM）	系统默认为按费率表计算，可手工调整	

（8）生成 SWIFT 报文。点击录入界面的第二层界面“生成电文”，生成相关的 SWIFT 报文。

（9）生成面函。点击录入界面的第三层界面“生成面函”，生成《信用证授权委托书》，如图 9－1 所示。

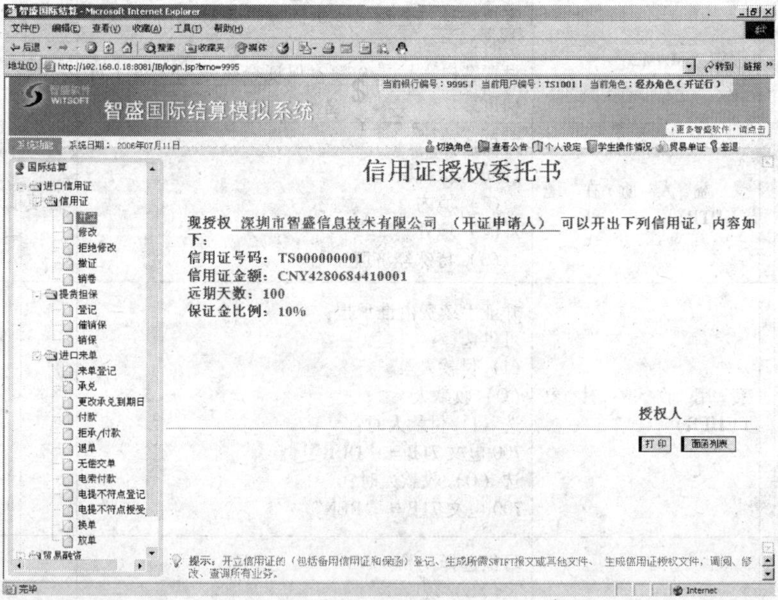

图 9－1

打印说明，点击“查看”，将面函转为 Word 文档，并打印。

（10）报文查询。若需查询电文是否发出，可依次点击“SWIFT”→“发报”→“已发出”，查询报文状态。

（11）注意事项。如信用证存有保证金，授权时，若因为别的原因不能通过，虽然此时信用证没有生效，但保证金有可能已经成功冻结。若信用证确实不能开立，需手工解冻保证金。

（二）修改

（1）功能说明。修改的内容主要包括：增减信用证金额、展期、货物描述、起运地、分批和转运等。根据修改申请书的内容，以电或信的形式向国外通知行发出修改书，更新信用证记录，收取手续费（属我行操作失误造成的修改可不收费），进行表内表外核算调整，并做相应账务处理。若有偿付行，且修改涉及金额与有效期，还要向偿付行发通知书。

修改号由系统自动生成。

（2）前置条件。信用证已开出，但未撤证、未销卷。

（3）业务流向。拒绝修改、撤证、销卷或除开立交易以外的进口信用证下的其他交易。

（4）授权说明。此笔交易必须由经办、复核、授权三级通过。

经办、复核无金额限制，授权者的权限与开立信用证相同。

（5）可生成电文。

①MT707：修改电（致通知行/保兑行）。

②MT747：偿付授权修改电。

③MT799：Free Format。

（6）录入说明见表 9－2。

表 9－2

序号	录入项	说　明	备注
1	机构号（BRNO）	系统自动生成	
2	修改次数（26E）（ADNO）	系统自动生成。每修改一次自动累加 1。 707 电文 26E 项	
3	信用证号码（20）（LCNO）	系统自动生成。 707；747；799 电文 20 项	
4	开证日期（30）（ISDT）	系统自动生成。 747 电文 30 项	
5	原证币别（LCY1）	系统自动生成	
6	原证金额（LAM1）	系统自动生成	
7	开证申请人代码（APNO）	系统自动生成	
8	开证申请人名称（CLNM）	系统自动生成	
9	开证申请人名址（CLAD）	系统自动生成	

续表

序号	录入项	说　明	备注
10	币别（LCCY）	系统自动生成	
11	增减金额标记（ADSN）	可供选择： +（+），增额 -（-），减额 设置增加金额为空	
12	增加金额（ADAM）	若币别< >原证币别： 设置修改后金额=增加金额； 707；747 电文 32B. 32BSUBF［1］=空，可更改； 707；747 电文 32B. 32BSUBF［2］=空，不可更改； 707；747 电文 33B. 33BSUBF［1］=空，不可更改； 707；747 电文 33B. 33BSUBF［2］=空，可更改； 707；747 电文 34B. 34BSUBF［1］=币别，不可更改； 707；747 电文 34B. 34BSUBF［2］=修改后金额，不可更改； 若币别=原证币别： 增减金额标记="+"时： 设置修改后金额=原证金额+增加金额； 707；747 电文 32B. 32BSUBF［1］=币别，不可更改； 707；747 电文 32B. 32BSUBF［2］=增加金额，可更改； 707；747 电文 33B. 33BSUBF［1］=空，不可更改； 707；747 电文 33B. 33BSUBF［2］=空，可更改； 707；747 电文 34B. 34BSUBF［1］=币别，不可更改； 707；747 电文 34B. 34BSUBF［2］=修改后金额，不可更改； 增减金额标记="-"时： 707；747 电文 32B. 32BSUBF［1］=空，不可更改； 707；747 电文 32B. 32BSUBF［2］=空，可更改； 707；747 电文 33B. 33BSUBF［1］=币别，不可更改； 707；747 电文 33B. 33BSUBF［2］=增加金额，可更改； 707；747 电文 34B. 34BSUBF［1］=币别，不可更改； 707；747 电文 34B. 34BSUBF［2］=修改后金额，不可更改	
13	修改后金额（LCAM）	信用证修改之后的金额	
14	即期/远期（SUTP）	可供选择： （0）Sight （1）Usance	
15	期限（TENR）	远期期限	
16	受益人名址（BFNM）	若受益人名址< >原受益人名址： 707 电文 79 项=受益人名址，可更改	
17	收报行代码（ADBK）	收报行代码 707；747 电文 TO 项=收报行 SWIFT NO，不可更改	
18	收报行名称（ADBKNM）	根据收报行代码自动生成	

续表

序号	录入项	说　明	备注
19	收报行名址（ADBKAD）	根据收报行代码自动生成	
20	收报行 SWIFT NO（ADSW）	根据收报行代码自动生成	
21	分批装运（PART）	分批装运	
22	转运（TRAN）	转运	
23	装运期限（MKIS）	装运期限	
24	最迟装期（SHDT）	若最迟装期 < >原最迟装期： 707 电文 44C 项 = 受益人名址，可更改	
25	信用证到期日（EP-DT）	若信用证到期日 < >原信用证到期日： 707 电文 31E 项 = 信用证到期日，可更改	
26	到期地点（PCEP）	到期地点	
27	费用收取对象（CHFR）	开证手续费由谁承担； 可供选择： （I）付款人 （O）收款人	
28	收费类型（CHCO）	可供选择： （XS）现收 （MS）免收 （CS）迟收 选现收或迟收时： 按费率表自动计算实收开证手续费、实收开证邮电费； 选迟收时： 实收开证手续费 =0，实收开证邮电费 =0	
29	收费币别（CHCY）	增减金额标记 = “ + ”且增加金额 >0 时： 根据增加金额和费率表自动计算信用证修改实际费用	
30	信用证修改实际费用（CAAM）	信用证修改实际费用	
31	邮电费类型（TLTP）	按费率表自动计算实际邮电费金额	
32	实际邮电费金额（TAAM）	实际邮电费金额	
33	是否为开证额度（QLFG）	默认为（0）0 其他贷款，Disable； 可供选择： （0）0 其他贷款 （1）1 额度贷款	
34	客户账户一（MGCLTACT）	设置客户账号一币种为该客户账号一对应币种； 保证金账号一金额 < >0 且保证金账号一币种不为空时： 设置客户账号一金额 = 保证金账号一金额（自动折算）	
35	币种（MGCLTCUR）	选择	
36	金额（MGCLTAMT）	保证金账号一金额 < >0 且保证金账号一币种和客户账号一币种不为空时： 设置保证金账号一金额 = 客户账号一金额（自动折算）	

续表

序号	录入项	说 明	备注
37	保证金账号一（MGAC）	设置保证金账号一币种为该保证金账号一对应币种 客户账号一金额 < >0 且客户账号一币种不为空时： 设置保证金账号一金额 = 客户账号一金额（自动折算）	
38	币种（ACCYNO）	设置保证金账号一币种为该保证金账号一对应币种	
39	金额（MGAM）	客户账号一金额 < >0 且客户账号一币种不为空时： 设置客户账号一金额 = 保证金账号一金额（自动折算）	
40	客户账户二（MGCLTACT2）	设置客户账号二币种为该客户账号二对应币种； 保证金账号二金额 < >0 且保证金账号二币种不为空时： 设置客户账号二金额 = 保证金账号二金额（自动折算）	
41	币种（MGCLTCUR2）	选择	
42	金额（MGCLTAMT2）	保证金账号二金额 < >0 且保证金账号二币种和客户账号二币种不为空时： 设置保证金账号二金额 = 客户账号二金额（自动折算）	
43	保证金账号二（MGC2）	设置保证金账号二币种为该保证金账号二对应币种； 客户账号二金额 < >0 且客户账号二币种不为空时： 设置保证金账号二金额 = 客户账号二金额（自动折算）	
44	币种（ACCYNO1）	选择	
45	金额（MAM2）	客户账号二金额 < >0 且客户账号二币种不为空时： 设置客户账号二金额 = 保证金账号二金额（自动折算）	

（7）生成面函。

进入“生成面函”页面，添加《信用证授权委托书》。

（三）拒绝修改

（1）功能说明。对受益人拒绝接受我行所发出的信用证改证（包括备用信用证和保函）的登记、生成所需 SWIFT 报文或其他文件、生成信用证授权文件，调阅、修改、查询所有业务。

（2）前置条件。信用证已进行修改但未拒绝。

（3）业务流向。撤证、销卷。

（4）授权说明。此笔交易必须由经办、复核两级通过。

经办、复核无金额限制。

（5）录入说明见表 9－3。

表9-3

序号	录入项	说明	备注
1	信用证号	系统自动生成	
2	修改次数	系统自动生成	
3	开证申请人代码	系统自动生成	
4	开证申请人名称	根据开证申请人代码自动生成	
5	开证申请人地址	根据开证申请人代码自动生成	
6	信用证余额（LCAM）	显示当前信用证的余额	
7	保证金账号一（MGAC）	设置保证金账号一币种为该保证金账号一对应币种； 客户账号一金额＜＞0且客户账号一币种不为空时： 设置保证金账号一金额＝客户账号一金额（自动折算）	
8	币种（ACCYNO）	设置保证金账号一币种为该保证金账号一对应币种	
9	金额（MGAM）	客户账号一金额＜＞0且保证金账号一币种和客户账号一币种不为空时： 设置客户账号一金额＝保证金账号一金额（自动折算）	
10	保证金账号二（MGC2）	设置保证金账号二币种为该保证金账号二对应币种； 客户账号二金额＜＞0且客户账号二币种不为空时： 设置保证金账号二金额＝客户账号二金额（自动折算）	
11	币种（ACCYNO1）	选择	
12	金额（MAM2）	客户账号二金额＜＞0且客户账号二币种不为空时： 设置客户账号二金额＝保证金账号二金额（自动折算）	

（四）修改保证金比例

（1）功能说明。对涉及信用证（包括备用信用证和保函）的保证金比例的修改进行登记、授权、调阅、修改、查询所有业务。

（2）授权说明。此笔交易必须由经办、复核、授权三级通过。

经办、复核无金额、比例限制，授权者的权限与开立信用证相同。

经办可以对复核、授权退回的报文进行修改。

所有人员均可以调阅、查询。

（3）操作要点。

①登记：进入此界面后，系统显示所有已开出且存有保证金的信用证，选中信用证号，双击菜单中"新建"图标，进入登记交易画面，逐项录入，经过"DATA CHECK"进行数据检查。全部工作完成，按"COMMIT"进行提交，报文进入待复核队列。

②复核：复核学生进入此界面，点击"CHECK"队列，系统显示所有待复核业务，双击所选中的业务，核查无误后点击"CHECK PASS"按钮，画面显示复核成功，进入待授权队列，点击"OK"按钮，完成本交易。如发现错误点击"REFUSE"按钮，退回给经办学生进行修改。

③授权：授权学生进入此界面，点击"GRANT"队列，系统显示所有待授权业务，双击所选中的业务，核查无误后点击"GRANT PASS"按钮，画面显示授权成功，点击"OK"按钮，完成本交易。如发现错误，点击"REFUSE"按钮，退回给经办学生进行修改。

（4）录入界面。

①从"结算业务"→"进口业务"→"信用证"→"修改保证金比例"依次双击进入登记界面。

②USABLE 队列显示所有开出的信用证，点击选中的信用证，点击"新建"或双击此栏进行保证金修改的登记。

（5）录入说明见表9－4。

表9－4

序号	录入项	说　明	备　注
1	支行行号	根据需要选择或录入	
2	信用证号	根据需要选择或录入	
3	货币	根据需要选择或录入	
4	信用证金额	根据需要选择或录入	
5	客户号	根据需要选择或录入	
6	客户名	根据需要选择或录入	
7	客户名址	根据需要选择或录入	
8	保证金比率	根据需要选择或录入	
9	保证金账号一	根据需要选择或录入	
10	金额	根据需要选择或录入	

（6）其他说明。

①保证金的查询可通过主菜单中的"工具"栏的下拉菜单"保证金账户查询"进行查询。

②通过录入信用证号可查询保证金的具体情况。

（五）撤证

（1）功能说明。对由申请人或受益人提出的撤销信用证（包括备用信用证和保函）申请进行登记，生成所需 SWIFT 报文或其他文件、生成信用证授权文件。

（2）前置条件。信用证开证、修改、拒绝修改。

（3）业务流向。销卷。

（4）授权说明。此笔交易必须由经办、复核、授权三级通过。

经办、复核无金额限制，授权者的权限与开立信用证相同。

（5）录入说明见表 9－5。

表 9－5

序号	录入项	说 明	备 注
1	信用证号码（LCNO）	系统自动生成	
2	开证申请人代码（APNO）	系统自动生成	
3	开证申请人名称（CLNM）	根据开证申请人代码自动生成	
4	开证申请人地址（CLAD）	根据开证申请人代码自动生成	
5	收费方式（CHCO）	可供选择： （XS）现收 （MS）免收 （CS）迟收 选（XS）现收或（CS）迟收时： 检查该客户收费账号是否已维护； 收费币种＝客户资料中的收费币种； 根据客户号、收费类型和收费币种计算撤证实际费用和实际邮电费金额。 选（MS）免收时： 收费币种＝空，Disable； 撤证实际费用＝0； 实际邮电费金额＝0	
6	收费币种（CHCY）	根据客户号、收费类型和收费币种计算撤证实际费用和实际邮电费金额	
7	撤证实际费用（CAAM）	由系统自动计算，可手工修改	
8	邮电费类型（TLTP）	根据需要选择或录入	
9	实际邮电费金额（TAAM）	由系统自动计算，可手工修改	

（6）生成报文

点击此界面的第二层界面“生成电文”，生成 SWIFT 报文 MT799、MT734 或 MT999。

（六）销卷

（1）功能说明。对所有开出且过效期、进行收到国外同意撤证的信用证进行结卷的处理。

（2）前置条件。信用证开证、修改、拒绝修改、撤证、销保、退单、无偿交单、付款或即期信用证电索付款后来单登记。

（3）授权说明。此笔交易必须由经办、复核两级通过。

经办、复核无金额限制。

（4）操作要点。

登记：进入此界面后，系统显示所有开出且过效期或进行过撤证的信用证，选中信用证号，双击菜单中“新建”图标，进入登记交易画面，逐项录入，点击“数据检查”进行数据检查。全部工作完成，按“提交”进行提交，报文进入复核界面。

（5）录入说明见表 9－6。

表 9－6

序号	录入项	说　明	备注
1	信用证号（LCNO）	系统自动生成	
2	开证申请人代码（APNO）	系统自动生成	
3	开证申请人名称（CLNM）	系统自动生成	
4	开证申请人地址（CLAD）	系统自动生成	
5	保证金账号一（MGAC）	系统自动生成	
6	币种（ACCYNO）	系统自动生成	
7	金额（MGAM）	系统自动生成	
8	客户账号一（MGCLTACT）	系统自动生成	
9	币种（MGCLTCUR）	系统自动生成	
10	金额（MGCLTAMT）	系统自动生成	
11	保证金账号二（MGC2）	系统自动生成	
12	币种（ACCYNO1）	系统自动生成	
13	金额（MAM2）	系统自动生成	
14	客户账号二（MGCLTACT2）	系统自动生成	
15	币种（MGCLTCUR2）	系统自动生成	
16	金额（MGCLTAMT2）	系统自动生成	

二、提货担保

（一）登记

（1）功能说明。当提单未到而货物先到港时，进口单位就需要到银行申请办理提货担保业务，我行根据开证申请人填写的担保提货申请书，制作提货担保书，并对信用证档案作相应记录。单据到后仍需在规定工作日内对外付款或承兑。

担保提货申请书由我行提供书面格式，由公司填写盖章后交给我行，我行审核公司交来的担保提货申请书和有关合同、发票、提单，输入信用证号、发票号及提单号，电脑自动产生担保提货编号，经同意后生成面函《无正本提单提货保函》、《委托他行代办之面函》。

（2）前置条件：信用证开证。

（3）业务流向：来单登记、电索付款。

（4）授权说明：此笔交易必须由经办、复核、授权三级通过。经办、复核无金额限制，授权者的权限与开立信用证相同。

（5）录入说明见表9－7。

表9－7

序号	录入项	说　明	备　注
1	信用证号（LCNO）	系统自动生成 799 电文 79 项＝ ATTN：MANAGER OF IMPORT BILLS. RE OUR L/C NO. 信用证号 APPLICATION FOR SHIPPING GUARANTEE FOR 担保提货币种 担保提货金额 PLS ON OUR BEHALF TO ISSUE SHIPPING GUARANTEE TO： 申请人名址 FOR THEIR TAKING DELIVERY OF GOODS WITHOUT PRODUCTION OF ORIGINAL BILL OF LADING. WE SEND TRUST RECEIPT AND LETTER OF INDEMNITY BOTH IN YOUR FAVOUR TOGETHER WITH COPY OF L/C TODAY. THANKS FOR YOUR KIND COOPERATION. 999 电文 79 项＝ ATTN：MANAGER OF IMPORT BILLS.	

续表

序号	录入项	说　明	备　注
1	信用证号（LCNO）	RE OUR L/C NO. 信用证号 REDEMPTION FOR SHIPPING GUARANTEE FOR 担保提货币种 担保提货金额 PLS REDEEM OUR A/M SHIPPING GUARANTEE ND ACKNOWLEDGE RECEIPT. THANKS FOR YOUR KIND COOPERATION.	
2	提货担保申请日期（APDT）	手工录入	必选项
3	提货担保号（SGNO）	数据检查后由系统生成 799；999 电文 20 项	
4	申请人（APNO）	系统自动生成	
5	申请人名称（CLNM）	根据申请人自动生成	
6	申请人名址（CLAD）	根据申请人自动生成	
7	进口合同号（CRNO）	系统自动生成	
8	发票号（IVNO）	手工录入	
9	担保提货币种（GUCY）	手工录入 根据模板生成相应电文，参考信用证号	必选项
10	担保提货金额（GUAM）	手工录入 根据模板生成相应电文，参考信用证号	必选项
11	装运日期（SHDT）	手工录入	
12	提单号码（BLNO）	手工录入	必选项
13	货物描述（GSDS）	手工录入	必选项
14	保兑银行（GUBK）	手工录入	
15	保兑银行名称（GUBKNM）	手工录入 799；999 电文 TO 项	
16	保兑银行名址（GUBKAD）	手工录入	
17	费用收取对象（CHFR）	费用收取对象，默认为付款人	
18	收费方式（CHCO）	可供选择： （XS）现收 （MS）免收 （CS）迟收 选（XS）现收或（CS）迟收时： 检查该客户收费账号是否已维护； 收费币种 = 客户资料中的收费币种； 根据客户号、收费类型和收费币种计算撤证实际费用和实际邮电费金额。 选（MS）免收时： 收费币种 = 空，Disable； 撤证实际费用 = 0； 实际邮电费金额 = 0。	必选项

续表

序号	录入项	说明	备注
19	收费币种（CHCY）	根据客户号、收费类型和收费币种计算撤证实际费用和实际邮电费金额	
20	提货担保登记实际费用（CAAM）	手工录入	
21	邮电费类型（TLTP）	根据客户号、收费类型和收费币种计算实际邮电费金额	
22	实际邮电费金额（TAAM）	手工录入	

（6）生成报文。如有必要，点击录入界面的第三层界面“生成电文”，生成 SWIFT 报文 MT799 或 MT999。按照 SWIFT 报文的要求，进行增加、修改。

点击录入界面的第四层界面“生成面函”，可以选择生成《无正本提单提货保函》、《委托他行代办之面函》。

（二）催销保

（1）功能说明：对本行签发的《无正本提单提货保函》调阅、查询、催收。

（2）前置条件：进口来单登记。

（3）业务流向：销保。

（4）授权说明：此笔交易必须由经办、复核两级通过。

（5）可生成面函：《催销保函通知书》。

（三）销保

（1）功能说明：对本行签发的《无正本提单提货保函》进行销卷。

（2）前置条件：进口来单登记、催销保。

（3）业务流向：进口信用证销卷、来单登记、拒承/付款、换单、无偿交单、放单、承兑、付款。

（4）授权说明：此笔交易必须由经办、复核两级通过。

（5）可生成面函：《寄提单销保面函》。

三、进口来单

（一）电索付款

（1）功能说明。

即期信用证项、保函项下，若付款方式为允许来单行向我电索，授权账户行主动借记或向我偿付行索汇，在来单前我行收到索汇电，借记通知电或偿付通知电，则对外进行付款。

经办时从已经生效的信用证记录中选择，系统自动根据信用证号生成进口来单号，并将信用证下相关的信息读入。

（2）前置条件：进口开证（即期）、提货担保登记。

（3）业务流向：来单登记。

（4）授权说明：此笔交易必须由经办、复核、授权三级通过。经办、复核无金额限制，授权者的权限与开立信用证相同。

（5）可生成电文。

202：GENERAL FINANCIAL INSTITUTION TRANSFER

199：付款通知电

799：Free Format

（6）录入说明见表9－8。

表9－8

序号	录入项	说明	备注
1	机构号（BRNO）	系统自动读取	
2	客户号（CLNO）	系统自动读取	
3	进口来单号（IBNO）	数据检查成功后自动生成，来单登记时不再生成	
4	信用证号（LCNO）	系统自动读取 199；202电文20项	
5	付款币种（DLCY）	系统自动读取 202电文32A.32ASUBF［2］	
6	金额（DLAM）	付款金额	必填项
7	起息日（VLDT）	默认为当日	必填项
8	收款行（RVBK）	收款行代码	必填项
9	收款行名称（RVBKNM）	根据收款行自动生成	

续表

序号	录入项	说　明	备　注
10	收款行名址（RVBKAD）	根据收款行自动生成	
11	收款行之账户行（RABK）	收款行之账户行代码 199 电文 TO 项 = 收款行之账户行 SWIFT 号码 若收款行之账户行 SWIFT 号码为空： 202 电文 57a. D. DSUBF［3］＝收款行之账户行名址 若收款行之账户行 SWIFT 号码不为空： 202 电文 57a. A. ASUBF［3］＝收款行之账户行 SWIFT 号码	
12	收款行之账户行名称（RABKNM）	根据收款行之账户行自动生成	
13	收款行之账户行名址（RABKAD）	根据收款行之账户行自动生成	
14	收款行账号（RAAC）		
15	国外行费用（NGCH）	实际付款金额 = 付款金额 + 国外行费用 202 电文 32A. 32ASUBF［3］＝实际付款金额	
16	实际付款金额（PAAM）	202 电文 32A. 32ASUBF［3］＝实际付款金额	
17	我行账户行（ACBK）	202 电文 TO 项 = 我行账户行 SWIFT NO 202 电文 32A. 32ASUBF［2］＝付款币种 3140 科目账号 = 押汇借据号 根据机构号、客户号设置原币账号、售汇账号下拉列表 套汇账号 = 非付款币种的外汇账号	必填项
18	账户行名址（RBNM）	根据我行账户行自动生成	
19	我行在账户行账号（BKAC）	根据我行账户行自动生成	
20	押汇金额（AMC1）	3140 科目账号 = 该客户付款币种的账号	
21	保证金金额（AMC2）	系统自动读取	
22	垫款金额（AMC7）	系统自动读取	
23	3140 科目账号（ACC1）	系统自动读取	
24	原币汇出金额（AMC4）	系统自动读取	
25	原币账号（ACC4）	系统自动读取	
26	售汇汇出金额（AMC5）	系统自动读取	

续表

序号	录入项	说　明	备　注
27	售汇账号（ACC5）	系统自动读取	
28	实际汇率（EXRT）	系统自动读取	
29	售汇后金额（EXAM）	系统自动读取	
30	套汇汇出金额（AMC6）	系统自动读取	
31	外汇买卖方式（FXKD）	系统自动读取	
32	套汇账号（ACC6）	系统自动读取	
33	买入价（BYRT）	系统自动读取	
34	卖出价（SLRT）	系统自动读取	
35	套汇后金额（DRAM）	系统自动读取	
36	售汇性质（SHXZ）	系统自动读取	
37	对公对私（CMPR）	系统自动读取	
38	是否凭备案表付汇（MEPY）	系统自动读取	
39	是否异地付汇（CTPY）	系统自动读取	
40	申报号（SBNO）	系统自动读取	必填项
41	交易代码（TYTP）	系统自动读取	
42	费用收取对象（CHFR）	系统自动读取	必填项
43	收费方式（CHCO）	系统自动读取	必填项
44	费用货币（CHCY）	系统自动读取	
45	我行手续费（CAAM）	系统自动读取	
46	邮电费类型（TLTP）	系统自动读取	
47	我行邮电费（TAAM）	系统自动读取	

（7）其他说明：

①保证金账号只能选付款币种和人民币账号，其他币种只能在套汇账号中反映。

②付款费和邮电费只有在点击收费币种才能触发标准收费金额的产生，并产生收费行为。

③系统不允许收费币种与客户信息维护中的收费币种不同，若强行提交，会发生表外账冲销，但提交不通过的情况，导致下次提交也不能通过，必须冲账后才能完成。

（二）来单登记

（1）功能说明：该项目用来登记开出信用证、保函项下国外来单的登记，打印《进口信用证单据通知书》、《进口信用证、托收承兑/付汇情况表》。

（2）前置条件：开证、修改、拒绝修改、提货担保登记、电索付款。

（3）业务流向：销保、拒承/付款、换单、无偿交单、放单、承兑、付款、信用证销卷（已电索付款）。

（4）授权说明：此笔交易必须由经办、复核两级通过。

（5）操作要点：

选择来单类型：

①New：该信用证项下从未付款；点击“确定”进入交易画面。

②Paid：已电索付款；双击选择相应的信用证编号进入交易画面。

③Telex Adviced：已电提不符点登记。双击选择相应的信用证编号进入交易画面。

注意事项：在进行“New”前（即做普通来单登记时），先要确定是否进行过电索付款或电提不符点。

（6）录入说明见表9－9。

表9－9

序号	录入项	说　明	备　注
1	进口来单号（IBNO）	数据检查通过后由系统自动生成	
2	信用证号（LCNO）	系统自动读取	
3	信用证金额（LCAM）	系统自动读取	
4	信用证余额（LCBL）	系统自动读取	
5	开证日期（ISDT）	系统自动读取	
6	索汇币种（IBCY）	来单币种	
7	汇票金额（DFAM）	汇票金额	
8	国外行费用（CGAM）	选择登记	必填项
9	索汇金额（IBAM）	来单金额	必填项
10	即期/远期（SUTP）	系统自动读取： （0）Sight （1）Usance	必填项
11	远期类型（ULTP）	系统自动读取 可选： （0）After Sight （1）After B/L Date （2）From Invoice Date （3）From B/L Date （4）Others	

续表

序号	录入项	说　明	备　注
12	期限（TENR）	系统自动读取	
13	收单日期（ARDT）	默认为当天，可修改	
14	最迟承兑/付款日期（PADT）	录入	必填项
15	交单日期（ACDT）	默认为当天，可修改 若收单日期≤交单日期，则报错：Date Conflict 远期类型为： （0）After Sight 时： 远期付款承兑日＝ 收单日期＋IB SIGHT PAYMENT PERIOD（7 天）＋期限 （1）After B/L Date 时： 远期付款承兑日＝提单日期＋期限 （2）From Invoice Date 时： 远期付款承兑日＝空 （3）From B/L Date 时： 远期付款承兑日＝提单日期＋期限－1 （4）Others 时： 远期付款承兑日＝空	
16	交单行（NGBK）	交单行	必填项
17	交单行名称（NGBKNM）	根据交单行自动生成	
18	交单行名址（NGBKAD）	根据交单行自动生成	
19	交单行业务编号（NGNO）	录入	必填项
20	发票号（IVNO）	系统自动生成	
21	提单号（BLNO）	系统自动生成	
22	提单日期（TDDT）	系统自动生成	
23	担保提货号（SG-NO）	系统自动读取	
24	远期付款到期日（BEDT）	当信用证类型为远期信用证时，随着交单日期改变而改变	
25	已付款标志（PYMK）	已电提付款后，来单登记类型为 Paid 时，该项为 Yes，否则为 No	
26	电提不符点（DRMK）	电提不符点登记后，来单登记类型为 Telex Adviced 时，该项为 Yes，否则为 No	
27	信用证项下已付款金额（PYAM）	已电提付款后，来单登记类型为 Paid 时，该项为电索付款时对外付款金额	
28	受益人名址（DRNM）	受益人名址	

（三）承兑

（1）功能说明：该项目用来进行信用证、保函项下国外来单远期信用证项下的承兑，生成 MT799 或 MT999 报文，调阅、修改、查询所有业务。

（2）前置条件：（远期信用证）、来单登记（未付款）、换单。

（3）业务流向：更改承兑到期日、付款。

（4）授权说明：此笔交易必须由经办、复核、授权三级通过。经办、复核无金额限制，授权者的权限与开立信用证相同。

（5）可生成电文：MT799、MT999。

（6）录入说明见表 9－10。

表 9－10

序号	录入项	说 明	备 注
1	进口来单号（IBNO）	系统自动生成	
2	信用证号（LCNO）	系统自动生成 752；799；999 电文 20 项	
3	承兑币种（IBCY）	系统自动生成 799；999 电文 79 项＝ ATTN：EXPORT BILLS DEPT. A/M BILLS FOR 承兑币种 承兑金额 ACCEPTED TO MATURE ON 付款到期日 WE WILL EFFECT PAYMENT LESS CHGS. AS PER YR INSTRUCTION AT MATURITY. REGARDS.	
4	承兑金额（ACAM）	同上	必填项
5	承兑日（APDT）	设置付款到期日＝承兑日＋远期天数	必填项
6	付款到期日（DUDT）	同信用证号	必填项
7	交单行（NGBK）	根据需要选择或录入	必填项
8	交单行名称（NGBKNM）	根据交单行自动生成	
9	交单行名址（NGBKAD）	根据交单行自动生成	
10	交单行 SWIFT 号（NGSW）	根据交单行自动生成	
11	费用收取对象（CHFR）	默认为付款人	

续表

序号	录入项	说　明	备　注
12	收费方式（CHCO）	可供选择： （XS）现收 （MS）免收 （CS）迟收 选现收或迟收时： 按费率表自动计算实收开证手续费、实收开证邮电费 选迟收时： 实收开证手续费=0，实收开证邮电费=0	
13	收费币别（CHCY）	按费率表自动计算手续费、邮电费	
14	实收承兑费金额（CAAM）	自动计算，可修改	
15	邮费类型（TLTP）	按费率表自动计算邮电费	
16	实际邮费金额（TAAM）	自动计算，可修改	

（四）更改承兑到期日

（1）功能说明：该项目用来进行信用证项下修改已承兑的业务，生成MT799、MT752或MT999报文，调阅、修改、查询所有业务。

（2）前置条件：（远期信用证）、承兑。

（3）业务流向：付款。

（4）授权说明：此笔交易必须由经办、复核、授权三级通过。经办、复核无金额限制，涉及金额修改的，授权者的权限与开立信用证相同。

（5）可生成电文：MT799、MT999。

（6）录入说明见表9－11。

表9－11

序号	录入项	说　明	备　注
1	进口来单号（IBNO）	自动生成	
2	承兑币种（DLCY）	自动生成	
3	新承兑金额（DLAM）	自动生成	
4	新到期日（DUDT）	根据需要选择或录入	必填项

（五）付款

（1）功能说明：该项目用来对信用证、保函项下待付款业务进行付款处理。

（2）前置条件：来单登记（即期）、承兑（远期信用证）

（3）业务流向：来单登记。

（4）授权说明：此笔交易必须由经办、复核、授权三级通过。经办、复核无金额限制，授权者的权限与开立信用证相同。

（5）可生成电文：MT202、MT799、MT999。

（6）录入说明见表9－12。

表9－12

序号	录入项	说 明	备 注
1	机构号（BRNO）	自动生成	
2	客户号（CLNO）	自动生成	
3	进口来单号（IBNO）	自动生成	
4	信用证号（LCNO）	自动生成 199；202电文20项	
5	付款币种（DLCY）	自动生成 202电文32A. 32ASUBF［2］	
6	付款金额（DLAM）	自动生成	
7	起息日（VLDT）	根据需要选择或录入 202电文32A. 32ASUBF［1］	必填项
8	收款行（RVBK）	自动生成	
9	收款行名称（RVBKNM）	自动生成	
10	收款行名址（RVBKAD）	自动生成	
11	收款行之账户行（RABK）	根据需要选择或录入 若收款行之账户行SWIFT NO＝空： 202电文57a. D. DSUBF［3］＝收款行名址 若收款行之账户行SWIFT NO不为空： 202电文57a. A. ASUBF［3］＝收款行之账户行SWIFT NO	
12	收款行之账户行名称（RABKNM）	自动生成	
13	收款行之账户行名址（RABKAD）	自动生成	
14	收款行账号（RAAC）	根据需要选择或录入	
15	国外行费用（NGCH）	根据需要选择或录入 实际付款金额＝付款金额＋国外行费用	
16	实际付款金额（PAAM）	自动生成 202电文32A. 32ASUBF［3］	

续表

序号	录入项	说 明	备 注
17	我行账户行（ACBK）	根据需要选择或录入	必填项
18	账户行名址（RBNM）	自动生成	
19	我行在账户行账号（BKAC）	自动生成	
20	押汇金额（AMC1）	自动生成	
21	押汇账号（CRAC）	根据需要选择或录入	
22	原币汇出金额（AMC4）	设置原币账号列表	
23	原币账号（ACC4）	根据需要选择或录入	
24	售汇汇出金额（AMC5）	根据需要选择或录入	
25	售汇账号（ACC5）	根据需要选择或录入	
26	实际汇率（EXRT）	根据需要选择或录入	
27	售汇后金额（EX-AM）	根据需要选择或录入	
28	套汇汇出金额（AMC6）	根据需要选择或录入	
29	套汇账号（ACC6）	根据需要选择或录入	
30	外汇买卖方式（FXKD）	根据需要选择或录入	
31	买入价（BYRT）	根据需要选择或录入	
32	卖出价（SLRT）	根据需要选择或录入	
33	套汇汇率（EXR1）	根据需要选择或录入	
34	套汇后金额（DRAM）	根据需要选择或录入	
35	售汇性质（SHXZ）	根据需要选择或录入	
36	对公对私（CMPR）	根据需要选择或录入	
37	是否凭备案表付汇（MEPY）	根据需要选择或录入	
38	是否异地付汇（CT-PY）	根据需要选择或录入	
39	申报号（SBNO）	根据需要选择或录入	必填项
40	交易代码（TYTP）	根据需要选择或录入	
41	费用收取对象（CHFR）	根据需要选择或录入	必填项
42	收费方式（CHCO）	根据需要选择或录入	必填项
43	费用货币（CHCY）	根据需要选择或录入	
44	我行手续费（CAAM）	根据需要选择或录入	
45	邮电费类型（TLTP）	根据需要选择或录入	
46	我行邮电费（TA-AM）	根据需要选择或录入	

续表

序号	录入项	说　明	备　注
47	账务核销号（CK-NO）	根据需要选择或录入	
48	凭证核销日期（CRDT）	根据需要选择或录入	
49	保证金账号一（MGAC）	自动生成	
50	币种（ACCYNO）	自动生成	必填项
51	金额（MGAM）	自动生成	
52	使用保证金金额（MGTMP）	根据需要选择或录入	
53	折成付汇币种金额（MGCHGAMT）	手工录入	
54	保证金账号二（MGC2）	自动生成	
55	币种（ACCYNO1）	自动生成	
56	金额（MAM2）	自动生成	
57	使用保证金金额（MGTMP2）	自动生成	
58	折成付汇币种金额（MGCHGAMT1）	自动生成	

（7）其他说明。

①外汇买卖方式栏中，“代客”表示以美元为中间币种套汇，“套汇”表示以人民币为中间币种套汇。

②保证金账号一、二和其他账号一、二只能选付款币种和人民币账号，其他币种只能在套汇账号中反映。在多个账号中付款，各账号的付款金额需手工录入，套汇金额中只需手工计算录入一个买入金额或卖出金额，系统可根据汇率自动计算。

③付款费和邮电费只有在点击收费币种后才能触发标准收费金额的产生，并产生收费行为。

④系统不允许收费币种与客户信息维护中的收费币种不同，若强行提交，会发生表外销账，但提交不通过的情况，导致下次提交也不能通过，必须冲账后才能完成。

（六）拒承/付款

（1）功能说明：该项目用来进行信用证、保函项下不符点单据的拒付、拒承兑，生成 MT799、MT999、MT734 或 MT999 报文，调阅、修改、查询所有业务。

（2）前置条件：来单登记、销保。

（3）业务流向：退单、无偿交单。

（4）授权说明：此笔交易必须由经办、复核、授权三级通过。经办、复核无金额限制，授权者的权限与开立信用证相同。

（5）可生成电文：MT799、MT734 或 MT999。

（6）录入说明见表 9－13。

表 9－13

序号	录入项	说 明	备 注
1	进口来单号	自动生成	
2	进口来单币种	自动生成	
3	进口来单金额	自动生成	
4	议付行	自动生成	
5	议付行名称	自动生成	
6	议付行名址	自动生成	

（七）退单

（1）功能说明：该项目用来进行信用证、保函项下不符点单据的退单，生成 MT799、MT999、MT734 或 MT999 报文，调阅、修改、查询所有业务。

（2）前置条件：拒承/付款。

（3）业务流向：销卷、来单登记（下一次来单）。

（4）授权说明：此笔交易必须由经办、复核、授权三级通过。经办、复核无金额限制，授权者的权限与开立信用证相同。

（5）可生成电文：MT799、MT734 或 MT999。

（6）可生成面函：《返回单据面函》。

（八）无偿交单

（1）功能说明：该项目用来进行信用证、保函项下来单无偿交单的处理，调阅、修改、查询所有业务。

（2）前置条件：开证、电提不符点接受/拒绝。

（3）业务流向：电提不符点接受/拒绝。

（4）授权说明：此笔交易必须由经办、复核、授权三级通过。经办、复核无金额限制，授权者的权限与开立信用证相同。

（九）电提不符点

（1）功能说明：该项目用来进行信用证、保函项下国外电提不符点的登记，打印《电提不符点通知书》、《付款委托书》。

（2）前置条件：开证、电提不符点接受/拒绝。

（3）业务流向：电提不符点接受/拒绝。

（4）授权说明：此笔交易必须由经办、复核两级通过。经办、复核无金额限制。

（5）可生成面函：《电提不符点通知书》。

（6）录入说明见表9－14。

表9－14

	录入项	说　明	备　注
1	进口来单号	根据需要选择或录入	
2	信用证号	根据需要选择或录入	
3	申请人（客户号）	根据需要选择或录入	
4	客户名称	根据需要选择或录入	
5	客户名址	根据需要选择或录入	
6	通知日期	根据需要选择或录入	必填项
7	议付行	根据需要选择或录入	
8	议付行名称	根据需要选择或录入	
9	议付行名址	根据需要选择或录入	
10	议付行业务编号	根据需要选择或录入	必填项
11	单据币种	根据需要选择或录入	必填项
12	单据金额	根据需要选择或录入	必填项

（十）电提不符点接受/拒绝

（1）功能说明：该项目用来进行信用证、保函项下对国外电提的不符点接受或拒绝的登记，生成MT752或MT799报文。

（2）前置条件：电提不符点登记。

（3）业务流向：来单登记、电提不符点登记。

（4）授权说明：此笔交易必须由经办、复核、授权三级通过。经办、复核无金额限制，授权者的权限与开立信用证相同。

（5）可生成电文：MT799或MT999。

（6）可生成面函：《单据通知书》。

（7）录入说明见表9-15。

表9-15

序号	录入项	说 明	备 注
1	进口来单号	根据需要选择或录入	
2	Receive Data	根据需要选择或录入	必填项
3	议付日期	根据需要选择或录入	必填项
4	信用证号	根据需要选择或录入	
5	议付行	根据需要选择或录入	
6	议付行名称	根据需要选择或录入	
7	议付行名址	根据需要选择或录入	
8	议付行业务编号	根据需要选择或录入	必填项
9	发票号	根据需要选择或录入	必填项
10	B/L NO	根据需要选择或录入	必填项
11	换单次数	根据需要选择或录入	
12	进口来单币种	根据需要选择或录入	必填项
13	进口来单金额	根据需要选择或录入	必填项
14	汇票金额	根据需要选择或录入	必填项
15	即期/远期	根据需要选择或录入	
16	期限	根据需要选择或录入	
17	承兑日期	根据需要选择或录入	
18	到期日	根据需要选择或录入	必填项

（十一）换单

（1）功能说明：拒付前，或拒付后但在信用证、保函有效期内，来单后国外来单行更换不符点单据。我行收到更换的单据后，更新交单日期及有关单据和不符点信息。打印《来单付款通知书》，通知申请人，若无其他不符点，按单证相符处理。

（2）前置条件：来单登记、销保。

（3）业务流向：无偿交单、承兑（远期）、付款（即期）。

（4）授权说明：此笔交易必须由经办、复核两级通过。

（5）操作要点。登记：进入此界面后，系统显示所有已来单，未承兑、未无偿交单和未付款之记录，选中被替换之单据，双击菜单中“新建”图标，进入登记交易画面，逐项录入，点击“DATA CHECK”进行数据检查；点击第二层面“生成面函”，录入完成后，生成《单据通知书》。全部工作完成，提交。

（6）录入说明见表9-16。

表 9－16

序号	录入项	说 明	备 注
1	进口来单号	根据需要选择或录入	
2	收单日	根据需要选择或录入	必填项
3	议付日期	根据需要选择或录入	必填项
4	信用证号	根据需要选择或录入	
5	议付行	根据需要选择或录入	
6	议付行名称	根据需要选择或录入	
7	议付行名址	根据需要选择或录入	
8	议付行业务编号	根据需要选择或录入	必填项
9	发票号	根据需要选择或录入	必填项
10	提单号	根据需要选择或录入	必填项
11	换单次数	根据需要选择或录入	
12	进口来单币种	根据需要选择或录入	必填项
13	进口来单金额	根据需要选择或录入	必填项
14	汇票金额	根据需要选择或录入	必填项
15	即期/远期	根据需要选择或录入	
16	期限	根据需要选择或录入	
17	承兑日期	根据需要选择或录入	
18	到期日	根据需要选择或录入	必填项

（十二）放单

远期信用证项下来单（客户承兑之后，银行承兑之前）可作放单交易。

注意事项：此处仅记录远期承兑放单，即期付款信用证放单不在此处记录。

（1）前置条件：来单登记、换单。

（2）业务流向：承兑。

（3）录入说明见表 9－17。

表 9－17

序号	录入项	说 明	备 注
1	进口来单号	系统自动生成	
2	信用证号	系统自动生成	
3	放单	点击下拉菜单，选择	

第十章

进口代收

本章学习提要

进口代收业务是指银行收到国外托收行寄交的托收单据后，向国内客户提示，并要求国内客户付款或承兑赎单。我行开展的进口代收业务是国外托收行受出口商（客户）的要求，委托我行以进口代收方式向进口商（客户）收取货款的业务，本章主要学习进口代收业务从登记、修改、承兑到付款、退单、交单等业务的有关操作。

进口代收业务的功能和特点：（1）进口代收业务按照国际商会第522号出版物——《托收统一规则》办理；（2）国内银行代理国外银行要求国内客户付款或承兑后赎单；（3）银行一般不审核单据，只清点单据份数是否与客户托收委托书上所列相符；（4）银行将严格按国外托收委托书的指示处理单据。

进口代收业务的办理程序：（1）通知：客户接到进口代收赎单通知后，应到银行办理有关付款或承兑或拒付的手续。（2）付款：在付款交单的条件下，客户（付款人）填妥有效付款凭证、贸易进口付汇核销单及提交有关的报关单正本供审查。客户付款后，即可拿到正本单据，凭以提货。（3）承兑：在承兑交单条件下，付款人需办理承兑手续，即按《中华人民共和国票据法》规定承兑远期汇票并提交银行，然后领取正本单据，凭此提货，并在到期日付款。（4）拒付：若付款人拒绝付款或承兑，应到银行柜台办理拒付手续，由银行代为保管单据。

一、进口代收登记

（1）功能说明。该项目用来进行进口代收项下来单的登记，打印《单到通知书》、《付款委托书》，调阅、修改、查询所有业务。

（2）授权说明。此笔交易必须由经办、复核两级通过。经办、复核无金额限制。经办可以对复核退回的报文进行修改。所有人员均可以调阅、查询。

（3）操作要点。

①登记：进入此界面后，双击菜单中“新建”图标，进入登记交易画面，逐项录入，经过“DATA CHECK”进行数据检查；点击第二层面“OUTSWIFT”进入 SWIFT 报文的操作；点击第三层面“DOCUMENTS”生成《单据通知书》。全部工作完成，按“COMMIT”进行提交，报文进入复核界面。

②复核：复核学生进入此界面，点击“CHECK”队列，系统显示所有待复核业务，双击所选中的业务，核查无误后点击“CHECK PASS”按钮，画面显示复核成功，点击“OK”，完成本交易。如发现错误，点击“REFUSE”按钮，退回给经办学生进行修改。

（4）录入界面。

①从“结算业务”→“进口代收”→“进口代收登记”依次双击进入登记界面，如图 10－1 所示。

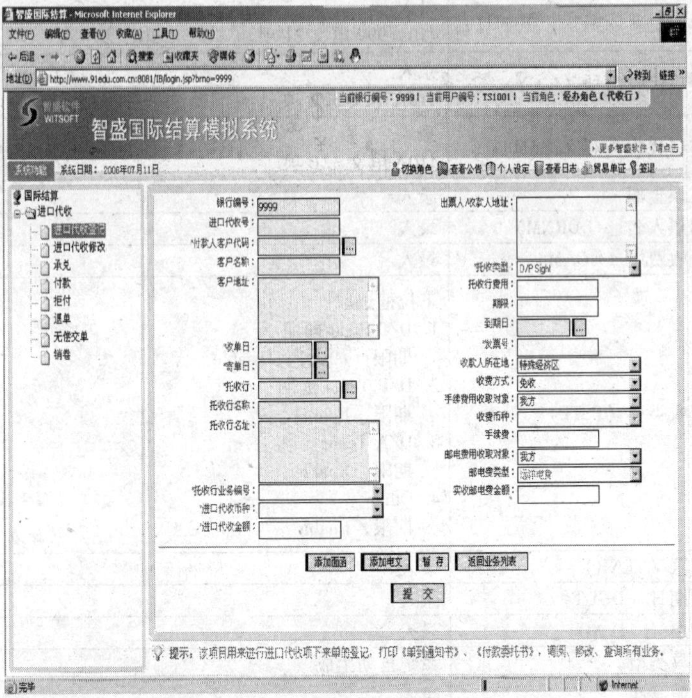

图 10－1

②点击“新建”图标，进行进口代收业务的登记。

录入说明见表10－1。

表10－1

序号	录入项	说　明	备　注
1	机构号（BRNO）	系统自动编号	
2	进口代收号（ICNO）	系统在数据检查时自动生成 410；999 电文 20 项	
3	申请人客户号（CLNO）	用户从弹出的下拉框中选取 选中客户号后，客户名称和客户地址会自动填入	必输项
4	客户名称（CLNM）	系统自动读取，Disable	
5	客户地址（CLAD）	系统自动读取，Disable	
6	收单日（ARDT）	系统自动读取，一般就当前日期	必输项
7	寄单日（BPDT）	系统自动读取	必输项
8	托收行（OCBK）	选择登记 410；999 电文 TO 项	必输项
9	托收行名称（OCBKNM）	系统自动读取，Disable	
10	托收行名址（OCBKAD）	系统自动读取，Disable	
11	托收行业务编号（OCNO）	录入 410；999 电文 21 项	必输项
12	进口代收币种（ICCY）	录入 410A 电文 32B 项	必输项
13	进口代收金额（ICAM）	录入 410A 电文 32B 项	必输项
14	汇票金额	录入	
15	出票人名址（DRNM）	录入	
16	托收费用（CGAM）	录入	
17	托收类型（PSTP）	下拉框选取 1. D/P Sight 即期。 期限（tenor），Disable 2. D/P Tenor 远期 期限，Enable 3. D/A Tenor 期限，Enable 4. Other 期限，Enable	必输项
18	期限（TENR）	录入	
19	到期日（DUDT）	录入	
20	发票号（IVNO）	录入	必输项
21	交易类型	系统自动生成	必输项
22	区域属性	录入	
23	提示行	录入	
24	提示行名称	录入	

续表

序号	录入项	说明	备注
25	提示行名址	录入	
26	中间行	录入	
27	中间行名	录入	
28	中间行地址	录入	
29	中间行 SWIFT	录入	
30	收款人所在地（GDTP）	选取	
31	收费方式（CHCO）	选取 1. 免收 手续费用收取对象，Disable 收费币种，Disable 手续费，Disable 邮电费用收取对象，Disable 邮电费类型，Disable 实收邮电费金额，Dsiable 2. 现收（立即扣除费用） 手续费用收取对象，Enable 收费币种，Enable 手续费，Enable 邮电费用收取对象，Enable 邮电费类型，Enable 实收邮电费金额，Enable 3. 迟收（不扣除费用，而是通过单独的收费交易去扣除） 手续费用收取对象，Enable 收费币种，Enable 手续费，Enable 邮电费用收取对象，Enable 邮电费类型，Enable 实收邮电费金额，Enable	选取
32	手续费用收取对象（CHFR）	选取	
33	收费币种（CHCY）	系统自动输入	
34	手续费（CAAM）	系统自动输入，可手工改动	
35	邮电费用收取对象（TLFR）	系统自动输入，可手工改动	
36	邮电费类型（TLTP）	选取	
37	实收邮电费金额（TAAM）	系统自动输入，可手工改动	

（5）生成报文。点击此界面的第二层界面“OUT SWIFT”，生成 SWIFT 报文 MT410、MT999。

MT401 格式电文。

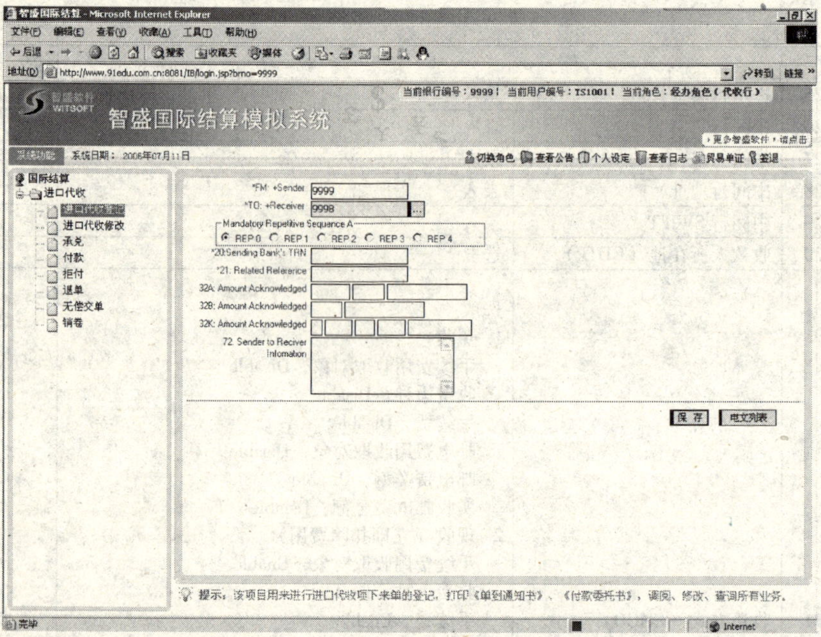
智盛国际结算 - Microsoft Internet Explorer
http://www.91edu.com.cn:8081/IB/login.jsp?brno=9999
当前银行编号：9999！ 当前用户编号：TS1001！ 当前角色：经办角色（代收行）
智盛国际结算模拟系统
系统日期：2006年07月11日
国际结算
进口代收
进口代收修改
承兑
付款
拒付
退单
无偿交单
销卷
*FM: +Sender
9999
*TO: +Receiver
9998
Mandatory Repetitive Sequence A
REP 0
REP 1
REP 2
REP 3
REP 4
*20:Sending Bank's TRN
*21: Related Reference
32A: Amount Acknowledged
32B: Amount Acknowledged
32K: Amount Acknowledged
72: Sender to Reciver Infomation
保存
电文列表
提示：该项目用来进行进口代收项下来单的登记，打印《单到通知书》、《付款委托书》，调阅、修改、查询所有业务。

图 10－2

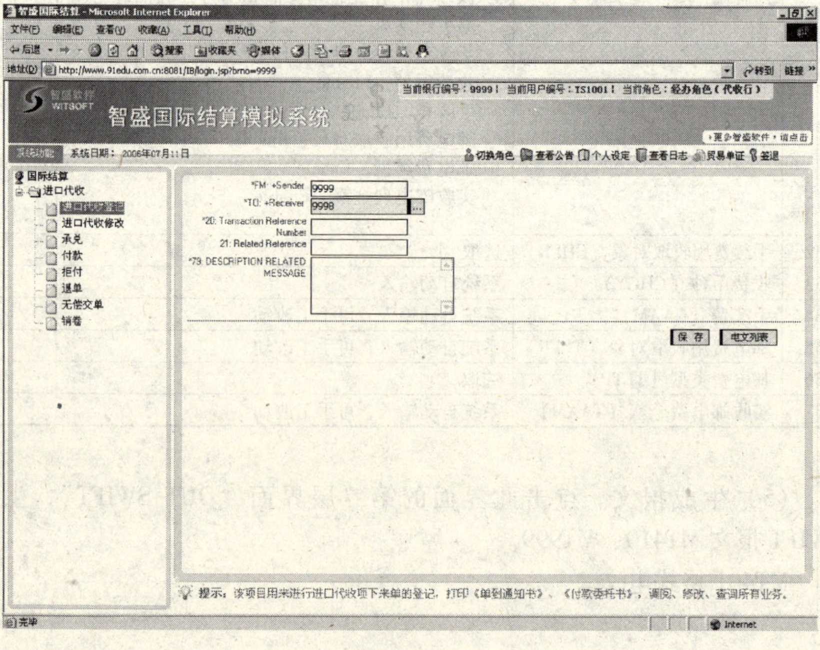
智盛国际结算 - Microsoft Internet Explorer
http://www.91edu.com.cn:8081/IB/login.jsp?brno=9999
当前银行编号：9999！ 当前用户编号：TS1001！ 当前角色：经办角色（代收行）
智盛国际结算模拟系统
系统日期：2006年07月11日
国际结算
进口代收
进口代收修改
承兑
付款
拒付
退单
无偿交单
销卷
*FM: +Sender
9999
*TO: +Receiver
9998
*20: Transaction Reference Number
21: Related Reference
*79: DESCRIPTION RELATED MESSAGE
保存
电文列表
提示：该项目用来进行进口代收项下来单的登记，打印《单到通知书》、《付款委托书》，调阅、修改、查询所有业务。

图 10－3

点击第三个层面“DOCUMENTS”，通过“ADD”，可以增加《单据通知书》、《返回单据面函》。

（6）打印说明。通过 DELETE、MODIFY 对文件进行修改，通过 VIEW 将文件转换为 WORD 文档，进行打印。若需查询电文是否发出，可依次点击“SWIFT”→“发报”→“已发出”，查询报文状态。

二、进口代收修改

（1）功能说明。该项目用来进行进口代收项下来单登记的修改，打印《单到通知书》、《付款委托书》，调阅、修改、查询所有业务。

（2）授权说明。此笔交易必须由经办、复核两级通过。经办、复核无金额限制。经办可以对复核、授权退回的报文进行修改。所有人员均可以调阅、查询。

（3）操作要点。

①登记：进入此界面后，系统显示所有已来单未结清的进口代收业务，选中信用证号，双击菜单中“新建”图标，进入登记交易画面，逐项录入，经过“DATA CHECK”进行数据检查；点击第二层面“OUTSWIFT”进入 SWIFT 报文的操作；点击第三层面“DOCUMENTS”生成《单据通知书》。全部工作完成，按“COMMIT”进行提交，报文进入复核界面。

②复核：复核学生进入此界面，点击“CHECK”队列，系统显示所有待复核业务，双击所选中的业务，核查无误后点击“CHECK PASS”按钮，画面显示复核成功，点击“OK”，完成本交易。如发现错误，点击“REFUSE”按钮，退回给经办学生进行修改。

（4）录入界面。

①从“结算业务”→“进口代收”→“进口代收修改”依次双击进入登记界面，如图 10－4 所示。

②USABLE 队列显示所有已来单未付款的进口代收业务，选中相应的进口代收号，点击“新建”图标或双击此栏，进行该进口代收项下来单修改的操作，如图 10－5 所示。

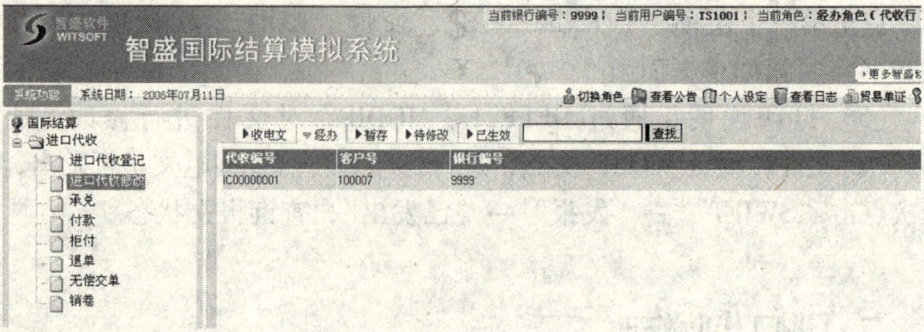

图 10－4

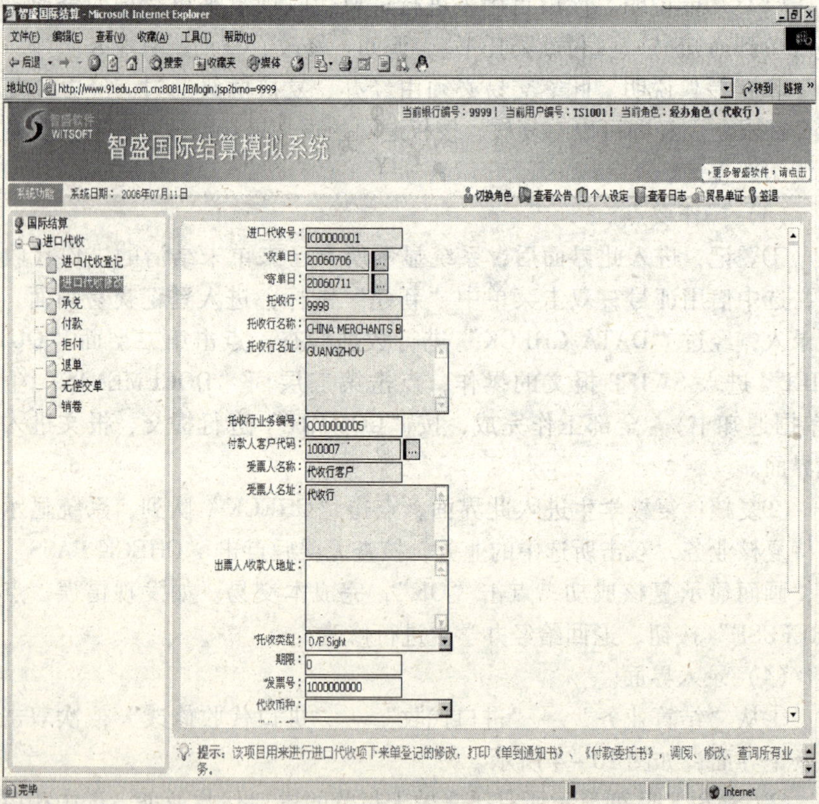

图 10－5

（5）生成报文。点击此界面的第二层界面“OUT SWIFT”，生成 SWIFT 报文 MT410、MT999，如图 10－6 所示。

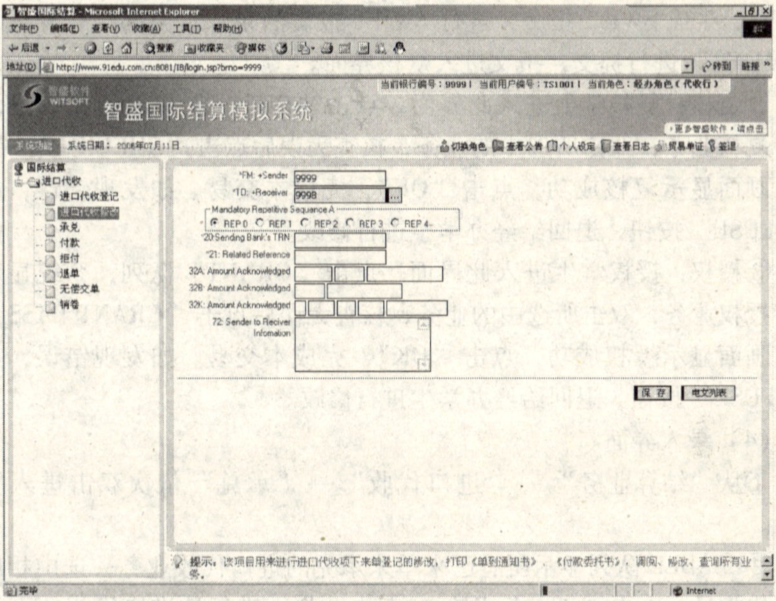

图 10－6

（6）打印说明。通过“MODIFY”、“DELETE”等进行修改、删除，通过“VIEW”将此文件转为 WORD 文档，可以进行打印。若需查询电文是否发出，可依次点击“SWIFT”→“发报”→“已发出”，查询报文状态。

三、承兑

（1）功能说明。该项目用来进行远期进口代收的承兑，生成 MT412 或 MT999 报文，调阅、修改、查询所有业务。

（2）授权说明。此笔交易必须由经办、复核、授权三级通过。经办、复核无金额限制，授权者的权限与开立信用证相同。经办可以对复核、授权退回的报文进行修改。所有人员均可以调阅、查询。

（3）操作要点。

①登记：进入此界面后，系统显示所有已来单的远期代收业务，选中代收号，双击菜单中“新建”图标，进入登记交易画面，逐项录入，经过“DATA CHECK”进行数据检查；检查通过，点击第二层面“OUTS-

WIFT”，生成 SWIFT 报文，进行 SWIFT 报文的录入。全部工作完成，按“COMMIT”进行提交，报文进入复核界面。

②复核：复核学生进入此界面，点击“CHECK”队列，系统显示所有待复核业务，双击所选中的业务，核查无误后点击“CHECK PASS”按钮，画面显示复核成功，点击“OK”，完成本交易。如发现错误，点击“REFUSE”按钮，退回给经办学生进行修改。

③授权：授权学生进入此界面，点击“GRANT”队列，系统显示所有待授权业务，双击所选中的业务，核查无误后点击“GRANT PASS”按钮，画面显示授权成功，点击“OK”，完成本交易。如发现错误，点击“REFUSE”按钮，退回给经办学生进行修改。

（4）录入界面。

①从“结算业务”→“进口代收”→“承兑”依次双击进入登记界面。

②USABLE 队列显示所有已来单未承兑的进口代收业务，选中相应的进口代收号，点击“新建”图标或双击此栏，进行该进口代收项下承兑的操作。

录入说明见表 10－2。

表 10－2

序号	录入项	说 明	备 注
1	进口代收号	系统自动编号	
2	银行名称	系统自动读取	
3	托收行业务编号	系统自动读取	
4	承兑币种	录入	必输项
5	承兑金额	录入	必输项
6	到期日	录入	必输项
7	收费金额	录入	
8	电报费类型	选择登记	
9	实收电报费	选择登记	

（5）生成报文。点击此界面的第二层界面“OUT SWIFT”，生成 SWIFT 报文 MT412、MT999。

（6）打印说明。通过“MODIFY”、“DELETE”等进行修改、删除，通过“VIEW”将此文件转为 WORD 文档，可以进行打印。

四、付款

（1）功能说明。该项目用来对进口代收项下付款业务进行处理，生成 MT202，MT799、MT199、MT752 或 MT999 报文，调阅、修改、查询所有业务。

（2）授权说明。此笔交易必须由经办、复核、授权三级通过。经办、复核无金额限制，授权者的权限与开立信用证相同。经办可以对复核、授权退回的报文进行修改。所有人员均可以调阅、查询。

（3）操作要点。

①登记：进入此界面后，系统显示所有未结清的进口代收业务，选中代收号，双击菜单中“新建”图标，进入登记交易画面，逐项录入，经过“DATA CHECK”进行数据检查。点击第二层面“OUT SWIFT”，生成 SWIFT 报文，全部工作完成，按“COMMIT”进行提交，报文进入复核界面。

②复核：复核学生进入此界面，点击“CHECK”队列，系统显示所有待复核业务，双击所选中的业务，核查无误后点击“CHECK PASS”按钮，画面显示复核成功，点击“OK”，完成本交易。如发现错误，点击“REFUSE”按钮，退回给经办学生进行修改。

③授权：授权学生进入此界面，点击“GRANT”队列，系统显示所有待授权业务，双击所选中的业务，核查无误后点击“GRANT PASS”按钮，画面显示授权成功，点击“OK”，完成本交易。如发现错误，点击“REFUSE”按钮，退回给经办学生进行修改。

（4）录入界面。

①从“结算业务”→“进口代收”→“付款”依次双击进入登记界面，如图 10－7 所示。

②USABLE 队列显示所有已来单、已承兑的进口代收，选中进口代收号，点击“新建”或双击此栏，进行该进口代收项下对外付款的操作。

录入说明见表 10－3。

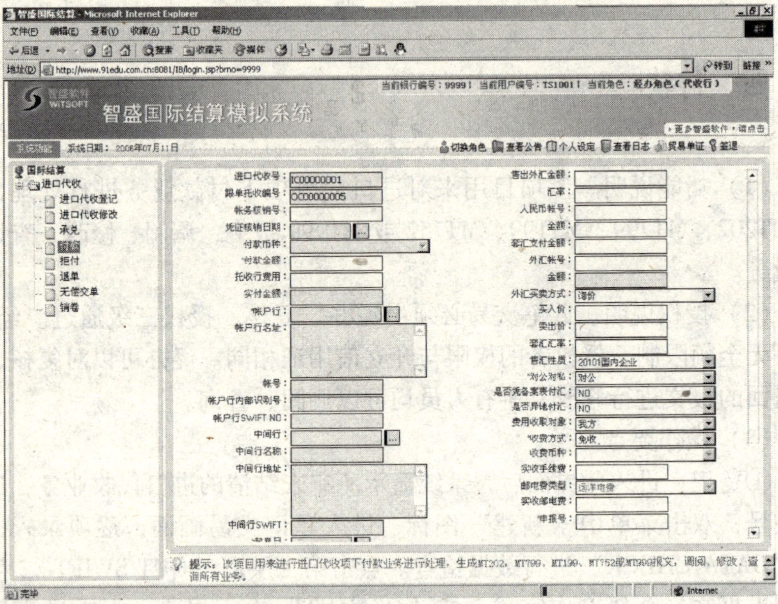

图 10－7

表 10－3

序号	录入项	说　明	备　注
1	信用证号	根据需要选择或录入	
2	进口来单号	根据需要选择或录入	
3	议付行	根据需要选择或录入	
4	议付行名称	根据需要选择或录入	
5	议付行名址	根据需要选择或录入	
6	议付行业务编号	根据需要选择或录入	必输项
7	发票号	根据需要选择或录入	
8	发票金额	根据需要选择或录入	
9	客户号	根据需要选择或录入	
10	客户号名称	根据需要选择或录入	
11	客户号名址	根据需要选择或录入	
12	付款币种	根据需要选择或录入	必输项
13	金额	根据需要选择或录入	必输项
14	起息日	根据需要选择或录入	必输项
15	收款行	根据需要选择或录入	必输项
16	收款行名称	根据需要选择或录入	
17	收款行名址	根据需要选择或录入	
18	收款行之账户行	根据需要选择或录入	必输项
19	收款行之账户行名称	根据需要选择或录入	
20	收款行之账户行名址	根据需要选择或录入	

续表

序号	录入项	说 明	备 注
21	收款行账号	根据需要选择或录入	
22	议付行费用	根据需要选择或录入	
23	手续费	根据需要选择或录入	
24	电报费	根据需要选择或录入	
25	实际付款金额	根据需要选择或录入	
26	我行账户行	根据需要选择或录入	必输项
27	账户行名址	根据需要选择或录入	
28	我行的账号	根据需要选择或录入	
29	我行的内部账号	根据需要选择或录入	
30	押汇（借据号）	根据需要选择或录入	
31	金额	根据需要选择或录入	
32	保证金账号一	根据需要选择或录入	
33	金额	根据需要选择或录入	
34	保证金账号二	根据需要选择或录入	
35	金额	根据需要选择或录入	
36	其他账号一	根据需要选择或录入	
37	金额	根据需要选择或录入	
38	其他账号二	根据需要选择或录入	
39	金额	根据需要选择或录入	
40	其他账号三	根据需要选择或录入	
41	金额	根据需要选择或录入	
42	标准汇率	根据需要选择或录入	
43	实际汇率	根据需要选择或录入	
44	售汇性质	根据需要选择或录入	
45	人民币支付金额	根据需要选择或录入	
46	售汇金额	根据需要选择或录入	
47	套汇账号	根据需要选择或录入	
48	金额	根据需要选择或录入	
49	外汇买卖方式	根据需要选择或录入	
50	买入价	根据需要选择或录入	
51	卖出价	根据需要选择或录入	
52	买入金额	根据需要选择或录入	
53	卖出金额	根据需要选择或录入	
54	对公对私	根据需要选择或录入	
55	是否凭备案款付汇	根据需要选择或录入	
56	是否异地付汇	根据需要选择或录入	
57	费用货币	根据需要选择或录入	
58	手续费	根据需要选择或录入	
59	邮电费类型	根据需要选择或录入	
60	邮电费	根据需要选择或录入	

(5) 生成报文。点击此界面的第二层界面“OUT SWIFT”，生成SWIFT 报文 MT202、MT999 或 MT400。

MT202、MT999 见图 10－8。

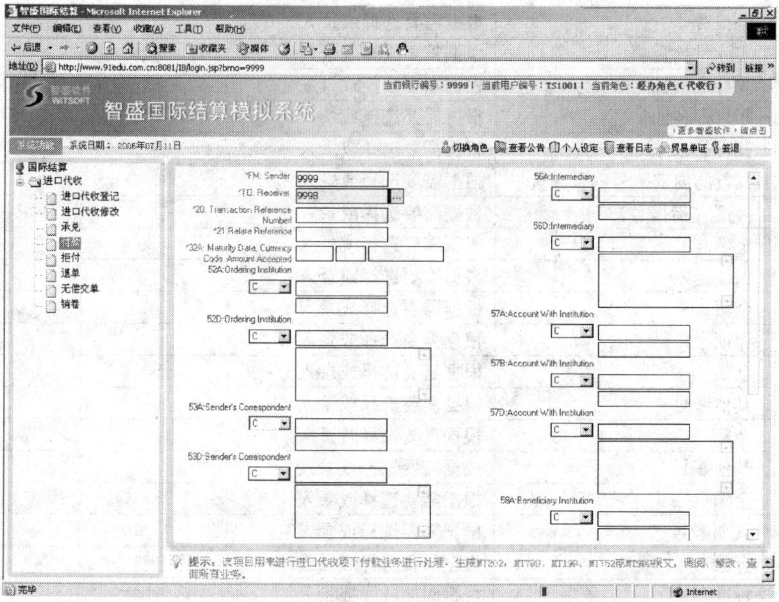

图 10－8

(6) 打印说明。通过“MODIFY”、“DELETE”等进行修改、删除，通过“VIEW”将此文件转为 WORD 文档，可以进行打印。若需查询电文是否发出，可依次点击“SWIFT”→“发报”→“已发出”，查询报文状态。

(7) 其他说明。

①账号一、二、三、四只能选付款币种账号和人民币账号，其他币种账号只能在套汇账号中反映。

②付款费和邮电费只有在点击收费币种后才能触发标准收费金额的产生，并产生收费行为。

③系统不允许收费币种与客户信息维护中的收费币种不同，若强行提交，会发生表外账冲销，但提交不通过的情况，导致下次提交也不能通过，必须冲账后才能完成。

五、拒付

(1) 功能说明。该项目用来进行进口代收的拒付、拒承兑处理，生成MT456、MT999报文，调阅、修改、查询所有业务。

(2) 授权说明。此笔交易必须由经办、复核、授权三级通过。经办、复核无金额限制，授权者的权限与开立信用证相同。经办可以对复核、授权退回的报文进行修改。所有人员均可以调阅、查询。

(3) 操作要点。

①登记：进入此界面后，系统显示所有已来单未结清的进口代收业务，选中代收号，双击菜单中“新建”图标，进入登记交易画面，逐项录入，经过“DATA CHECK”进行数据检查。点击第二层面“OUT SWIFT”，生成SWIFT报文，全部工作完成，按“COMMIT”进行提交，报文进入复核界面。

②复核：复核学生进入此界面，点击“CHECK”队列，系统显示所有待复核业务，双击所选中的业务，核查无误后点击“CHECK PASS”按钮，画面显示复核成功，点击“OK”，完成本交易。如发现错误，点击“REFUSE”按钮，退回给经办学生进行修改。

③授权：授权学生进入此界面，点击“GRANT”队列，系统显示所有待授权业务，双击所选中的业务，核查无误后点击“GRANT PASS”按钮，画面显示授权成功，点击“OK”，完成本交易。如发现错误，点击“REFUSE”按钮，退回给经办学生进行修改。

(4) 录入界面。

①从“结算业务”→“进口代收”→“拒付”依次双击进入登记界面。

②USABLE队列显示所有已来单的进口代收，选中进口代收号，点击“新建”图标或双击此栏，进行该进口代收项下对外拒付的操作。

(5) 打印说明。点击“VIEW”，转为WORD文档，可以进行打印。

六、退单

(1) 功能说明。该项目用来进行进口代收项下退单的操作，生成

MT499 或 MT999 报文，以及对该项业务的调阅、修改和查询。

（2）授权说明。此笔交易必须由经办、复核、授权三级通过。经办、复核无金额限制，涉及金额修改的，授权者的授权金额与开立信用证相同。经办可以对复核、授权退回的报文进行修改。所有人员均可以调阅、查询。

（3）操作要点。

①登记：进入此界面后，系统显示所有未结清的进口代收业务，选中代收号，双击菜单中“新建”图标，进入登记交易画面，逐项录入，经过“DATA CHECK”进行数据检查；点击第二层面“OUT SWIFT”，生成SWIFT 报文；点击“DOCUMENTS”，生成《返回单据面函》。全部工作完成，按“COMMIT”进行提交，报文进入复核界面。

②复核：复核学生进入此界面，点击“CHECK”队列，系统显示所有待复核业务，双击所选中的业务，核查无误后点击“CHECK PASS”按钮，画面显示复核成功，点击“OK”，完成本交易。如发现错误，点击“REFUSE”按钮，退回给经办学生进行修改。

③授权：授权学生进入此界面，点击“GRANT”队列，系统显示所有待授权业务，双击所选中的业务，核查无误后点击“GRANT PASS”按钮，画面显示授权成功，点击“OK”，完成本交易。如发现错误，点击“REFUSE”按钮，退回给经办学生进行修改。

（4）录入界面。

①从“结算业务”→“进口代收”→“退单”依次双击进入登记界面。

②USABLE 队列显示所有已来单的进口代收，选中进口代收号，点击“新建”图标或双击此栏，进行该进口代收项下对外退单的操作。

录入说明见表 10－4。

表 10－4

序号	录入项	说　明	备　注
1	进口待收号	系统自动编号	
2	客户号	系统自动读取	
3	客户名	系统自动读取	
4	客户地址	系统自动读取	
5	托收行	系统自动读取	
6	托收行名称	系统自动读取	
7	托收行名址	系统自动读取	

续表

序号	录入项	说 明	备 注
8	托收行业务编号	选择登记	必输项
9	收费币种	选择登记	必输项
10	代收退单实际费用	选择登记	必输项
11	邮电费类型	系统自动生成	
12	实收邮电费金额	系统自动生成	

(5) 生成报文。点击此界面的第二层界面“OUT SWIFT”，生成SWIFT报文MT999或MT499。

点击此界面的第三层界面“DOCUMENTS”，生成《返回单据面函》。

(6) 打印说明。通过“MODIFY”、“DELETE”等进行修改、删除，通过“VIEW”将此文件转为WORD文档，可以进行打印。

七、无偿交单

(1) 功能说明。该项目用来进行进口代收项下无偿放单的处理，以及对该项业务的调阅、修改和查询。

(2) 授权说明。此笔交易必须由经办、复核二级通过。经办、复核无金额限制。经办可以对复核退回的报文进行修改。所有人员均可以调阅、查询。

(3) 操作要点。

①登记。进入此界面后，系统显示所有已来单未结清的进口代收业务，选中信用证号，双击菜单中“新建”图标，进入登记交易画面，逐项录入，经过“DATA CHECK”进行数据检查；点击第二层面“OUTSWIFT”进入SWIFT报文的操作；点击第三层面“DOCUMENTS”生成《单据通知书》。全部工作完成，按“COMMIT”进行提交，报文进入复核界面。

②复核。复核学生进入此界面，点击“CHECK”队列，系统显示所有待复核业务，双击所选中的业务，核查无误后点击“CHECK PASS”按钮，画面显示复核成功，点击“OK”，完成本交易。如发现错误，点击“REFUSE”按钮，退回给经办学生进行修改。

(4) 录入界面。

①从“结算业务”→“进口代收”→“无偿交单”依次双击进入登

记界面。

②USABLE 队列显示所有已来单的进口代收，选中进口代收号，点击“新建”或双击此栏，进行该进口代收项下无偿放单的操作。

录入说明见表 10－5。

表 10－5

序号	录入项	说　明	备　注
1	进口代收号	系统自动编号	
2	客户号	系统自动读取	
3	客户名	系统自动读取	
4	客户名址	系统自动读取	
5	收费币种	系统自动读取	
6	无偿交单实际费用	系统自动读取	
7	邮电费类型	系统自动读取	
8	实收邮电费金额	录入	

八、销卷

（1）功能说明。对所有已付款、无偿放单、退单的进口代收业务进行销卷，以及对该项业务的调阅、修改和查询。

（2）授权说明。此笔交易必须由经办、复核两级通过。经办、复核无金额限制。经办可以对复核退回的报文进行修改。所有人员均可以调阅、查询。

（3）操作要点。

①登记。进入此界面后，系统显示所有已结清的进口代收业务，选中信用证号，双击菜单中“新建”图标，进入登记交易画面，逐项录入，经过“DATA CHECK”进行数据检查；点击第二层面“OUTSWIFT”进入 SWIFT 报文的操作；点击第三层面“DOCUMENTS”生成《单据通知书》。全部工作完成，按“COMMIT”进行提交，报文进入复核界面。

②复核。复核学生进入此界面，点击“CHECK”队列，系统显示所有待复核业务，双击所选中的业务，核查无误后点击“CHECK PASS”按钮，画面显示复核成功，点击“OK”，完成本交易。如发现错误，点击“REFUSE”按钮，退回给经办学生进行修改。

（4）录入界面。

①从“结算业务”→“进口代收”→“销卷”依次双击进入登记界面。

②USABLE 队列显示已付款、无偿放单、退单进口代收业务，点击选中的进口代收业务，点击“新建”或双击此栏进行进口代收业务的销卷。

提交后，即完成该笔业务的销卷工作。

第十一章

出口来证及议付

本章学习提要

本章主要对出口信用证、出口寄单收汇的登记、经办、录入做了详细介绍，通过对整个过程的实验，能了解出口信用证、出口寄单收汇的整个运作程序。

一、出口信用证

（一）来证通知/登记

（1）功能说明。我行收到代理行开来的信用证，先核对印鉴、密押，然后在本系统登记信用证的主要内容，系统自动产生我行的信用证通知业务编号，并打印出通知面函。

（2）前置条件。

（3）授权说明。本交易只需经办、复核即可完成，无须授权。经办、复核无金额限制。

经办可以对复核退回的报文进行修改。所有人员均可以调阅、查询。

（4）操作要点。

经办：切换到“暂存”队列，点击“新建”图标，选择机构，进入交易画面，录入各项数据，数据检查通过后，在“生成电文”页面根据实际需要添加 MT730、MT799、MT999 电文；在“生成面函”页面可生成“信用证通知书”。全部工作完成，点击“提交”按钮提交本交易。

复核：切换到“待复核”队列，系统显示所有待复核的交易，双击所选中的交易，核查无误后点击“复核”按钮完成本交易。如发现错误，点击“退回经办”按钮，退回给经办学生进行修改。

（5）业务流向。

（6）录入说明见表 11－1。

表 11－1

序号	录入项	说　明	备　注
1	机构号（BRNO）	发生业务机构代号，系统根据用户选择的机构，自动回显	
2	来证通知号（20）（ADNO）	数据检查成功后或提交本交易时，系统自动生成。 电文 MT730、MT799、MT999 的 20 项（业务编号）	
3	是否印押核符（MKTS）	印押核符，选 Yes；印押不符，选 No； 系统默认为印押核符“Yes”，不允许修改	
4	是否为备用信用证（MKSB）	如果是备用信用证：选 Yes； 不是备用信用证：选 No； 系统默认为非备用信用证“No”	
5	是否为红条款信用证（MKAN）	如果是红条款信用证：选 Yes； 非红条款信用证：选 No； 系统默认为非红条款信用证“No”	
6	是否为循环信用证（MKRV）	如果是循环信用证：选 Yes； 非循环信用证：选 No； 系统默认为非循环信用证“No”	
7	信用证号（LCNO）	手工录入 电文 MT730、MT799、MT999 的 21 项	必输项
8	通知行（ISAD）	可供选项：我行 他行	必输项
9	指定议付行（MKEB）	可供选项：ANY BANK 我行 他行	必输项
10	开证行（TO）（ISBK）	开证行的银行代码，手工录入或者使用查找功能； 电文 MT730、MT799、MT999 的 TO 项（收报行）	必输项
11	开证行名称	系统根据开证行自动抓取	
12	开证行名址	系统根据开证行自动抓取	
13	受益人代码（CLNO）	手工录入，或者点击绿钩按钮查找	必输项
14	受益人姓名	系统根据受益人代码自动读取	
15	受益人地址	系统根据受益人代码自动读取	
16	转通知行（TFBK）	手工录入或者使用查找功能	
17	转通知行名称	系统自动读取	

续表

序号	录入项	说　明	备　注
18	转通知行名址	系统自动读取	
19	开证日期（ISDT）	手工录入或者通过点击绿钩按钮，使用日历簿选择。 电文 MT730 的 30 项	必输项
20	开证方式（AEMD）	FULL TELEX　全电 BRIEFTELEX　简电 MAIL　信开	必输项
21	开证申请人名称（APNM）	手工录入	
22	信用证币种（LCCY）	手工录入或者通过点击绿钩按钮选择币种	必输项
23	信用证金额（LCAM）	手工录入	必输项
24	即期/远期（SUTP）	选择 Sight 即期：远期类型（disable）期限（disable） 选择 Usance 远期：远期类型（enable）期限（enable）	必输项
25	远期类型（UUTP）	当选择 Usance 远期时，必须录入远期类型	
26	期限（TENR）	Usance（远期）输天数 Sight（即期）不输	
27	到期日（EPDT）	手工录入或者通过点击绿钩按钮，使用日历簿选择	必输项
28	到期地点（PCEP）	从下拉列表中选择： LOCAL FOREIGN	必输项
29	最迟装船日期（SHDT）	手工录入或者通过点击绿钩按钮，使用日历簿选择	
30	是否保兑（MKCF）	从下拉列表中选择：保兑选 YES，不保兑选 NO	
31	是否为可转让（MKTR）	不能转让选 NO：转让行（disable） 可转让选 YES：转让行（enable）	
32	转让行（TLBK）	当信用证可转让时（YES），手工录入转让行或者通过点击绿钩按钮使用查找功能来选择转让行	
33	转让行名称	系统根据转让行自动读取	
34	转让行名址	系统根据转让行自动读取	
35	偿付行代码（RMBK）	手工录入偿付行或者通过点击绿钩按钮使用查找功能来选择偿付行	
36	偿付行名称	系统根据偿付行自动读取	
37	偿付行名址	系统根据偿付行自动读取	
38	收费方式（CHCO）	现收（XS）：自动抓取手续费币种，自动计算实收手续费 迟收（CS）：自动抓取手续费币种，自动计算实收手续费 免收（MS）：实收手续费 =0	必输项

续表

序号	录入项	说 明	备 注
39	手续费币种（CHCY）	收费方式 = “现收” or “迟收” 时：系统自动显示； 收费方式 = “免收” 时：清空	
40	实收手续费（CAAM）	系统根据预先维护的费率表自动计算出手续费： 收费方式 = “现收” or “迟收” 时：系统自动计算 收费方式 = “免收” 时：0 可修改	
41	快递国别（CNCD）	手工录入或者通过点击绿钩按钮使用国家代码表选择 系统根据快递国别自动选择邮电费类型、自动计算出邮电费	
42	邮电费类型（TLTP）	系统根据快递国别自动选择邮电费类型	
43	邮电费（TAAM）	系统根据快递国别自动计算出邮电费，可修改	

（7）生成 SWIFT 报文。点击录入界面的第三层界面“生成电文”，生成相关的 SWIFT 报文，包括 MT730、MT799、MT999 报文。

录入说明：按照 SWIFT 报文的要求，进行增加、修改。

（8）生成面函。点击录入界面的第四层界面“生成面函”，生成《信用证通知书》。

打印说明：点击查看按钮，将面函转为 WORD 文档，再打印。

（9）报文查询。如果生成了 MT730、MT799、MT999 报文，若需查询电文是否已经发出，可依次点击“SWIFT 管理”→“发报”→“当日已发出报文”，查询报文状态。

（10）注意事项。

（二）来证修改通知

（1）功能说明。收到信用证修改书后，学生做录入登记，并产生信用证修改通知书。

（2）前置条件。

（3）授权说明。

本交易只需经办、复核即可完成，无须授权。

经办、复核无金额限制。

经办可以对复核退回的报文进行修改。

所有人员均可以调阅、查询。

（4）操作要点。

经办：切换到“经办”队列，系统自动显示可以修改的信用证。经办学生通过双击需要修改的信用证，进入信用证修改界面，修改相应的数据，核对无误后，点击“提交”按钮，提交给复核学生。

复核：切换到“待复核”队列，选中需复核的交易双击进入复核画面，核查无误后点击“复核通过”按钮，画面显示复核成功，点击“确定”按钮，退出本交易画面。如发现错误，点击“拒绝”按钮，退回给经办学生进行修改。

（5）录入说明见表11－2。

表11－2

序号	录入项	说　明	备　注
1	机构号（BRNO）	系统自动抓取	
2	信用证号（LCNO）	开证行的信用证编号，系统自动抓取	必输项
3	信用证通知号（ADNO）	我行的通知业务编号，系统自动抓取，不允许修改	
4	修改次数（AENO）	表示第几次修改，系统自动累加	必输项
5	是否印押核符（MKTS）	系统自动回显 印押核符选“YES” 印押不符选“NO”	
6	开证行（ISBK）	系统自动回显	必输项
7	开证行名称	系统自动读取	
8	开证行名址	系统自动读取	
9	开证日期（ISDT）	系统自动读取，不允许修改	
10	受益人代码（CLNO）	系统自动回显	
11	受益人名称	系统自动抓取	
12	受益人名址	系统自动抓取	
13	最迟装运期（SHDT）	系统自动抓取	
14	修改日期（AEDT）	手工录入或者通过点击绿钩按钮，使用日历簿选择	必输项
15	原证币种（LCCY）	未修改前信用证币种，系统自动回显	
16	原证金额（LCAM）	未修改前信用证金额，系统自动回显	
17	信用证余额（BLAV）	系统自动回显	
18	修改方式（AEMD）	从下拉列表中选择： MAIL：信开 TELEX：电开	必输项
19	增减额标识（ADSN）	增加信用证金额或者减少信用证金额 “＋”表示增加信用证金额 “－”表示减少信用证金额	

续表

序号	录入项	说 明	备 注
20	修改后币种（LCCY）	信用证币种，系统自动回显，该项不允许	
21	增减金额（ADAM）	手工录入信用证增加、减少的金额	
22	修改后余额（AAAM）	系统自动计算，不能修改	
23	修改后付款条件（SUTP）	Sight 即期，选择 Sight 期限（disable） Usance 远期，选择 Usance 期限（enable）	
24	期限（TENR）	修改后付款条件 = “Usance” 时（远期），录入天数 修改后付款条件 = “Sight” 时（即期），不输	
25	新到期日（EPDT）	手工录入或者通过点击绿钩按钮，使用日历簿选择	
26	是否保兑（MKCF）	系统自动回显 保兑选择 “YES”，否则选择 “NO”	
27	是否转让（MKTR）	系统自动回显 若是可转让信用证，选择 “YES”，否则选择 “NO”	
28	转让行（TLBK）	系统自动读取，可修改	
29	转让行名称	系统自动读取	
30	转让行名址	系统自动读取	
31	转让行业务编号（TLRF）	手工录入	
32	收费方式（CHCO）	现收（XS）：收费币种（enable）实收手续费（enable） 自动显示收费币种，自动计算实收手续费 免收（MS）：收费币种（disable）实收手续费（enable） 实收手续费 =0 迟收（CS）：收费币种（enable）实收手续费（enable） 自动显示收费币种，自动计算实收手续费	必输项
33	收费币种（CHCY）	收费方式 = “现收” or “迟收”：系统自动显示收费币种 收费方式 = “免收”：disable	
34	实收手续费（CAAM）	收费方式 = “现收” or “迟收”：系统根据费率表自动计算实收手续费，可修改	

（6）生成面函。点击录入界面的第三层界面“生成面函”，生成《信用证修改通知书》。

（7）打印说明。点击查看按钮，将面函转为 WORD 文档，再打印。

（三）拒绝/接受修改

（1）功能说明。我行通知客户信用证修改书，客户拒绝或接受修改，在本交易做登记标识。

如果做拒绝登记，本交易能够恢复改证前的信用证内容。

（2）前置条件。

（3）授权说明。本交易只需经办、复核即可完成，不需授权。

（4）操作要点。

经办：切换到“经办”队列，双击进入交易画面，录入相应的数据，核对无误后，点击“提交”按钮，提交给复核学生。

复核：复核学生切换到“待复核”队列，选中需复核的交易双击进入复核画面，核查无误后点击“复核通过”按钮，画面显示复核成功，点击“确定”按钮退出本交易画面。如发现错误点击“拒绝”按钮，退回给经办学生进行修改。

（5）业务流向。

（6）录入说明见表 11－3。

表 11－3

序号	录入项	说　明	备　注
1	机构号（BRNO）	系统自动弹出	
2	客户代码（CLNO）	系统自动弹出	
3	信用证通知号（ADNO）	系统自动弹出 电文 MT799、MT999 的第 20 项	
4	信用证号（LCNO）	系统自动弹出 电文 MT799、MT999 的第 21 项	
5	修改号（AENO）	系统自动弹出	
6	拒绝/接受（RVST）	接受信用证修改：选 ACCEPT 拒绝信用证修改：选 REJECT	必输项
7	信用证币种（LCCY）	系统自动弹出	
8	信用证金额（LCAM）	系统自动弹出	
9	收费方式（CHCO）	现收（XS）：收费币种（enable）实收手续费（enable） 自动显示收费币种，自动计算实收手续费 免收（MS）：收费币种（disable）实收手续费（enable） 实收手续费＝0 迟收（CS）：收费币种（enable）实收手续费（enable） 自动显示收费币种，自动计算实收手续费	必输项
10	手续费币种（CHCY）	收费方式＝“现收”or“迟收”：系统自动显示收费币种 收费方式＝“免收”：disable	
11	实收手续费（CAAM）	收费方式＝“现收”or“迟收”：系统根据费率表自动计算实收手续费，可修改	

续表

序号	录入项	说 明	备 注
12	快递国别（CNCD）	手工录入或者通过点击按钮，使用国家代码表选择系统，根据快递国别自动选择邮电费类型、自动计算出邮电费	
13	费用类型（TLTP）	系统根据快递国别自动选择邮电费类型	
14	邮电费币种（TLCY）	系统自动弹出	
15	实收邮电费（TAAM）	系统根据快递国别自动计算出邮电费，可修改	

（7）生成 SWIFT 报文。点击录入界面的第二层界面“生成电文”，生成相关的 SWIFT 报文，包括 MT799、MT999 报文。

（8）录入说明。按照 SWIFT 报文的要求，进行增加、修改。

（9）报文查询。如果生成了 MT799、MT999 报文，若需查询电文是否发出，可依次点击“SWIFT 管理”→“发报”→“当日已发出报文”，查询报文状态。

（四）撤证登记

（1）功能说明。收到开证行发来的撤证电文，征得受益人同意后，在本交易进行登记处理，产生并发出同意撤证的电文。

（2）前置条件。

（3）授权说明。本交易需通过经办、复核、授权三级学生办理完成。

（4）操作要点。

经办：切换到“经办”队列，双击进入交易画面，核对无误后，点击“提交”按钮，提交给复核学生。

复核：复核学生切换到“待复核”队列，选中需复核的交易双击进入复核画面，核查无误后点击“复核”按钮，画面显示复核成功，点击“确定”按钮退出本交易画面。如发现错误点击“退回经办”按钮，退回给经办学生进行修改。

授权：切换到“待授权”队列，双击进入交易画面，核对无误后，点击“授权”按钮，撤销信用证。

（5）录入说明见表 11－4。

表 11 - 4

序号	录入项	说 明	备 注
1	机构号（BRNO）	系统自动弹出	
2	信用证通知号（ADNO）	系统自动弹出 电文 MT799、MT999 的第 20 项	
3	信用证号（LCNO）	系统自动弹出 电文 MT799、MT999 的第 21 项	

（6）生成 SWIFT 报文。点击录入界面的第二层界面“生成电文”，生成相关的 SWIFT 报文，包括 MT799、MT999 报文。

录入说明。按照 SWIFT 报文的要求，进行增加、修改。

（7）报文查询。

如果生成了 MT799、MT999 报文，若需查询电文是否发出，可依次点击“SWIFT 管理”→“发报”→“当日已发出报文”，查询报文状态。

（五）销卷

（1）功能说明。

通知的信用证已过有效期或已做撤证交易，通过本交易做销卷记录。

（2）前置条件。

（3）授权说明。本交易只需经办、复核，无须授权。

（4）操作要点。

经办：切换到“经办”队列，双击进入交易画面，核对无误后，点击“提交”按钮，提交给复核学生。

复核：复核学生切换到“待复核”队列，选中需复核的交易双击进入复核画面，核查无误后点击“复核”按钮，画面显示复核成功，点击“确定”按钮退出本交易画面。如发现错误点击“退回经办”按钮，退回给经办学生进行修改。

（5）业务流向。

（6）录入说明见表 11 - 5。

表 11 - 5

序号	录入项	说 明	备 注
1	机构号（BRNO）	系统自动弹出	
2	客户号（CLNO）	系统自动弹出	
3	信用证通知号（ADNO）	系统自动弹出	

续表

序号	录入项	说 明	备 注
4	信用证号（LCNO）	系统自动弹出	
5	信用证币种（LCCY）	系统自动弹出	
6	信用证金额（LCAM）	系统自动弹出	
7	信用证（BLAV）	系统自动弹出	

二、出口寄单收汇

（一）出口寄单登记

（1）功能说明。

收到议付单据，押汇中心学生通过本交易办理登记，生成并打印出索汇面函。

（2）前置条件。

（3）授权说明。本交易只需经办、复核即可完成，无须授权。

（4）操作要点。

经办：切换到“经办”队列，双击进入交易画面，录入相关数据，核对无误后，点击“提交”按钮，提交给复核学生。

复核：复核学生切换到“待复核”队列，选中需复核的交易双击进入复核画面，核查无误后点击“复核”按钮，画面显示复核成功，点击“确定”按钮退出本交易画面。如发现错误点击“退回经办”按钮，退回给经办学生进行修改。

（5）业务流向。

（6）录入说明见表 11 –6。

表 11 –6

序号	录入项	说 明	备 注
1	机构号（BRNO）	系统自动回显	
2	议付编号（BPNO）	数据录入完成后，数据检查或提交本交易时，系统自动生成。 电文 MT742、MT750、MT799、MT999 的 20 项	
3	来证通知号（ADNO）	系统自动回显	
4	受益人代码（CLNO）	系统自动回显	必输项
5	受益人名称	系统自动抓取	

续表

序号	录入项	说明	备注
6	受益人名址	系统自动抓取	
7	通知行（ISAD）	系统自动回显	
8	指定议付行（MKEB）	系统自动回显	
9	开证行（ISBK）	系统自动回显 电文 MT742 的 52a 项 1. 如果收单行 swift code 为空， 则取开证行 swift code 作为收报行（TO） 2. 如果收单行 swift code 不为空， 则取收单行 swift code 作为收报行（TO）	必输项
10	开证行名称	系统自动抓取	
11	开证行名址	系统自动抓取	
12	信用证号（LCNO）	系统自动回显 电文 MT742、MT750、MT799、MT999 的 21 项	必输项
13	开证申请人（APNM）	系统自动回显	
14	开证日期（ISDT）	系统自动回显	
15	修改次数（AENO）	系统自动回显， 记录信用证修改的次数	
16	是否印押核符（MKTS）	系统自动回显，相符选 YES，不符选 NO	必输项
17	是否凭保函出单（MKGR）	系统自动回显，凭保出单选 YES，否则选 NO	
18	信用证币种（LCCY）	系统自动回显	必输项
19	信用证金额（LCAM）	系统自动回显	
20	信用证余额（BLAV）	系统自动回显	必输项
21	议付日期（RVDT）	默认为系统日期，手工录入或者点击绿钩，在日期表中选择	必输项
22	议付币种（DLCY）	默认为信用证币种 电文 MT742、MT750 的 32 项币种	必输项
23	金额（DLAM）	手工录入 电文 MT742、MT750 的 32 项金额	必输项
24	即期/远期（SUTP）	系统自动回显	必输项
25	远期类型（UUTP）	系统自动回显	
26	期限（TENR）	系统自动回显	
27	B/L Date	disable	
28	发票号（IVNO）	手工录入	必输项
29	核销单（DTNO）	手工录入	
30	转让号（TLRF）	手工录入	
31	偿付行/付款行（DWBK）	系统自动回显 如果偿付行/付款行 swift code 不为空，则取偿付行/付款行 swift code 作为电文 MT742 的 TO 项（收报行）	
32	偿付行/付款行名称	系统自动抓取	
33	偿付行/付款行名址	系统自动抓取	

续表

序号	录入项	说 明	备 注
34	收单行（MTBK）	系统自动回显 1. 如果收单行 swift code 为空， 则取开证行 swift code 作为收报行（TO） 2. 如果收单行 swift code 不为空， 则取收单行 swift code 作为收报行（TO）	
35	收单行名称	系统自动回显	
36	收单行名址	系统自动回显	
37	是否保兑（MKCF）	系统自动回显	
38	保兑行（CFBK）	系统自动回显	
39	保兑行名称	系统自动抓取	
40	保兑行名址	系统自动抓取	
41	是否不符点出单（DRMK）	不符点出单：选“YES”	
42	费用收取对象（CHFR）	收款人：收费方式 enable，手续费币种 enable 付款人：收费方式 disable，手续费币种 disable	必输项
43	收费方式（CHCO）	如果费用收取对象 =“收款人”： 现收：手续费币种（disable）、议付费（enable） 自动显示手续费币种、自动计算议付费 免收：手续费币种（disable）、议付费（enable） 议付费 =0 迟收：手续费币种（disable）、议付费（enable） 自动显示手续费币种、自动计算议付费	
44	收费币种（CHCY）	如果收费方式 =“现收”or“迟收”，则收费币种自动显示	
45	议付费（CAAM）	如果收费方式 =“现收”，或者收费方式 =“迟收”，则系统根据费率表自动计算议付费	
46	快递国别（CNCD）	手工录入或者通过点击绿钩按钮使用国家代码表选择，系统根据快递国别自动选择邮电费类型、自动计算出邮电费	
47	邮费类型（TLTP）	系统根据快递国别自动选择邮电费类型	
48	邮电费（TATM）	系统自动计算、可手工修改	

（7）生成 SWIFT 报文。点击录入界面的第二层界面“生成电文”，生成相关的 SWIFT 报文，包括 MT742、MT750、MT799、MT999 报文。

录入说明：按照 SWIFT 报文的要求，进行增加、修改。

（8）生成面函。点击录入界面的第三层界面“生成面函”，生成《索汇通知书》。

打印说明：点击查看按钮，将面函转为 WORD 文档，再打印。

（9）报文查询。如果生成了 MT742、MT750、MT799、MT999 报文，若需查询电文是否发出，可依次点击“SWIFT 管理”→“发报”→“当日已发出报文”，查询报文状态。

（二）出口寄单修改

（1）功能说明。出口寄单登记的修改。

（2）前置条件。

（3）授权说明。本交易只需经办、复核即可完成，无须授权。

（4）操作要点。

经办：切换到“经办”队列，双击进入交易画面，录入相关数据，核对无误后，点击“提交”按钮，提交给复核学生。

复核：复核学生切换到“待复核”队列，选中需复核的交易双击进入复核画面，核查无误后点击“复核”按钮，画面显示复核成功，点击“确定”按钮退出本交易画面。如发现错误点击“退回经办”按钮，退回给经办学生进行修改。

（5）录入说明见表 11－7。

表 11－7

序号	录入项	说　明	备　注
1	机构号（BRNO）	系统自动回显	
2	议付编号（20）（BPNO）	数据录入完成后，数据检查或提交本交易时，系统自动生成。 电文 MT742、MT750、MT799、MT999 的 20 项	
3	来证通知号（ADNO）	系统自动回显	
4	受益人代码（CLNO）	系统自动回显	必输项
5	受益人名称	系统自动抓取	
6	受益人名址	系统自动抓取	
7	通知行（ISAD）	系统自动回显	
8	指定议付行（MKEB）	系统自动回显	
9	开证行（ISBK）	系统自动回显 电文 MT742 的 52a 项 1. 如果收单行 swift code 为空， 则取开证行 swift code 作为收报行（TO） 2. 如果收单行 swift code 不为空， 则取收单行 swift code 作为收报行（TO）	必输项
10	开证行名称	系统自动抓取	
11	开证行名址	系统自动抓取	
12	信用证号（LCNO）	系统自动回显 电文 MT742、MT750、MT799、MT999 的 21 项	必输项
13	开证申请人（APNM）	系统自动回显	
14	开证日期（ISDT）	系统自动回显	

续表

序号	录入项	说 明	备 注
15	修改次数（AENO）	系统自动回显， 记录信用证修改的次数	
16	是否印押核符（MKTS）	系统自动回显，相符选 YES，不符选 NO	必输项
17	是否凭保函出单（MKGR）	系统自动回显，凭保出单选 YES，否则选 NO	
18	信用证币种（LCCY）	系统自动回显	必输项
19	信用证金额（LCAM）	系统自动回显	
20	信用证余额（BLAV）	系统自动回显	必输项
21	议付日期（RVDT）	系统自动回显，手工录入或者点击绿钩，在日期表中选择	必输项
22	议付币种（DLCY）	系统自动回显 电文 MT742、MT750 的 32 项币种	必输项
23	金额（DLAM）	系统自动回显，可以修改 电文 MT742、MT750 的 32 项金额	必输项
24	即期/远期（SUTP）	系统自动回显 远期 Usence：远期类型（enable）期限（enable） B/L Date（enable） 即期 Signt：远期类型（disable）期限（disable） B/L Date（disable）	必输项
25	远期类型（UUTP）	远期 Usence：从下拉列表中选择	
26	期限（TENR）	远期 Usence：输天数	
27	B/L Date	远期 Usence：手工录入或者点击绿钩，在日期表中选择	
28	发票号（IVNO）	系统自动回显	必输项
29	核销单（DTNO）	系统自动回显	
30	转让号（TLRF）	系统自动回显	
31	偿付行/付款行（DWBK）	系统自动回显 如果偿付行/付款行 swift code 不为空，则取偿付行/付款行 swift code 作为电文 MT742 的 TO 项（收报行）	
32	偿付行/付款行名称	系统抓取	
33	偿付行/付款行名址	系统抓取	
34	收单行（MTBK）	系统自动回显 1. 如果收单行 swift code 为空， 则取开证行 swift code 作为收报行（TO） 2. 如果收单行 swift code 不为空， 则取收单行 swift code 作为收报行（TO）	
35	收单行名称	系统自动回显	
36	收单行名址	系统自动回显	
37	是否保兑（MKCF）	系统自动回显	
38	保兑行（CFBK）	系统自动回显	
39	保兑行名称	系统自动抓取	
40	保兑行名址	系统自动抓取	

续表

序号	录入项	说 明	备 注
41	是否不符点出单（DRMK）	不符点出单：选“YES”	
42	费用收取对象（CHFR）	收款人：收费方式 enable，手续费币种 enable 付款人：收费方式 disable，手续费币种 disable	
43	收费方式（CHCO）	如果费用收取对象 = “收款人”： 现收：手续费币种（disable）、议付费（enable） 自动显示手续费币种、自动计算议付费 免收：手续费币种（disable）、议付费（enable） 议付费 =0 迟收：手续费币种（disable）、议付费（enable） 自动显示手续费币种、自动计算议付费	
44	收费币种（CHCY）	如果收费方式 = “现收” or “迟收”，则收费币种自动显示	
45	议付费（CAAM）	如果收费方式 = “现收”，或者收费方式 = “迟收”，则系统根据费率表自动计算议付费	
46	快递国别（CNCD）	手工录入或者通过点击绿钩按钮使用国家代码表选择 系统根据快递国别自动选择邮电费类型、自动计算出邮电费	
47	邮费类型（TLTP）	系统根据快递国别自动选择邮电费类型	
48	邮电费（TATM）	系统自动计算、可手工修改	

（6）生成 SWIFT 报文。点击录入界面的第二层界面“生成电文”，生成相关的 SWIFT 报文，包括 MT742、MT750、MT799、MT999 报文。

录入说明：按照 SWIFT 报文的要求，进行增加、修改。

（7）生成面函。点击录入界面的第三层界面“生成面函”，生成《索汇通知书》。

打印说明：点击查看按钮，将面函转为 WORD 文档，再打印。

（8）报文查询。如果生成了 MT742、MT750、MT799、MT999 报文，若需查询电文是否发出，可依次点击“SWIFT 管理”→“发报”→“当日已发出报文”，查询报文状态。

（三）催收货款

（1）功能说明。议付出单后，超过预计时间尚未收汇，押汇中心学生通过本交易发出催收电文。

（2）前置条件。

（3）授权说明。本交易只需经办、复核，无须授权。

（4）操作要点。

经办：切换到“经办”队列，双击进入交易画面，录入相关数据，核对无误后，点击“提交”按钮，提交给复核学生。

复核：复核学生切换到“待复核”队列，选中需复核的交易双击进入复核画面，核查无误后点击“复核”按钮，画面显示复核成功，点击“确定”按钮退出本交易画面。如发现错误点击“退回经办”按钮，退回给经办学生进行修改。

（5）录入说明见表11－8。

表11－8

序号	录入项	说 明	备 注
1	机构号（BRNO）	系统自动弹出	
2	客户代码（CLNO）	系统自动弹出	
3	议付金额（DLAM）	系统自动弹出	
4	议付号（20）（BPNO）	系统自动弹出 电文MT420、MT799、MT999的20项	
5	收费方式（CHCO）	现收：手续费币种enable，实收手续费enable 自动显示手续费币种，自动计算实收手续费 免收：手续费币种disable，实收手续费＝0 迟收：手续费币种enable，实收手续费enable 自动显示手续费币种，自动计算实收手续费	必输项
6	手续费币种（CHCY）	如果收费方式＝“现收”，或者收费方式＝“迟收”，则手续费币种自动弹出；如果收费方式＝“免收”，则手续费币种disable	
7	实收手续费（CAAM）	收费方式＝“现收”or“迟收”：系统根据费率表自动计算实收手续费，可修改	
8	快递国别（CNCD）	手工录入或者通过点击绿钩按钮使用国家代码表选择 系统根据快递国别自动选择邮电费类型、自动显示邮电费币别、自动计算出邮电费	
9	邮电费类型（TLTP）	系统根据快递国别自动选择邮电费类型	
10	邮电费币别（TLCY）	系统根据快递国别自动显示邮电费币别	
11	实收邮电费（TAAM）	系统根据快递国别自动计算出邮电费，可修改	

（6）生成SWIFT报文。点击录入界面的第二层界面“生成电文”，生成相关的SWIFT报文，包括MT420（查询电）、MT799、MT999报文。

录入说明：按照SWIFT报文的要求，进行增加、修改。

（7）报文查询。如果生成了MT420、MT799、MT999报文，若需查询电文是否发出，可依次点击“SWIFT管理”→“发报”→“当日已发出报文”，查询报文状态。

（四）拒承兑/付款登记

（1）功能说明。开证行发来拒付电文，押汇中心学生通过本交易做拒付登记标识。

（2）前置条件。

（3）授权说明。本交易只需经办、复核，无须授权。

（4）操作要点。

经办：切换到“经办”队列，双击进入交易画面，核对无误后，点击“提交”按钮，提交给复核学生。

复核：复核学生切换到“待复核”队列，选中需复核的交易双击进入复核画面，核查无误后点击“复核”按钮，画面显示复核成功，点击“确定”按钮退出本交易画面。如发现错误点击“退回经办”按钮，退回给经办学生进行修改。

（5）录入说明见表 11－9。

表 11－9

序号	录入项	说　明	备　注
1	议付号（BPNO）	系统自动弹出	

（五）承兑登记

（1）功能说明。开证行发来承兑电文，押汇中心学生在本交易完成承兑登记。

（2）前置条件。

（3）授权说明。本交易只需经办、复核，无须授权。

（4）操作要点。

经办：切换到“经办”队列，双击进入交易画面，录入相关数据，核对无误后，点击“提交”按钮，提交给复核学生。

复核：复核学生切换到“待复核”队列，选中需复核的交易双击进入复核画面，核查无误后点击“复核”按钮，画面显示复核成功，点击“确定”按钮退出本交易画面。如发现错误点击“退回经办”按钮，退回给经办学生进行修改。

（5）录入说明见表 11－10。

表 11－10

序号	录入项	说　明	备　注
1	机构号（BRNO）	系统自动弹出	
2	议付号（BPNO）	系统自动弹出	必输项
3	承兑币种（DLCY）	手工录入或者通过点击绿钩按钮选择币种	必输项
4	承兑金额（DLAM）	手工录入	必输项
5	到期日（DUDT）	手工录入或点击绿钩在日期表中选择	必输项

（六）修改承兑内容

（1）功能说明。承兑登记以后，开证行发来电文，请求修改金额或（和）到期日，受益人同意后，押汇中心学生在本交易做登记。

（2）前置条件。

（3）授权说明。本交易只需经办、复核，无须授权。

（4）操作要点。

经办：切换到“经办”队列，双击进入交易画面，录入数据，核对无误后，点击“提交”按钮，提交给复核学生。

复核：复核学生切换到“待复核”队列，选中需复核的交易双击进入复核画面，核查无误后点击“复核”按钮，画面显示复核成功，点击“确定”按钮退出本交易画面。如发现错误点击“退回经办”按钮，退回给经办学生进行修改。

（5）录入说明见表 11－11。

表 11－11

序号	录入项	录入说明	备　注
1	议付号（BPNO）	系统自动弹出	必输项
2	承兑币种（DLCY）	系统自动弹出	
3	承兑金额（DLAM）	系统自动弹出，也可手工输入或修改	必输项
4	承兑日期（DUDT）	手工录入或点击绿钩在日期表中选择	必输项

（七）无偿交单

（1）功能说明。开证行拒付议付单据后，客户（出口商）指示进口商可以无偿取得单据，押汇中心学生在本交易做登记标识。

（2）前置条件。

（3）授权说明。本交易只需经办、复核，无须授权。

（4）操作要点。

经办：切换到“经办”队列，双击进入交易画面，录入数据，核对无误后，点击“提交”按钮，提交给复核学生。

复核：复核学生切换到“待复核”队列，选中需复核的交易双击进入复核画面，核查无误后点击“复核”按钮，画面显示复核成功，点击“确定”按钮退出本交易画面。如发现错误点击“退回经办”按钮，退回给经办学生进行修改。

（5）录入说明见表11-12。

表11-12

序号	录入项	说　明	备　注
1	客户代码（CLNO）	系统自动弹出	
2	议付号（BPNO）	系统自动弹出	必输项
3	信用证币种（LCCY）	系统自动弹出	
4	信用证余额（BLAV）	系统自动弹出	
5	费用收取对象（CHFR）	从下拉列表中选择：收款人、付款人	
6	收费方式（CHCO）	现收：手续费币种 enable，实收手续费 enable 自动显示手续费币种，自动计算实收手续费 免收：手续费币种 disable，实收手续费 =0 迟收：手续费币种 enable，实收手续费 enable 自动显示手续费币种，自动计算实收手续费	
7	手续费币种（CHCY）	如果收费方式 =“现收”，或者收费方式 =“迟收”，则手续费币种自动弹出；如果收费方式 =“免收”，则手续费币种 disable	
8	实收手续费金额（CAAM）	收费方式 =“现收” or“迟收”：系统根据费率表自动计算实收手续费，可修改	
9	快递国别（CNCD）	手工录入或者通过点击绿钩按钮使用国家代码表选择 系统根据快递国别自动选择邮电费类型、自动显示邮电费币别、自动计算出邮电费	
10	邮电费类型（TLTP）	系统根据快递国别自动选择邮电费类型	
11	邮电费币种（TLCY）	系统根据快递国别自动显示邮电费币别	
12	实收邮电费金额（TAAM）	系统根据快递国别自动计算出邮电费，可修改	

（八）收汇解付

（1）功能说明。押汇中心做完收汇登记后，同时将款项下划支行，支行学生通过本交易将款项最终解付给客户，或做还押汇处理。

（2）前置条件。

（3）授权说明。本交易只需经办、复核，无须授权。

（4）操作要点。

经办：切换到“经办”队列，双击进入交易画面，录入数据，核对无误后，点击“提交”按钮，提交给复核学生。

复核：复核学生切换到“待复核”队列，选中需复核的交易双击进入复核画面，核查无误后点击“复核”按钮，画面显示复核成功，点击“确定”按钮退出本交易画面。如发现错误点击“退回经办”按钮，退回给经办学生进行修改。

（5）录入说明见表 11 - 13。

表 11 - 13

序号	录入项	说　明	备　注
1	机构号（BRNO）	系统自动弹出	
2	议付编号（BPNO）	系统自动弹出	必输项
3	发票号（IVNO）	系统自动弹出	
4	受益人代码（CLNO）	系统自动弹出，不允许修改	
5	受益人名称	系统自动弹出，不允许修改	
6	受益人地址	系统自动弹出，不允许修改	
7	议付币种（DLCY）	系统自动弹出	
8	议付金额（DLAM）	系统自动弹出	
9	国外收费金额（FNAM）	手工录入国外收费金额	
10	收汇金额（NKAM）	减去国外收费金额后的金额，系统根据录入的国外收费金额自动刷新	
11	应收手续费（FNCH）	手工录入手续费	必输项
12	应收邮电费（FNTL）	手工录入邮电费	必输项
13	扣费后金额（PAAM）	减去国外收费金额，减去应收手续费，减去应收邮电费后的金额，系统自动刷新	
14	账户行（ACBK）	手工录入或者点击绿钩按钮在清算行列表中选择	
15	账户行名址	系统自动读取	
16	我行的内部账号（INAC）	系统自动弹出	
17	押汇借据号（EVNO）	系统自动弹出	
18	打包借据号（EVN1）	系统自动弹出	
19	融资币种（YHCY）	系统自动弹出	
20	融资本金（OBAM）	系统自动弹出	
21	押汇账号（OBAC）	系统自动弹出	
22	融资利息（NGIN）	系统自动弹出	
23	扣款标志（PYFG）	系统自动弹出	
24	解付/扣客户账金额（REAM）	系统自动弹出	

续表

序号	录入项	说　明	备　注
25	解付方式（HKBZ）	原币入账/扣账： 原币入/扣账金额 enable 原币入/扣账账号 enable 待结/售汇外币金额 disable 人民币入/扣账账号 disable 结汇汇率 disable 售汇统计类型（融资）disable 人民币解付金额 disable 待套汇外币金额 disable 套汇币种 disable 套汇入/扣账账号 disable 外汇买卖方式 disable 买入价 disable 卖出价 disable 汇价 disable 套汇后金额 disable 结售汇入账/扣账： 原币入/扣账金额 disable 原币入/扣账账号 disable 待结/售汇外币金额 enable 人民币入/扣账账号 enable 结汇汇率 enable 售汇统计类型（融资）disable 人民币解付金额 enable 待套汇外币金额 disable 套汇币种 disable 套汇入/扣账账号 disable 外汇买卖方式 disable 买入价 disable 卖出价 disable 汇价 disable 套汇后金额 disable 套汇入账/扣账： 原币入/扣账金额 disable 原币入/扣账账号 disable 待结/售汇外币金额 disable 人民币入/扣账账号 disable 结汇汇率 disable 售汇统计类型（融资）disable 人民币解付金额 disable 待套汇外币金额 enable 套汇币种 enable 套汇入/扣账账号 enable 外汇买卖方式 enable 买入价 enable 卖出价 enable 汇价 enable 套汇后金额 enable	必输项

续表

序号	录入项	说 明	备 注
26	原币入/扣账金额（DCAM）	解付方式=原币入账/扣账时 手工录入	
27	原币入/扣账账号（STAC）	解付方式=原币入账/扣账时 从下拉列表中选择	
28	待结/售汇外币金额（STAM）	解付方式=结售汇入账/扣账时 手工录入	
29	人民币入/扣账账号（RMAC）	解付方式=结售汇入账/扣账时 从下拉列表中选择	
30	结汇汇率（EXRT）	解付方式=结售汇入账/扣账时 系统自动弹出	
31	售汇统计类型（融资）（SHXZ）	disable	
32	人民币解付金额（EXAM）	解付方式=结售汇入账/扣账时 系统自动计算	
33	待套汇外币金额（PDAM）	解付方式=套汇入账/扣账时 手工录入	
34	套汇币种（THCY）	解付方式=套汇入账/扣账时 手工录入，或者点击绿钩按钮在货币表中选择	
35	套汇入/扣账账号（THAC）	解付方式=套汇入账/扣账时 从下拉列表中选择	
36	外汇买卖方式（FXKD）	解付方式=套汇入账/扣账时 询价：买入价（disable）、卖出价（disable）、汇价（enable） 牌价：买入价（enable）、卖出价（enable）、汇价（disable）	
37	买入价（BYRT）	解付方式=套汇入账/扣账时 外汇买卖方式=牌价时 系统自动弹出，可以手工修改	
38	卖出价（SLRT）	解付方式=套汇入账/扣账时 外汇买卖方式=牌价时 系统自动弹出，可以手工修改	
39	汇价（EXR2）	解付方式=套汇入账/扣账时 外汇买卖方式=询价时 手工录入	
40	套汇后金额（BLAN）	解付方式=套汇入账/扣账时 系统自动计算	
41	是否涉外统计（STRN）	是：选择“Yes”对公/对私（enable） 否：选择“No”对公/对私（disable）	
42	对公/对私（CORP）	是否涉外统计=“Yes”时 选择对公、对私	
43	区域属性（NAT）	境外：结汇统计类型（enable） 境内：结汇统计类型（disable） 保税区：结汇统计类型（disable）	

续表

序号	录入项	说 明	备 注
44	结汇统计类型（NATP）	区域属性 = “境外”时 从下拉列表中选择	
45	国家代码（CNCD）	手工录入或者点击绿钩按钮在国家代码表中选择	
46	收汇类型（SHTP）	对公单位 对私	必输项
47	申报号（SBNO）	系统自动生成	必输项
48	交易代码（TYTP）	从下拉列表中选择	

（九）退单登记

（1）功能说明。开证行拒付单据，并且将单据退回议付出单行，押汇中心学生在本交易做退单登记。

（2）前置条件。

（3）授权说明。本交易只需经办、复核即可完成，无须授权。

（4）操作要点。

经办：切换到“经办”队列，双击进入交易画面，核对无误后，点击“提交”按钮，提交给复核学生。

复核：复核学生切换到“待复核”队列，选中需复核的交易双击进入复核画面，核查无误后点击“复核”按钮，画面显示复核成功，点击“确定”按钮退出本交易画面。如发现错误点击“退回经办”按钮，退回给经办学生进行修改。

（5）录入说明见表 11 – 14。

表 11 – 14

序号	录入项	录入说明	备 注
1	客户代码（CLNO）	系统自动弹出	
2	议付编号（BPNO）	系统自动弹出	必输项
3	来证通知编号（ADNO）	系统自动弹出	

（十）销卷

（1）功能说明。本交易办理已全额收汇或被进口方拒付并退单结清的出口议付业务。

（2）前置条件。

（3）授权说明。本交易只需经办、复核即可完成，无须授权。

（4）操作要点。

经办：切换到“经办”队列，双击进入交易画面，核对无误后，点击“提交”按钮，提交给复核学生。

复核：复核学生切换到“待复核”队列，选中需复核的交易双击进入复核画面，核查无误后点击“复核”按钮，画面显示复核成功，点击“确定”按钮退出本交易画面。如发现错误点击“退回经办”按钮，退回给经办学生进行修改。

（5）录入说明见表11－15。

表11－15

序号	录入项	录入说明	备　注
1	议付编号（BPNO）	系统自动弹出	必输项

第十二章

出口托收

本章学习提要

本章主要对出口托收的整个流程及其可能出现的情况进行了说明，包括登记、修改、催收货款、承兑登记、交单、退单登记、收汇及解付和销卷几个部分，通过学习，能基本了解出口托收业务的有关知识和运作程序。

一、出口托收登记

（1）功能说明。本交易处理跟单托收的登记出单业务。

（2）前置条件。

（3）授权说明。本交易只需经办、复核，无须授权。

（4）操作要点。

经办：切换到“暂存”队列，点击“新建”按钮，选择机构号，进入数据录入画面，录入相关数据，核对无误后，点击“提交”按钮，提交给复核学生。

复核：复核学生切换到“待复核”队列，选中需复核的交易双击进入复核画面，核查无误后点击“复核”按钮，画面显示复核成功，点击“确定”按钮退出本交易画面。如发现错误点击“退回经办”按钮，退回给经办学生进行修改。

（5）录入说明见表 12－1。

表 12－1

序号	录入项	说 明	备 注
1	机构号（BRNO）	系统自动回显	
2	客户代码（CLNO）	手工录入或者点击绿钩按钮在客户表中选择	必输项

续表

序号	录入项	说　明	备 注
3	客户名	系统根据客户代码自动回显	
4	客户名址	系统根据客户代码自动回显	
5	出口托收编号（OCNO）	数据录入完毕，数据检查，或提交时，系统自动生成	
6	托收日期（PSDT）	手工录入，或者点击绿钩按钮在日历簿中选择	必输项
7	托收币种（CYNO）	手工录入，或者点击绿钩按钮在币种表中选择	必输项
8	托收金额（AMTS）	手工输入	必输项
9	托收类型（PSTP）	D/P Signt　期限（disable） D/P Tenor　期限（enable） D/A Tenor　期限（enable） Other　期限（enable）	必输项
10	期限（PSDY）	托收类型 =“D/P Signt”　不输 托收类型 =“D/P Tenor”　输入天数 托收类型 =“D/A Tenor”　输入天数 托收类型 =“Other”　输入天数	
11	代收行（ICBK）	手工录入，或者点击绿钩按钮在银行列表中选择	必输项
12	代收行名称	系统根据代收行自动显示	
13	代收行名址	系统根据代收行自动显示	
14	付款人名称（BLPY）	手工输入	必输项
15	付款人地址（IME）	手工输入	必输项
16	发票号（IVNO）	手工输入	必输项
17	收费方式（CHCO）	现收：手续费币种（disable）实收手续费金额（enable） 快递国别（enable）邮电费类型（enable） 实收邮电费金额（enable） 自动选择手续费币种，自动计算手续费 免收：手续费币种（disable）实收手续费金额（disable） 快递国别（disable）邮电费类型（disable） 实收邮电费金额（disable） 迟收：手续费币种（disable）实收手续费金额（enable） 快递国别（enable）邮电费类型（enable） 实收邮电费金额（enable） 自动选择手续费币种，自动计算手续费	
18	手续费币种（CHCY）	收费方式 =“现收”、“迟收”时，自动显示手续费币种	
19	实收手续费金额（CAAM）	收费方式 =“现收”、“迟收”时，系统根据费率表自动计算，可修改	
20	快递国别（CNCD）	手工录入或者通过点击绿钩按钮使用国家代码表选择，系统根据快递国别自动选择邮电费类型、自动计算出邮电费	
21	邮电费类型（TLTP）	系统根据快递国别自动选择邮电费类型	
22	实收邮电费金额（TAAM）	系统自动计算、可手工修改	

（6）生成面函。点击录入界面的第二层界面“生成面函”，生成《出口托收指示书》。

（7）打印说明。点击查看按钮，将面函转为 WORD 文档，再打印。

二、出口托收修改

（1）功能说明。本交易对已生效的出口托收登记进行修改。

（2）前置条件。

（3）授权说明。本交易只需经办、授权即可完成，无须授权。

（4）操作要点。

经办：切换到“经办”队列，双击进入交易画面，修改相关数据，核对无误后，点击“提交”按钮，提交给复核学生。

复核：复核学生切换到“待复核”队列，选中需复核的交易双击进入复核画面，核查无误后点击“复核”按钮，画面显示复核成功，点击“确定”按钮退出本交易画面。如发现错误点击“退回经办”按钮，退回给经办学生进行修改。

（5）录入说明见表 12－2。

表 12－2

序号	录入项	说 明	备 注
1	机构号（BRNO）	系统自动回显	
2	客户代码（CLNO）	系统自动回现	必输项
3	客户名	系统自动回显	
4	客户名址	系统自动回显	
5	出口托收编号（20）（OCNO）	系统自动回显 电文 MT430、MT499、MT999 的 20 项	
6	托收日期（PSDT）	系统自动回显	必输项
7	托收币种（CYNO）	系统自动回显	必输项
8	托收金额（AMTS）	系统自动回显	必输项
9	增减标志（ADSN）	+增加托收金额 －减少托收金额	必输项
10	增减金额（ADAM）	手工录入增减金额	
11	修改后金额（UPAM）	系统自动刷新	
12	托收类型（PSTP）	系统自动回显： D/P Signt　期限（disable） D/P Tenor　期限（enable） D/A Tenor　期限（enable） Other　期限（enable）	必输项

续表

序号	录入项	说　明	备　注
13	期限（PSDY）	系统自动回显： 托收类型 =“D/P Signt”　不输 托收类型 =“D/P Tenor”　输入天数 托收类型 =“D/A Tenor”　输入天数 托收类型 =“Other”　输入天数	
14	代收行（ICBK）	系统自动回显 电文 MT430、MT499、MT999 的 TO 项	必输项
15	代收行名称	系统自动回显	
16	代收行名址	系统自动回显	
17	Swift	系统自动读取	
18	付款人名称（BLPY）	系统自动回显	必输项
19	付款人地址（IME）	系统自动回显	必输项
20	交易类型（TSTP）	从下拉列表中选择	
21	发票号（IVNO）	系统自动回显	必输项
22	收费方式（CHCO）	现收：手续费币种（disable）实收手续费金额（enable） 快递国别（enable）邮电费类型（enable） 实收邮电费金额（enable） 自动选择手续费币种，自动计算手续费 免收：手续费币种（disable）实收手续费金额（disable） 快递国别（disable）邮电费类型（disable） 实收邮电费金额（disable） 迟收：手续费币种（disable）实收手续费金额（enable） 快递国别（enable）邮电费类型（enable） 实收邮电费金额（enable） 自动选择手续费币种，自动计算手续费	
23	手续费币种（CHCY）	收费方式 =“现收”、“迟收”时，自动显示手续费币种	
24	实收手续费金额（CAAM）	收费方式 =“现收”、“迟收”时，系统根据费率表自动计算，可修改	
25	快递国别（CNCD）	手工录入或者通过点击绿钩按钮使用国家代码表选择，系统根据快递国别自动选择邮电费类型、自动计算出邮电费	
26	邮电费类型（TLTP）	系统根据快递国别自动选择邮电费类型	
27	实收邮电费金额（TAAM）	系统自动计算、可手工修改	

（6）生成电文。点击录入界面的第二层界面“生成电文”，生成相关的 SWIFT 报文，包括 MT430、MT499、MT999 报文。

录入说明：按照 SWIFT 报文的要求，进行增加、修改。

（7）生成面函。点击录入界面的第四层界面“生成面函”，生成《出口托收指示书》。

打印说明：点击查看按钮，将面函转为 WORD 文档，再打印。

（8）报文查询。

如果生成了 MT430、MT499、MT999 报文，若需查询电文是否发出，可依次点击“SWIFT 管理”→“发报”→“当日已发出报文”，查询报文状态。

三、催收货款

（1）功能说明。出单后超过预计时间仍未收汇，通过本交易发出催收电文。

（2）前置条件。

（3）授权说明。本交易只需经办、复核，无须授权。

（4）操作要点。

经办：切换到“经办”队列，双击进入交易画面，录入数据，核对无误后，点击“提交”按钮，提交给复核学生。

复核：复核学生切换到“待复核”队列，选中需复核的交易双击进入复核画面，核查无误后点击“复核”按钮，画面显示复核成功，点击“确定”按钮退出本交易画面。如发现错误点击“退回经办”按钮，退回给经办学生进行修改。

（5）录入说明见表 12－3。

表 12－3

序号	录入项	说　明	备　注
1	出口托收号（OCNO）	系统自动弹出 电文 MT420、MT499、MT999 的 20 项	
2	托收行（ICBK）	系统自动回显	
3	托收行名称	系统根据托收行自动读取	
4	托收行名址	系统根据托收行自动读取	
5	Swift（TO）	系统根据托收行自动读取 电文 MT420、MT499、MT999 的 TO 项	

续表

序号	录入项	说明	备注
6	付款人名称（59.59SUBF［1］）	系统自动弹出 电文 MT420.59.59SUBF［1］	
7	付款人地址（59.59SUBF［1］）	系统自动弹出 电文 MT420.59.59SUBF［2］	
8	收费方式（CHCO）	现收：收费币种（enable） 免收：收费币种（disable） 实收邮电费=0 迟收：收费币种（enable）	必输项
9	收费币种（CHCY）	收费方式="现收"、"迟收"时，系统自动显示	
10	快递国别（CNCD）	手工录入或者点击绿钩按钮在国家代码表中选择	
11	邮电费类型（TLTP）	系统根据快递国别自动选择	
12	实收邮电费金额（TAAM）	系统根据费率表自动计算，可以手工修改	

（6）生成电文。点击录入界面的第二层界面"生成电文"，生成相关的 SWIFT 报文，包括 MT420、MT499、MT999 报文。

录入说明：按照 SWIFT 报文的要求，进行增加、修改。

（7）报文查询。如果生成了 MT420、MT499、MT999 报文，若需查询电文是否发出，可依次点击"SWIFT 管理"→"发报"→"当日已发出报文"，查询报文状态。

四、承兑登记

（1）功能说明。承兑交单的出口托收业务，收到代收行发来的进口商承兑电文，使用本交易做承兑登记。

（2）前置条件。

（3）授权说明。本交易只需经办、复核，无须授权。

（4）操作要点。

经办：切换到"经办"队列，双击进入交易画面，录入数据，核对无误后，点击"提交"按钮，提交给复核学生。

复核：复核学生切换到"待复核"队列，选中需复核的交易双击进入复核画面，核查无误后点击"复核"按钮，画面显示复核成功，点击"确定"按钮退出本交易画面。如发现错误点击"退回经办"按钮，退回给经办学生进行修改。

（5）录入说明见表 12-4。

表 12-4

序号	录入项	说 明	备 注
1	出口托收编号（OCNO）	系统自动弹出	
2	承兑币种（CYNO）	系统自动弹出	
3	承兑金额（AMTS）	手工录入承兑电承兑的金额	必输项
4	到期日（DUDT）	手工录入或者点击绿钩按钮在日期簿中选择	必输项

五、拒承兑/付款登记

（1）功能说明。收到国外拒付电文，通过本交易做拒付标识登记，以备查询统计。

（2）授权说明。本交易只需经办、复核，无须授权。

（3）操作要点。

经办：切换到“经办”队列，双击进入交易画面，核对无误后，点击“提交”按钮，提交给复核学生。

复核：复核学生切换到“待复核”队列，选中需复核的交易双击进入复核画面，核查无误后点击“复核”按钮，画面显示复核成功，点击“确定”按钮退出本交易画面。如发现错误点击“退回经办”按钮，退回给经办学生进行修改。

（4）录入说明见表 12-5。

表 12-5

序号	录入项	说 明	备 注
1	出口托收编号（OCNO）	系统自动弹出	

六、无偿交单

（1）功能说明。进口商拒付托收单据后，客户（出口商）指示进口商可以无偿取得托收单据，押汇中心学生在本交易做登记标识。

（2）前置条件。

（3）授权说明。本交易只需经办、复核，无须授权。

（4）操作要点。

经办：切换到“经办”队列，双击进入交易画面，核对无误后，点击“提交”按钮，提交给复核学生。

复核：复核学生切换到“待复核”队列，选中需复核的交易双击进入复核画面，核查无误后点击“复核”按钮，画面显示复核成功，点击“确定”按钮退出本交易画面。如发现错误点击“退回经办”按钮，退回给经办学生进行修改。

（5）录入说明见表 12－6。

表 12－6

序号	录入项	说 明	备 注
1	出口托收编号（OCNO）	系统自动弹出 电文 MT430 的 20 项	

（6）生成电文。点击录入界面的第二层界面“生成电文”，生成相关的 SWIFT 报文，包括 MT430 报文。

录入说明：按照 SWIFT 报文的要求，进行增加、修改。

（7）报文查询。如果生成了 MT430 报文，若需查询电文是否发出，可依次点击“SWIFT 管理”→“发报”→“当日已发出报文”，查询报文状态。

七、退单登记

（1）功能说明。进口商拒付托收单据，并且通过代收行将单据退回给我行，通过本交易做退单登记标识。

（2）前置条件。

（3）授权说明。本交易只需经办、复核，无须授权。

（4）操作要点。

经办：切换到“经办”队列，双击进入交易画面，核对无误后，点击“提交”按钮，提交给复核学生。

复核：复核学生切换到“待复核”队列，选中需复核的交易双击进入复核画面，核查无误后点击“复核”按钮，画面显示复核成功，点击“确定”按钮退出本交易画面。如发现错误点击“退回经办”按钮，退回给经办学生进行修改。

（5）录入说明见表 12－7。

表 12－7

序号	录入项	说　明	备　注
1	出口托收编号（OCNO）	系统自动弹出	

（6）生成电文。点击录入界面的第二层界面“生成电文”，生成相关的 SWIFT 报文，包括 MT430 报文。

录入说明：按照 SWIFT 报文的要求，进行增加、修改。

（7）报文查询。如果生成了 MT430 报文，若需查询电文是否发出，可依次点击“SWIFT 管理”→“发报”→“当日已发出报文”，查询报文状态。

八、收汇及解付

（1）功能说明。收到报单，通过本交易做收汇登记，并将款项解付给客户。

（2）前置条件。

（3）授权说明。本交易只需经办、复核，无须授权。

（4）操作要点。

经办：切换到“经办”队列，双击进入交易画面，录入数据，核对无误后，点击“提交”按钮，提交给复核学生。

复核：复核学生切换到“待复核”队列，选中需复核的交易双击进入复核画面，核查无误后点击“复核”按钮，画面显示复核成功，点击“确定”按钮退出本交易画面。如发现错误点击“退回经办”按钮，退回给经办学生进行修改。

（5）录入说明见表 12－8。

表 12－8

序号	录入项	说　明	备　注
1	机构号（BRNO）	系统自动弹出	
2	出口托收编号（OCNO）	系统自动弹出	
3	客户代码（CLNO）	系统自动弹出	
4	托收币种（CYNO）	系统自动弹出	
5	托收金额（AMTS）	系统自动弹出	
6	国外收费金额（FNAM）	手工录入国外收费金额	必输项
7	此次收汇金额（NKAM）	此次收汇金额＝托收金额－国外收费金额 系统自动计算	

续表

序号	录入项	说 明	备 注
8	我行账户行（ACBK）	手工输入或者点击绿钩按钮在清算行列表中选择	必输项
9	账户行名址	系统根据账号行自动读取	
10	我行在账户行账号	系统根据账号行自动读取	
11	应收手续费（FNCH）	手工录入手续费	必输项
12	应收邮电费（FNTL）	手工录入邮电费	必输项
13	扣费后金额（PAAM）	扣费后金额 = 托收金额 - 国外收费金额 - 应收手续费 - 应收邮电费 系统自动算出	
14	融资币种（YHCY）	系统自动弹出	
15	融资本金（OBAM）	系统自动弹出	
16	融资利息（URIN）	系统自动弹出	
17	扣款标志（PYFG）	系统自动弹出	
18	解付客户账金额（REAM）	系统自动计算	
19	解付方式（HKBZ）	原币入账/扣账： 原币入/扣账金额 enable 原币入/扣账账号 enable 待结售汇外币金额 disable 结售汇入账/扣账账号 disable 结/售汇汇率 disable 售汇统计类型（融资） disable 结售汇后金额 disable 待套汇外币金额 disable 套汇币种 disable 套汇入账/扣账账号 disable 外汇买卖方式 disable 买入价 disable 卖出价 disable 汇价 disable 套汇后金额 disable 结售汇入账/扣账： 原币入/扣账金额 disable 原币入/扣账账号 disable 待结售汇外币金额 enable 结售汇入账/扣账账号 enable 结/售汇汇率 enable 售汇统计类型（融资） disable 结售汇后金额 enable 待套汇外币金额 disable 套汇币种 disable 套汇入账/扣账账号 disable 外汇买卖方式 disable 买入价 disable 卖出价 disable 汇价 disable 套汇后金额 disable	

续表

序号	录入项	说　明	备　注
19	解付方式（HKBZ）	套汇入账/扣账： 原币入/扣账金额 disable 原币入/扣账账号 disable 待结售汇外币金额 disable 结售汇入账/扣账账号 disable 结/售汇汇率 disable 售汇统计类型（融资）disable 结售汇后金额 disable 待套汇外币金额 enable 套汇币种 enable 套汇入账/扣账账号 enable 外汇买卖方式 enable 买入价 enable 卖出价 enable 汇价 enable 套汇后金额 enable	
20	原币入账/扣账金额（DCAM）	解付方式 =“原币入账/扣账”时 系统自动弹出	
21	原币入账/扣账账号（STAC）	解付方式 =“原币入账/扣账”时 从下拉列表选择	
22	待结售汇外币金额（STAM）	解付方式 =“结售汇入账/扣账”时 系统自动弹出	
23	结售汇入账/扣账账号（RMAC）	解付方式 =“结售汇入账/扣账”时 点击下拉列表选择	
24	结/售汇汇率（EXRT）	解付方式 =“结售汇入账/扣账”时 系统自动读取	
25	售汇统计类型（融资）（SHXZ）	Disable	
26	结售汇后金额（EXAM）	解付方式 =“结售汇入账/扣账”时 系统自动计算	
27	待套汇外币金额（PRAM）	解付方式 = 套汇入账/扣账时 系统自动弹出	
28	套汇币种（THCY）	解付方式 = 套汇入账/扣账时 手工录入，或者点击绿钩按钮，从货币表中选择	
29	套汇入账/扣账账号（THAC）	解付方式 = 套汇入账/扣账时 从下拉列表中选择	
30	外汇买卖方式（FXKD）	解付方式 = 套汇入账/扣账时 询价：买入价（disable）、卖出价（disable）、汇价（enable） 牌价：买入价（enable）、卖出价（enable）、汇价（disable）	
31	买入价（BYRT）	解付方式 = 套汇入账/扣账时 外汇买卖方式 = 牌价时 系统自动弹出，可以手工修改	

续表

序号	录入项	说明	备注
32	卖出价（SLRT）	解付方式＝套汇入账/扣账时 外汇买卖方式＝牌价时 系统自动弹出，可以手工修改	
33	汇价（EXR2）	解付方式＝套汇入账/扣账时 外汇买卖方式＝询价时 手工录入	
34	套汇后金额（BLAN）	解付方式＝套汇入账/扣账时 系统自动计算	
35	是否涉外统计（STRN）	"Yes"：对公/对私（enable）申报号（enable） "No"：对公/对私（disable）申报号（disable）	
36	对公/对私（CORP）	是否涉外统计＝"Yes"：选择对公/对私	
37	收汇类型（SHTP）	从下拉列表中选择	必输项
38	结汇统计类型（NATP）	从下拉列表中选择	
39	申报号（SBNO）	系统自动生成	
40	交易代码（TYTP）	从下拉列表中选择	
41	区域属性（NAT）	从下拉列表中选择	

九、销卷

（1）功能说明。本交易办理已全额收汇或被进口方拒付并退单结清的出口托收业务。

（2）前置条件。

（3）授权说明。本交易只需经办、复核，无须授权。

（4）操作要点。

经办：切换到"经办"队列，双击进入交易画面，核对无误后，点击"提交"按钮，提交给复核学生。

复核：复核学生切换到"待复核"队列，选中需复核的交易双击进入复核画面，核查无误后点击"复核"按钮，画面显示复核成功，点击"确定"按钮退出本交易画面。如发现错误点击"退回经办"按钮，退回给经办学生进行修改。

（5）录入说明见表12－9。

表12－9

序号	录入项	说明	备注
1	出口托收编号（OCNO）	系统自动弹出	

第十三章

光票托收

本章学习提要

本章主要介绍了光票托收登记的录入，光票的催收，票据的买入、解付、退票等操作过程，希望通过此项内容的学习，学生能掌握光票托收的操作过程。

一、托收登记

（1）功能说明。对不附带单据的托收，按照交易的基本要素，做交易登记，可打印交易流水清单，光票托收交易登记生效后，可做催收、收汇和解付。

（2）授权说明。本交易由支行学生经办录入、复核生效，无须授权。

（3）录入说明见表13－1。

表13－1

序号	录入项	说　明	备　注
1	机构号（BRNO）	系统自动生成	
2	托收日期（PSDT）	手工输入或选择	必填项
3	光票托收编号（CCNO）	数据检查成功后由系统生成	
4	收款人代码（CLNO）	手工模糊输入或选择输入	必填项
5	收款人名称（CLNM）	根据收款人代码生成	
6	收款人名址（CLAD）	根据收款人代码生成	
7	票据类型（BITP）	可供选择： （B）Bill （A）Cashier's Cheque （C）Check Cheque （T）Traveler's Cheque （O）Other	必填项

续表

序号	录入项	说 明	备 注
8	票据张数（BINO）	手工输入	必填项
9	票据号码（BLNO）	手工输入	
10	票据币种（CYNO）	手工输入	必填项
11	票据金额（AMTS）	手工输入	必填项
12	托收方式（CCMD）	可供选择： （0）Final Credit （1）Cash Letter （2）Other （3）Individual Collection 选（0）Final Credit 或（1）Cash Letter 时： 付款人国别 = US 地区 Enable	必填项
13	代收行（ICBK）	手工输入或选择	必填项
14	代收行名称（ICBKNM）	根据代收行生成	
15	代收行名址（ICBKNA）	根据代收行生成	
16	付款人名称（DWNA）	手工输入	
17	付款人国别及地区（CNCD）	根据国家选择快邮费资费区	必填项
18	地区（CNCD2）	手工输入	
19	区域属性（NAT）	可供选择： （0）境外 （1）境内 （2）保税区	
20	交易代码（TYTP）	手工输入	必填项
21	核销单号码（DTNO）	点下拉菜单选择	
22	收费方式（CHCO）	可供选择： （XS）现收 （MS）免收 （CS）迟收 选现收或迟收时： 按费率表自动计算手续费、邮电费 选迟收时： 手续费 = 0，邮电费 = 0	必填项
23	费用币种（CHCY）	手工输入或选择	
24	实收手续费金额（CAAM）	手工输入	
25	实收邮电费类型（TLTP）	可选项，点下拉菜单选择	
26	金额（TAAM）	系统可根据费率表自动算出，也可输入	

二、催收

（1）功能说明：光票托收出票后，超过预计时间尚未收汇，支行学生在本交易做催收登记，发催收电文。

（2）授权说明：本交易只需经办、复核即可完成，无须授权。

（3）可生成电文：MT730。

三、买入票据

（1）功能说明。支行办理光票托收出票后，如接受客户申请，需做买入票据业务，在本交易办理。

（2）授权说明。本交易需经办、复核、授权三级学生办理，方可生效。

（3）录入说明见表13-2。

表13-2

序号	录入项	说 明	备 注
1	光票托收编号（CCNO）	系统自动生成	
2	收款人（客户号）（APNO）	手工模糊输入或选择输入 设置收款人账号的可选账号	
3	收款人名称（CLNM）	根据收款人（客户号）生成	
4	收款人地址（CLAD）	根据收款人（客户号）生成	
5	票据类型（BLTP）	系统自动生成	
6	票据币种（CYNO）	系统自动生成	
7	票据金额（AMTS）	系统自动生成	
8	买入利率（OBRT）	按千分之一比例输入 利息=票据金额×买入利率/1000 收款人实收金额=票据金额-利息	必填项
9	利息（OBIN）	根据买入利率自动计算	
10	收款人实收金额（PAAM）	根据买入利率自动计算	
11	收款人账号（STAC）	重新选择收款人（客户号）可生成下拉列表	必填项
12	结汇价（EXRT）	收款人账号为人民币账号时： 结汇价=票据币种的买入价	
13	人民币入账金额（EXAM）	收款人账号为人民币账号时： 人民币入账金额=收款人实收金额×结汇价/100	

四、收汇解付

（1）功能说明。收到由清算中心下划的光票托收款项，押汇中心学生在本交易完成收汇登记，并将款项解付给客户，并收取相应费用，打印凭证。

（2）授权说明。本交易需经办、复核、授权三级学生办理，方可生效。

（3）操作要点。在点击“收款人账号”下拉菜单之前，必须先点击客户号的绿钩，在客户表中重新选择该客户号。

（4）录入说明见表 13－3。

表 13－3

序号	录入项	说　明	备　注
1	收款人代码（CLNO）	系统自动生成	
2	光票托收编号（CCNO）	系统自动生成	
3	收汇币种（CYNO）	系统自动生成	
4	收汇金额（AMTS）	系统自动生成	
5	托收费金额（CAAM）	手工录入 扣费后金额＝收汇金额－邮电费金额 解付客户金额＝收汇金额－邮电费金额－买入票据本息	必填项
6	邮电费金额（TAAM）	手工录入 扣费后金额＝收汇金额－邮电费金额 解付客户金额＝收汇金额－邮电费金额－买入票据本息	必填项
7	扣费后金额（PAAM）	根据托收费金额和邮电费金额自动计算	
8	我行的账户行（ACBK）	点击下拉菜单按实际业务选择	必填项
9	账户行名址（ACBKAD）	根据我行的账户行自动生成	
10	我行的内部账号（INAC）	根据我行的账户行自动生成	
11	买入票据本息（BBAM）	做了买入票据时，系统自动生成，可手工修改	
12	解付客户金额（REAM）	根据托收费金额、邮电费金额和买入票据本息自动计算	
13	原币入账金额（DCAM）	生成原币入账账号可选账号列表	
14	原币入账账号（STAC）	手工输入或选择	
15	待结汇外币金额（STAM）	生成结汇入账账号可选账号列表 结汇汇率＝收汇币种的买入价，如： 结汇后金额＝待结汇外币金额×结汇汇率/100	
16	结汇入账账号（RMAC）	结汇后金额＝待结汇外币金额×结汇汇率/100	
17	结汇汇率（EXRT）	手工输入	
18	结汇后金额（EXAM）	系统自动计算	
19	待套汇外币金额（PDAM）	套汇后金额＝待套汇外币金额×买入价/卖出价 生成套汇账号可选账号列表	
20	套汇入账账号（THAC）	手工录入或选择	

续表

序号	录入项	说　明	备 注
21	外汇买卖方式（FXKD）	可供选择： （2）询价 （3）牌价 选（2）询价时： 买入价、卖出价＝0，Disable 汇价＝0，Enable 套汇后金额＝0 选（3）牌价时： 买入价＝收汇币种的买入价，Enable 卖出价＝套汇入账账号币种的卖出价，Enable 汇价＝0，Disable 套汇后金额＝待套汇外币金额×买入价/卖出价	
22	买入价（BYRT）	外汇买卖方式为（3）牌价时： 套汇后金额＝待套汇外币金额×买入价/卖出价	
23	卖出价（SLRT）	外汇买卖方式为（3）牌价时： 套汇后金额＝待套汇外币金额×买入价/卖出价	
24	汇价（EXR2）	外汇买卖方式为（2）询价时手工录入	
25	套汇后金额（BLAN）	系统自动计算	
26	是否涉外统计（STRN）	可供选择： （Y）YES （N）No 选（Y）YES时：申报号，Disable 选（N）No时：申报号，Enable	
27	对公/对私（CORP）		必填项
28	收汇类型（SHTP）	可选择： （N）对公单位（N） （U）对私（U） 根据收汇类型生成申报号 生成对应的交易代码	必填项
29	申报号（SBNO）	自动生成	必填项
30	交易代码（TYTP）	手工选择	
31	结汇统计类型（NATP）	手工选择	必填项
32	交易附言（TRMO）	手工录入	
33	付款人国别（CNCD）	手工选择	

五、收汇前退票

（1）功能说明。光票托收出票后，押汇中心尚未收到汇入款项，需要退票，押汇中心学生在本交易办理此项业务。

（2）授权说明。本交易只需经办、复核，无须授权。

（3）录入说明见表 13－4。

表 13－4

序号	录入项	说　明	备　注
1	光票托收号（CCNO）	系统自动生成	
2	票据币种（CYNO）	系统自动生成	
3	票据金额（AMTS）	系统自动生成	
4	收款人代码（CLNO）	系统自动生成	必填项
5	买入票据金额（BBAM）	系统自动生成	
6	代收行（ICBK）	手工选择	
7	代收行名称（ICBKNM）	根据代收行自动生成	
8	代收行名址（ICBKAD）	根据代收行自动生成	
9	费用收取对象（CHFR）	默认为付款人	
10	收费方式（CHCO）	可供选择： （XS）现收 （MS）免收 （CS）迟收 选现收或迟收时： 按费率表自动计算手续费、邮电费 选迟收时： 手续费＝0，邮电费＝0	必填项
11	收费币种（CHCY）	点击绿钩，在币种表选择	
12	手续费金额（CAAM）	系统自动弹出，可修改	

六、销卷

（1）功能说明。一笔光票托收业务完成所需的交易过程后，在本交易做结清销卷登记。

（2）授权说明。本交易只需经办、复核，无须授权。

第十四章

汇　款

本章学习提要

本章主要介绍了汇入汇款和汇出汇款的登记、退汇、挂账解付、止付等录入和操作的全过程，学生通过对该部分的学习，对汇入汇款和汇出汇款的操作能有较好的认识。

一、汇入汇款

（一）汇入汇款登记

（1）功能说明。本交易用于处理通过清算系统清分转入的 SWIFT 电文以及以电报方式划入的款项、票汇汇入款、通过境内其他金融机构划转的涉外收入。

（2）前置条件。

（3）授权说明。本交易由经办完成之后送至复核队列，不需要授权。

（4）录入界面：依次双击“汇款”→“汇入汇款”→“汇入汇款登记”进入登记界面，在 SWIFT 队列选中交易双击，进入录入画面。

（5）业务流向：若处理方式（PCTP）为挂账时，可转至挂账解付或退汇。

（6）录入说明见表 14－1。

表 14－1

序号	录入项	说　明
1	机构号（BRNO）	进入本交易前确定，由系统带入
2	汇入汇款编号（IRNO）	由机器自动生成 199，299 电文 20 项
3	是否同业转入（MKTY）	选择 Yes 或 No
4	处理方式（PCTP）	• 选择立即解付 设置 CLNO（收款人代码）、JFFS（解付方式）、EXAM（解付金额）为必输项 • 选择挂账 设置 CLNO（收款人代码）、JFFS（解付方式）、EXAM（解付金额）为可选项
5	汇入款币种（CYNO）	必输项，通过点击"√"进行选择或直接输入 收款人账号（STAC）要根据汇入款币种（CYNO）、收款人代码（CLNO）产生
6	汇入款金额（AMTS）	必输项，逗号","代表小数点"."
7	国外扣费币种（FNCY）	通过点击"√"进行选择或直接输入
8	国外扣费金额（FNAM）	选择输入
9	起息日（RGDT）	必输项，系统自动给出当天日期，可通过点击"√"进行更改或直接输入
10	汇款方式（PYTP）	必输项，通过点击"▼"进行选择或直接输入 有 T/T、M/T、D/D、Other 四种选择
11	汇票号码（DFNO）	如票汇，可选择输入
12	我行的账户行（ACBK）	必输项，通过点击"√"进行选择或直接输入，系统自动带出账户行名称、地址、我行的账号、我行的内部账号
13	账户行业务编号（ACRF）	必输项
14	汇款行业务编号（ORNO）	非必输项 199，299 电文 21 项
15	汇款人国别（CNCD）	必输项，通过点击"√"进行选择或直接输入
16	汇款行（ORBK）	必输项，通过点击"√"进行选择或直接输入，系统自动带出汇款行名称、名址 199，299 电文 TO 项
17	汇款人名址（PRE）	非必输项
18	对公/对私（CORP）	必输项，通过点击"▼"进行选择 • 对公 设定 CLNO（收款人代码）为必输项 • 对私 设定 CLNO（收款人代码）为可选项
19	电汇中收汇人名址（YHNM）	非必输项
20	收款人代码（CLNO）	必输项，若为对公业务必输，系统自动带出客户名称、客户名址

续表

序号	录入项	说　明
21	解付方式（JFFS）	三种方式选择：现汇入账、结汇入账、套汇入账 • 现汇入账 Disable 外汇买卖方式（DKTH） Disable 买入价（BYRT） Disable 卖出价（SLRT） Disable 结汇汇率（EXRT） 申报统计类型（NATP）设置为可选 • 结汇入账 Disable 外汇买卖方式（DKTH） Disable 买入价（BYRT） Disable 卖出价（SLRT） Enable 结汇汇率（EXRT） 申报统计类型（NATP）设置为必输 • 套汇入账 Enable 外汇买卖方式（DKTH），设置为必输 Enable 买入价（BYRT） Enable 卖出价（SLRT） Disable 结汇汇率（EXRT） 申报统计类型（NATP）设置为可选输入
22	收款人账号（STAC）	必输项，分三种情况来控制 • 现汇入账 收款人账号币种与汇入款币种相同 Disable 外汇买卖方式（DKTH） Disable 买入价（BYRT） Disable 卖出价（SLRT） Disable 结汇汇率（EXRT） • 结汇入账 收款人账号币种是人民币 Disable 外汇买卖方式（DKTH） Disable 买入价（BYRT） Disable 卖出价（SLRT） Enable 结汇汇率（EXRT） • 套汇入账 收款人账号币种与汇入款币种不同，且 收款人账号币种是外币 Enable 外汇买卖方式（DKTH） Enable 买入价（BYRT） Enable 卖出价（SLRT） Disable 结汇汇率（EXRT）
23	无兑换手续费（CAAM）	如现汇入账，则下列公式生效 解付金额（EXAM）= 汇入款金额（AMTS）– 无兑换手续费（CAAM）
24	解付金额（EXAM）	必输项，参考：无兑换手续费（CAAM）

续表

序号	录入项	说　明
25	外汇买卖方式（DKTH）	点击下拉菜单选择，有牌价和询价两种 • 牌价 Enable 买入价（BYRT），获初始值 Enable 卖出价（SLRT），获初始值 Disable 结汇汇率（EXRT） 自动计算解付金额（EXAM） • 询价 Disable 买入价（BYRT） Disable 卖出价（SLRT） Enable 结汇汇率（EXRT）
26	买入价（BYRT）	参考：外汇买卖方式（DKTH），值改变后将影响致电解付金额的计算
27	卖出价（SLRT）	参考：外汇买卖方式（DKTH），值改变后将影响致电解付金额的计算
28	结汇汇率（EXRT）	参考：外汇买卖方式（DKTH），值改变后将影响致电解付金额的计算
29	是否涉外统计（STRN）	选择 Yes 或者 No
30	收汇类型（SHTP）	选择对公或对私，并控制申报号（SBNO）的显示和交易代码（TYTP）的显示
31	申报号（SBNO）	参考：收汇类型（SHTP）
32	交易代码（TYTP）	参考：收汇类型（SHTP）
33	区域属性（NAT）	分境外、境内、保税区
34	申报统计类型（NATP）	当区域属性为境外时，可进行选择
35	交易附言（TRMO）	选择输入

（二）退汇

（1）功能说明。本交易指对无头汇入汇款，应汇款行要求或其他原因而办理的汇款退划业务。

（2）前置条件。当做汇入汇款登记时处理方式（PCTP）选择挂账。

（3）授权说明。本交易由经办学生确认通过后提交至复核，不需要经过授权。

（4）业务流向。转至销卷。

（5）录入界面。依次双击“汇款”→“汇入汇款”→“退汇”进入登记界面，在 USABLE 队列选中交易双击，进入录入画面。

（6）录入说明见表 14－2。

表 14－2

序号	录入项	说　明
1	汇入汇款编号（IRNO）	显示以前保存的数据 299 电文 20 项
2	汇入款币种（CYNO）	显示以前保存的数据
3	原汇入金额（IRAM）	自动弹出以前保存的数据
4	手续费（CAAM）	选择输入
5	退汇金额（AMTS）	必输项，退汇金额（AMTS）的公式： 退汇金额（AMTS）= 原汇入金额（IRAM）- 手续费（CAAM）
6	账户行（ACBK）	必输项，通过点击“√”进行选择或直接输入，系统自动带出账户行名称、地址、我行的账号、我行的内部账号 299 电文 TO 项
7	我行在账户行的账号（ACNO）	可选输入项
8	账户行原贷记编号（ACRF）	非必输项 299 电文 79 项
9	报文类型（MSTP）	非必输项 299 电文 79 项
10	原汇入汇款起息日（VLDT）	显示以前保存的数据
11	退汇原因（RJRS）	非必输项 299 电文 79 项
12	对公/对私（CORP）	必输项，通过点击“▼”进行选择 • 对公 设定 CLNO（收款人代码）为必输项 • 对私 设定 CLNO（收款人代码）为可选项
13	电汇中收汇人名址（YHNM）	非必输项
14	收款人代码（CLNO）	必输项，若为对公业务必输，系统自动带出客户名称、客户名址
15	解付方式（JFFS）	三种方式选择，现汇入账、结汇入账、套汇入账 • 现汇入账 Disable 外汇买卖方式（DKTH） Disable 买入价（BYRT） Disable 卖出价（SLRT） Disable 结汇汇率（EXRT） 申报统计类型（NATP）设置为可选 • 结汇入账 Disable 外汇买卖方式（DKTH） Disable 买入价（BYRT） Disable 卖出价（SLRT） Enable 结汇汇率（EXRT） 申报统计类型（NATP）设置为必输 • 套汇入账 Enable 外汇买卖方式（DKTH），设置为必输

续表

序号	录入项	说明
16	解付方式（JFFS）	Enable 买入价（BYRT） Enable 卖出价（SLRT） Disable 结汇汇率（EXRT） 申报统计类型（NATP）设置为可选输入
17	收款人账号（STAC）	必输项，分三种情况来控制 • 现汇入账 收款人账号币种与汇入款币种相同 Disable 外汇买卖方式（DKTH） Disable 买入价（BYRT） Disable 卖出价（SLRT） Disable 结汇汇率（EXRT） • 结汇入账 收款人账号币种是人民币 Disable 外汇买卖方式（DKTH） Disable 买入价（BYRT） Disable 卖出价（SLRT） Enable 结汇汇率（EXRT） • 套汇入账 收款人账号币种与汇入款币种不同，且 收款人账号币种是外币 Enable 外汇买卖方式（DKTH） Enable 买入价（BYRT） Enable 卖出价（SLRT） Disable 结汇汇率（EXRT）
18	无兑换手续费（CAAM）	如现汇入账，则下列公式生效 解付金额（EXAM）= 汇入款金额（AMTS）- 无兑换手续费（CAAM）
19	解付金额（EXAM）	必输项，参考：无兑换手续费（CAAM）
20	外汇买卖方式（DKTH）	点击下拉菜单选择，有牌价和询价两种 • 牌价 Enable 买入价（BYRT），获初始值 Enable 卖出价（SLRT），获初始值 Disable 结汇汇率（EXRT） 自动计算解付金额（EXAM） • 询价 Disable 买入价（BYRT） Disable 卖出价（SLRT） Enable 结汇汇率（EXRT）
21	买入价（BYRT）	参考：外汇买卖方式（DKTH），值改变后将影响致电解付金额的计算
22	卖出价（SLRT）	参考：外汇买卖方式（DKTH），值改变后将影响致电解付金额的计算
23	结汇汇率（EXRT）	参考：外汇买卖方式（DKTH），值改变后将影响致电解付金额的计算

续表

序号	录入项	说　明
24	是否涉外统计（STRN）	选择 Yes 或者 No
25	收汇类型（SHTP）	选择对公或对私，并控制申报号（SBNO）的显示和交易代码（TYTP）的显示
26	申报号（SBNO）	参考：收汇类型（SHTP）
27	交易代码（TYTP）	参考：收汇类型（SHTP）
28	区域属性（NAT）	分境外、境内、保税区
29	申报统计类型（NATP）	当区域属性为境外时，可进行选择
30	交易附言（TRMO）	选择输入

（三）挂账解付

（1）功能说明。本交易是对汇入汇款登记业务中采用挂账方式的汇入汇款在符合入账条件时进行解付。

（2）前置条件。汇入汇款登记中解付的处理方式选择挂账。

（3）授权说明。本交易需由经办、复核、授权共同完成。

（4）业务流向。转至销卷。

（5）录入界面。依次双击“汇款”→“汇入汇款”→“挂账解付”进入登记界面，在 USABLE 队列选中交易双击，进入录入画面。

录入说明见表 14－3。

表 14－3

序号	录入项	说　明
1	机构号（BRNO）	显示以前保存的数据
2	汇入汇款编号（IRNO）	显示以前保存的数据
3	是否同业转入（MKTY）	显示以前保存的数据
4	汇入款币种（CYNO）	显示以前保存的数据
5	汇入款金额（AMTS）	显示以前保存的数据
6	起息日（VLDT）	显示以前保存的数据
7	汇款方式（PYTP）	显示以前保存的数据
8	汇票号码（DFNO）	可选择输入
9	汇款行业务编号（ORNO）	显示以前保存的数据
10	汇款人国别（CNCD）	显示以前保存的数据
11	汇款行（ORBK）	通过点击“√”进行选择或直接输入，系统自动带出汇款行名称、名址
12	汇款人名址（PRE）	显示以前保存的数据，可选择输入修改

续表

序号	录入项	说　明
13	对公/对私（CORP）	显示以前保存的数据，必输项 可通过点击“▼”进行选择 • 对公 设定 CLNO（收款人代码）为必输项 设定 STAC（收款人账号）为必输项 • 对私 设定 CLNO（收款人代码）为可选项 设定 CLNO（收款人代码）为可选项
14	电汇中收汇人名址（YHNM）	非必输项
15	收款人代码（CLNO）	必输项，若为对公业务必输，系统自动带出收款人名称、收款人名址
16	解付方式（JFFS）	三种方式选择，现汇入账、结汇入账、套汇入账 • 现汇入账 Disable 外汇买卖方式（DKTH） Disable 买入价（BYRT） Disable 卖出价（SLRT） Disable 结汇汇率（EXRT） • 结汇入账 Disable 外汇买卖方式（DKTH） Disable 买入价（BYRT） Disable 卖出价（SLRT） Enable 结汇汇率（EXRT） • 套汇入账 Enable 外汇买卖方式（DKTH），设置为必输 Enable 买入价（BYRT） Enable 卖出价（SLRT） Disable 结汇汇率（EXRT）
17	收款人账号（STAC）	必输项，分三种情况来控制 • 现汇入账 收款人账号币种与汇入款币种相同 Disable 外汇买卖方式（DKTH） Disable 买入价（BYRT） Disable 卖出价（SLRT） Disable 结汇汇率（EXRT） • 结汇入账 收款人账号币种是人民币 Disable 外汇买卖方式（DKTH） Disable 买入价（BYRT） Disable 卖出价（SLRT） Enable 结汇汇率（EXRT） • 套汇入账 收款人账号币种与汇入款币种不同，且 收款人账号币种是外币 Enable 外汇买卖方式（DKTH） Enable 买入价（BYRT）

续表

序号	录入项	说　明
17	收款人账号（STAC）	Enable 卖出价（SLRT） Disable 结汇汇率（EXRT）
18	解付金额（EXAM）	根据现汇、结汇、套汇三种方式自动计算
19	外汇买卖方式（DKTH）	点击下拉菜单选择，有牌价和询价两种 • 牌价 Enable 买入价（BYRT），获初始值 Enable 卖出价（SLRT），获初始值 Disable 结汇汇率（EXRT） 自动计算解付金额（EXAM） • 询价 Disable 买入价（BYRT） Disable 卖出价（SLRT） Enable 结汇汇率（EXRT）
20	买入价（BYRT）	参考：解付方式（JFFS）和外汇买卖方式（DKTH），值改变后将影响致电解付金额的计算
21	卖出价（SLRT）	参考：解付方式（JFFS）和外汇买卖方式（DKTH），值改变后将影响致电解付金额的计算
22	结汇汇率（EXRT）	参考：解付方式（JFFS）和外汇买卖方式（DKTH），值改变后将影响致电解付金额的计算
23	转他行机构号（ZTBR）	如有转他行，则收款人账号为非必输入项 如非转他行，则收款人账号为必输入项
24	是否涉外统计（STRN）	选择Yes 或者 No • Yes Disable 对公/对私（CORP） • No Enable 对公/对私（CORP）
25	收汇类型（SHTP）	选择对公或对私，并控制申报号（SBNO）的显示和交易代码（TYTP）的显示
26	申报号（SBNO）	参考：收汇类型（SHTP）
27	交易代码（TYTP）	参考：收汇类型（SHTP）
28	区域属性（NAT）	分境外、境内、保税区
29	申报统计类型（NATP）	当区域属性为境外时，可进行选择
30	交易附言（TRMO）	选择输入

（四）销卷

（1）功能说明。本交易是对已办理正常解付的汇入汇款业务进行结卷处理。

（2）前置条件。退汇或挂账解付交易成功后。

（3）授权说明。本交易由经办完成之后送至复核队列，不需要授权。

（4）录入界面。依次双击“汇款”→“汇入汇款”→“销卷”进入登记界面，在USABLE队列选中交易双击，进入录入画面。

二、汇出汇款

（一）汇出汇款登记

（1）功能说明。本交易由支行经办人员根据客户提供的汇出汇款申请书的汇款人名称、账号、汇款金额、收款人名称、账号、收款人开户银行、汇款附言等要素准确录入，进行登记。

（2）前置条件。

（3）授权说明。本交易由经办完成之后送至复核队列，不需要授权。

（4）操作要点。

①选择“结算业务→汇款→汇出汇款→汇出汇款登记”交易。

②点击菜单栏的“New”按钮，选择机构号之后进入汇款登记主画面。

③经办人员数据录入以后，先执行“Data Check”键，进行数据检查，检查通过之后再点击“Commit”提交至复核队列。

④复核员点击“For Check”队列，选择待复核报文，双击进入复核界面，核对无误则点击“Check Pass”按钮，画面显示复核成功，点击“确定”按钮退出本交易画面。如发现错误点击“Refuse”按钮，退回给经办学生进行修改。

（5）主要项目释义。合同号：汇款人与收款人之间签订的合同，由汇款人提供。业务种类：指汇出款项来源，分直接从现汇户中支付、通过售汇付出、套汇付出等类型。由我行支付/由收款人支付：指账户行费用由谁承担。

（6）业务流向。流向止付或销卷。

（7）录入界面。双击“汇款”→“汇出汇款”→“汇出汇款登记”→“新建”按钮，点击下拉菜单，选中客户所属机构，点击“OK”按钮，进入登记录入界面。

录入说明见表14－4。

表 14 – 4

序号	录入项	说　明
1	机构号（BRNO）	进入本交易前确定，由系统带入
2	汇出汇款编号（ORNO）	由机器自动生成 100 103 110 205 电文 20 项 192 202 电文 20 项
3	汇款类型（ORTP）	必输项
4	汇款人代码（CLNO）	必输项，通过点击“√”进行选择或直接输入；系统自动带出汇款人名称、地址 100 电文 50 项 103 电文 50a 项
5	汇款人名称（CLNM）	由机器自动生成
6	汇款人名址（CLAD）	由机器自动生成
7	汇款日期（APDT）	必输项，系统自动给出当天日期，可通过点击“√”进行更改或直接输入
8	收款人名址（RVE）	必输项 100 103 110 电文 59 项 205 电文 58a 项
9	收款人账号（RVAC）	非必输项 100 103 110 电文 59 项 205 电文 58a 项
10	收款人国别（CNCD）	必输项，通过点击“√”进行选择或直接输入
11	收款银行（IRBK）	必输项，通过点击“√”进行选择或直接输入，系统自动带出银行名称、名址及 SWIFT 编码 100 103 205 电文 57a 项
12	收款银行名称（IRBKNM）	由机器自动生成 202 电文 58a 项
13	收款银行名址（IRBKAD）	由机器自动生成 100 205 电文 57a 项 202 电文 58a 项
14	收款银行 SWIFT 编号（IRSWNO）	由机器自动生成
15	收款行的账户行（MDBK）	非必输项，通过点击“√”进行选择或直接输入，系统自动带出银行名称、名址及 SWIFT 编码 100 103 电文 56a 项 202 电文 57a 项
16	账户行名称（MDBKNM）	由机器自动生成
17	账户行名址（MDBKAD）	由机器自动生成
18	账户行 SWIFT 代码（MDSWNO）	由机器自动生成
19	72 项附言（BER）	非必输项 100 103 202 205 电文 72 项
20	合同号（CRNO）	非必输项
21	汇款币种（CYNO）	必输项，通过点击“√”进行选择或直接输入 100 103 202 205 电文 32a 项 110 电文 32b 项

续表

序号	录入项	说明
22	汇款金额（AMTS）	必输项，逗号“,”代表小数点“.” • 当“手续费收取对象”为付款人（I）时，实际汇出金额＝汇款金额 • 当“手续费收取对象”为收款人（O）时，实际汇出金额＝汇款金额－实收手续费金额－实收电报费金额 100 103 202 205 电文 32a 项 110 电文 32b 项
23	起息日（VLDT）	必输项，通过点击“√”进行选择或直接输入 100 103 202 205 电文 32a 项 110 电文 30 项
24	汇票号码（DFNO）	非必输项 110 电文 21 项
25	我行的账户行	必输项，通过点击“√”进行选择或直接输入，系统自动带出银行名称、名址及 SWIFT 编码 100 103 110 192 202 205 电文 TO 项 100 103 202 电文 53a 项
26	我行的账户行名址（ACBKAD）	由机器自动生成
27	实际汇出金额（ACAM）	系统计算，参考：汇款金额（AMTS）说明
28	现汇支付金额（AMC1）	非必输项，若通过现汇支付时必须输入
29	原币账号（ACC1）	非必输项，若通过现汇支付时必须输入
30	售出外汇金额（SDAM）	非必输项，若通过售汇支付时必须输入
31	汇率（EXRT）	非必输项，若选择售汇支付时系统自动带出
32	人民币账号（ACC2）	非必输项，若通过售汇支付时必须输入
33	人民币金额（AMC2）	非必输项，若选择售汇支付时由系统自动折算
34	套汇支付金额（THAM）	非必输项，若通过套汇支付时必须输入
35	外汇账号（ACC3）	非必输项，若通过套汇支付时必须输入
36	外汇买卖方式（FXHD）	非必输项，分牌价与询价方式
37	买入价（BYRT）	非必输项，外汇买卖方式为牌价方式时自动弹出
38	卖出价（SLRT）	非必输项，外汇买卖方式为牌价方式时自动弹出
39	汇价（EXR2）	非必输项，外汇买卖方式为询价方式时要求输入
40	外汇金额（AMC3）	非必输项，若选择套汇支付时由系统自动折算
41	售汇统计类型（SHXZ）	非必输项，通过点击“▼”进行选择
42	是否申报（STFG）	必输项，通过点击“▼”进行选择 • 申报 设置申报号（SBNO）、交易代码（TYTP）、付汇类型（FHTP） 为必输项 • 不申报 设置申报号（SBNO）、交易代码（TYTP）、付汇类型（FHTP） 为非必输项

续表

序号	录入项	说　明
43	交易附言（用于申报）（TRMO）	非必输项
44	付汇类型（FHTP）	分成贸易、非贸易及资本、个人，交易代码（TYTP）则不同
45	对公对私（CMPR）	非必输项，通过点击“▼”进行选择
46	交易代码（TYTP）	非必输项，通过点击“▼”进行选择
47	申报号（SBNO）	参考：是否申报（STFG）说明
48	代理行费用由付/收款人支付（OBFG）	必输项，通过点击“▼”进行选择 100 103 电文 71a 项
49	手续费收取对象（CHFR）	非必输项，通过点击“▼”进行选择 • 当“手续费收取对象”为付款人（I）时，实际汇出金额 = 汇款金额 Enable 收费方式（CHCO） • 当“手续费收取对象”为收款人（O）时，实际汇出金额 = 汇款金额 - 实收手续费金额 - 实收电报费金额 Disable 收费方式（CHCO），其初值为现收 Disable 收费币种（CHCY），其初值为原币 实收手续费金额（CAAM）自动得到初值，可修改
50	收费方式（CHCO）	可选择现收、迟收、免收，选择前两种可自动得到收费币种（CHCY）、实收手续费金额（CAAM）的初值
51	收费币种（CHCY）	非必输项，收费时通过点击“√”进行选择或直接输入 参考：手续费收取对象（CHFR）和收费方式（CHCO）说明
52	实收手续费金额（CAAM）	非必输项，收费时输入 参考：手续费收取对象（CHFR）和收费方式（CHCO）说明
53	电报费类型（TLTP）	非必输项，收费时通过点击“√”进行选择
54	实收电报费金额（TAAM）	非必输项，收费时输入

（二）止付

（1）功能说明。本交易对分行已汇出的汇款业务发出止付指令，要求国外银行停止付款。

（2）前置条件。汇出汇款登记交易成功后。

（3）授权说明。本交易由经办、复核、授权共同完成。

（4）业务流向。交易成功后，流向销卷。

（5）录入界面。依次双击“汇款”→“汇出汇款”→“止付”进入登记界面，在 USABLE 队列选中交易双击，进入录入画面。

（6）录入说明见表 14－5。

表 14 – 5

序号	录入项	说　明
1	汇出汇款编号（ORNO）	显示以前保存的数据 192 电文 20 项
2	手续费收取对象（CHFR）	显示以前保存的数据
3	收费方式（CHCO）	可选择现收、迟收、免收，选择前两种可自动得到收费币种（CHCY）、实收手续费金额（CAAM）、实收电报费金额（TAAM）的初值
4	扣费币种（CHCY）	非必输项，收费时通过点击"√"进行选择或直接输入 参考：手续费收取对象（CHFR）和收费方式（CHCO）说明
5	实收手续费金额（CAAM）	非必输项，收费时输入 参考：手续费收取对象（CHFR）和收费方式（CHCO）说明
6	电报费类型（TLTP）	非必输项，收费时通过点击"√"进行选择
7	实收电报费金额（TAAM）	非必输项，收费时输入

（7）生成报文。如果需要发电 MT192，MT199，按照画面提示依次录入数据，无误后点击"提交"按钮。

（三）销卷

（1）功能说明。对已完成资金清算，办理了解付的汇出汇款业务进行销卷。

（2）前置条件。办理完汇出汇款登记或止付交易后。

（3）授权说明。本交易由经办完成之后送至复核队列，不需要授权。

（4）录入界面。依次双击"汇款"→"汇出汇款"→"销卷"进入登记界面，在 USABLE 队列选中交易双击，进入录入画面。

（5）录入说明见表 14 – 6。

表 14 – 6

序号	录入项	说　明
1	汇出汇款编号（ORNO）	显示以前保存的数据
2	收费币种（CHCY）	非必输项，收费时通过点击"√"进行选择或直接输入 根据币种取"实收手续费金额（CAAM）"和"实收电报费金额（TAAM）"的数据
3	实收手续费金额（CAAM）	非必输项，收费时输入
4	电报费类型（TLTP）	非必输项，收费时通过点击"√"进行选择
5	实收电报费金额（TAAM）	非必输项，收费时输入

第十五章

贸易融资

本章学习提要

本章主要介绍了打包贷款、垫款、进口押汇、出口议付、出口托收贷款、融资返还、进口押汇返还等内容的操作和有关注意事项。通过该内容的学习，使学生了解贸易融资业务的操作流程和具体内容。

一、打包贷款

(1) 功能说明。出口来证登记生效后，本行同意给客户做打包贷款，办理完成此项业务。

(2) 前置条件。

(3) 授权说明。本交易只需经办、复核，无须授权。

(4) 操作要点。

经办：切换到“经办”队列，系统显示所有可以做打包放款交易的信用证，双击该信用证进入交易画面，录入相关数据，核对无误后，点击“提交”按钮，提交给复核学生。

复核：复核学生切换到“待复核”队列，选中需复核的交易，双击进入复核画面，核查无误后点击“复核”按钮，画面显示复核成功，点击“确定”按钮退出本交易画面。如发现错误点击“退回经办”按钮，退回给经办学生进行修改。

(5) 录入说明见表15－1。

表 15－1

序号	录入项	录入说明	备注
1	客户号（CLNO）	系统自动弹出	
2	客户名	系统自动弹出	
3	客户地址	系统自动弹出	
4	来证通知号（IBNO）	系统自动弹出	
5	信用证号（LCNO）	系统自动弹出	
6	借据号（EVNO）	系统自动生成	必输项
7	合同号（CONO）	系统自动生成	必输项
8	打包币种（CYNO）	打包币种 =“CNY”，系统自动弹出	
9	打包放款编号（NENO）	系统自动生成	必输项
10	是否为额度贷款（QLFG）	从下拉列表中选择： 0：其他贷款 1：额度贷款	
11	起息日（VLDT）	手工输入，或者点击绿钩按钮在日期表中选择	必输项
12	到期日（MADT）	手工输入，或者点击绿钩按钮在日期表中选择	必输项
13	打包金额（GVVL）	手工录入	必输项
14	执行利率（INRT）	系统自动读取，可以修改	
15	押汇（贷款入账）账号（LEAC）	从下拉列表中选择，人民币账号	

二、垫款（逾期贷款）

（1）功能说明。本界面用来进行信用证项下垫款（逾期贷款）的登记、调阅、修改、查询等业务。

（2）授权说明。此笔交易必须由经办、复核、授权三级通过。经办、复核无金额、比例限制，涉及金额修改的，授权者的权限与开立信用证相同。经办可以对复核退回的报文进行修改。所有人员均可以调阅、查询。

（3）操作要点。

①登记：进入此界面后，双击菜单中“NEW”按钮，进入登记交易画面，逐项录入，经过“DATA CHECK”进行数据检查。全部工作完成，按“COMMIT”进行提交，报文进入待复核队列。

②复核：复核学生进入此界面，点击“CHECK”队列，系统显示所有待复核业务，双击所选中的业务，核查无误后点击“CHECK PASS”按钮，画面显示复核成功，进入待授权队列，点击“OK”按钮，完成本交易。如发现错误点击“REFUSE”按钮，退回给经办学生进行修改。

③授权：授权学生进入此界面，点击“GRANT”队列，系统显示所

有待授权业务，双击所选中的业务，核查无误后点击“GRANT PASS”按钮，画面显示授权成功，点击“OK”按钮，完成本交易。如发现错误点击“REFUSE”按钮，退回给经办学生进行修改。

（4）录入界面。从“贸易融资”→“垫款（逾期贷款）”依次双击进入界面，点中所选内容，点击“NEW”或双击此栏，进入界面。

（5）录入说明见表15－2。

表15－2

序号	录入项目	说　明	备　注
1	客户号	选择录入	必填项
2	客户名	通过客户号自动生成	
3	客户地址	通过客户号自动生成	
4	信用证号	通过客户号自动生成	
5	来单号	通过客户号自动生成	
6	借据号	录入	必填项
7	合同号	录入	必填项
8	贷款形式	选择	
9	担保人客户号	录入	
10	押汇币种	选择	必填项
11	贷款类型	选择	
12	基准年利率	自动生成	
13	发放金额	选择	
14	计息周期	录入	
15	固定周期	录入	必填项
16	结算账号	录入	必填项
17	贷款入账账号	录入	必填项
18	是否为额度贷款	录入	
19	授信额度编号	选择	
20	第二还款账号	选择	
21	收息类型	选择	
22	计复息标志	选择	
23	贷款用途	录入	

三、进口押汇

（1）功能说明。该项目用来进行信用证、保函项下待付款业务进口押汇的处理，生成MT202、MT799、MT199、MT752或MT999报文，调阅、修改、查询所有业务。

（2）授权说明。此笔交易必须由经办、复核、授权三级通过。经办、复核无金额限制，授权者的权限与开立信用证相同。经办可以对复核、授权退回的报文进行修改。所有人员均可以调阅、查询。

（3）操作要点。

①登记：进入此界面后，系统显示所有已来单未付款的信用证，选中信用证号，双击菜单中“NEW”按钮，进入登记交易画面，逐项录入，经过“DATA CHECK”进行数据检查。全部工作完成，按“COMMIT”进行提交，报文进入待复核队列。

②复核：复核学生进入此界面，点击“CHECK”队列，系统显示所有待复核业务，双击所选中的业务，核查无误后点击“CHECK PASS”按钮，画面显示复核成功，进入待授权队列，点击“OK”按钮，完成本交易。如发现错误点击“REFUSE”按钮，退回给经办学生进行修改。

③授权：授权学生进入此界面，点击“GRANT”队列，系统显示所有待授权业务，双击所选中的业务，核查无误后点击“GRANT PASS”按钮，画面显示授权成功，点击“OK”按钮，完成本交易。如发现错误点击“REFUSE”按钮，退回给经办学生进行修改。

（4）录入界面。从“贸易融资”→“进口押汇”依次双击进入界面，USABLE 队列显示所有已来单的信用证/保函，选中的信用证/保函号，点击“新建”图标或双击此栏，进入界面。

（5）录入说明见表 15－3。

表 15－3

序号	录入项目	说 明	备 注
1	客户号	选择录入	必填项
2	客户名	通过客户号自动生成	
3	客户地址	通过客户号自动生成	
4	信用证号	通过客户号自动生成	
5	来单号	通过客户号自动生成	
6	借据号	录入	必填项
7	合同号	录入	必填项
8	押汇类型	选择	
9	贷款类型	录入	
10	押汇币种	选择	必填项
11	押汇种类	选择	
12	押汇编号	自动生成	

续表

序号	录入项目	说　明	备　注
13	是否为额度贷款	选择	
14	授信额度编号	录入	
15	起息日	录入	必填项
16	到期日	录入	必填项
17	押汇金额	录入	必填项
18	邮电费	录入	
19	利率调整方式	选择	
20	利率调整月日数	选择	
21	计息周期	选择	
22	固定周期	选择	
23	执行利率	录入	
24	收息类型	选择	
25	计复息标志		
26	手续费		
27	押汇（贷款）入账账号	录入	必填项
28	借款人结算账号		
29	约定还款账号		

四、出口议付（押汇）

（1）功能说明。议付出单登记交易生效后，本行同意给客户做出口押汇，学生在本交易中办理完成此项业务。

（2）前置条件。

（3）授权说明。本交易只需经办、复核，无须授权。

（4）操作要点。

经办：切换到“经办”队列，双击进入交易画面，录入相关数据，核对无误后，点击“提交”按钮，提交给复核学生。

复核：复核学生切换到“待复核”队列，选中需复核的交易双击进入复核画面，核查无误后点击“复核”按钮，画面显示复核成功，点击“确定”按钮退出本交易画面。如发现错误点击“退回经办”按钮，退回给经办学生进行修改。

（5）录入说明见表15－4。

表 15-4

序号	录入项	说　明	备　注
1	客户号（CLNO）	系统自动弹出	
2	客户名（CLNM）	系统自动弹出	
3	客户地址（CLAD）	系统自动弹出	
4	议付号（BPNO）	系统自动弹出	
5	发票号（IVNO）	系统自动弹出	
6	借据号（EVNO）	系统自动生成	必输项
7	合同号（CONO）	系统自动生成	必输项
8	融资编号（NENO）	手工录入	
9	是否为额度贷款（QLFG）	从下拉列表中选择： 0：其他贷款 1：额度贷款	
10	起息日（VLDT）	手工录入，或者点击绿钩在日期表中选择	必输项
11	到期日（MADT）	手工录入，或者点击绿钩在日期表中选择	必输项
12	执行利率（INRT）	系统自动弹出，可以手工修改	
13	融资币种（CYNO）	系统自动弹出	必输项
14	融资金额（GVVL）	录入融资币种后，融资金额自动弹出	必输项
15	打包金额（DBAMT）	Disable	
16	打包利率（DBRT）	Disable	
17	打包天数（DBTS）	Disable	
18	融资（贷款入账）账号（LEAC）	从下拉列表中选择	
19	入客户账金额（CLTAMT）	系统自动计算（原币入账、结汇入账、套汇入账）	
20	结汇类型（NATP）	结汇入账：从下拉列表中选择结汇类型 套汇、原币：disable 不输	

五、出口托收贷款

（1）功能说明。托收出单登记交易生效后，我行同意给客户做出口押汇，学生在本交易中办理完成此项业务。

（2）前置条件。

（3）授权说明。本交易只需经办、复核，无须授权。

（4）操作要点。

经办：切换到“经办”队列，双击进入交易画面，录入相关数据，核对无误后，点击“提交”按钮，提交给复核学生。

复核：复核学生切换到“待复核”队列，选中需复核的交易双击进入复核画面，核查无误后点击“复核”按钮，画面显示复核成功，点击

"确定"按钮退出本交易画面。如发现错误点击"退回经办"按钮，退回给经办学生进行修改。

（5）录入说明见表 15－5。

表 15－5

序号	录入项	说　明	备　注
1	客户号（CLNO）	系统自动弹出	
2	客户名	系统自动弹出	
3	客户地址	系统自动弹出	
4	托收编号（BPNO）	系统自动弹出	
5	发票号（IVNO）	系统自动弹出	
6	借据号（EVNO）	系统自动生成	必输项
7	合同号（CONO）	系统自动生成	必输项
8	融资币种（CYNO）	手工录入，或者点击绿钩在币种表中选择	必输项
9	融资金额（GVVL）	录入融资币种后，融资金额自动弹出	必输项
10	融资编号（NENO）	系统自动生成	必输项
11	是否额度贷款（QLFG）	从下拉列表中选择 0：其他贷款 1：额度贷款	
12	授信额度编号（AGNO）	手工录入	
13	起息日（VLDT）	手工录入，或者点击绿钩在日期表中选择	必输项
14	到期日（MADT）	手工录入，或者点击绿钩在日期表中选择	必输项
15	利率（INRT）	系统自动弹出，可以手工修改	必输项
16	押汇（贷款入账）账号（LEAC）	从下拉列表中选择	
17	客户入账金额（CLTAMT）	系统自动计算	
18	结汇统计类型（NATP）	结汇：从下拉列表中选择结汇类型 套汇、原币：不输	

六、融资返还

（1）功能说明。客户通过该交易返还押汇、打包的融资款项。

（2）前置条件。

（3）授权说明。本交易只需经办、复核，无须授权。

（4）操作要点。

经办：切换到"经办"队列，双击进入交易画面，录入相关数据，核对无误后，点击"提交"按钮，提交给复核学生。

复核：复核学生切换到"待复核"队列，选中需复核的交易双击进入复核画面，核查无误后点击“复核”按钮，画面显示复核成功，点击“确定”按钮退出本交易画面。如发现错误点击“退回经办”按钮，退回给经办学生进行修改。

（5）录入说明见表 15－6。

表 15－6

序号	录入项	说 明	备 注
1	客户号（CLNO）	系统自动弹出	
2	客户名	系统自动弹出	
3	客户地址	系统自动弹出	
4	业务号码（BPNO）	系统自动弹出	
5	发票号（IVNO）	系统自动弹出	
6	借据号（EVNO）	系统自动弹出	
7	合同号（CONO）	系统自动弹出	
8	融资编号（NENO）	系统自动弹出	
9	起息日（VLDT）	系统自动弹出	
10	到期日（MADT）		
11	执行利率（INRT）		
12	融资币种（CYNO）	系统自动弹出	
13	融资金额（GVVL）	系统自动弹出	
14	融资天数（DBTS）	系统自动弹出	
15	本次还融资本金（DBAM）	手工录入	
16	利息收入（NGIN）		
17	返还融资账号（LEAC）		
18	借客户账金额（CLTAMT）		
19	结汇统计类型（NATP）		

七、进口押汇返还

（1）功能说明。该交易可以对进口押汇交易所作的融资进行返还。

（2）授权说明。本交易需经办、复核、授权三级学生操作才能完成。

（3）录入界面。从“贸易融资”→“进口押汇返还”依次双击进入界面，选中需要返还的业务记录双击。

（4）录入说明见表 15－7。

表 15－7

序号	录入项	说　明	备　注
1	客户号	系统自动弹出	
2	客户名	系统自动弹出	
3	客户地址	系统自动弹出	
4	信用证号	系统自动弹出	
5	发票号	系统自动弹出	
6	借据号	系统自动弹出	
7	合同号	系统自动弹出	
8	融资编号	无须输入，系统在交易成功后自动生成	
9	起息日	点击绿钩在日期表中选择	
10	到期日	点击绿钩在日期表中选择	必填项
11	执行利率	手工输入	
12	融资币种	点击绿钩在币种表中选择	
13	融资金额	手工输入	
14	融资天数		
15	本次还融资本金		必填项
16	利息收入	系统自动计算	
17	返还融资账户	点击下拉菜单选择	必填项
18	借客户账金额	手工输入	必填项
19	贷款账户	点击下拉菜单选择	

第十六章

教学管理

本章学习提要

本章介绍了使用软件的操作者进行教学管理的一些注意事项，包括权限管理、系统表维护、系统授权、操作成绩测评、公告管理、学生操作情况管理等内容，教师通过对该内容的掌握，能较好地完成实验的有关操作管理。

一、权限管理

新设计的权限控制核心在标准的多级权限设计上结合国际业务的特点重新作了扩充，定义了一套灵活的权限管理核心，分为机构、角色、用户及用户组四级结构，角色、用户及用户组隶属于机构，用户隶属于角色或用户组，用户组隶属于角色。

系统安装完成后，以 admin 用户登录系统，初始密码为 888888，进入系统后，可新建班级、新建教师用户等。如图 16－1 所示。

（一）班级管理

在“班级管理”中点击“新建”，进入图 16－2。

确认后完成班级建立。

（二）用户管理

以 admin 用户登录系统后，可以新建教师用户，以教师用户登录则可以新建学生用户，图 16－3 所示新建教师用户。

确认后，如图 16－4 所示，系统自动生成教师用户登录的“用户编号”。

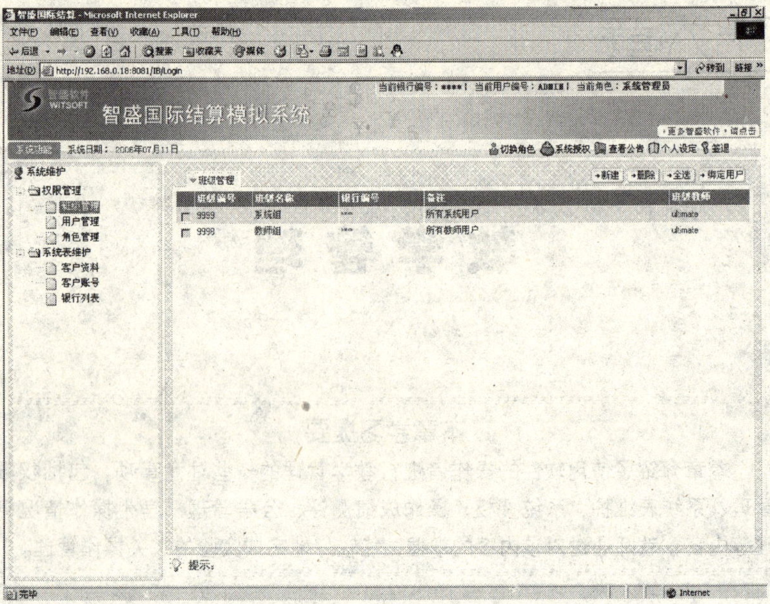

图 16－1

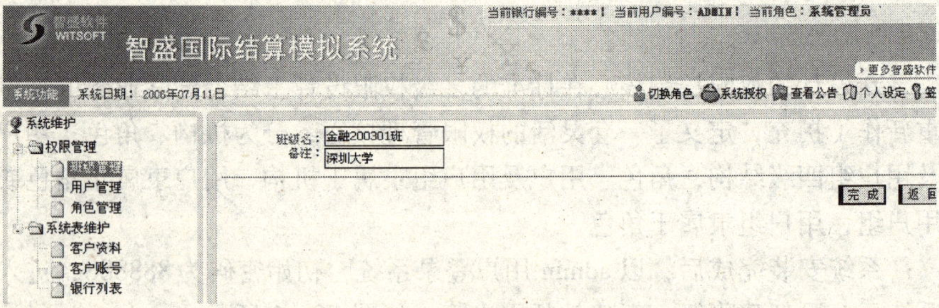

图 16－2

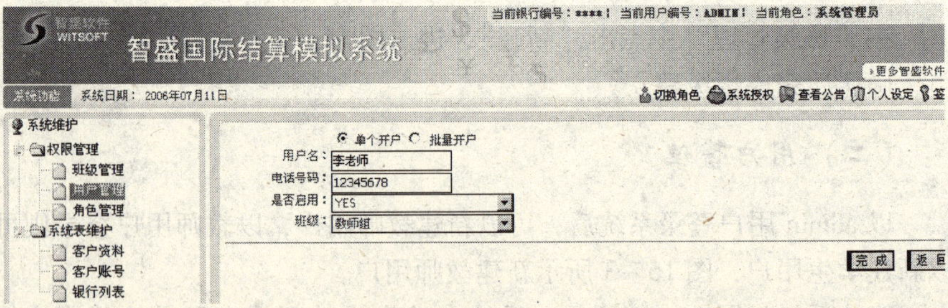

图 16－3

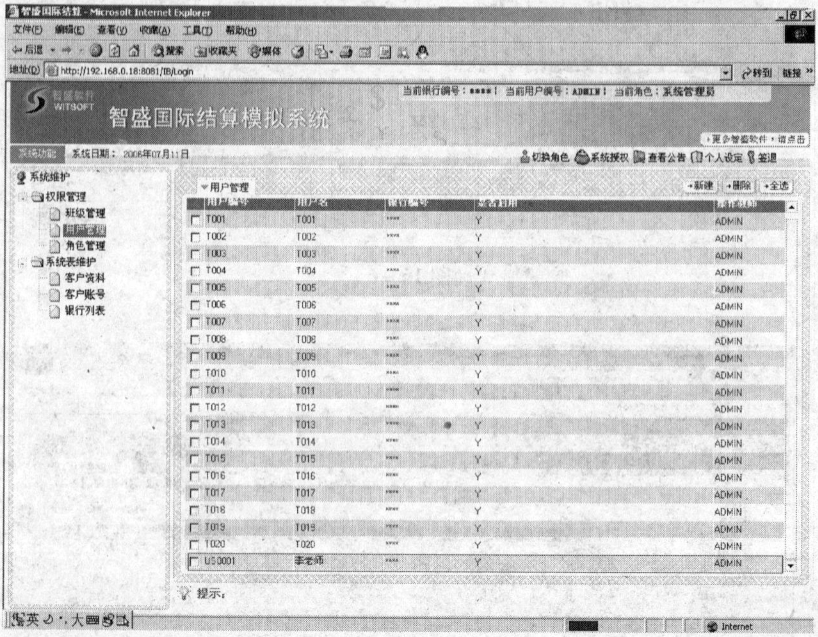

图 16－4

以教师用户登录系统，新建班级和学生用户，如图 16－5 所示。

（1）新建班级，如图 16－5 所示。

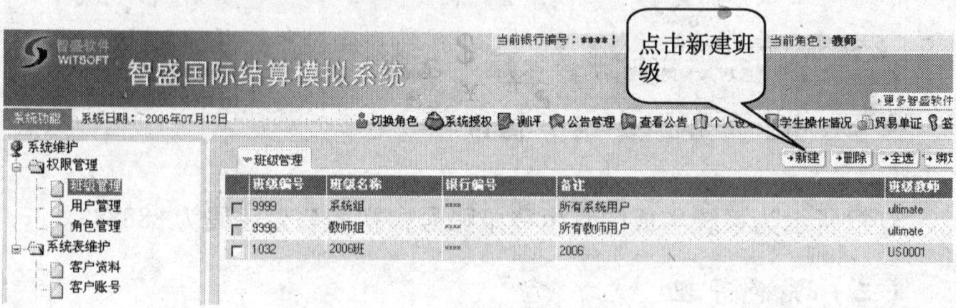

图 16－5

（2）新建学生用户，进入“用户管理”，点击“新建”，可选择单个开户和批量开户，如图 16－6 所示。

注意：因系统已有默认以 US 开头的学生用户，所以批量开户时不要以 US 开头。完成后系统自动生成学生账户，如图 16－7 所示。

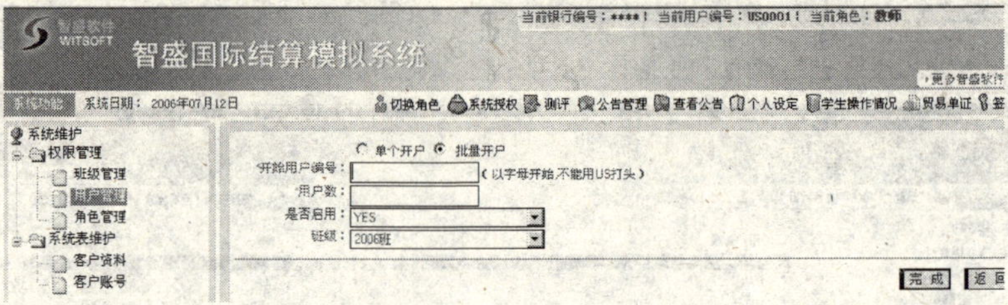

图 16－6

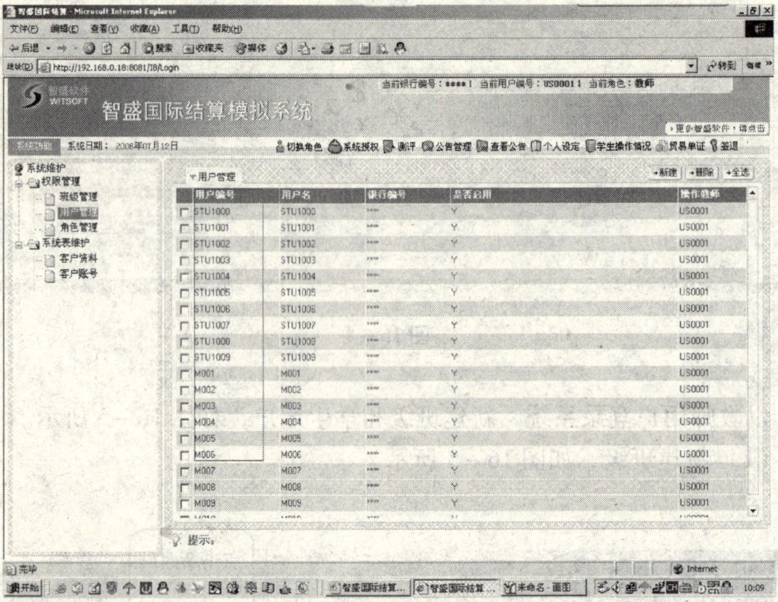

图 16－7

红框所示为系统生成的学生登录账号，初始登录密码为 888888。

（三）角色管理

（1）系统已默认了经办、复核、授权三种角色，教师可根据需要再定义新的角色。角色管理包括新增系统角色、修改角色资料、角色绑定权限、角色绑定用户及角色绑定用户组。

（2）权限绑定：此模块用于定义角色权限，系统均已设置好，无须修改。系统管理员建立适当的角色之后，可将选定的角色绑定本机构内的任何用户，即将用户赋予某个角色。一旦用户赋予了某个角色，则该用户将拥有该角色的所有权限。

说明：一个用户可以隶属多个角色，该用户的权限为其所属角色的权限的并集。如图 16 – 8 所示。

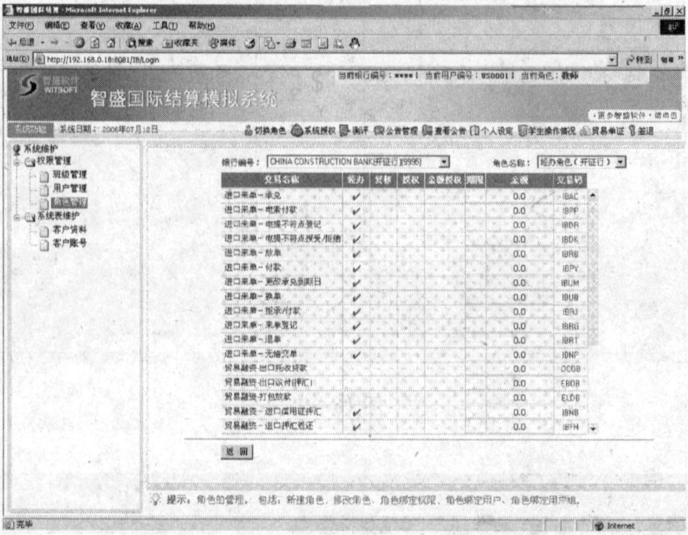

图 16 –8

说明：红色钩选为该角色具有的权限。

(3) 用户组绑定：用于定义班级权限。系统管理员指定某用户隶属的用户组。一个用户可隶属于多个用户组。一旦将某用户绑定某用户组，则该用户拥有该用户组拥有的所有权限。选定左边的班级，双击选中进入右边框，点击生效完成绑定。如图 16 – 9 所示。

二、系统表维护

本模块用于维护系统设置的客户资料、客户账户、银行资料等。一般情况下，不需要修改这些资料。如图 16 – 10 所示。

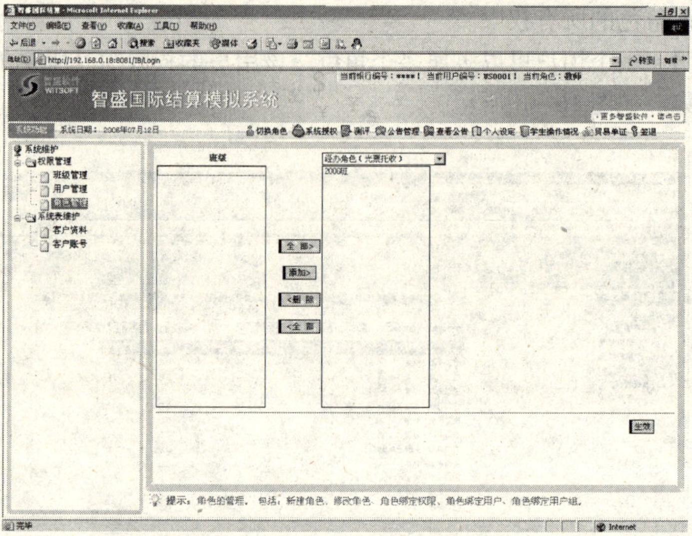
智盛国际结算 - Microsoft Internet Explorer
http://192.168.0.18:8081/IB/Login
智盛国际结算模拟系统
系统日期：2006年07月12日
系统维护
权限管理
班级管理
用户管理
角色管理
系统表维护
客户资料
客户账号
班级
经办角色（光票托收）
2006班
全 部>
添加>
<删 除
<全 部
生效
提示：角色的管理。包括：新建角色、修改角色、角色绑定权限、角色绑定用户、角色绑定用户组。

图 16 –9

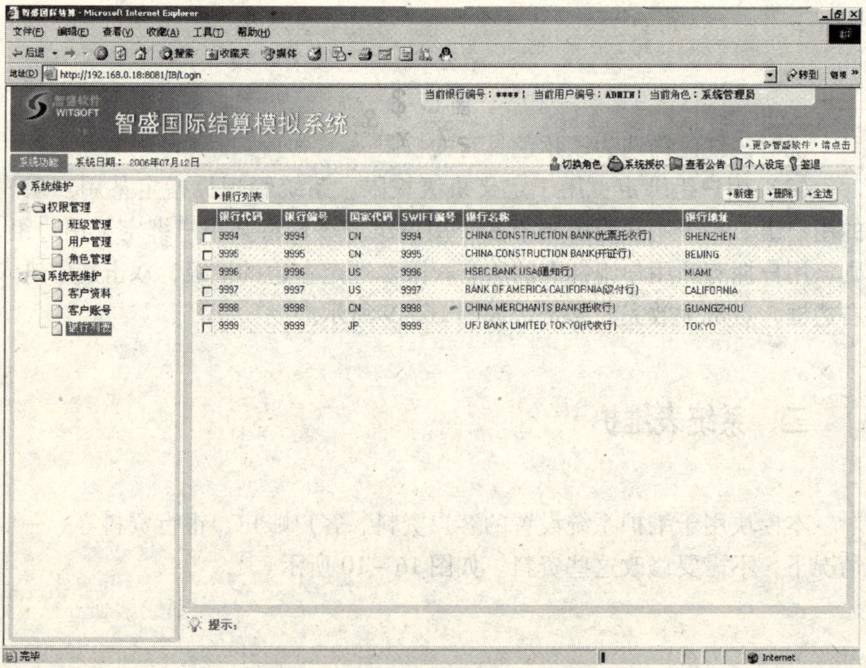
智盛国际结算 - Microsoft Internet Explorer
http://192.168.0.18:8081/IB/Login
智盛国际结算模拟系统
当前银行编号：****！ 当前用户编号：ADMIN！ 当前角色：系统管理员
系统日期：2006年07月12日
切换角色 系统授权 查看公告 个人设定 签退
系统维护
权限管理
班级管理
用户管理
角色管理
系统表维护
客户资料
客户账号
银行列表
新建 删除 全选
银行代码 银行编号 国家代码 SWIFT编号 银行名称 银行地址
9994 9994 CN 9994 CHINA CONSTRUCTION BANK(光票托收行) SHENZHEN
9995 9995 CN 9995 CHINA CONSTRUCTION BANK(开证行) BEIJING
9996 9996 US 9996 HSBC BANK USA(通知行) MIAMI
9997 9997 US 9997 BANK OF AMERICA CALIFORNIA(议付行) CALIFORNIA
9998 9998 CN 9998 CHINA MERCHANTS BANK(托收行) GUANGZHOU
9999 9999 JP 9999 UFJ BANK LIMITED TOKYO(代收行) TOKYO
提示：

图 16 –10

三、系统授权

系统安装完成后，会自动生成一个序列号，将此序列号报到我公司技术部，我公司技术部会根据此序列号计算出一个授权号，填入此授权号，系统就可以正常使用了。如图 16－11 所示。

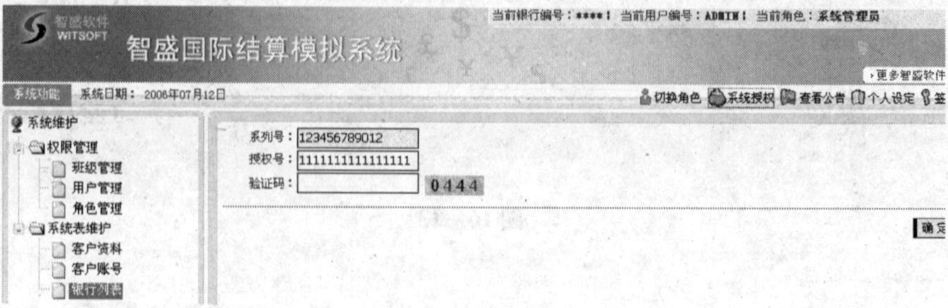

图 16－11

四、测评

以教师用户登录系统，可以对学生的实验操作情况进行测评。系统会根据学生的实验操作自动计算出一个实验得分。如图 16－12 所示。

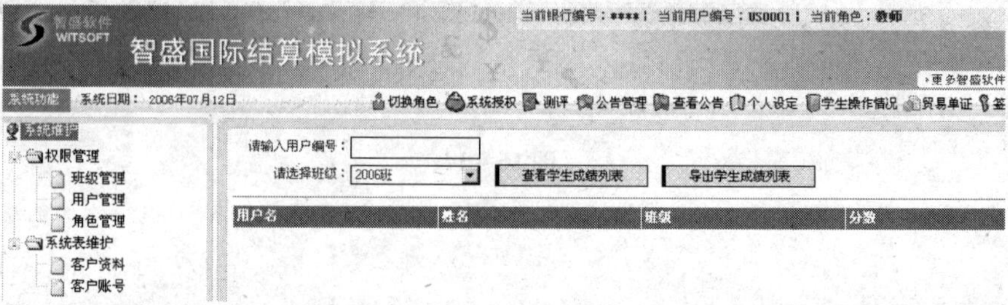

图 16－12

五、公告管理

教师可以在公告管理中向学生发送公告信息，如图 16－13 所示。

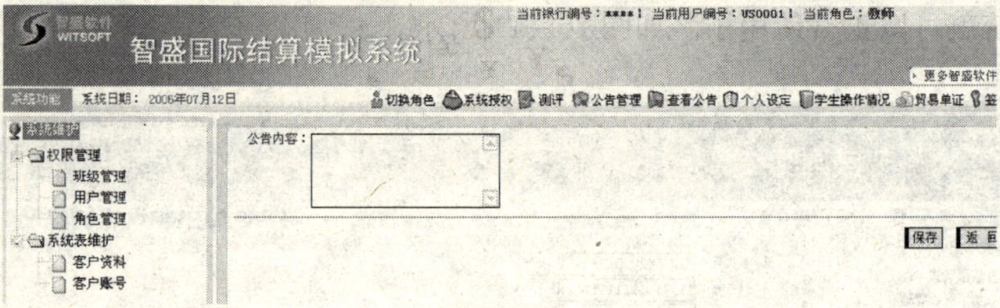

图 16－13

六、学生操作情况

教师可以在此模块中查看学生每一步实验的操作情况，如图 16－14 所示。

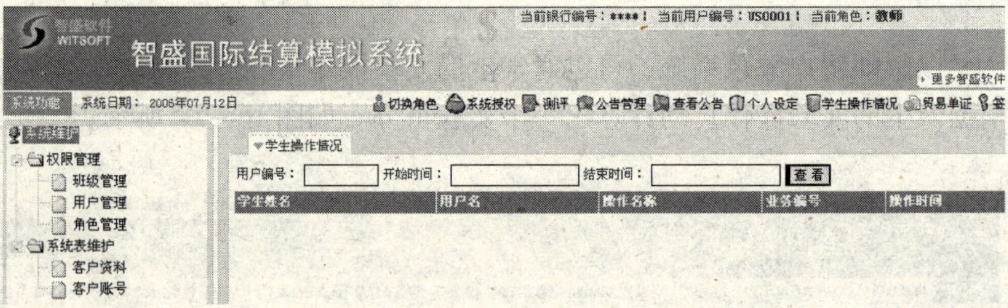

图 16－14

第十七章

国际结算业务流程

本章学习提要

本章主要对国际结算业务的一些流程进行了介绍，对进口信用证的售汇和套汇业务的会计处理进行了说明，并且收集了各种单证样本文档供大家参考，以便学生能直观地了解国际结算的各种流程，为正确地使用软件提供参考。

一、进口信用证

（一）开立进口信用证

1. 经办行业务流程

（1）保证金在网点开户。网点会计人员凭“保证金开户通知书”在会计系统手工扣减客户存款存入保证金。

①原币扣收保证金，会计分录同下文中经办行处理；

②售汇/套汇扣收保证金，会计分录同下文中经办行处理；

③如需经办行代办售汇/套汇的，则需将经办行代售汇/套汇的款项转回网点保证金账户。

会计分录如下：

A. 网点通存通兑到经办行的待处理借款户：

借：2213 商业活期存款　　　　人民币

　　贷：3130 通存通兑　　　　人民币

B. 经办行会计系统自动账务处理：

借：3130 通存通兑　　　　人民币

　　贷：3140 待处理结算款项　　　　人民币

C. 经办行在会计系统代办售汇业务，并通存通兑到网点客户账：

借：3140 待处理结算款项　　人民币
　　贷：3163 外汇结售　　人民币
借：3163 外汇结售　　外币
　　贷：3130 通存通兑　　外币

D. 网点在会计系统自动账务处理：

借：3130 通存通兑　　外币
　　贷：2213 商业活期存款　　外币

E. 网点扣收保证金：

借：2213 商业活期存款　　外币
　　贷：229020 单位保证金存款——××信用证保证金存款　　外币

最后，将保证金开户通知书结算回单联交经办行结算人员录入系统。

（2）保证金在经办行开户。

①经办行受理业务申请，国际结算经办人员在系统预录业务信息，提取信用证号，暂存信息数据，同时由系统打印“信用证开立审批表”交信贷部门审批。

②信贷审批通过后，经办行结算经办人员将相关信息录入系统，进行进口开证的业务登记，由系统打印“保证金开户通知书一式三联”（一联作会计记账附件，一联作经办行结算人员录入业务信息及存档，一联作会计人员扣收保证金后交结算人员的回单联）提交复核后交会计人员开立保证金账户。

③原币扣收保证金的，会计人员扣收保证金后保证金开户通知书结算留存联加注保证金账号、金额并加盖会计转讫章后交回结算人员。

需售汇或套汇后扣收保证金的，会计人员在会计系统内进行售汇/套汇的账务处理，并在保证金开户通知书结算留存联加注保证金账号、金额并加盖会计转讫章后连同售汇/套汇统计卡交回结算人员，由结算人员在结算系统补录售汇/套汇数据。

客户存入保证金的账务在会计系统处理：

A. 原币划转。

会计分录：

借：2213 商业活期存款——××单位　　人民币或外币
　　贷：229020 单位保证金存款——××信用证保证金存款　　人民币或外币

B. 售汇：人民币兑换成外币。

会计分录：

借：2213 商业活期存款——××单位　　人民币
　　贷：316310 外汇结售　　人民币

借：316310 外汇结售　　　　　　　　　　　　　　　外币
　　贷：229020 单位保证金存款——××信用证保证金存款　外币

C. 套汇：一种外币套成另外一种外币。

涉及美元的套汇，如港币套成美元，会计分录如下：

借：2213 商业活期存款——××单位　　　　　　　　港币
　　贷：316210 代客外汇买卖——代单位外汇买卖　　　港币
借：316210 代客外汇买卖——代单位外汇买卖　　　　美元
　　贷：229020 单位保证金存款——××信用证保证金存款
　　　　　　　　　　　　　　　　　　　　　　　　　美元

涉及非美元的套汇，如港币套成日元，会计分录如下：

借：2213 商业活期存款——××单位　　　　　　　　港币
　　贷：316210 代客外汇买卖——代单位外汇买卖　　　港币
借：316210 代客外汇买卖——代单位外汇买卖　　　　美元
　　贷：316210 代客外汇买卖——代单位外汇买卖　　　美元
借：316210 代客外汇买卖——代单位外汇买卖　　　　日元
　　贷：229020 单位保证金存款——××信用证保证金存款
　　　　　　　　　　　　　　　　　　　　　　　　　日元

④结算经办人员在系统录入开证信息，系统自动抓取生成 MT700 电文，提交复核。系统提供与 SWIFT 系统自动核对的功能，如输入信息字段有误则自动提示出错以便修改。

⑤复核无误，提交业务主管授权，有误则退回经办修改。

⑥业务主管审核无误后授权，通过系统将信用证信息上传上级行；有误则退回经办修改。

⑦系统自动进行表外科目及手续费的账务处理，并打印传票。

表外科目账务及扣收手续费账务在结算系统自动处理。

A. 表外科目账务。

会计分录：

　　收：911010 开出信用证——××开出即期信用证　外币
或：911020 开出信用证——开出远期信用证　　　　　外币

B. 扣收手续费。

会计分录：

借：2213 商业活期存款　　　　　　　　人民币（或外币）
　　贷：561099 结算业务收入——××单位结算业务收入
　　　　　　　　　　　　　　　　　　　人民币（或外币）
　　贷：677049 业务管理费——××电信费　人民币（或外币）

经办行信用证开立流程见图 17－1。

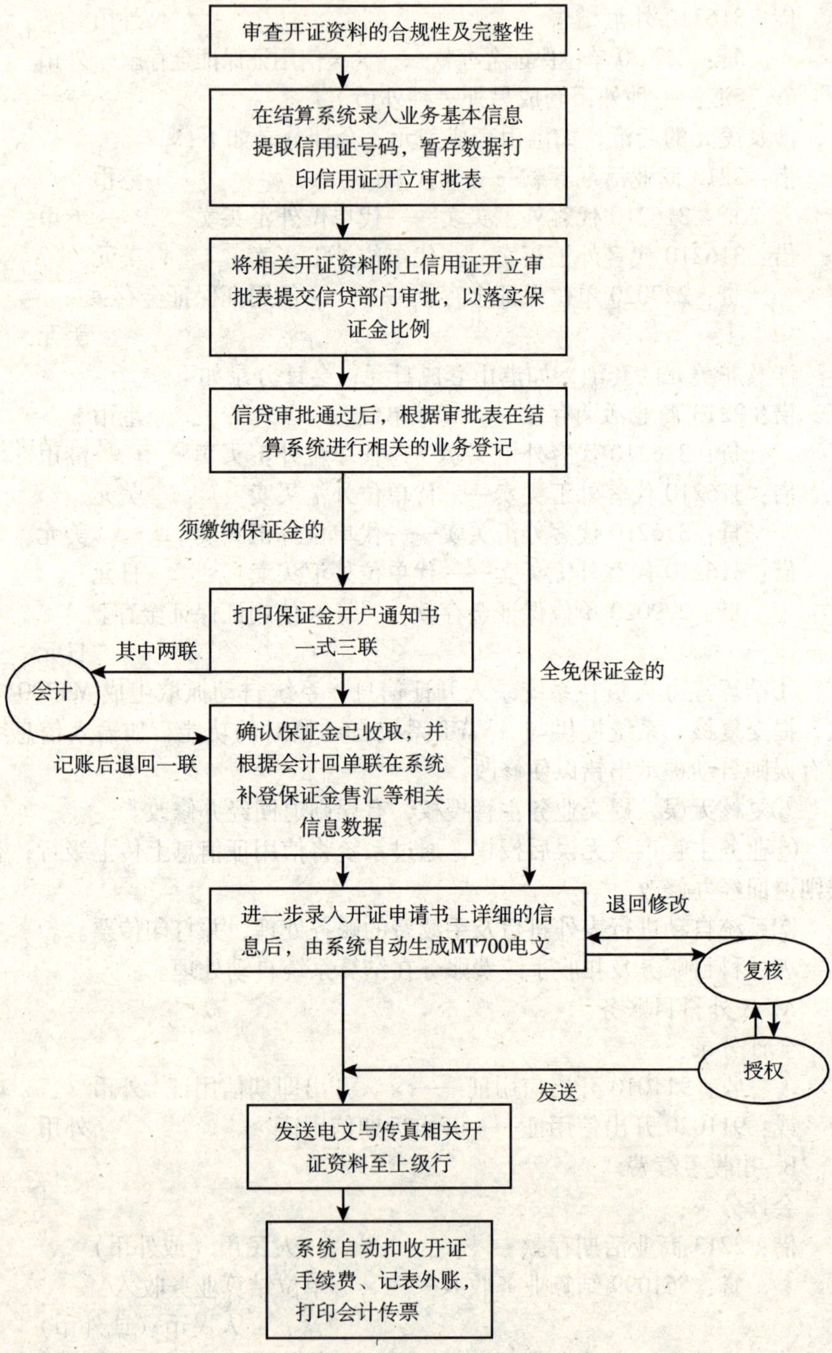

图 17－1　经办行信用证开立流程

2. 上级行（省分行/二级分行）业务流程

（1）上级行结算经办人员接收并审核经办行上传的业务信息，审核有误可选择修改或退回，不可修改的信息包括：信用证号编号、开证申请人、受益人、金额、汇票期限、信用证期限。审核无误则提交复核。

（2）复核无误提交授权，否则退回经办行修改。

（3）业务主管审核无误后提交系统自动生成 SWIFT MT700 格式电文对外发送。

（4）发送成功，系统自动在经办行打印 ACK 电文归档；上级行如需打印，也可选择打印。上级行开立信用证流程见图 17－2。

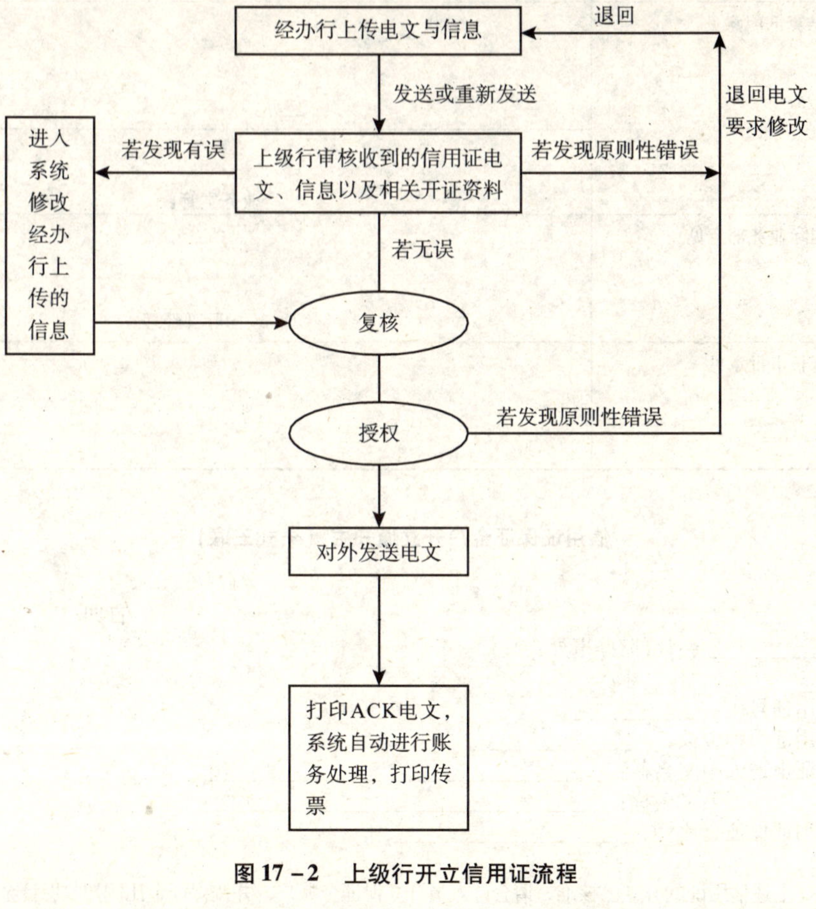

图 17－2　上级行开立信用证流程

进口开证作业处理单及信用证保证金户开立通知书文本样式如下。

进口开证作业处理单

二级分（支）行名称：　　　　　　　　　　　　　　　　　　日期：

信用证编号		币种金额	
申请人名称			
受益人名称			
信用证种类			
付款期限			
保证金比例			
本次使用额度		额度余额	
其他担保			
结算部门意见	经办：		
	业务主管：		
国际业务部意见	国际部经理：		
行长审批意见			

信用证保证金户开立通知书（一式三联）

日期：________

__________会计部/办事处：

信用证号码：__________

信用证币种金额：__________

开证申请人中文名称：____________________

英文名称：____________________

信用证保证金比例：__________

上述信用证的开立已核准，请会计人员开立保证金账户，并按保证金比例扣收保证金。

中国建设银行..................

（业务章）

以下内容由会计人员填写：

保证金账号	币种金额	其中		
		售汇金额	套汇金额	现汇金额

会计部/办事处
（业务章）

（二）信用证修改

1. 经办行业务流程

（1）如涉及增额或重要条款的修改，应先行提交信贷部门审批并出具书面审批意见。

（2）如增/减额，结算人员录入系统信息，系统打印“保证金增/减额通知书”，交网点会计人员凭以开立保证金账户增存保证金或减收保证金。

①保证金在网点开户。

A. 保证金增额部分需新开户，业务流程及账务处理同进口开证的保证金开户；

B. 保证金减额的，需在会计系统将原保证金转入客户存款户，再按减额后的保证金新开户存入；

C. 如需经办行代为结汇/套汇入客户账的，网点将款项上划经办行，经办行在会计系统按结汇/套汇业务处理后划回。

②保证金在经办行开户。

A. 保证金增额部分需新开户，业务流程及账务处理同进口开证的保证金开户；

B. 保证金减额的，需在会计系统将原保证金转入客户存款户，再按减额后的保证金新开户存入。

③会计分录。

A. 将原保证金账户转出：

借：229020 单位保证金存款——××信用证保证金存款

人民币（外币）

贷：2213 商业活期存款　　　　　　人民币（或外币）

如需结汇/套汇入客户账的，经办行在会计系统按结汇/套汇业务处理

B. 再将减额后的保证金存入：

借：2213 商业活期存款　　　　　　人民币（外币）

贷：229020 单位保证金存款——××信用证保证金存款

人民币（外币）

（3）会计人员扣收保证金后在“保证金增/减额通知书”结算留存联加注保证金账号、金额，加盖会计转讫章，交结算人员在结算系统录入。

（4）需售汇/套汇增收保证金的，会计人员在会计系统进行售汇/套汇、保证金入账的账务处理后，在“保证金增/减额通知书”结算留存联加注保证金账号、金额，加盖会计转讫章，连同售汇/套汇统计卡交结算人员在结算系统补录售汇/套汇数据。

（5）结算人员在结算系统自动完成增/减额保证金的表外账务处理：

会计分录：

增额　收：911010 开出信用证——开出即期信用证　　　　外币

　　　或　911020 开出信用证——开出远期信用证　　　　外币

减额　付：911010 开出信用证——开出即期信用证　　　　外币

　　　或　911020 开出信用证——开出远期信用证　　　　外币

（6）保证金销户处理同保证金减额。

（7）结算人员在结算系统录入修改业务信息，同时制作修改电文，提交复核。

（8）复核无误，提交授权，否则退经办修改。

（9）授权无误，提交上传上级行审核。

（10）系统自动扣收修改手续费，如信用证增额/减额，系统同时自动记表外账，打印传票扣收手续费。

会计分录：

借：2213 商业活期存款　　　　　　人民币（或外币）

贷：561099 结算业务收入——××单位结算业务收入

人民币（或外币）

贷：677049 业务管理费——××电信费　人民币（或外币）

经办行、上级行信用证修改流程分别见图 17－3、图 17－4。

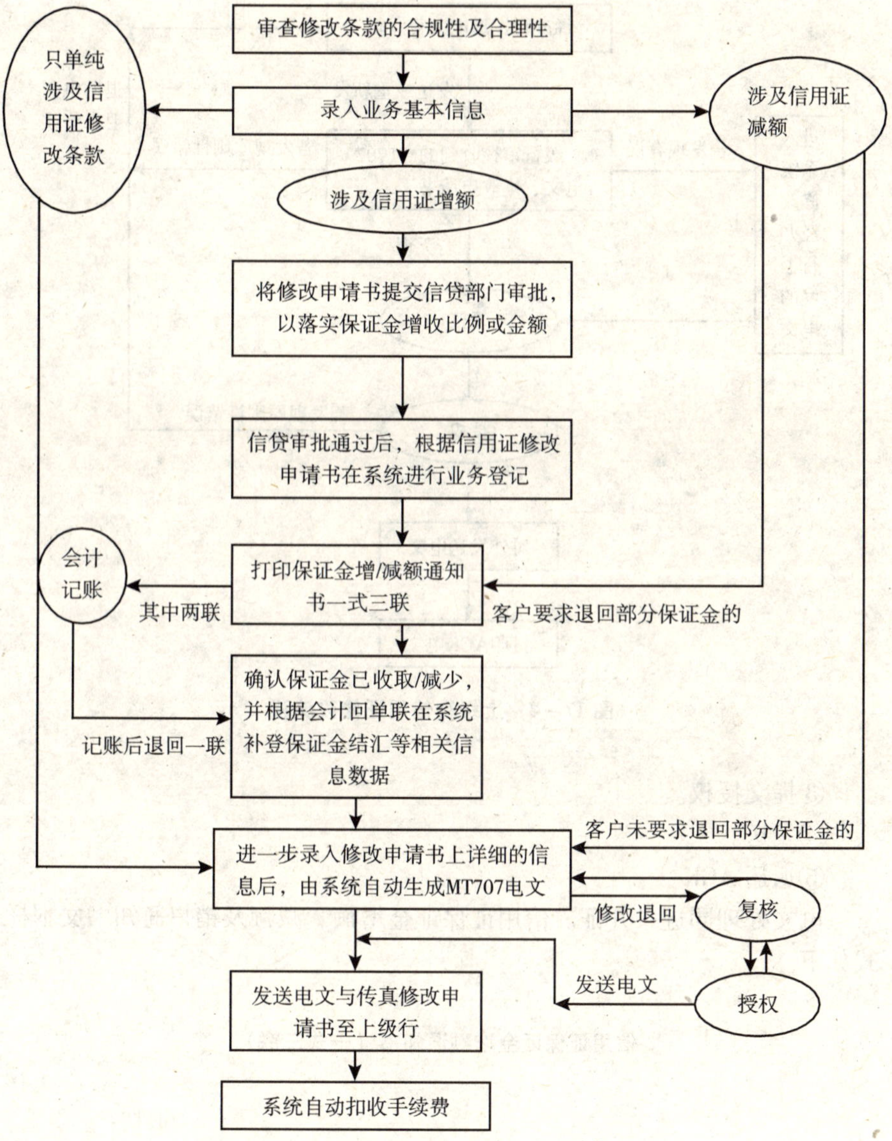

图17－3　经办行信用证修改流程

①上级行结算人员在系统接收审核下级行上传信息及电文，如需修改，可选择修改或退回，不可修改的信息包括：信用证号编号、申请人、受益人、金额、汇票期限、有效期限。

②提交复核。

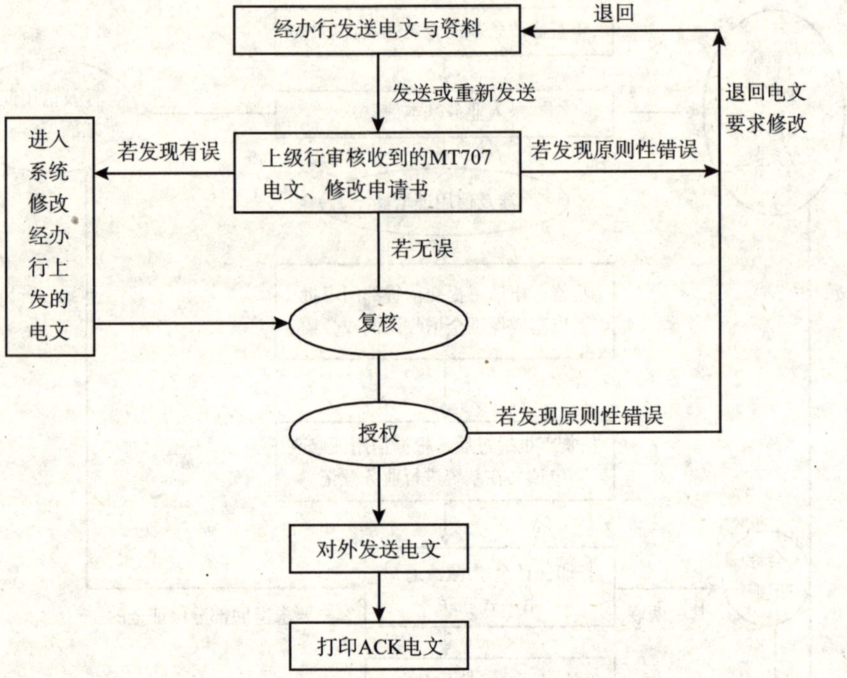

图 17－4　上级行信用证修改流程

③提交授权。

④发送。

⑤返还 ACK。

电文处理同进口开证。信用证保证金增额、减额及销户通知书文本样式如下。

信用证保证金增额通知书（一式三联）

日期：________

________会计部/办事处：

信用证号码：________

原信用证币种、金额：________

信用证增额：________

修改后信用证币种、金额：________

信用证开立申请人中文名称：________________

英文名称：________________

上述信用证增额的修改申请已核准，请你部会计人员增收保证金____________，保证金账户____________。

中国建设银行________分/支行

（盖章确认）

以下内容由会计人员填写：

保证金账号	余额	其　中		
		售汇金额	套汇金额	现汇金额

____________会计部/办事处

（盖章确认）

信用证保证金户减额通知书（一式三联）

日期：________

____________会计/办事处：

信用证号码：____________

原信用证币种、金额：____________

信用证减额：____________

修改后信用证币种、金额：____________

信用证申请人中文名称：________________________________

英文名称：________________________________

上述信用证修改减额后，申请人要求退回一定比例的保证金，请你部会计人员退回保证金，币种金额为____________。

中国建设银行________分/支行

（盖章确认）

以下内容由会计人员填写：

退回保证金币种、金额	其中		
	售汇金额	套汇金额	现汇金额

新开保证金账号：____________

____________会计部/办事处
（盖章确认）

信用证保证金户销户通知书（一式三联）

日期：________

____________会计部/办事处：
信用证号码：____________
信用证币种与金额：____________
保证金账号：____________
保证金币种、金额：____________
信用证申请人中文名称：____________
英文名称：____________

上述信用证已结清/销卷，请你部会计人员直接为申请人办理该信用证项下保证金账户销户。

中国建设银行____________
（业务章）

以下内容由会计人员填写：

保证金销户账号	币种、金额	其中		
		售汇金额	套汇金额	现汇金额

____________会计部/办事处
（业务章）

2. 到单通知/承兑

（1）结算经办人员收到单据后在系统录入基本信息，生成单据通知面函，面函中列明不符点情况，提交复核；

（2）复核人员复核无误，则提交授权，有误则退回经办；

（3）授权人员授权确认，有误则退回经办；

（4）通知支行或客户；

（5）如单据有不符点，进入系统制作电提不符点电文；

（6）如无不符点则在系统承兑生成承兑电文；

（7）如接受不符点，承兑付款，则在系统登记并生成承兑电文。

上述电文制作、复核、授权的处理流程同进口开证。

到单登记只需经办、复核，无须授权。

3. 付款

第一，经办行业务流程。

（1）直接从客户存款户原币/售汇/套汇支付。

①客户存款账户在网点，由网点会计人员凭“信用证付款通知书”在会计系统将款项通存通兑到经办行，如需售汇/套汇，参照汇出汇款中的售汇/套汇业务处理。

A. 网点将客户存款通过通存通兑上划经办行待处理结算户：

会计分录：

借：2213 商业活期存款　　　　　　　　　　　外币

　　贷：3130 通存通兑　　　　　　　　　　　　外币

B. 经办行的会计系统自动账务处理：

会计分录：

借：3130 通存通兑　　　　　　　　　　　　　外币

　　贷：3140 待处理结算款项　　　　　　　　　外币

C. 经办行结算人员在结算系统录入“待处理结算款项”账号，在系统做付款登记，由系统自动进行账务处理后生成付款电文上传上级行。

会计分录参照汇出汇款业务处理。

②客户存款账户在经办行，业务处理及会计分录同汇出汇款。

结算人员录入客户存款账号，在系统做付款登记，由系统自动进行账务处理后生成付款电文上传上级行。

（2）如从保证金账户支付，如客户有活期外币存款户的，由网点会计人员凭“信用证付款通知书”在会计系统将保证金款项划至相应的客户存款户，没有活期外币存款户，则将款项转入“待处理结算款项”户，并将划账回单交经办行结算人员。

①会计系统产生的会计分录：

借：229020 单位保证金存款——信用证保证金存款——××单位　外币

　　贷：3140 待处理结算款项　外币

其余会计分录同汇出汇款。

②套汇业务举例：

套汇划转：一种外币套成另外一种外币。

A. 涉及美元的套汇，如港币套成美元：

借：229020 单位保证金存款——信用证保证金存款——××单位　港币

　　贷：316210 代客外汇买卖——代单位外汇买卖　港币

借：316210 代客外汇买卖——代单位外汇买卖　美元

　　贷：3410 待处理结算款项（3130 通存通兑）　美元

B. 涉及非美元的套汇，如港币套成日元：

借：229020 单位保证金存款——信用证保证金存款——××单位　港币

　　贷：316210 代客外汇买卖——代单位外汇买卖　港币

借：316210 代客外汇买卖——代单位外汇买卖　美元

　　贷：316210 代客外汇买卖——代单位外汇买卖　美元

借：316210 代客外汇买卖——代单位外汇买卖　日元

　　贷：3140 待处理结算款项（3130 通存通兑）　日元

（3）经办行结算人员在系统内录入客户存款账号或“待处理结算款项”户账号，作付款登记，由结算系统自动进行原币/售汇/套汇对外支付的账务处理，同时生成付款电文上传上级行。业务处理及会计分录同汇出汇款。

同时，做表外账务处理。

会计分录：

付：911010 开出信用证——开出即期信用证　外币

第二，上级行业务流程。

处理同汇出汇款。

经办行到单通知/承兑业务处理流程见图 17－5。

信用证付款通知书文本样式如下。

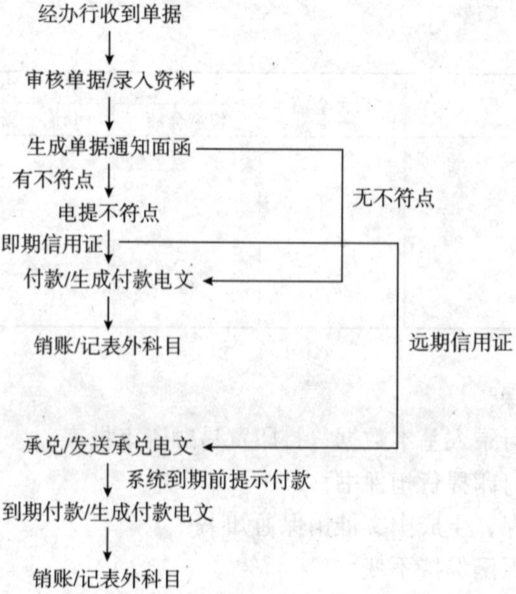

图 17－5　经办行到单通知/承兑业务处理流程

信用证付款通知书（一式三联）

日期：________

__________会计部/办事处：

信用证申请人中文名称：______________________________

英文名称：______________________________

信用证号码：__________信用证币种与金额：__________

保证金账号：__________保证金币种、金额：__________

保证金账号：__________保证金币种、金额：__________

保证金账号：__________保证金币种、金额：__________

上述信用证已到期付款，请你部会计人员直接扣划信用证申请人的保证金或存款，以便我行对外支付信用证款项。

中国建设银行................................

（业务章）

以下内容由会计人员填写：

账户名称	账号	币种金额	其中		
			售汇金额	套汇金额	现汇金额

4. 提货担保

（1）经办行录入基本数据，打印贸易融资审批表；

（2）生成打印提货担保书；

（3）催销保，生成中文催销保通知书；

（4）销保保函保持不变。

贸易融资业务处理单文本样式如下。

贸易融资业务处理单

二级分（支）行名称：　　　　　　　　　　　　　　日期：

<table>
<tr><td>信用证编号</td><td colspan="2"></td><td colspan="2">信用证币种金额</td><td colspan="2"></td></tr>
<tr><td>贸易融资种类</td><td></td><td colspan="2">融资币种金额</td><td></td><td>融资期限</td><td></td></tr>
<tr><td>申请人名称</td><td colspan="6"></td></tr>
<tr><td>受益人名称</td><td colspan="6"></td></tr>
<tr><td>保证金比例</td><td colspan="6"></td></tr>
<tr><td>本次使用额度</td><td colspan="2"></td><td colspan="2">额度余额</td><td colspan="2"></td></tr>
<tr><td>其他担保</td><td colspan="2"></td><td colspan="2"></td><td colspan="2"></td></tr>
<tr><td rowspan="2">结算部门意见</td><td colspan="6">经办：</td></tr>
<tr><td colspan="6">业务主管：</td></tr>
<tr><td>国际业务部
经理意见</td><td colspan="6"></td></tr>
<tr><td>行长意见</td><td colspan="6"></td></tr>
</table>

二、进口代收

（一）经办行审单登记系统

有问题的，对外发送查询电文；没有问题的，选择打印通知面函/表外科目账务在结算系统自动处理。

会计分录：

收：9125 进口代收款项

（二）远期的承兑交单系统自动作到期付款提示

付款（同汇出汇款）

销账

会计分录：

付：9125 进口代收款项　　　　　外币

三、出口信用证

（1）省分行清算系统清分 MT700/707/720/799，根据 SWIFT CODE 下发到二级分支行的结算系统，无 SWIFT CODE 的，由省分行结算人员经人工分检后由结算系统转发，经办行收到后在系统录入来证信息，打印信用证电文及信用证通知面函（对 MT720，面函增加转让行名及编号），同时系统自动进行业务登记并生成 MT730 发送开证行。

（2）TELEX 来证的转换由省分行的清算系统转换成 MT799 转发。

（3）MT799 的来证由收报行结算人员在结算系统手工录入登记，打印通知面函。

（4）MT707 通过 LC NO 和开证行名，由系统自动与原证配对归档。

（5）如需发送电文接受/拒绝修改，经办行结算人员在系统登记将信息上传上级行，信息传递及电文处理同进口开证。

（6）结算系统自动进行表外账务处理。

会计分录：

收：9215 收到信用证　　　　　　　　　　　　外币

（7）MT799、MT999 电文的处理。MT999 电文由清算部门根据业务编号人工分检后发至结算系统，由省分行结算人员人工干预后转发。

四、出口议付

（一）寄单收汇/来证议付

原则：谁受理谁登记系统，各自受理，自行审单。

（1）如没有不符点，制作面函，做账户处理。

（2）如有不符点，电提不符点（自动生成不符点电文）；表提不符点，寄单。

（3）寄单后做账务处理。

会计分录：

付：9215 收到信用证

收：9115 信用证出口款项

（4）收到接受不符点的电文，经办行做登记。

（5）系统增设境外行提出不符点的电文登记；经办行对不符点的回复 MT799（可多次）。

（6）换单，生成面函，重新寄单。

（7）远期 LC：收到承兑电文，通过人工进入系统做登记。

（8）议付/远期信用证项下贴现或买入：由会计人员凭信贷批准件手工在会计系统进行账务处理，系统只做台账登记，不做账务处理。

经办行办理出口议付/远期信用证项下汇票贴现及应收款买入，只能在会计系统手工处理：

①原币入账：

会计分录：

借：121010 贴现——贴现票据　　外币

或　122610 出口议付——即期出口议付

　　贷：2213 商业活期存款　　外币

　　贷：5110 贴现利息收入　　外币

　　贷：677049 业务管理费——××电信费　　外币

②结汇入账：

会计分录：

借：121010 贴现——贴现票据　　外币

贷：5110 贴现利息收入　外币

贷：677049 业务管理费——××电信费　外币

贷：316310 外汇结售——单位结售汇　外币

借：316310 外汇结售——单位结售汇　人民币

贷：2213 商业活期存款　人民币

③套汇入账：按套汇业务处理。

（9）收汇：

经办行如无须归还融资，同汇入汇款的解付。

如需还出口议付/打包贷款，自动提示"此为出口议付或打包贷款项下收汇，请先作还贷处理！"，结算人员通过结算系统将款项自动挂"待处理结算款项"，在系统打印"还贷通知书"交会计手工还贷，同时凭会计的回单联在结算系统补登贸易融资台账。出口议付的余额由结算人员参照汇入汇款处理。

①结算系统会计分录：

借：2610 应解汇款　外币

贷：3140 待处理结算款项　外币

②会计系统会计分录：

借：3140 待处理结算款项　外币

贷：121010 贴现——贴现票据　外币

贷：2213 商业活期存款　外币

如需结汇/套汇参照汇入汇款处理。

同时，结算系统做表外账务处理：

会计分录：

付：9115 信用证出口款项　外币

③增设"远期信用证项下汇票贴现及应收款买入"模组。具体交易包括：

A. 登记：结算人员在系统录入信息，打印"贸易融资业务作业单表"。

录入信息包括：信用证编号、金额、承兑行、融资期限等。

会计人员在会计系统进行账务处理，会计分录：

借：1227 信用证项下汇票贴现　外币

贷：3140 待处理结算款项　外币

或相关的客户存款科目

贷：5127 信用证项下汇票贴现利息收入　外币

贷：677049 业务管理费——××电信费　外币

B. 收汇：收汇同汇入汇款处理，收汇时系统自动提示"已做远期信用证项下汇票贴现及应收款买入，请先作还贷处理！"，结算人员在系统打印“还贷通知书”交会计手工还贷，同时在系统补登贸易融资台账。还贷通知书内容包括：信用证编号、业务编号、融资金额等。

结算人员在结算系统的账务处理：

会计分录：

借：2610 应解汇款　　外币

　　贷：3140 待处理结算款项　　外币

会计人员在会计系统归还贷款的会计分录：

借：3140 待处理结算款项　　外币

　　贷：1227 信用证项下汇票贴现　　外币

C. 催收/查询/查复。

④增设“福费廷”模组。只做台账登记，不在系统进行账务处理。

A. 登记：分自营及转卖两种交易。

B. 收汇：收汇同汇入汇款处理，收汇时系统自动提示“已做福费廷，请先作还贷处理!”，结算人员在系统打印“还贷通知书”交会计手工还贷，同时在系统补登贸易融资台账。还贷通知书内容包括：信用证编号、业务编号、融资币种金额等。

结算人员在结算系统进行账务处理，会计分录：

借：2610 应解汇款　　外币

　　贷：3140 待处理结算款项　　外币

会计人员在会计系统归还贷款。

贸易融资还款通知书文本样式如下。

贸易融资还款通知书（一式三联）

日期：________

________会计部/办事处：

信用证申请人中文名称：________________

英文名称：________________

信用证号码：________ 信用证币种与金额：________

贸易融资种类：________ 融资币种、金额：________

保证金账号：________ 保证金币种、金额：________

保证金账号：________ 保证金币种、金额：________

上述贸易融资业务已到期/款项已收回，请归还我行贸易融资。

中国建设银行________

（业务章）

以下内容由会计人员填写：

融资类型	融资币种金额	还贷金额：其中		
		售汇还贷金额	套汇还贷金额	现汇还贷金额

C. 催收/查询/查复。

五、出口托收

（一）经办行收到客户单据

在系统进行登记，缮制面函，寄单索汇并由系统自动进行扣费及表外账务处理。

表外账会计分录：

收：9120 出口托收款项　　外币

扣费会计分录：

借：2213 商业活期存款——××单位　　人民币（或外币）

　　贷：561099 结算业务收入——单位结算业务收入　　人民币（或外币）

　　贷：677049 业务管理费——电信费　　人民币（或外币）

（二）更换面函

登记系统，产生新面函，寄单、扣费。

扣费会计分录：

借：2213 商业活期存款——××单位　　人民币（或外币）

　　贷：561099 结算业务收入——单位结算业务收入　　人民币（或外币）

　　贷：677049 业务管理费——电信费　　人民币（或外币）

（三）减额

付：9120 出口托收款项　　　　　　　　　　　　　　外币

在所有业务种类中增加查询/查复电文模组，答复确认电文。

（四）收到承兑

登记。

（五）催收

人工确认催收，产生催收电文。

（六）出口托收贷款

只登记台账，不做账务处理，结算系统处理同出口议付。

（七）收汇及解付

经办行在会计系统的账务处理同出口议付，同时，在结算系统进行表外账务处理。

会计分录：

付：9120 出口托收款项　　　　　　　　　　　　　　外币

（八）销卷

六、光票托收

1. 收票/审票

登记、打印面函、表外账务处理。

会计分录：（总行没有对应科目）

收：1920 出口托收款项　　　　　　　　　　　　　　外币

2. 催收电文

3. 买入票据

本模块自动登记贸易融资台账（不过账）；另外在结汇模块做业务结汇和打印凭证。

4. 收款

（1）系统自动识别是否作了票据买入，如果是，提示先还融资款。

(2) 如用 CASH LETTER 方式托收的票据收汇，由清算系统根据托收业务编号和票据解付国家及地区，根据托收方式自动核对并自动提示，如纽约付款的票据款在起息日后 6 天才可解付客户，美国其他地区付款的票据款在起息日后 14 天才能解付客户。

(3) 其他处理同汇入汇款。

5. 收款前退票

6. 收汇后解付前退票

7. 解付后退票

8. 收取相关手续费

9. 销账

(1) 表外账务在结算系统处理。

会计分录：

付：9120 出口托收款项　　外币

(2) 解付、收取手续费在结算系统处理。

会计分录：

借：3140 待处理结算款项　　外币

　　贷：561099 结算业务收入——单位结算业务收入　　外币

　　贷：677049 业务管理费——电信费　　外币

　　贷：相关的客户存款账　　外币

七、保函通知

同出口信用证处理。

八、保函索款

同出口议付处理。

九、汇入汇款

(1) 汇款报文，省分行只清分到二级分、支行或网点，清算系统不负责解付入客户账户。结算系统解付到客户账户。

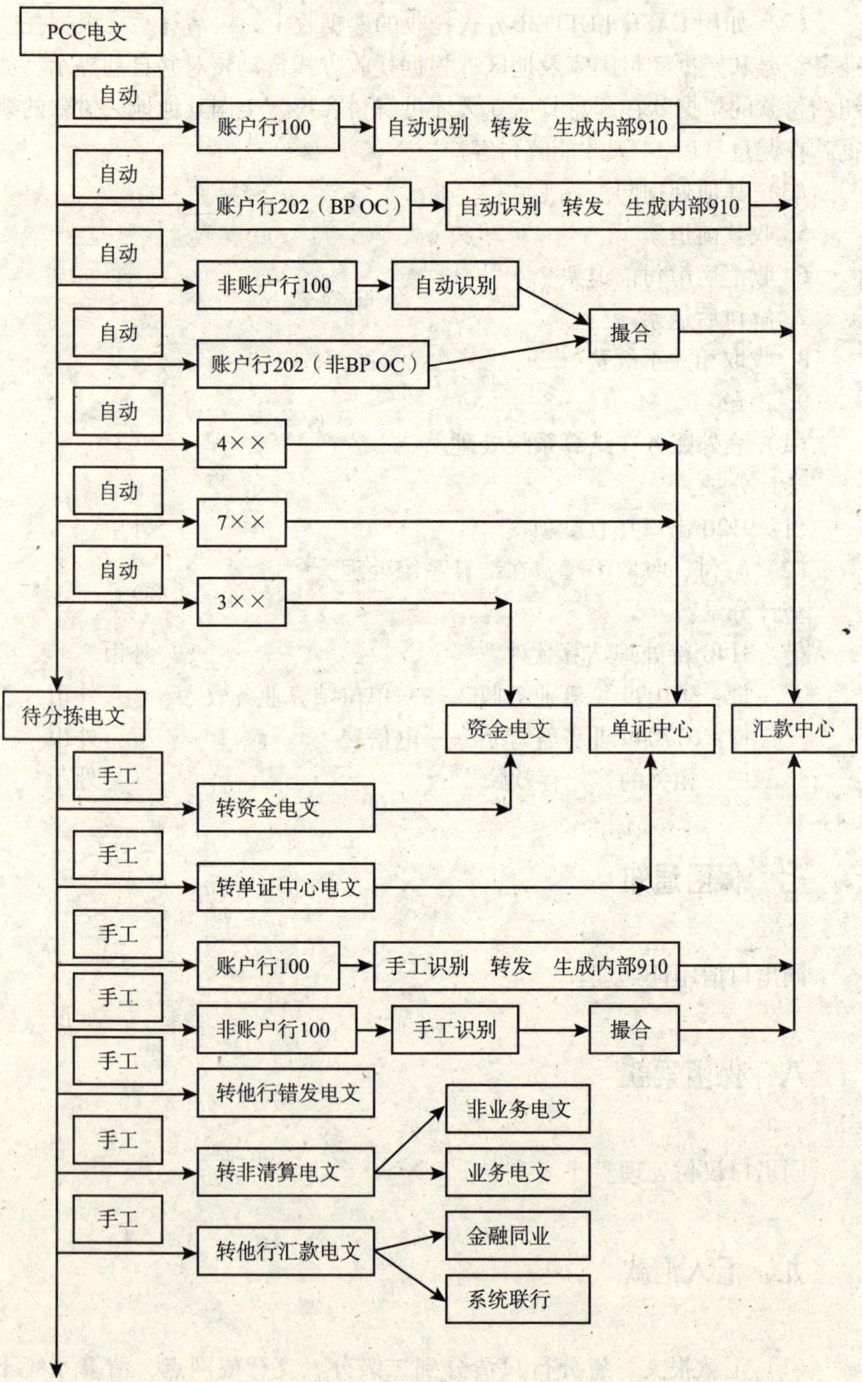
PCC电文
自动
账户行100
自动识别　转发　生成内部910
自动
账户行202（BP OC）
自动识别　转发　生成内部910
自动
非账户行100
自动识别
撮合
自动
账户行202（非BP OC）
自动
4××
自动
7××
自动
3××
待分拣电文
资金电文
单证中心
汇款中心
手工
转资金电文
手工
转单证中心电文
手工
账户行100
手工识别　转发　生成内部910
手工
非账户行100
手工识别
撮合
手工
转他行错发电文
手工
转非清算电文
非业务电文
业务电文
手工
转他行汇款电文
金融同业
系统联行

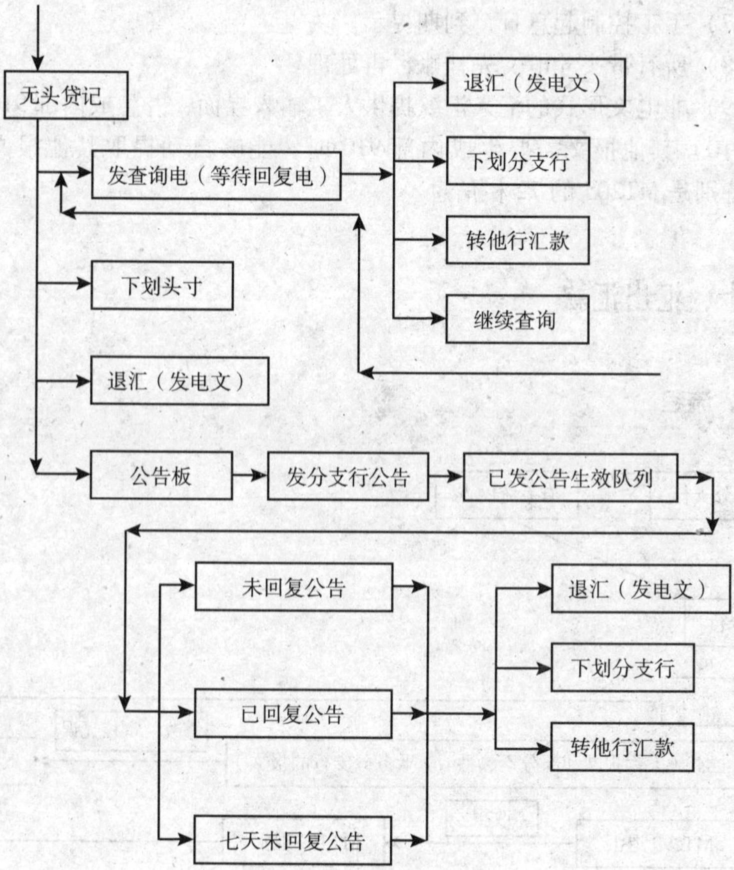

图 17－6 汇入汇款流程

（2）无头报文采取先挂账、再发公告牌、分行确认、根据确认再解付的方式处理，无人认领的报文，先查询，查询后解付或一段时间后退汇。

（3）汇入汇款清算到哪级机构，由系统根据二级分支行书面要求设置。

（4）下划涉及资金的电文有：①账户行的 MT100 直接下划。②非账户行的 MT100 与账户行的 MT202 撮合成功后下划、非账户行的 MT100 与总行的 MT910 撮合成功后下划、对账单内含解付资料的提出全部信息生成内部 910 下划。

（5）非账户行的 MT100，没有账户行的 MT202、MT910 不下划，一段时间后删除。

（6）汇入汇款退汇 MT199 电文发出后，等待对账单勾销后才下划头寸，防止二次退汇。

（7）手工控制起息日，到期提示。

（8）所有带头寸电文先挂账，再处理。

（9）非电文形式的汇入汇款提供人工输入界面，并生成内部910。

（10）其他报文需要生成内部910时，能够自动提取其他报文的信息，特别是MT205的72栏信息。

十、汇出汇款

1. 流程

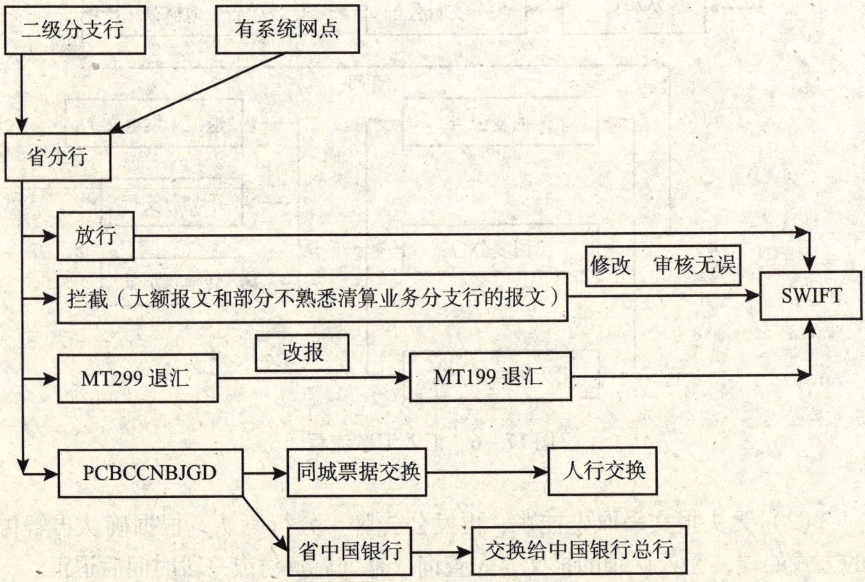

图17－7　汇出汇款业务流程

2. 汇出汇款业务

汇出汇款业务包括汇出境外款（MT100、MT103、MT202），国内联行转出（MT205），省中行转出，同城票据交换。

（1）业务流程描述。网点（无系统网点）将汇出汇款申请书交二级分支行，二级分支行在系统中录入汇款信息，发送至省分行系统，省分行直接将汇出汇款信息发往SWIFT或者落地处理（收报行是PCBCCNBJGDX，一般是须通过省分行经省中行转出的汇款，同城票据交换和退汇

MT299 报文）。

网点（有系统网点）直接在系统中录入汇款信息，发送至省分行，省分行直接将汇出汇款信息发往 SWIFT 或者落地处理（收报行是 PCBCCNBJGDX，一般是须通过省分行经省中行转出的汇款，同城票据交换和退汇 MT299 报文）。

（2）系统功能实现。

①业务交易功能。

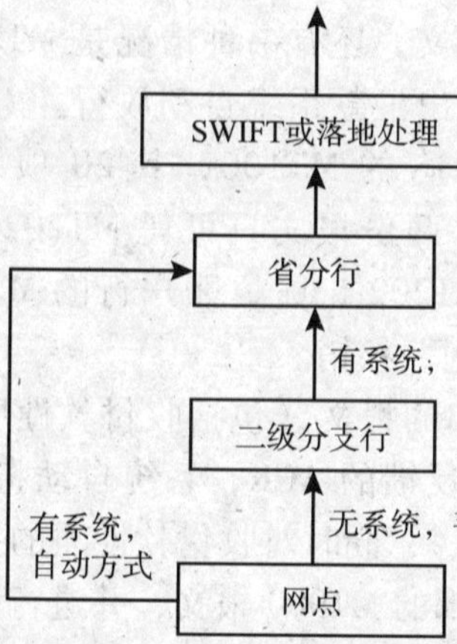

图 17－8　汇出汇款业务处理示意图

A. 电文制作。

在系统内人工制作电文，要求各分支行自行选择账户行，系统在“收报行”栏、“费用”栏以下拉框形式供二级分支行选择账户行和费用承担情况（BEN 或 OUR），也可手工输入；起息日默认为当前工作日，也可根据具体情况修改起息日；经办录入完汇出汇款信息，提交复核，系统可自动对报文格式进行检测并错误提示，对 NAK 情况把关，降低差错。

在系统中人工生成的 MT100、MT103、MT202、MT205 等收付款性质的报文，必须经过经办、复核、授权之后，才可发送；在系统中人工生成的 MTn99 等非收付款性质的报文，必须经过经办、授权之后，才可发送。

B. 单笔业务处理过程。

经办人员在系统中录入汇出汇款信息，提交复核；此时系统自动生成相应的标准格式报文和记账凭证，经办人员打印标准格式报文，复核人员复核汇出汇款信息和记账凭证，提交授权；授权人员在系统中授权；授权之后，系统才可自动进行账务处理；系统确认扣账成功，发送汇出汇款信息。

C. 汇出汇款报文的清分。

省分行收到二级分支行的汇出汇款报文，要进行清分，即对报文有限制地进行拦截。

一般需拦截的报文是大额报文和部分二级分支行的报文（对清算业务不熟或易出错的行，通过关键字段识别），审核无误后，省分行放行上述报文（省分行保留对上述报文小细节的修改权）。对于收报行为PCBC-CNBJGDX的电文，一般需在省分行落地处理，转往省中行或参加同城票据交换，系统需设置上述两种汇款方式的模板（商业银行提供样本）；收报行为PCBCCNBJGDX的电文，还有一种情况是MT299退汇报文，也要在省分行落地处理。其他汇出汇款系统自动放行。（注意：在头寸分离的情况下，可能有非账户行的MT100，其20项编号必然与对应的MT202报文的21项匹配，两份报文只可凭MT202记账。即非账户行的MT100只可凭对应的MT202记账，账户行的MT100可直接记账）

D. 汇出汇款业务的勾对，核销。

对于所有经SWIFT发出的报文（包括收付款性质的报文和非收付款性质的报文），省分行收到反馈的ACK，系统自动将ACK转发给相应的二级分支行（或有系统网点），同时对收付款性质的报文和汇入汇款的退汇报文（MT199），生成内部的MT900报文，并进行账务处理，核销汇出汇款账；此MT900报文不转发，在省分行系统内形成流水，与MT940/MT950报文勾销用，系统自动生成对账单，系统无法勾销的，由人工进行干预。若反馈的是NAK，则系统自动将NAK转发给相应的二级分支行，同时进行账务处理。

E. 汇入汇款的退汇报文。

表17-1

MT299 SENDER：PCBCCNBJGDX RECEIVER：PCBCCNBJGDX 20：退汇编号GDXRNHZHY030001 21：账户行原贷记编号（A） 79：RE YOUR 报文类型（B） REF 账户行原贷记编号（A） DATED 原汇入汇款起息日（C）。 YOUR CREDIT ENTRY FOR AMT 原汇入汇款币种金额（D）。 WE FEEL SORRY TO INFORM YOU THAT WE CANNOT EFFECT THE ABOVE PYMT ORDER, SINCE 退汇原因（E）。WE HEREBY AUTHORISE YOU TO DEBIT OUR A/C WITH YOU FOR AMT 退汇币种金额（F），AND OUR HANDLING CHARGE 手续费收入（G） DEDUCTED。PLS RETURN THE FUNDS TO THE REMITTER。 THKS N RDGS

二级分支行（有系统网点）在退汇信息栏（系统提供表格）输入关键信息，见表17－1 A～G，系统自动抓取信息，填入MT299退汇报文模板，授权之后，将MT299报文发送到省分行。

省分行经办人员修改MT299报文的报头（收报行，即原汇入汇款的账户行），系统自动将MT299报文转换成MT199报文，授权后，发往SWIFT。

汇入汇款的退汇电文（MT199）发出后，将“已退汇”字样写入相应的汇入汇款登记表中的状态栏，系统要避免重复退汇。

②业务交易辅助功能。

第一，信息管理。

SWIFT信息管理：在业务界面输入SWIFT CODE，可弹出相应的银行名称。银行更换SWIFT CODE或更换名称，可在系统中做相应的修改；当国际通用的SWIFT报文格式发生变化，清算系统应做相应的变化来适应新的标准。

客户信息管理：在业务界面输入客户账号，系统可自动从客户信息表中抓取相应的客户名称，减少手工输入的烦琐（第一次手工输入，系统学习记忆之后，可以识别）。

第二，查询功能。对所有发出的汇出汇款业务，系统自动建立登记表，并将反馈的ACK或NAK状态写入该登记表。

第三，统计功能。系统从汇出汇款登记表中抓取信息，可自动进行汇出汇款业务量统计（根据账户行、币种等分类统计业务笔数或金额）。

第四，打印功能。对业务及查询、统计等提供打印功能。

第五，汇出汇款业务编号统一化管理。

具体编排方法（以TH、HZ为例）。

客户汇款，MT100，MT103报文：GDX　OR　GZTH　03　0001
GDX　OR　HZ00　03　0001（HZ本部）
GDX　OR　HZHY　03　0001

银行间汇款，MT202报文：将OR改成OP

国内联行，MT205报文：将OR改成LH

退汇，MT299报文：将OR改成RN

一般查询，MT199报文：将OR改成CX

第六，中文与电码互译的功能。经办人员在业务界面输入汇出汇款信息，当信息为中文时，经办人员点击“互译”按钮，输入的中文可自动转换为四位的电码（注意：经办人员打印出的提交复核的汇出汇款电文必须显示中文，向 SWIFT 发送的报文，必须是四位电码）。

第七，汇出汇款业务的优先级排列：加急（报文中有"URGENT"字样，"还本付息"情况归入"URGENT"）、大额、优质客户（由二级分支行提供）。

第八，汇出汇款的风险把关。所有汇出汇款报文在发送至 SWIFT 之前，系统必须进行风险控制，即同一个编号只能汇出一次（搜索三天的记录）。

第九，上级行可查询下级行的汇出汇款情况。有系统网点的汇出汇款情况应在上一级分支行的系统中留下痕迹，便于上一级分支行全面掌握全行的汇出汇款情况。

第十，复核方式：起息日、币种、金额，采取双敲方式复核，主要看与原始凭证对照内容是否相符。

第十一，对所有 ACK 提供存盘功能。

第十二，72 栏以下拉框形式选择相应内容。

第十三，汇出汇款业务设置核销账。

第十四，二级分支行根据设置可拦截所属网点的报文。

第十五，汇入的 MT205 报文，72 栏有"CHGOUR"字样，收款人非本行客户的，系统可自动生成索汇报文 MT291。

第十六，汇出汇款时，输入汇款信息界面提供账户行选择，省分行有权修改。只能修改收报行和 56 项。

第十七，拦截功能，电文放行时根据已设置的条件，比如业务编号的某字段（机构代码）、金额、币种、收报行是省分行等进行拦截。

第十八，待发送电文队列，系统提供有序排列，序列是：URGENT、设置的大额、设置的客户、一般。

第十九，对 CHARGE OUR（手工判断）的电文，系统提示是否产生索费电文（MT100 对应产生 MT191、MT205 对应产生 MT291）。

第二十，取消分支行汇款的头寸总控制功能。

第二十一，转汇时，系统根据设置自动抓取报文中的有关信息填入汇款申请书（中行）或提出人行交换的贷方传票的有关栏目，并提供套打格式。

第二十二，汇出汇款退汇电文直接发到二级分支行，收到账户行或总行对账单的头寸后，才下划头寸给有关二级分支行。

第二十三，分行电文放行队列设置金额或业务编号的某字段进行有关电文的拦截。

第二十四，系统提供 ACK 的存盘功能。

第二十五，内部 910 发往二级分支行，内部 900 不发，只做与对账单勾销，分支行汇款，汇款成功后返回 ACK。

第二十六，汇出汇款科目凭 ACK 转出。

第二十七，汇出汇款信息重复输入控制，搜索前 3 天的信息，判断是否重复。

第二十八，出汇款复核方式，该浏览为“双敲”部分内容。在复核时根据单据重新输入关键信息，进行复核。

第二十九，出汇款信息输入时，在输入账号时，同时带出户名。

第三十，出汇款登记簿状态栏增加 ACK 的收取情况。

第三十一，汇出退汇时，根据业务编号所示的分支行转发，生成内部 910 后产生账务。

第三十二，72 栏用下拉方式选择需输入的项目。对附言进行处理防止错发电文。

第三十三，提供 MT205 的画面，并转换成标准的 MT205 格式。

十一、开立备用信用证/保函

（1）开立审批流程同进口开证。

（2）产生电文。默认总行的固定格式或手工修改。

会计分录：

收：9130 开出保函　　　　外币

（3）付汇（同进口开证付汇）。

登记系统，自动登记贸易融资台账。

会计分录：

付：9130 开出保函　　　　外币

十二、转让信用证

在出口来证模块进入“转开”功能。

自动显示出口来证的电文，系统设置不能改动部分：如 LC 号码，原开证行，原受益人；其他可改动。

系统自动识别是否为转让信用证的收汇，如果是，系统自动提示并登记。

十三、业务编号规则

（一）各类结算业务编号

（1）汇出汇款：

①客户汇出汇款：OR。

②银行间汇款：OP。

③国内联行汇款：LH。

（2）汇入汇款：IR。

（3）进口信用证开证：LC。

（4）出口信用证寄单收汇：BP。

（5）进口代收：IC。

（6）出口跟单托收：OC。

（7）光票托收：CC。

（8）各类业务查询：QU。

（二）业务编号基本格式

GDX	XX	XX	XX	XX	XXXX
	A	B	C	D	E

A：各类业务种类代码。

B：分行或支行的代码。

C：省辖三级支行及广州地区支行办事处的代码。

D：年份。

E：业务流水号。

十四、贸易融资台账

（一）贸易融资类型

1. 出口类

出口议付（即出口押汇）

打包贷款

出口托收贷款

远期信用证项下汇票贴现及应收款的买入（不占用客户额度）

福费廷（不占用客户额度）：

自营

转卖

2. 进口类

减免保证金开证（区分即期/远期）

提货担保

信托收据贷款（即进口押汇）

3. 贸易融资额度类型

出口议付额度

出口托收贷款额度

打包放款额度

进口开证额度

信托收据贷款额度（信托收据贷款额度包括远期信用证开证、提货担保、信托收据贷款）

（二）单笔审批与额度融资

目前我行的贸易融资业务审批的方式分以下几种：

（1）单笔审批：无贸易融资额度的企业必须经过逐笔审批。

（2）额度融资：分客户贸易融资额度融资和金融机构额度融资二类。

①客户贸易融资额度：如企业经省分行审批核准贸易融资额度，则可在额度内办理贸易融资业务，超额度的贸易融资业务需经逐笔审批。

②金融机构额度：不占用客户额度，只占用金融机构额度。远期信用证项下汇票贴现及应收款的买入、福费廷。因此两种业务均在境外行承兑后方可办理，因此其风险主要体现为金融机构自身的风险。我行已提供具金融机构额度的代理行名单。

（三）系统进行贸易融资业务登记

由业务人员首先选择是单笔审批还是额度融资，如是额度融资，点击进入下拉菜单提供人工选择是客户额度还是金融机构额度，点击客户额度则出现下拉菜单选择贸易融资额度类型。

（四）台账内容

以EXCELL表的形式列示业务编号、贸易融资类型、发放时间、保证金金额、贸易融资额度、代理行额度、归还时间等内容。

十五、统计报表

（一）现有报表：外管局报表

结算业务量、代理行业务情况表。

（二）客户贡献分析表（收益表）

以客户名称可统计该客户所有业务产生的手续费收入，包括结售汇收益（结售汇价格与中间价的价差）。

（三）贸易融资

贸易类型、业务金额、融资金额、所属业务编号。

（四）自动排名重要客户的业务统计表

汇款类、单证类、结算总量。

（五）单证业务情况表

出口议付率＝出口议付额/出口交单额

出口交单率＝在我行交单的信用证金额/我行通知的信用证金额

进口押汇率＝进口押汇额/进口开证额

单证量占比＝单证业务量/国际结算量

出口单证占比＝出口单证量/出口业务量

进口单证占比＝进口单证量/进口业务量

即期信用证占比＝即期信用证开证金额/进口开证总额

远期信用证占比＝远期信用证开证金额/进口开证总额

附录　业务录入界面说明

一、信用证开立

（1）机构号：开立信用证的机构（如支行）。

（2）是否开出保函：如选 YES，即期/远期自动生成 SIGHT，如选 NO，保函交易类型自动生成 OTHERS（开关按钮）。

（3）信用证/保函号：系统自动产生编号。

（4）开立日期：一般为当天日期。

（5）申请人代码：即开证申请人，在系统内查找后选择。

（6）进口合同号：由开证申请人在开证申请书中填写，不是必输项，可不填写。

（7）受益人名址：由开证申请人在开证申请书中填写。

（8）收报行代码：在系统内查找后选择，收到 SWIFT 报文的银行，在 SWIFT 报文里是“RECEIVER”。

（9）币别：货币种类，由开证申请人在开证申请书中填写。

（10）信用证/保函金额：由开证申请人在开证申请书中填写。

（11）即期/远期：即期选 SIGHT，远期选 USANCE，由开证申请人在开证申请书中填写。

（12）远期类型：如上一项选 USANCE，则在此项再选择，如上一项选 SIGHT，则不在此项再选择，选择内容由开证申请人确定，由开证申请人在开证申请书中填写。

（13）期限：填写天数，与上一项合并为完整的远期期限，由开证申请人在开证申请书中填写。如 30 DAYS AFTER SIGHT，60 DAYS AFTER B/L DATE，90 DAYS FROM INVOICE DATE，120 DAYS FROM B/L DATE。

（14）保函交易类型：选择相应的保函类型。

（15）信用证类型：由开证申请人在开证申请书中填写，IRREVOCA-

BLE（不可撤销信用证），REVOCABLE（可撤销信用证），IRREVOCABLE TRANSFERABLE（不可撤销可转让信用证），REVOCABLE TRANSFERABLE（可撤销可转让信用证），STAND－BY L/C（备用信用证），OTHERS（其他）。

（16）信用证支付方式：NEGOTIATION（议付信用证），PAYMENT（付款信用证），ACCEPTANCE（承兑信用证），MIXED PMT（混合付款信用证），DEFERRED PMT（延期付款信用证）。

（17）指定银行代码：即限制议付银行代码，该信用证是否具体指定议付行，由开证行决定。在系统内查找后选择。

（18）转让行代码：如信用证类型中选择 IRREVOCABLE TRANSFERABLE，REVOCABLE TRANSFERABLE 任一项，则填写此项。在系统内查找后选择。

（19）是否为转开。

（20）循环次数：如是循环信用证，填写循环次数。如 2，3，4，…，N。由开证申请人在开证申请书中填写。

（21）是否要保兑：WITHOUT（不加保兑信用证），CONFIRM（加保兑信用证），MAY ADD（可加可不加信用证），由开证申请人选择。

（22）开证方式：FULL TELEX（全电），BRIEF TELEX（简电），MAIL（信开）。一般情况下选择 FULL TELEX。

（23）到期日：信用证的到期日，由开证申请人在开证申请书中填写。

（24）到期地点：信用证的到期地点，由开证申请人在开证申请书中填写，一般为国家名。

（25）最迟装运期：货物最迟装运期，即对提单日期的规定，提单日不能晚于此日期。由开证申请人在开证申请书中填写。

（26）交单期：一般为 21 天，由开证申请人在开证申请书中填写。

（27）分批装运：ALLOWED（允许），NOT ALLOWED（不允许），由开证申请人在开证申请书中填写。

（28）转运：ALLOWED（允许），NOT ALLOWED（不允许），由开证申请人在开证申请书中填写。

（29）装运期限。

（30）付款行代码 42A：汇票中的付款行，在 SWIFT 电报中为 42A 一项。由开证行决定。

（31）偿付行代码：由开证行决定。

（32）是否额度开证：如开证申请人在开证行有额度选“额度贷款”，如无额度选“其他贷款”。

（33）客户账号一：开信用证扣除开证人保证金的账号。

（34）保证金账号一：开证行扣除开证人保证金后将其存入该账号。

（35）客户账号二：如开证人账号一金额不足，可从账号二中扣除。

（36）保证金账号二：开证行扣除开证人保证金后将其存入该账号。

（37）受益人所在地：一般选择“境外”。

（38）费用收取对象：选择。

（39）收费方式：选择项。现收（在此笔业务中收取），免收（不收手续费），迟收（在费用管理里收取）。

（40）提货担保登记。

（41）信用证号：在系统中选定。

（42）提货担保申请日期：一般为办理业务当天。

（43）提货担保号：系统自动产生。

（44）申请人：系统中已存在。

（45）进口合同号：系统中已存在。

（46）发票号：由开证人提供给银行。

（47）提货担保币种：由开证人提供给银行。

（48）提货担保金额：由开证人提供给银行。

（49）装运日期：提单上的装船日期，由开证人提供给银行。

（50）提单号码：由开证人提供给银行。

（51）货物描述：发票上的货物描述，由开证人提供给银行。

（52）保兑行：如该信用证已加保兑要填列。

（53）进口来单登记：选择 IB 类型，NEW（某信用证项下的第一笔单据），PAID（某信用证项下的第二笔或第 N 笔单据，在此笔之前的单据已付款结清），TELEX ADVISED（议付行已电提不符点的单据）。

（54）进口来单号：系统自动生成。

（55）信用证余额：信用证金额减去已出单的金额。

（56）开证日期：信用证开立日期。

（57）索汇币种。

（58）索汇金额。

（59）汇票金额：单据金额。

（60）国外行费用：从议付行寄单面函中找出并填列。

（61）收单日期：开证行收到单据的日期。

（62）交单日期：议付行面函上注明的日期。

（63）最迟承兑/付款日期：无不符点单据为收单日期加七天，有不符点单据可不填此项。

（64）交单行：即议付行，从议付行寄单面函中找出。

（65）交单行业务编号：从议付行寄单面函中找出。

（66）发票号：议付行提交的单据中的发票号。

（67）提单号：议付行提交的单据中的提单号。

（68）提单日期：议付行提交的单据中的提单上注明的装船日期。

（69）提货担保号：如开证行收到议付行单据之前开证行已为开证人办理提货担保，填列此项。反之不填。

（70）远期付款到期日：远期单据算出到期日后填列。

（71）已付款标志。

（72）电提不符点。

（73）进口代收登记。

（74）托收类型：D/P SIGHT（即期付款）、D/P TENOR（远期付款，付款后方可拿到单据）、D/A TENOR（远期承兑，承兑后即可拿到单据）。

（75）期限：填写天数（如30、60、90、120等）。

二、生成电文说明

（一）进口信用证

（1）进口信用证开立：MT700 开立信用证、MT701 开立信用证、MT705 预先通知信用证、MT799 自由格式电、MT740 授权索汇、MT760 开立保函。

（2）信用证修改：MT707 信用证修改、MT799 自由格式电、MT747 授权索汇修改。

（3）撤证：MT799 自由格式电。

（4）提货担保登记：MT799 自由格式电。

（5）进口来单承兑：MT799 自由格式电（加押）、MT999 自由格式电（不加押）。

（6）更改承兑到期日：MT799 自由格式电（加押）、MT999 自由格式电（不加押）。

（7）付款：MT202 付款电、MT799 自由格式电（加押）、MT999 自由格式电（不加押）。

（8）拒承/付款：MT734 拒付电、MT799 自由格式电（加押）、MT999 自由格式电（不加押）。退单：MT799 自由格式电（加押）、MT999 自由格式电（不加押）。

（9）电索付款：MT202 付款电、MT799 自由格式电（加押）、MT199 自由格式电。

（10）电提不符点接受或拒绝：MT752 接受单据、MT799 自由格式电（加押）、MT999 自由格式电（不加押）。

（11）进口代收登记：MT410 确认电、MT999 自由格式电（不加押）。

（12）进口代收修改：MT410 确认电、MT499 自由格式电、MT999 自由格式电。

（13）承兑：MT412 承兑电、MT999 自由格式电。

（14）付款：MT202 付款电、MT400 付款通知、MT499 自由格式电、MT999 自由格式电。

（15）拒付：MT456 拒付电、MT499 自由格式电、MT999 自由格式电。

（16）退单：MT499 自由格式电、MT999 自由格式电。

（二）出口信用证

（1）来证通知登记：MT730 确认电、MT799 自由格式电（加押）、MT999 自由格式电（不加押）、拒绝或接受修改：MT799 自由格式电（加押）、MT999 自由格式电（不加押）。

（2）撤证登记：MT799 自由格式电（加押）、MT999 自由格式电（不加押）。

（3）出口寄单登记：MT742 索汇电、MT750 不符点通知、MT799 自由格式电（加押）、MT999 自由格式电（不加押）。

出口寄单修改：MT742 索汇电、MT750 不符点通知、MT799 自由格式电（加押）、MT999 自由格式电（不加押）。

（4）催收货款：MT420 催收电、MT799 自由格式电（加押）、MT999 自由格式电（不加押）。

（三）出口托收

（1）出口托收修改：MT430 修改通知、MT499 自由格式电、MT999 自由格式电。

（2）催收货款：MT420 催收电、MT499 自由格式电、MT999 自由格式电。

（3）无偿放单：MT430 修改通知。

（4）退单登记：MT430 修改通知。

（四）光票托收

（1）催收：MT420 催收电、MT499 自由格式电、MT999 自由格式电。

（2）收汇前退票：MT420 催收电、MT499 自由格式电、MT999 自由格式电。

（五）SWIFT 管理

（1）MT710 第三方银行单据的通知。

（2）MT711 第三方银行单据的通知。

（3）MT720 转让信用证。

（4）MT721 转让信用证。

（5）MT732 清偿通知。

（6）MT754 付款/承兑/议付通知。

（7）MT767 保函修改。

（8）MT769 减额/放单通知。

（9）MT798 所有权通知。

三、电文内容说明

（一）MT700

SENDER：发报行

RECEIVER：收报行

SEQUENCE OF TOTAL：电报的页数（如 1 页为 1/1，如两页为 1/2、2/2）

40A：信用证类型

20：信用证号

23：预先通知电编号

31C：开证日

31D：到期日和到期地点

51A：开证申请人的银行

50：开证申请人

59：受益人

32B：信用证货币及金额

39A：信用证金额浮动允许范围（如 10/10，即允许上下浮动 10%）

39B：信用证金额的最高限额

39C：附加金额（如保险费、运费、利息等）

41A：限制议付银行（如无限制议付银行，应填 ANY BANK，如有限制议付银行，应填银行 SWIFT 代码）

42C：汇票付款期限

42A：汇票付款人

42M：混合付款条件

42P：延期付款条件

43P：分批装运条款

43T：转运条款

44A：装货港

44B：卸货港

44C：最迟装船日

44D：装船期限安排（如分批装运，分别列明每次出货的装船期限）

45A：货物描述（由开证人确定）

46A：单据要求（由开证人确定）+ SIGNED COMMERCIAL INVOICE IN（填写几份）ORIGINALS（正本）AND（填写几份）COPIES（副本）INDICATING THIS L/C NO。AND CONTRACT NO。

商业发票：+3/3 SET ORIGINALS AND（填写几份）NON－NEGOTIABLE COPIES OF CLEAN ON BOARD OCEAN/MULTI－MODEL BILLS OF LADING MADE OUT TO ORDER AND BLANK ENDORSED，MARKED FREIGHT（根据价格条件填写）NOTIFY APPLICANT。

提单：+FULL SET OF INSURANCE POLICY/CERTIFICATE FOR 110 PCT OF THE INVOICE VALUE SHOWING CLAIMS PAYABLE IN CHINA，IN CURRENCY OF THE DRAFT，BLANK ENDORSED，COVERING ALL RISKS AND WAR RISKS。

保险单：+WEIGHT MEMO/PACKING LIST IN（填写几份）－FOLD ISSUED BY MANUFACTURER/BENEFICIARY。INDICATING QUANTITY/GROSS AND NET WEIGHTS OF EACHPACKAGE AND PACKING CONDITIONS AS CALLED FOR BY THE L/C。

重量单/装箱单：+CERTIFICATE OF QUANTITY/WEIGHT IN（填写几份）－FOLD ISSUED BY MANUFACTURER/BENEFICIARY INDICATING QUANTITY /WEIGHT OF SHIPPED GOODS AS WELL AS THE PACKING CONDITIONS。

数量/重量证明：+CERTIFICATE OF QUALITY IN（填写几份）－FOLD

ISSUED BY BENEFICIARYS

质量证明：+CERTIFICATE OF ORIGIN IN（填写几份）COPIES ISSUED BY THE MANUFACTURER CERTIFIED COPY OF FAX SENT TO THE APPLICANT WITHIN（填写几小时）HOURS AFTER SHIPMENT ADVISING NAME OF VESSEL/FLIGHT NO。/WAGON NO.，DATE，QUANTITY，WEIGHT AND VALUE OF SHIPMENT。

产地证：+AIR WAYBILLS SHOWING FREIGHT（根据价格条件填写）CONSIGNED TO APPLICANT。

空运单：+RAILWAYBILLS SHOWING FREIGHT（根据价格条件填写）CONSIGNED TO APPLICANT。

陆运单：MEMORANDUM ISSUED BY（某人）

47A：附加条款

71B：费用问题

48：交单期限

49：保兑指示

53A：偿付行

78：给付款行/承兑行/议付行的指示

57A：通知行

72：附言：/PHONBEN/：电话通知受益人（后跟电话号码）

/TELEBEN/：SWIFT、传真、电报、电传通知受益人

（二）**MT499**

SENDER：发报行

RECEIVER：收报行

20：发报行编号

21：收报行编号

79：电文内容描述

（三）**MT799**

SENDER：发报行

RECEIVER：收报行

20：发报行编号

21：收报行编号

79：电文内容描述

（四）**MT999**

SENDER：发报行

RECEIVER：收报行

20：发报行编号

21：收报行编号

79：电文内容描述

（五）MT707

SENDER：发报行

RECEIVER：收报行

20：发报行编号

21：收报行编号

23：开证行编号（如果报文由开证行以外的银行即通知行发送，使用该项目）

52A：开证行（如果报文由开证行以外的银行发送，使用该项目）

31C：开证日

30：修改日

26E：修改次数

59：受益人（注明在此修改前的受益人，如果要修改受益人，在“79”中说明）

31E：新到期日

32B：增加金额

33B：减少金额

34B：修改后的金额

39A：修改后的信用证金额浮动允许范围

39B：修改后信用证金额的最高限额

39C：修改的附加金额（如保险费、运费、利息等）

44A：修改后的装货港

44B：修改后的卸货港

44C：修改后的最迟装船日

44D：修改后的装船期限安排（如分批装运，分别列明每次出货的装船期限）

79：修改详述（如上述条款未列明的修改内容，在该项目中修改）

72：附言：/BENCON/：要求收报行通知发报行受益人是否接受此修改

/PHONBEN/：电话通知受益人（后跟电话号码）

/TELEBEN/：SWIFT、传真、电报、电传通知受益人

（六）**MT705**

SENDER：发报行

RECEIVER：收报行

40A：信用证类型

20：信用证号

31D：到期日和到期地点

51A：开证申请人的银行

50：开证申请人

59：受益人

32B：信用证货币及金额

39A：信用证金额浮动允许范围（如10/10，即允许上下浮动10%）

39B：信用证金额的最高限额

39C：附加金额（如保险费、运费、利息等）

41A：限制议付银行（如无限制议付银行，应填ANY BANK，如有限制议付银行，应填银行SWIFT代码）

44A：装货港

44B：卸货港

44C：最迟装船日

44D：装船期限安排（如分批装运，分别列明每次出货的装船期限）

45A：货物描述（由开证人确定）

57A：通知行

79：内容详述（如上述条款未列明的内容，在该项目中列明）

72：附言：/PHONBEN/：电话通知受益人（后跟电话号码）

/TELEBEN/：SWIFT、传真、电报、电传通知受益人

（七）**MT202**

SENDER：发报行

RECEIVER：收报行

20：发报行编号

21：收报行编号

32A：计息日、币种及金额

52A：付款人名称（开证申请人）

53A：发报行账户行（借记账号）

54A：收报行账户行

56A：中间行

57A：发报行贷记账号
58A：受益人名称（收款人）
72：附言

（八）**MT734**

SENDER：发报行
RECEIVER：收报行
20：发报行编号
21：收报行编号
32A：日期及金额
73：费用
33A：加费用后金额
33B：加费用后金额
57A：发报行账户行
72：附言
77J：列举不符点
77B：单据处理意见

（九）**MT752**

SENDER：发报行
RECEIVER：收报行
20：发报行编号
21：收报行编号
23：进一步确认编号
30：电提不符点日期
32B：金额
71B：扣除费用
33A：扣除费用后净额
33B：扣除费用后净额
53A：发报行账户行
54A：收报行账户行
72：附言

（十）**MT410**

SENDER：发报行
RECEIVER：收报行
20：发报行编号

21：收报行编号

32A：金额

32B：金额

32K：金额

72：附言

（十一）MT412

SENDER：发报行

RECEIVER：收报行

20：发报行编号

21：收报行编号

32A：到期日，币种及金额

72：附言

（十二）MT400

33A：付汇金额

71B：扣除费用明细

73：附加金额明细

（十三）MT456

71B：费用

77A：拒付理由

77D：拒付项目细节

（十四）MT730

（十五）MT742

31C：开证日

52A：开证行

32B：单据金额

33B：附加金额

（十六）MT750

34B：应付总金额

（十七）MT420

30：寄单日期

59：付款人

四、生成面函说明

（一）信用证

开立：信用证授权委托书是银行出具的文件，扣收开证人保证金，可以开立信用证。银行存档留底。

修改：信用证授权委托书，同上。

（二）提货担保

登记：无正本提单保函，开证行给船公司出具的保函，担保开证人在无正本提单的情况下提货委托他行代办之面函，建议删除，委托保兑行代办。

催销保：催销保函通知书，开给开证人，催其尽快提交正本提单。

销保：寄提单销保面函，将正本提单寄给船公司，要回无正本提单保函。

（三）进口来单

来单登记：单据通知书，开证行给开证人的面函，通知其进口信用证单据已到。

退单：退单单据面函，寄给议付行的面函。

电提不符点登记：电提不符点通知，开证行将此面函通知开证人。

换单：来单付款通知书（信用证单据通知书），将此面函通知开证人。

（四）进口代收

登记：单据通知书，代收行给付款人的面函，通知其进口代收单据已到。

修改：单据通知书，代收行给付款人的面函，通知其进口代收修改单据已到。

退单：退回单据面函，寄给托收行的面函。

（五）出口信用证

来证通知：信用证通知书，通知行将此面函通知受益人。

修改：信用证修改通知书，通知行将此面函通知受益人。

登记：索汇通知书，应改为寄单通知书，议付行寄给开证行的面函。

修改：索汇通知书，应改为寄单通知书，议付行寄给开证行的面函。

（六）出口托收

登记：出口托收指示书，托收行寄给代收行的面函。

修改：出口托收指示书，托收行寄给代收行的面函。

（七）光票托收

登记：光票托收委托书，托收行寄给代收行的面函。

渣打银行 CASH LETTER

运通银行 CASH LETTER

快邮信封

五、国际结算模拟系统概述

本系统包括六个结算业务，分别是进口信用证、进口代收、出口来证及议付、出口托收、光票托收、贸易融资。

（1）信用证业务：指在已开立的某信用证项下进行的进出口业务。信用证业务一般是进口商和出口商之间初次做贸易，互相缺乏信任情况下进行的进出口业务。信用证是一种带有条件的银行付款书面承诺。所谓带有条件是指受益人在规定的时间内提交的单据必须符合信用证条款的规定。所以信用证项下的贸易对受益人有一定的付款保障。

（2）托收业务：指非信用证项下的进出口业务，分为跟单托收和光票托收。

（3）光票托收：指不附带商业单据（发票、提单等）的出口托收业务。光票托收一般用于收取货款尾款、代垫费用、佣金、样品费等，是光票持有人委托银行向光票出具行收款的一种业务。

（4）托收业务（即跟单托收）：跟单托收是指附带商业单据（发票、提单等单据）的托收业务。一般是指进出口商之间比较熟悉，互相做贸易已有一段时间并彼此信任情况下进行的进出口业务。无须银行提供有条件的付款承诺，只依靠进出口商之间的商业信誉做交易。

（5）信用证业务涉及几个银行专用名词，现列举如下：

开证行：接受开证申请人（进口商）的申请，为其开立信用证的银行。

通知行：收到开证行开来的信用证并将其通知受益人（出口商）的银行。

议付行：接到受益人提交的单据，为其审核处理并办理出口议付收汇的银行。

偿付行：由开证行在信用证中指定的代替其支付信用证项下款项的银行，一般开证行在偿付行那里开有账号。

付款行：由开证行在信用证中指定的一家银行，这家银行知道开证行的偿付行是哪一家，并向其索偿（信用证中未规定偿付行）。一般是开证行和付款行之间有协议，开立信用证时，指定这家银行为付款行。付款行也有可能是开证行或偿付行。(DRAWEE BANK)

账户行：我行在境外银行开立有账户的银行。

代理行：已与我行交换 SWIFT 密押的银行。

保兑行：它和开证行的区别在于，如果开证行不付款时，保兑行有付款责任，只要保兑行没有审出不符点，就要无条件付款给受益人。

开证申请人：向开证行申请开立信用证的进口商。

受益人：即出口商，出口货物的一方。

(6) 托收项下业务涉及下面四个当事人：

委托人：即出口商，委托一家银行办理托收业务的当事人，也是托收业务的收款人。

托收行：是出口方银行，也是寄单行，即委托人委托的那家银行。

付款人：即进口商，与委托人（出口商）做托收业务的一方。

代收行：是进口方银行，是托收行向其寄单的银行，一般是由付款人指定的银行。

(7) 提货担保：进口商（开证申请人）因未收到正本提单而货物已到港向开证行申请做提货担保。提货担保是开证行为进口商提供的一种服务。提货担保由开证行向船公司出具一份《无正本提单提货担保书》，为进口商担保在无正本提单的情况下提货。同时开证申请人授权开证行无条件支付该项货款。正本提单一收到，由进口商或开证行交给船公司换回《无正本提单提货担保书》解除开证行的担保责任。

(8) 进口信用证：

开立：与其对应的通知行的操作是出口来证及议付—出口信用证—来证通知/登记。

修改：与其相对应的通知行的操作是出口来证及议付—出口信用证—来证修改通知。

拒绝修改：与其对应的通知行的操作是出口来证及议付—出口信用证—拒绝/接受修改。

撤证：与其对应的通知行的操作是出口来证及议付—出口信用证—撤证登记。

销卷：只是开证行内部登记处理。

(9) 提货担保：开证行内部操作，无对应业务。

(10) 进口来单:

来单登记：与其对应的议付行的操作是出口来证及议付—出口寄单收汇—出口寄单登记。

承兑：与其对应的议付行的操作是出口来证及议付—出口寄单收汇—承兑登记。

更改承兑到期日：与其对应的议付行的操作是出口来证及议付—出口寄单收汇—修改承兑内容。

付款：与其对应的议付行的操作是出口来证及议付—出口寄单收汇—收汇解付。

拒承/付款：与其对应的议付行的操作是出口来证及议付—出口寄单收汇—拒承兑/付款登记。

退单：与其对应的议付行的操作是出口来证及议付—出口寄单收汇—退单登记。

无偿放单：与其对应的议付行的操作是出口来证及议付—出口寄单收汇—无偿交单。

电索付款：与其对应的议付行的操作是出口来证及议付—出口寄单收汇—出口寄单登记—生成电文 MT742。

电提不符点登记：与其对应的议付行的操作是出口来证及议付—出口寄单收汇—出口寄单登记—生成电文 MT750。

电提不符点接受/拒绝：与其对应的议付行的操作是出口来证及议付—出口信用证—出口寄单登记。

换单：与其对应的议付行的操作是出口来证及议付—出口信用证—出口寄单修改。

放单：只用于开证行内部的登记操作。

(11) 进口代收:

登记：与其对应的托收行的操作是出口托收—出口托收登记。

修改：与其对应的托收行的操作是出口托收—出口托收修改。

承兑：与其对应的托收行的操作是出口托收—承兑登记。

付款：与其对应的托收行的操作是出口托收—收汇及解付。

拒付：与其对应的托收行的操作是出口托收—拒承兑/付款登记。

退单：与其对应的托收行的操作是出口托收—退单登记。

无偿放单：与其对应的托收行的操作是出口托收—无偿交单。

销卷：与其对应的托收行的操作是出口托收—销卷。

(12) 出口来证及议付:

①出口信用证：

来证通知/登记：与其对应的开证行的操作是进口信用证—信用证—开立。

来证通知修改：与其对应的开证行的操作是出口信用证—信用证—修改。

拒绝/接受修改：与其对应的开证行的操作是进口信用证—信用证—拒绝修改。

撤证登记：与其对应的开证行的操作是进口信用证—信用证—撤证。

销卷：只是通知行的内部登记处理。

②出口寄单收汇：

出口寄单登记：与其对应的开证行的操作是：第一，进口信用证—进口来单—电索付款（来单登记）；第二，进口信用证—进口来单—电提不符点登记（电提不符点接受或拒绝，来单登记）；第三，进口信用证—进口来单—来单登记。

出口寄单修改：与其对应的开证行的操作是进口信用证—进口来单—换单。

催收货款：与其对应的开证行的操作是进口信用证—进口来单—付款（承兑、拒承/付款）。

拒承兑/付款登记：与其对应的开证行操作是进口信用证—进口来单—拒承/付款。

承兑登记：与其对应的开证行的操作是进口信用证—进口来单—承兑。

修改承兑内容：与其对应的开证行的操作是进口信用证—进口来单—更改承兑到期日。

无偿交单：与其对应的开证行的操作是进口信用证—进口来单—无偿交单。

收汇解付：与其对应的开证行的操作是进口信用证—进口来单—付款。

退单登记：与其对应的开证行的操作是进口信用证—进口来单—退单。

销卷：只是议付行内部的登记操作。

③出口托收：

登记：与其对应的代收行的操作是进口代收—进口代收登记。

修改：与其对应的代收行的操作是进口代收—进口代收修改。

催收货款：与其对应的代收行的操作是进口代收—付款（承兑、拒付）。

承兑登记：与其对应的代收行的操作是进口代收—承兑。

拒承兑/付款登记：与其对应的代收行的操作是进口代收—拒付。

无偿放单：与其对应的代收行的操作是进口代收—无偿交单。

退单登记：与其对应的代收行的操作是进口代收—退单。

收汇及解付：与其对应的代收行的操作是进口代收—付款。

销卷：只是托收行内部的登记操作。

④光票托收：无对应操作，但也可在进口代收中操作。

⑤贸易融资：均属银行内部操作。

后　记

当鼠年的钟声即将敲响时，我终于编写完了《商业银行信贷及国际结算实验》的初稿，后来，在繁忙的教学工作之余，几经修改、校对，终成现在的书稿。

想写一本关于金融实验室实验指导方面的书，是我几年前就想做的事。在全球经济一体化、中国经济持续稳定增长、中国金融体制和监管措施日趋完善的大环境下，商业银行市场竞争日趋激烈，商业银行的产业结构在市场杠杆下不断调整，现有的管理体制和经营模式正经受冲击和变革，银行产品正在不断丰富、产品内涵也在不断延伸，银行配套服务体系正在不断完善。

面对日新月异的市场发展变化，高校的教学必须尽快适应快速发展的市场状况，及时对市场进行反映。然而，传统的教学模式，通过理论的教学对学生进行讲解，学生看不到商业银行是如何通过指标进行分析的，课堂的教学也越来越滞后于迅速变化的市场。在学校的教学中如何让学生了解银行，如何从宏观上了解市场以及如何分析商业银行内部经营，一直是高校教学的一个薄弱环节和难题。有鉴于此，通过引入商业银行真实的系统，在高校建立模拟实验和科研中心可以使高校及时了解到银行的业务及管理。还可以通过对商业银行建立的相关指标进行实际的分析，通过相关数据让学生了解到银行的财务管理、资金管理、内部管理等多方面的管理指标，以及相关指标在银行是如何应用的过程，以便使学生对商业银行经营和管理相关的课程有一个很好的补充，通过实验系统的操作能让学生了解理论中的实际指标如何在银行进行应用，通过数据的展现体现先进银行的管理，同时，软件系统中提供的数据及相关模型也可以给教师的科研工作提供相关的辅助，教师还可以利用高校的资源优势，进行一些课题研究，然后把研究的成果应用到金融行业中去。本书的出版既满足了我多年的夙愿，又为高校的实验教学贡献了自己的一点绵薄之力，值得欣慰。

在本书付梓之际，首先，我要感谢深圳市智盛信息技术有限公司的业务员罗文彩同志，他在百忙之中为本书的结构和内容提出了很好的建议，并提供了一些相关的资料，这为本书的写作奠定了基础。其次，感谢院长黄志刚教授、副院长张白教授，为本书的最后出版给予了悉心的指导和支持；感谢福州大学经济与管理实验中心的主任郑双老师，对本书的写作和出版给予了大量的帮助和关心；感谢经济科学出版社吕萍主任和其他编辑同志们，她们对我的书稿给予了耐心的指导和帮助。最后，我还要感谢兰馨女士和刘懿楠小朋友，是他们无私的爱激励和支持着我树立信心，战胜困难，最终得以完成本书。借此机会，表达我最真挚的谢意和感激！

由于本书的编写时间紧，头绪多，尽管反复做过修改，但我深知，限于个人的知识结构与能力，书中疏漏之处在所难免，敬请读者批评赐教。

刘晓潮

2008 年 1 月

责任编辑：吕　萍　周秀霞
责任校对：杨晓莹
版式设计：代小卫
技术编辑：邱　天

图书在版编目（CIP）数据

商业银行信贷及国际结算实验/刘晓潮编著．—北京：经济科学出版社，2008.1
（经济管理实验系列教材）
ISBN 978-7-5058-7170-0

Ⅰ．商…　Ⅱ．刘…　Ⅲ．①商业银行－信贷管理－教材②国际结算－银行业务－教材　Ⅳ．F830.5　F830.73

中国版本图书馆 CIP 数据核字（2008）第061985号

商业银行信贷及国际结算实验
刘晓潮　编著
经济科学出版社出版、发行　新华书店经销
社址：北京市海淀区阜成路甲28号　邮编：100036
总编室电话：88191217　发行部电话：88191540
网址：www.esp.com.cn
电子邮件：esp@esp.com.cn
汉德鼎印刷厂印刷
永胜装订厂装订
690×990　16开　24.5印张　420000字
2008年1月第1版　2008年1月第1次印刷
印数：0001—3000册
ISBN 978-7-5058-7170-0/F·6421　定价：33.00元